공부 바이블

공부바이블

발 행 | 2025년 9월 24일
저 자 | 강충열
펴낸이 | 강신은
펴낸곳 | 좋은 세상
출판사등록 | 2023.07.20(제2023-47호)
주 소 | 경기도 화성시 동탄대로 706 동탄IT밸리Ⅱ 405호
전 화 | 070-8027-2260 **팩 스** | 0505-333-2260
홈페이지 | www.joeunbook.co.kr **이메일** | joeunbook12@naver.com

ISBN | 979-11-992176-0-7 03370 (종이책) 979-11-992176-1-4 05370 (전자책)

ⓒ 강충열, 2025
본 책은 저작자의 지적 재산으로서 무단 전재와 복제를 금합니다.

공부 바이블

우리 자녀에게 꼭 필요한 공부 기술의 모든 것

A Parents' Guide to Instructing Children with Powerful Study Skills

강충열 지음

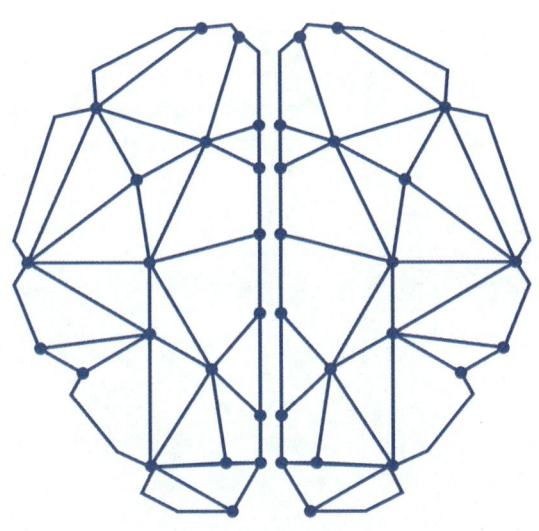

좋은세상

서문

    공부는 농사일과 비슷하다. 농부가 시간을 들이고 땀을 흘려야 소출을 얻을 수 있듯이, 학생도 시간을 투자하고 노력을 해야 학업성취를 올릴 수 있다. 공부는 농사일처럼 공짜가 없는 매우 정직한 활동인 것이다. 그러나 시간 투자와 노력은 공부의 필요조건이지 충분조건은 아니다. 농사일에도 같은 시간과 노력을 들여 소출을 많이 얻을 수 있는 과학적 영농 방법이 있듯이, 공부에도 같은 시간과 노력으로 학업성취를 높일 수 있는 효과적인 공부 방법이 있다. 그것이 공부 기술이다. 공부 기술은 학생들에게 학창 시절에는 학업성취를 올리고, 성인이 되어서는 각자의 직업 영역에서 전문성을 높이도록 해 준다. 공부 기술은 평생학습 사회를 살고 있는 현대인들이 생존하고 번영하는데 있어 중요한 기술이다.

    한편 공부에도 "부익부 빈익빈"이라는 경제의 원리가 존재한다. 돈을 많이 가지고 있으면 돈을 많이 벌 기회가 커지듯이, 많은 지식을 조직해서 보유하고 있으면 보다 많은 지식을 효과적으로 습득하여 높은 학업성취를 올릴 수 있다. 요즘 우리는 인공지능이 몇몇 영역에서 인간보다 높은 수준의 지적 수행 능력을 보여 주는 모습을 목도하고 있는데, 인공지능이 그런 능력을 보이는 이유 중 하나가 인간의 뇌 보다 훨씬 더 많은 지식을 효과적으로 조직하여 보유하고 있기 때문이다. 공부 기술은 많은 지식을 효과적으로 보유해서 필요한 곳에 활용하는 기술이다. 따라서 공부 기술은 공부를 못하는 학생들에게는 공부를 잘할 수 있도록 해주고, 공부를 잘하는 학생들에게는 공부를 더 잘하도록 해 준다.

우리나라는 농경사회와 산업사회를 거치면서 지식의 내용을 습득하고 재생하는 교육에 치중해 왔다. 그러나 지금 우리는 지식이 기하급수적으로 늘어나는 정보화 사회를 살고 있다. 이런 정보화 사회에서 앞으로 학생들이 미래에 필요로 하는 지식이 무엇이고 또 어떤 문제를 갖게 될지 구체적으로 예측하기 어렵다. 그리고 우리는 학생들에게 정보화 시대의 그 많은 지식을 다 전달할 수도 없다. 그러나 분명히 필요한 것은, 학생들이 자기 주도적으로 필요한 때 필요한 지식을 효과적으로 습득하여, 당면한 문제를 해결하고 새로운 지식을 생산해 내는 능력일 것이다. 이런 능력을 갖추기 위해서는 학문 또는 교과의 내용 지식 외에도 공부하는 방법에 대한 지식을 필요로 한다. 그것이 공부 기술이다. 앞으로 우리 교육계는 AI로 대변되는 4차 산업혁명 시대에 단순히 내용 지식을 전달하는 교육을 넘어 내용 지식을 다루는 방법론적 지식, 특히 공부 기술 학습에 관심을 두어야 할 때가 왔다.

공부 기술은 세 가지로 구성된다. 첫째는 학습할 내용에 대해 직접적으로 적용시키는 기술이다. 일차적 기술이라고 한다. 둘째는 학습 상황에서 학생이 본인의 내적 심리 상태를 공부에 유리하도록 적절하게 유지하는 기술이다. 이차적 기술이라고 한다. 셋째는 학습할 때 일차적 기술과 이차적 기술의 사용 과정과 결과를 점검하고 조정하는 기술이다. 메타인지 기술이라고 한다. 본 책의 1부에서는 공부 기술에 대한 기본적인 이해를 돕기 위해 공부 기술의 정의, 분류, 성격과 발달, 효과에 대해 소개한다. 2부에서는 위 세 가지 학습 기술을 자세히 소개한다. 일차적 기술로 읽기 기술, 쓰기 기술, 말하기 기술, 듣기 기술, 노트 필기 기술, 영어 어휘력 증진 기술, 기억술, 문제해결 기술을 소개한다. 이차적 기술로는 꿈을 갖고 공부하는 기술, 시간 관리 기술, 스트레스 관리 기술, 학습 공간 관리 기술, 시험을 준비하고 치르는 기술, 학습동기 증진 기술, 집중력 증진 기술, 수업을 통해 최대의 효과를 얻는 기술, 자기 조절 학습 기술, 협동학습 기술을 소개한다. 그리고 마지막으로는 메타인지 기술 증진 전략을 소개한다. 3부에서는 공부 기술의 지도 방법을 소개한다.

공부 기술은 학자들의 과학적 연구를 통해 효과성이 입증된 공부 지식으로서 학생들이 혼자서 습득하기는 어렵다. 공부 기술을 잘 알고 있는 성인에게 배워야 한다. 자동차 운전과 비슷하다. 사람이 자동차를 운전하기 위해서는 운전 기술을 잘 알고 있는 사람에게 운전 기술을 배워야 한다. 스스로 자동차 운전 기술을 발견하여 운전하기는 어렵기 때문이다. 이 책에서는 초·중등학교 학생들을 지도하는 입장에 있는 학부모와 교사들이 자녀와 학생들의 학습을 지원하고 코칭을 하는데 필요한 공부 기술들을 망라했다. 가정에서 부모는 자녀가 어린 경우 자녀가 부족하다거나 필요하다고 생각되는 영역의 기술을 부모가 읽고 직접 지도하거나, 자녀가 어느 정도 성장한 경우에는 자녀와 함께 그 영역에 대한 부분을 읽고 상호 토론하면 효과적인 지도를 할 수 있을 것이다. 아울러 교학상장이라는 말이 있듯이 이 공부 기술들은 대학생, 각종 자격시험을 준비하는 성인들, 승진 및 직업 전문성 계발을 위해 공부하는 직장인들에게도 도움이 되기를 기대한다.

이 책의 내용에 대해 질문이 있거나 자녀 교육에 어려움이 있어 도움이 필요한 경우 "강충열 교수의 학부모 교실" 네이버 카페 Q & A 코너(https://cafe.naver.com/profkangclass)를 이용해 무료 서면 상담을 받으시길 바란다. 아울러 이 책의 내용을 적용하여 공부에 성공한 사례도 함께 공유해 주시길 바란다. 부존자원이 부족한 우리나라가 무한경쟁의 세계화 시대에서 생존하고 지속적으로 발전하기 위해서는 각계각층에서 학습 능력을 갖춘 유능한 인물들을 길러내어 국가의 총체적 교육력을 높이는 일이 필요하다. 아무쪼록 이 책이 가정과 학교, 그리고 더 나아가 사회의 교육력을 높여, 개인의 성장을 도모하고 국가가 부강한 나라로 발전하는데 조금이나마 기여할 수 있기를 소망한다.

한국교원대학교 명예교수
강충열

차례

서문 ... 5

1부
공부 기술에 대한 기본 이해

1장 공부 기술의 개요

1. 공부 기술이란 무엇인가? ... 21
2. 공부 기술에는 어떤 것들이 있는가? ... 21
3. 공부 기술은 어떤 성격을 지니고 있는가? ... 23
4. 공부 기술은 어떻게 발달하는가? ... 24
5. 공부 기술은 어떤 효과가 있는가? ... 26

2부
세부 공부 기술 소개

2장 일차적 기술

제1절 읽기 기술

1. 읽기에 대한 이해
   1) 읽기를 위한 학습 ... 33
   2) 학습을 위한 읽기 ... 35

2. 세부 읽기 기술
   1) 질문하고 답을 찾으며 읽기 38
   2) 글의 전개를 예측하며 읽기 41
   3) 중심 문장과 보조 문장을 찾으며 읽기 41
   4) 텍스트의 구조를 파악하며 읽기 45
   5) 텍스트의 내용을 평가하며 읽기 48
   6) 이해 수준을 점검하며 읽기 53
   7) 시그널과 주석을 달며 읽기 57
   8) 추론을 통해 핵심 아이디어 찾기 58
   9) 요약하기 59
   10) 비판적으로 읽기 61

제2절 쓰기 기술

1. 쓰기에 대한 이해
   1) 쓰기 불안 65
   2) 학문적 글쓰기 68
   3) 유형별 글쓰기 77
2. 세부 쓰기 기술
   1) 계획 단계에서의 쓰기 기술 85
   2) 서술 단계에서의 쓰기 기술 90
   3) 검토 단계에서의 쓰기 기술 93

제3절 말하기 기술

1. 발표 불안에 대한 이해 98
2. 세부 발표 기술
   1) 발표 준비 단계에서의 전략 101
   2) 발표 연습 단계에서의 전략 103
   3) 실제 발표 단계에서의 전략 104

3. 효과적인 말하기 지원 전략
   1) 나-전달법(I-message)을 사용하기   111
   2) 판단적 언어보다 서술적 언어 사용하기   113
   3) 신체 언어 사용하기   114
   4) 불필요한 말과 듣지 않을 지시를 하지 않기   117

제4절 듣기 기술

1. 듣기에 대한 이해
   1) 듣기 방해 요인   119
   2) 듣기의 과정   121
2. 세부 듣기 기술
   1) 듣기에 필요한 대인간 기술   122
   2) 비판적 듣기 기술   123
   3) 능동적 듣기 기술   125
   4) 효과적으로 수업을 듣는 기술   129

제5절 노트 필기 기술

1. 노트 필기의 효과   136
2. 효과적인 노트 필기 전략   138
3. 코넬 노트 체제를 이용하기
   1) 코넬 노트 체제로 수업 노트하기   143
   2) 코넬 노트 체제로 텍스트 노트하기   144
   3) 수업 노트와 텍스트 노트를 조합하여 복습하기   146

제6절 영어 어휘력 증진 기술

1. 어휘력의 중요성   150
2. 어휘 습득의 단계와 영어 어휘 학습의 팁   153

3. 프런티어 어휘 확장법(Frontier Method)
　　1) 어휘의 세가지 종류　　　　　　　　　　　　　　　155
　　2) 프런티어 어휘 확장법의 단계　　　　　　　　　　156
4. 어근을 통한 어휘 학습
　　1) 많이 사용되는 어근과 접두사　　　　　　　　　　161
　　2) 14개의 마스터 단어　　　　　　　　　　　　　　164

제7절 기억술

1. 기억의 작동에 대한 이해　　　　　　　　　　　　　　166
2. 기억을 증진시키는 기술
　　1) 기억하려는 노력하기　　　　　　　　　　　　　　171
　　2) 평안한 마음으로 기억할 내용에 집중하기　　　　　173
　　3) 학습곡선을 이해하고 분산 학습을 하기　　　　　　174
　　4) 기억할 내용을 사전 지식과 연계하기　　　　　　　176
　　5) 기억할 내용을 조직하기　　　　　　　　　　　　　178
　　6) 이미지(심상)를 만들어 기억하기　　　　　　　　　180
　　7) 두문자어, 시구, 리듬 패턴, 문장을 만들어 기억하기　183
　　8) 기둥 단어법을 이용하기　　　　　　　　　　　　　187
　　9) 키워드 법　　　　　　　　　　　　　　　　　　　191
　　10) 암송하기와 회생 연습하기　　　　　　　　　　　192

제8절 문제 해결 기술

1. 문제의 3요소　　　　　　　　　　　　　　　　　　　196
2. 문제해결력을 증진시키는 기술
　　1) 문제 발견 단계에서의 기술　　　　　　　　　　　199
　　2) 해결 방법 탐색 단계에서의 기술　　　　　　　　　203

3장 이차적 기술

제1절 꿈을 갖고 공부하는 기술

1. 삶의 목적을 꿈으로 설정하기   215
2. 꿈이 이루어진 모습을 마음에 새기기   217
3. 꿈을 이루기 위해 계획하기   220
4. 꿈을 이루기 위한 계획을 실천하기   222

제2절 시간 관리 기술

1. 시간을 계획해서 사용해야 하는 이유   225
2. 효과적인 시간 사용 전략   229
3. 3단계 시간 스케줄 짜기   243

제3절 스트레스 관리 기술

1. 스트레스에 대한 이해   253
2. 스트레스를 감지하기   255
3. 피할 수 있는 스트레스를 제거하기
      1) 공부 지연 극복하기   256
      2) 보편적 스트레스를 제거하기   261
4. 삶의 태도를 바르게 증진시키기   264
5. 건강한 루틴을 설정하고 지키기   270

제4절 학습 공간 관리 기술

1. 공부방 꾸미기   280
2. 학습 자료 관리 시스템 구축하기   283
3. 컴퓨터 사용으로부터 건강 지키기   288

제5절 시험을 준비하고 치르는 기술

1. 시험 스트레스 발생의 3단계 … 291
2. 시험 스트레스 극복을 위해 준비하기
    1) 학업적으로 준비하기 … 294
    2) 심리적으로 준비하기 … 304
3. 체계적으로 시험에 임하기 … 310
4. 시험 문제 유형을 이해하고 대처하기
    1) 진위형 문제 … 314
    2) 선다형 문제 … 316
    3) 연결형 문제 … 322
    4) 완성형 문제 … 323
    5) 논술형 문제 … 324
    6) 오픈북 문제 … 332
    7) 구두시험 … 333
5. 시험을 통해 배우기 … 335

제6절 학습 동기 증진 기술

1. 꿈의 상기와 학습 목적의 명료화 … 341
2. 학업 성공의 자신감 기르기 … 344
3. 공부 시간을 정하고 지키기 … 346
4. 공부 지루함에 대처하기 … 348
5. 성취를 기록하고 정점을 추구하기 … 351
6. 학습과 성취에 대한 내적 동기 진작시키기 … 352

제7절 집중력 증진 기술

1. 집중하기 좋은 공부 환경을 마련하기 · 357
2. 평정심을 유지하기 · 357
3. PIC 절차 밟기 · 360
4. 멀티태스킹 하지 않기 · 361
5. 5 대 1로 공부와 휴식 패턴 갖기 · 362
6. 과제와 능력 간의 균형을 맞추기 · 363
7. 과제에 따라 근심 수준을 조절하기 · 364

제8절 수업을 통해 최대의 학습 효과를 얻는 기술

1. 수업 전 준비 전략 · 367
2. 수업 중 참여 전략 · 370
3. 수업 후 복습 전략 · 371

제9절 자기 조절 학습 기술

1. 자기 조절 학습의 중요성 · 375
2. 자기 조절 학습 역량의 발달 상황과 증진 전략 · 376

제10절 협동학습 기술

1. 협동학습 집단 구성과 구조 · 386
2. 협동학습 집단 내 상호작용 기술
   1) 상호지원적인 집단 분위기 창조하기 · 388
   2) 협동학습의 목적과 어젠다 설정하기 · 392
   3) 구성원의 역할과 책무성 증진시키기 · 393
   4) 협동학습의 진보를 점검하기 · 395
   5) 효과적으로 집단 토론에 참여하기 · 397
   6) 건설적으로 비평을 제공하고 수용하기 · 398

3. 협동학습 기여도 평정척 400

4장 메타인지 기술

1. 메타인지의 정의와 구성 요소 405
2. 메타인지의 성격 410
3. 메타인지 증진 전략 416

3부
공부 기술의 지도

5장 공부 기술의 지도

1. 직접 교수 427
2. 공부 기술 지도의 가이드 라인 428
3. 수업 단계별 교수 활동 432

참고문헌 440

1부

공부 기술에 대한 기본 이해

1장
공부 기술의 개요

공부 기술은 학자들의 과학적 연구를 통해 효과성이 입증된 공부 지식으로서 학생들이 혼자서 습득하기는 어렵다. 공부 기술을 잘 알고 있는 성인에게 배워야 한다. 마치 자동차 운전과 비슷하다. 사람이 자동차를 운전하기 위해서는 운전 기술을 잘 알고 있는 사람에게 운전 기술을 배워야 한다. 스스로 자동차 운전 기술을 발견하여 운전하기는 어렵기 때문이다.

1. 공부 기술이란 무엇인가?

지식은 크게 두 가지가 있다. 하나는 학문 또는 교과의 내용 지식(Content Knowledge)이고, 또 하나는 그 내용 지식을 다루는 절차적 지식(Procedural Knowledge)이다. 절차적 지식은 방법론적 지식(Methodological Knowledge)이라고도 부르는데, 기능적 지식이다.

방법론적 지식 중에는 공부 기술(Study Skills) 또는 학습 전략(Learning strategies)이라는 것이 있는데, 이를 공부하는 방법에 대한 지식, 또는 공부법이라고도 부른다. **공부 기술은 효과적으로 정보를 이해하고, 보유하고, 회생하고, 활용하는 인지적·정의적 기술이다.** 즉 공부 기술은 학습할 내용을 효과적으로 이해하고, 기억에 저장한 다음, 필요한 때 그 내용을 상기하여, 필요한 곳에 활용하는 기술이다. Hollins(2021)는 공부 기술은 공부하는 방법에 대한 지식이라는 점을 강조하여, 공부 기술의 학습을 메타학습(Meta-Learning)이라고 불렀다. 정리하면 공부 기술 또는 학습 전략은 학습자들이 효과적인 학습자가 되도록 돕는 기술을 말하는데, ① 학습할 때 사용되고, ② 학습자의 능동적인 인지적 처리 과정이 내포되어 있고, ③ 학습을 증진시키는 목적을 가지고 있다(Mayer, 2003).

2. 공부 기술에는 어떤 것들이 있는가?

공부 기술에 대한 분류는 다양하다. 이 책에서는 학자들의 분류를 종합·정리하여 세 가지로 분류하여 소개한다.

첫째, **일차적 기술**이다. 학습할 내용에 대해 직접 적용하는 기술이다. 읽기, 쓰기, 말하기, 듣기, 노트필기, 영어 어휘력 증진, 기억술, 문제해결 기술이다.

둘째, **이차적 기술**이다. 일차적 기술을 사용할 때 학습자가 본인의 내적 심리 상태를 학습에 유리하도록 적절하게 유지하는 기술이다. 생애설계, 시간관리, 스트레스 관리, 학습 공간 관리, 시험 준비 및 대처, 학습 동기 증진, 집중력 증진, 수업에서 최대의 학습 효과를 보기, 자기 조절 학습, 협동학습 기술이다.

셋째, **메타인지 기술**이다. 학습 시 일차적 기술과 이차적 기술의 사용 과정과 결과를 점검하고 통제하는 기술이다. 상위 수준의 인지적 전략으로 문제를 정의하기, 문제해결 과정과 결과를 모니터하기, 모니터 과정과 결과에 따라 전략을 수정하기를 포함하는 기술이다.

본 책에서 다루는 세 가지 공부 기술을 그림으로 표시하면 다음과 같다.

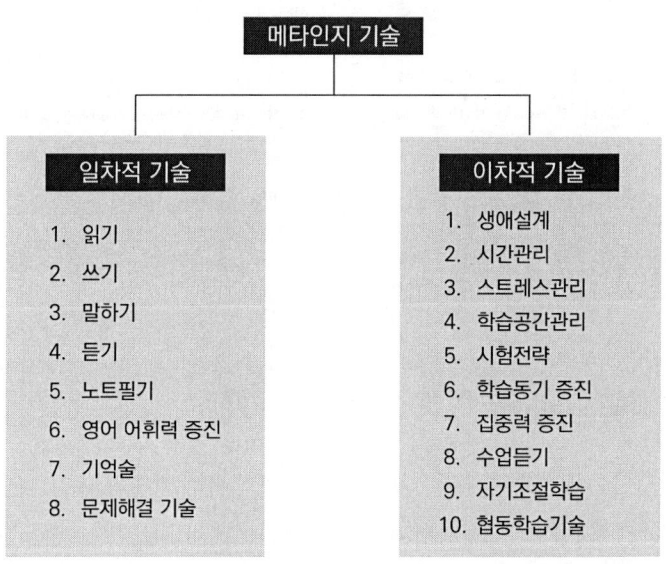

3. 공부 기술은 어떤 성격을 지니고 있는가?

공부 기술은 학습할 때 학습을 증진시키기 위한 특정한 목적을 가지고 사용되는 전략들이다. 공부 기술은 학습자의 의도적인 정보처리 과정을 필요로 하며, 인지적인 기술과 동기와 의지를 통제하는 정의적 기술들이 포함되어 있다. 따라서 공부 기술의 사용은 인지와 정서를 통합적으로 조절하는 자기 주도적인 학습 활동이라고 할 수 있다(Brown, 1987; Paris et al., 2001). 공부하는 방법이라는 개념은 새로운 것이 아니다. 일찍이 18세기 프랑스의 철학자 Rousseau는 학교의 공식적인 교과교육을 통해 지식을 습득하기 전에 별도로 공부하는 방법과 태도를 길러야 한다고 주장했다(Nisbet & Schucksmith, 2018에서 재인용). 현대에 와서도 공부하는 방법에 대한 교육의 중요성은 다음과 같이 지적되고 있다.

> 학생은 자신의 학습에 대한 주인이다…우리는 지식의 중요성을 가치 절하하는 것은 아니다. 지식은 이해되고 사용될 때 가장 잘 획득되는데, 이것은 학습에 대한 바른 태도와 방법, 즉 공부하는 방법에 대한 학습 능력이 형성되었을 때 가장 잘 이루어질 수 있다. (Plowden Report, 1967, Para. 529)

> 언어와 수학의 기본적인 지적 기능과 사회적 기능과는 별도로, 학생들은 공부하는 방법에 대해 학습을 해야 하고, 필요할 때 필요한 지식을 습득하여야 한다. 그래야 교사에게만 의존하지 않고 독립적인 학습자가 될 수 있다. (Gittins Report, 1967, Para. 10.3)

Volderman(2016)은 공부 기술의 성격을 다음과 같이 네 가지로 설명한다.

첫째, 공부 기술은 학교교육에서 그치지 않는다는 것이다. 공부 기술은 평생을 살아가면서 개인적, 전문적 성장에 필요한 기술이라는 것이다. 특히 정보화 시대의 평생학습 사회에서 생존하고 발전하는 데 있어 중요한 기술이 된다. 실제로 요즘에는 산업계의 고용자들 사이에서 자신들이 고용할 피고용자들이 갖추어야 할 능력들 중에서 학습 능력이 가장 중요하다고 보는 일이 증가하고 있다.

둘째, **공부 기술은 배워야 한다**는 것이다. 학습자가 효과적으로 공부하는 방법을 스스로 발견하여 실행하기는 매우 어렵기 때문이다. 공부 기술은 과학적인 연구와 검증을 통해 발견된 것이기 때문에, 학습자가 공부 기술에 대한 정보를 얻지 못하면 공부 기술을 사용하기 어렵다. Dansereau 등(1975)의 연구에 따르면, 학업성적이 우수한 학생들이라도 공부 기술에 대해 잘 알고 있지 못한 경우가 많다.

셋째, 생물학적으로 문제가 없는데도 불구하고 **학업성취가 저조한 학생들이 있는데, 그 이유 중의 하나는 적절한 공부 기술을 갖고 있지 못하다**는 것이다. 실제 여러 연구들은 공부 기술 훈련은 학업 성취가 중간 수준인 학생들과 학습에 어려움을 겪는 학생들의 학업 성취에 특히 효과가 크다고 보고하고 있다(Dansereau, 1985; Holley & Dansereau, 1984; Mintzes et al., 1997; Nesbit & Adesope, 2006).

넷째, **공부 기술은 실천으로 옮기지 않으면 무용지물**이라는 것이다. 자동차 운전면허를 어렵게 따게 되었으나 실제 운전하지 않으면 그 면허는 장롱면허가 되는 것과 마찬가지이다. 배운 공부 기술은 학습자가 다양한 학습장면에 실제로 적용함으로써 습관처럼 자신의 것으로 내면화해야 한다.

4. 공부 기술은 어떻게 발달하는가?

공부 기술의 기초적인 것들은 초등학교에 입학하기 전에 형성된다. 2-5세의 아동들도 사물과 사건을 기억하기 위해 공부 기술들을 사용한다

(Wellman, 1988). 예를 들어, 장난감을 찾거나 이를 닦는 것을 기억하는 등의 일상의 과제들로부터, 공부 기술들은 목표 지향적이고, 도구적이고, 개인의 노력에 의존한다는 이해를 갖게 된다. 이것은 공부 기술의 기본적인 개념이 형성된다는 것을 의미한다. 그 후 자녀들이 학교생활을 통해 습득하는 공부 기술들은 인지적 발달과 함께 형성된다. 예를 들어, 기억하고, 의사소통하고, 주의를 기울이는 정교한 기술들은 5-13세 사이에 형성된다(Brown et al., 1983; Paris & Lindauer, 1982; Schenider & Bjorklund, 1997). 또한 학교 경험은 또한 읽기, 쓰기, 말하기, 듣기, 계산하기, 시험 보기 등의 특정한 공부 기술들을 형성시켜 준다(Pressley & Levin, 1987; Weinstein & Mayer, 1986). 이에 따라 인지적 발달, 학업 과제 연습, 특정 교수를 통해 학업에 필요한 공부 기술들은 점진적으로 형성된다.

공부 기술의 습득은 이런 일반적 발달을 보이지만, 개인 간 차이와 개인 내 차이를 보이기도 한다. 같은 나이의 학생들이라도 습득하는 공부 기술들이 차이가 있다. 예를 들어, 같은 나이라도 읽기 기술이 부족한 학생들은 또래들보다 텍스트에서 주요 아이디어들을 찾아내는데 어려움을 겪는다(Smiley et al., 1977). 아울러 공부 기술은 개인 내에서도 안정적이지 않고 과제에 따라서 다르다. 예를 들어, 어떤 학습자는 설화식의 텍스트(Narrative Text)에서는 주요 아이디어들을 찾아 내지 못하나, 그림으로 구성된 이야기에서는 주요 아이디어들을 능숙하게 찾아낸다(Masur et al, 1973). 이런 현상은 어떤 종류의 공부 기술은 능숙한 학생들에게도 항상 가용한 것은 아니라는 것을 시사한다. 과제가 매우 복잡하면, 능숙한 학생들이라고 하더라도 주요 아이디어를 찾아내기 어렵고, 추가적으로 별도의 도움을 필요로 한다.

Nisbet과 Schucksmith(2018)는 공부 기술에 대한 **공식적인 지도는 10-14세부터 이루어져야 한다고 주장한다. 학생들의 나이가 17세 이상이 되기까지 잘못된 학습 습관이 형성되어 굳어지면 수정하기 매우 어렵기 때문이다.** 공부 기술에 대한 공식적 지도를 통해 학생들은 공부 기술들에 대해 다음과 같은 이해를 형성하게 된다. 먼저, ① 공부 기술들이 무엇인지에 대한 인식을 형성하게 된다. 이를 공부 기술에 대한 **선언적 지식**이라고 하는데, 일련의 공부 기술들이 지닌 기능과 목적에 대한 개념적 이해를 형성하게 된다. 또한, ② 공부 기술들을 사용하는 방법을 이해하게 된다. 이를 공부 기술에 대한 **절차적 지식**이라고 하는데, 공부 기술들을 시행하는데 필요한 절차에 대한 이해를 형성하게 된다. 마지막으로, ③ 공부 기술들이 언제, 왜 효과적인지를 이해하게 된다. 이를 공부 기술에 대한 **조건적 지식**이라고 하는데, 이는 배운 공부 기술을 여러 학습 상황에 전이하는데 중요한 역할을 한다.

5. 공부 기술은 어떤 효과가 있는가?

공부 기술은 능동적이고 효과적인 학습자가 되도록 한다. 능동적이고 효과적인 학습자란 적극적인 정보 처리자, 해석자, 종합자로서 정보를 저장하고 회생하는데 다양한 기술을 사용하고, 자신의 학습에 대해 스스로 책임을 지고, 학습 환경을 자신의 요구와 목표에 적절하게 조정하는 노력을 하는 사람이다(Wittrock, 1974, 1978). 이에 따라 공부 기술은 학업 성취가 높은 학습자와 낮은 학습자를 구별하는 주요 특징들 중의 하나가 된다(Jones et al., 1985; Weinstein, 1978). Dansereau(1985)에 의하면 공부 기술 훈련은 그런 훈련 없이 공부하는 경우보다 **학업 수행에 있어 평균 30-40%의 향상**을 가져온다. Fry(2011)도 타고나는 능력이 학업성취에 미치는 영향력은 50-60% 정도 되고, 공부하는 환경, 건강, 기타 환경적 요인들이 10-15% 정도 영향력을 발휘하고, **공부 기술이 25-40% 정도 영향을 미친다**고 하면서, 공부 기술이 학업성취에 미치는 효과가 크다고 기술하고 있다. 특히 공부 기술은 학업성취 수준이 중간 이하인 학습자들에게 보다 효과가 크다(Feuerstein, 1980; Frankenstein, 1979; Meichenbaum, 1977). 그 이유는 학업성취 수준이 중간 이하인 학습자들은 공부 기술이라는 인지적 자원을 가지고 있지 못했는데, 이것이 보충되면 이전에는 보지 못했던 공부 효과를 볼 수 있기 때문이라는 때문이다(Dunlosky & Metcalfe, 2009). 다시 말해 John Flavell의 용어로 이 현상은 공부 기술에 대한 **가용성 부족**(Availability Deficiency)을 보완해 줌에 따라 나타나는 것이다(Mayer, 1987).

자녀들은 공부 기술을 습득하고 그 사용이 **자동화 수준**(Automatized Level)에 이르게 되면 학업성취는 향상되고, 학업성취가 향상되면 **학업적 자기 효능감**(Academic Self-Efficacy)이 증진된다. 학업적 자기 효능감이란 학업을 성공적으로 완수할 수 있다는 자신의 능력에 대한 신념이다(Bandura, 1995). 학업적 자기 효능감은 학업에 중요한 동기 요인으로서 자신의 학업성취에 대해 기대감을 높이고, 공부 기술을 사용하여 자기 주도적 학습 활동을 증진시킴에 따라 학업성취에 긍정적으로 영향을 미친다. 따라서 공부 기술과 학업성취, 학업적 자기 효능감은 다음 그림과 같이 선순환적 관계를 보인다.

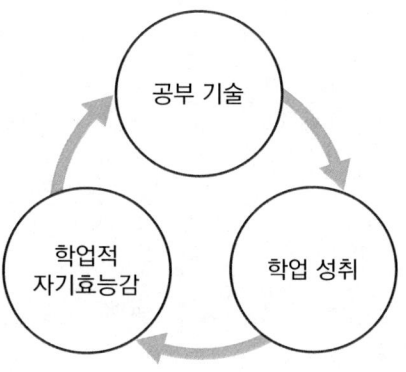

학창 시절에 공부 기술을 사용하여 학업성취와 학업적 자기효능감이 높아진 자녀들이 정보화 시대의 평생학습 사회에 진출하여 각자의 전문영역에서 꾸준히 학습하는 자기 주도적 학습자들이 되면 국가의 총체적 교육력도 높아지게 된다. 이런 맥락에서 보면 공부 기술은 개인적으로나 국가적으로나 교육의 유용성 측면에서 높은 수준의 도구적 가치를 지니고 있다.

2부

세부 공부 기술 소개

2장

일차적 기술

 일차적 기술은 학습할 내용에 대해 직접적으로 적용하는 공부 기술들로서, 이 장에서는 읽기 기술, 쓰기 기술, 말하기 기술, 듣기 기술, 노트필기 기술, 기억술, 영어어휘력 증진 기술, 문제해결 기술을 소개한다. 일차적 기술은 학문과 교과의 문화적 상징 체제를 효과적으로 습득하여 사회에 적응하고 고등 수준의 지적 능력을 발달시키는 중요한 도구가 된다.

제1절
읽기 기술

1. 읽기에 대한 이해

읽기 능력은 모든 학습의 기본이 된다. 따라서 읽기 능력이 부족하면 학습에 큰 지장을 받고, 반대로 읽기 능력이 우수하면 빠르게 읽을 수 있어 학습의 능률을 높일 수 있다. 읽기는 읽기를 위한 학습(Learning to Read)과 학습을 위한 읽기(Reading to Learn)로 나뉜다(Adams, 1990; Chall, 1979; Singer, 1981; Weaver & Resnick, 1979).

1) 읽기를 위한 학습

읽기를 위한 학습은 인쇄된 글자들을 발음하고 이해하는 방법을 학습하는 것이다. 유치원부터 초등학교 3학년까지는 읽기 교수의 초점이 읽기의 자동화(Automaticity) 능력을 습득하는데 있다. 읽기를 위한 학습에는 인쇄된 단어들을 소리로 발음하는 해독(Decoding) 기술이 핵심이다. **해독**은 인쇄된 단어의 의미를 설명하기보다는 발음하거나 명명하는데 초점을 두는 기술이다. 해독의 핵심은 **자동화**(Automaticity)에 이르는 것이다. 즉, 글자와 소리와의 관계를 빠르게, 그리고 힘들이지 않고 자동적으로 인식하는 것이 핵심이다.

해독 기술을 습득시킬 때의 방법으로 발음(Phonics) 중심 접근과 통 단어 접근(Whole-Word Method)이 제시되고 있다. 어느 접근을 취하는 것이 좋으냐에 대한 역사적인 논쟁이 있었으나, 요즘에는 두 접근이 모두 필요하다는 관점이 힘을 얻고 있다(Pressley et al., 1998). 특히 발음 중심 접근은 초등학교 저학년에 필요하다(Adams, 1990; Chall, 1967; Williams, 1994).

발음 중심 접근은 글자 또는 글자 무리를 발음하고 음들을 조합하여 단어들을 형성하는 법을 가르치는 것이다. 즉 글자와 소리와의 관계 그리고 단어를 소리 내는 규칙을 지도하는 것이다. 예를 들어, "집"이라는 단어를 가르칠 때, 발음 중심 교수는 "/ㅈ/+/ㅣ/+/ㅂ/" 각각의 소리가 합해져서 "집"이라는 단어가 구성된다고 가르치는 것이다. 단어의 의미 보다는 단어의 발음을 강조하기 때문에 **코드 강조법**(Code-Emphasis Method)이라고도 불린다(Chall. 1967).

통 단어 접근은 단어를 의미와 함께 발음하여 익히도록 하는 것이다. 예를 들어, 집 그림을 보여 주고 "집"이라고 통으로 발음하여 집이라는 단어의 의미와 발음을 연계하도록 하는 것이다. 단어의 소리 보다는 단어의 의미를 강조하기 때문에 **의미 강조법**(Meaning-Emphasis Method)이라고도 불린다(Chall. 1967). 통단어 접근 교수는 두 가지 방법을 중요하게 생각한다.

① 필수 기본 단어(Sight Words)들을 지도하는 것이다.

학년 별로 습득해야 할 기본 단어들을 보는 즉시 발음하고 그 의미를 알도록 지도하는 것이다.

② 언어 경험법(Language Experience Method)이다.

자녀가 자신이 경험한 것이나 관찰한 이야기를 받아쓰게 하거나 글로 작성하도록 하고 틀린 부분은 교정해 주는 것이다. 이것은 자녀가 직접 경험한 것을 언어와 연계하는 것으로 자녀의 언어에 대한 흥미 증진과 해독 기능 향상에 효과가 있다.

아동들의 해독 기능은 양적·질적으로 변화한다(Bryan & Harter, 1897). 양적 변화란 해독의 자동화 속도가 빨라지는 측면을 언급한다. 질적 변화란 해독의 패턴이 변화함을 언급한다. 먼저 해독 수준이 글자 대 글자 수준(Letter-by-Letter Basis)에서, 단어 대 단어 수준으로(Word-by-Word Basis), 그리고 마지막으로는 구 대 구(Phrase-by-Phrase Basis) 수준의 단계를 거쳐 해독하는 패턴의 변화를 이루는 것이다. 이것은 해독이 고등 수준의 기능으로 발달하여 자동화의 단계로 들어가는 것을 의미한다.

학생들이 초등학교 3-4학년 즈음되면 10-15% 정도의 학생들은 읽기 수준이 또래 보다 1-2학년 정도 뒤처지고, 3-5%의 학생들은 2학년 이상 뒤처질 수 있어 학업에 어려움을 겪을 수 있다(Bruning et al., 2011). 따라서 초등학교 저학년에서는 유창한 해독 능력을 갖추도록 하는 것이 중요하다.

2) 학습을 위한 읽기

학습을 위한 읽기란 특정 정보를 얻기 위한 도구로서 읽기를 사용하는 것이다. 즉 **독해**를 말한다. 학습을 위한 읽기는 동화나 소설과 같이 즐거움을 위해 가볍게 읽는 것이 아니라 학술서나 교과서 텍스트와 같이 어렵지만 중요한 정보를 찾아 이해하고 오래 기억하기 위해 읽는 것으로서 **학습 읽기**(Study Reading)라고도 한다(Luckie & Smethurst, 1998). 높은 수준의 독해는 텍스트에 명시적으로 진술된 내용을 단순히 이해하는 것을 넘어, 학습자

본인이 그 내용을 기존에 자신이 가지고 있던 사전 지식과 연계하여 일관된 의미를 능동적으로 구성하는 활동이다(Graesser, 2007). **독해는 초등학교 4학년 이상에서의 읽기 교수에서 주요 초점**이 된다.

학습을 위한 읽기는 능동적 읽기를 필요로 한다. **능동적 읽기는 다음과 같은 전략들이 필요함에 유의하여 지도**한다(Cottrell, 2009; Gredler, 2005; Longman & Atkinson, 1988; Mcmurray, 2011; Pressley et al., 1987).

첫째, **정보를 얻기 위한 목적**을 갖고 텍스트를 읽는다. 구체적으로 질문들을 만들고 답을 얻기 위해 텍스트를 읽는다. 예를 들어, 이 책이 다루고 있는 토픽에 대해 내가 얼마나 알고 있는가? 내가 이 책을 통해 얻고자 하는 것이 무엇인가? 어느 정도로 상세한 정보를 얻고자 하는가? 등의 질문을 한다. 그리고 텍스트를 읽기 전에 텍스트의 제목을 보고 소수의 질문들을 만든 후 종이에 기록하고, 그 답을 얻기 위해 텍스트를 읽는다. 이렇게 텍스트를 통해 알아내고자 하는 것이 분명할수록 텍스트에서 그것을 찾아내는 것이 훨씬 쉬워진다. 읽기 능력이 좋은 사람들은 이런 활동을 과제에 따라 시간과 노력을 다양하게 할당하며 실행하는데, 대개 좀 더 어려운 과제에는 좀 더 많은 시간과 노력을 할당한다.

둘째, **책을 먼저 개관**한 후 읽는다. 이것은 저자가 이야기하고자 하는 내용의 전체 흐름을 포착하여 효과적으로 책을 읽을 수 있도록 해 준다. 책 제목, 하위 제목들, 장의 첫 단락과 마지막 단락을 읽고 글의 전체 개요를 먼저 파악한 후 텍스트를 읽는다.

셋째, **핵심 되는 단어와 문장들은 형광펜으로 밑줄을 긋거나 표시**를 하며 읽는다. 질문들에 대한 답을 얻는 과정에서 핵심이 되는 단어와 문장들은 형광펜으로 표시하여 두드러지게 한다. 특히 제목과 첫 단락 및 마지막 단락에서 핵심이 되는 단어와 문장들을 찾는다. 중요하다고 생각되는 단어와 문장들은 색깔을 달리하여 형광펜으로 표시하거나 별표로 표시한다.

넷째, **책의 좌우 여백에 자신의 생각을 기록**하며 읽는다. 책 내용에 대해 생각이나 추가 질문이 떠오르면 그것을 텍스트 내용 옆의 여백에 기록한다.

다섯째, **어려운 부분은 다시 읽는다.** 학업적인 텍스트는 종종 어려운 부분들을 담고 있기 때문에, 그런 부분들은 이해가 되지 않을 경우 몇 번이고 다시 읽는다. 필요시 다른 텍스트를 참고하여 이해에 도움이 되도록 한다. 이것을 읽기에서 "**수리 전략**"(Fix-It Strategy)이라고 하는데, 읽기에서 이해가 안되는 문제가 심각해지기 전에 '고쳐' 해결하는 것이다.

여섯째, 어려운 용어가 나오면 먼저 **문맥을 통해 그 용어가 어떤 의미로 쓰였는지 추론**해 보고, 나중에 그 의미를 사전에서 찾아 확실히 이해한다. 용어에 대한 확실한 이해가 없으면 독해의 속도가 떨어지기 때문이다.

일곱째, **텍스트를 읽은 후 정리**한다. 이 때 텍스트의 요점은 무엇인가? 요점들을 지지하는 세부 설명들이 적절한가? 이 텍스트를 통해 배울 점은 무엇인가? 등의 질문을 하며 이에 대한 답을 찾아 정리한다.

여덟째, **자신의 이해 수준을 점검하며 읽는다.** 몇 문단을 읽고 멈춘 후, 다시 텍스트를 보지 않고 방금 읽은 내용을 요약한다. 이것을 "**잠시 멈추고 생각하는 전략**"(Pause-Reflect Strategy)이라고 한다. 소수의 단어를 사용하여 소리 내어 자신의 말로 요약한다. 이것이 제대로 안되면 다시 텍스트를 읽고 요약한다.

아홉째, **노트 필기를 하며** 읽는다. 읽기와 노트하기는 '빵과 버터'의 관계이다. 노트한 내용은 기억에도 오래가고 나중에 시험이나 보고서 작성 등 여러 가지로 쓸모가 있다. 노트 필기 시 다음과 같은 점에 유의한다.

① **먼저 읽은 후 노트한다.** 내용을 읽으며 노트하는 것은 읽기 속도를 느리게 하고, 노트의 양이 많아지게 하고, 중요한 것과 덜 중요한 것을 구별해 내기 어렵게 만든다.

② **이해한 내용을 자신의 말로 진술한다.** 이것을 **패러프레이징**

(Paraphrasing)이라고 하는데, 이 과정은 이해를 공고히 해 준다.

③ 이론적인 내용은 그것을 뒷받침하는 구체적인 예들과 함께 기록한다.

④ 핵심 내용을 먼저 기록하고 그것을 지지할 세부적인 내용은 나중에 기록한다.

⑤ 노트 필기를 한 후 검토한다. 필기한 내용이 의미가 통하게 기록되었는지? 얻고자 하는 답을 얻었는지? 등을 점검한다.

열째, **선택적으로 읽는다**. 책의 모든 내용이 그 중요성에 있어서 동등한 것은 아니다. 자신이 책을 읽는 목적에 따라 내용을 선택하며 읽는다. 선택적 읽기를 효과적으로 하려면 먼저 읽기의 목적을 분명히 갖는 것이 필요하다.

2. 세부 읽기 기술

자녀들은 글을 읽을 때 실제로는 잘 이해하지 못하고 있음에도 불구하고 충분히 이해했다고 생각하는 경우가 많다. 이것을 **앎에 대한 착각**(Illusion of Knowing) 현상이라고 하는데, 자녀들이 글에 대한 사전 지식이 부족하거나 읽기 기술이 부족한 경우에 나타난다(Ormrod, 2016). 그 결과 자녀들은 조기에 읽기를 종료하고, 시험에서 낮은 성적을 받아들곤 당혹해 한다.

다음은 독해를 증진시키는 세부 읽기 기술들이다. 어느 하나를 취사선택하기 보다는 종합적으로 사용할 때 효과적이다.

1) 질문하고 답을 찾으며 읽기

글을 읽을 때는 목적을 갖고 읽는 것이 중요하다. 목적을 갖고 글을 읽기 위한 효과적인 방법은 스스로 질문을 하고 답을 찾으며 글을 읽는 것이다. 이를 **자기 질문**(Self-Questioning)이라고 한다. 자기 질문은 글의 제목을 보고 질문을 생성하는 것으로부터 시작한다. 글의 제목은 사전 지식의 활성화와 읽기의 방향 및 세세한 내용을 기억하는 데 영향을 미치기 때문이다(Pichert & Anderson, 1977). 질문하고 답을 찾으며 읽기를 하게 되면, 읽기 과정이 능동적이게 되며 글에 대한 이해도도 깊어진다(Chi, de Leeuw, Chiu et al., 1994). 좀 더 구체적으로 **자기 질문의 효과**는 다음과 같다.

> ① 수동적인 학습자에서 능동적인 학습자로 바꾸어 준다.
> ② 이해의 전 과정에 추진력을 불어 넣어 준다.
> ③ 읽기를 통해 얻고자 하는 의미와 이해를 갖도록 하는 데 도움을 준다
> ④ 주의를 집중해서 읽기에 임하도록 해 준다.

질문하며 읽기는 학생들의 독해력과 추론 능력 증진에 효과가 있다(Raphael & Wonnacott, 1985). 특히 학업성취가 저조한 학생들에게 그 효과가 크다(King, 1992; King et al., 1998). 질문하며 글을 읽을 때 이런 효과가 나타나는 이유는 ① 스스로 질문하면 자신의 추론과 설명을 촉진하여 이해를 높이고, ② 메타인지 전략이 되어, 학습자로 하여금 자신의 이해 수준을 평가하고, 만족스럽지 못하면 다시 읽어 이해를 확실히 하며 읽기를 진행해 나가도록 돕기 때문이다(Chi et al., 1994; McGee, & Johnson, 2003).

자기 질문은 글을 읽기 전이나 읽은 후에 할 수 있다(Mayer, 2003). 글을 읽기 전에 자기 질문을 하면 **전진 효과**(Forward Effects)를 볼 수 있다. 앞으로 읽을 내용 중 어떤 부분에 유의해야 하는지를 알려 준다. 즉 어떤 유형의 정보에 선택적으로 주의를 기울여야 하는지를 안내해 준다. 글을 읽은 후에 자기 질문을 하면 **후진 효과**(Backward Effects)를 볼 수 있다. 읽은 내용 중 다시 검토해야 할 부분에 대해 알려 준다. 자기 질문은 전진 효과나 후진 효과 모두 얼마만큼의 주의를 특정 정보에 할당해야 하는지를 알려 준다.

자기 질문의 구체적인 전략들로 다음과 같은 것들이 제시되고 있다 (Gredler, 2005).

첫째, 사실들을 관계 짓는 전략이다. 정교화 질문(Elaborative Interrogation)이라고 하는데, 텍스트에 실려 있는 사실적 내용에 대해 "왜"라는 질문을 한다. "왜 …이 그렇다는 것이지?"라는 질문을 하는 것이다.

둘째, 사고를 촉발시키는 질문들을 생성하기 위해 특정 "줄기"(Stem)를 사용하는 전략이다. 예를 들어, "---를 하기 위해 ---을 어떻게 사용한다는 것일까?", "---의 새로운 예는 무엇인가?", "---이 왜 그럴까?", "---이 ---에 어떻게 영향을 미치는가?", "만약 ---이 생기면 무슨 일이 일어날까?" 등의 줄기 근간을 사용하여 질문을 하는 것이다. 이렇게 특정 줄기에서 파생된 질문들을 하면, 자녀는 주요 아이디어들을 먼저 확인하고, 그 아이디어들이 자신의 사전 지식과 경험에 어떻게 연계되는지 발견할 수 있게 된다.

셋째, 6하 원칙(누가, 무엇을, 어디서, 언제, 왜, 어떻게)을 사용하여 질문을 만드는 전략이다. 예를 들어, "누가 주인공인가? 주인공은 어디서, 언제, 무슨 문제에, 왜 봉착했는가? 주인공은 어떻게 그 문제를 해결했는가?"의 질문을 하고 그 답을 얻기 위해 텍스트를 읽는다. 그리고 이런 질문들에 대한 답을 얻은 후에는 추가로 탐색하는 질문들을 던지면 그 이해의 수준을 더 깊게 할 수 있다. 예를 들어, "주인공의 문제해결 전략은 좋은 것인가? 아니면 나쁜 것인가?", "왜 좋거나 또는 나쁜 것인가?", "주인공은 다른 방법으로 문제를 해결할 수 없었는가?", "나는 그 상황에서 어떻게 했을 것 같은가?" 등의 질문을 할 수 있다.

그 외 ① 텍스트의 장 제목이나 하위 제목들을 질문으로 바꾸어 재진술하거나, ② 교사의 입장이 되어, "선생님이 이 부분에 대해 시험 문제를 만드신다면 어떤 질문을 하실 것인가?"라고 생각해 보는 것도 좋은 질문 만들기 전략이다.

2) 글의 전개를 예측하며 읽기

글을 잘 읽기 위해서는 단순히 텍스트를 읽기보다는 텍스트의 내용으로 다음에 어떤 것들이 전개될지에 대해 예측을 하고 읽는 것이 효과적이다. 예측을 하고 읽기를 하면 텍스트에서 특정한 정보를 얻기 위해 읽기의 초점이 맞추어짐에 따라 텍스트와의 상호작용이 활발하게 일어난다.

예측을 효과적으로 하려면(Longman & Atkinson, 1988),

① 굵은 글씨체로 되어 있는 제목들을 보고 어떤 내용을 다루는지에 대해 예측한다.
② 단원의 목표들을 살펴본다. 이 목표들은 어떤 내용들이 전개될지 예측하는데 도움을 주고 읽기를 통해 그 목표들을 달성했는지를 판단하는 데에도 도움을 준다.
③ 단원의 요약이나 복습 과제들을 살펴본다. 단원의 중요한 내용을 예측하는 데 도움을 준다.

3) 중심 문장과 보조 문장을 찾으며 읽기

텍스트는 단락들로 구성되어 있고, 단락은 전형적으로 하나의 아이디어나 토픽을 다루는데, 그 토픽을 언급하는 문장을 **중심 문장**(Topic Sentence)이라고 한다. 단락을 읽을 때 "이 단락에서 가장 중요한 것이 무엇인가?"라는 질문을 하고 그 답을 얻으면 그것이 중심 문장이 된다(Pauk & Owens, 2011). 그리고 단락은 중심 문장을 지지하는 **보조 문장**들을 동반한다. 읽기에서 중심 문장과 보조 문장을 찾는 것은 텍스트의 내용 흐름을 따라 잡고, 텍스트의 내용을 관리하여 기억에 오래 보유할 수 있도록 해 준다. 중심 문장은 단락의 마지막 문장에 제시되는 경우도 있지만, 대개의 경우 단락의 첫 문장에 제시된다. 포괄적이고 일반적인 성격의 문장 형식을 취하고, 부수적인 아이디어들을 이끌어 내는 우산과 같은 역할을 한다.

단락에서 중심 문장을 효과적으로 찾는 전략들은 다음과 같다(Longman & Atkinson, 1988; Sotiriou, 1989).

① "이 단락에서 가장 중요한 아이디어는 무엇인가?"라는 질문을 염두에 두고 텍스트를 읽는다.
② 중심 문장을 시사하는 신호 단어들을 찾는다. 예를 들어, "일반적으로, 특히, 중요한 것은, 핵심은, 요점은, 주요 특징은" 등과 같은 신호 단어들을 찾는다.
③ 단락의 모든 문장들이 서로 공유하는 아이디어를 찾아 중심 문장의 아이디어로 삼는다. 이 아이디어가 핵심 개념이기 때문이다.
④ 단락의 처음이나 끝 부분에 언급한 내용 중에서 핵심 개념을 진술하는 문장을 찾는다. 이것이 단락의 중심 문장이기 때문이다.
⑤ 중심 문장이 내가 만들었던 질문에 답을 주는지 점검한다.

만약 답을 준다면 그것이 중심 문장이고, 답을 주지 못한다면 중심 문장을 찾는데 실패한 것이기 때문에 다시 시도한다.

보조 문장들은 중심 문장을 지지하는 보조 아이디어들을 담고 있다. 중심 문장의 **핵심 아이디어를 보조하기 위해 사용되는 것**들은 다음과 같다(Sotiriou, 1989, pp.54-7).

① 예(Examples)이다. 사례를 들어 중심 문장을 지지한다. 다음 단락에서 밑줄 친 부분이 예이다.

> "포유동물로 분류되려면, 그 동물은 따뜻한 피를 가지고 있어야 하며 우유를 새끼에게 먹여 키워야 한다. 물론 인간은 피가 따뜻하고 우유로 자식을 먹여 키우기 때문에 포유동물이다. 놀랍게도 고래는 바다에 살지만 포유동물이다. 박쥐도 날아다니지만 역시 포유동물이다. 자연이 박쥐의 앞다리를 날개로 변화시켰다."

② **단계**(Steps)이다. 첫째, 둘째, 셋째 등의 신호 단어(Signal Word)가 사용된다. 다음 단락에서 밑줄 친 부분이 단계이다.

> "미국 의회에서는 한 법률을 통과시키기 위해 네 단계를 거친다.
> 첫째, 국회의원이 법안을 소개하고 검토를 위해 위원회에 회부한다. 둘째, 위원회는 그 법안을 통과시킬 것인지 아니면 거부할 것인지 투표를 한다. 셋째, 법안이 수용되면 상원과 하원으로 간다. 마지막으로, 상원과 하원이 그 법안을 승인하면 대통령에게 보내져 승인 또는 거부 절차를 거친다."

③ **특징**(Characteristics)이다. 형용사나 부사를 사용하여 서술하는데 핵심 아이디어에 대한 근거를 대기 위해 질적 특징을 표현한다. 다음 단락에서 밑줄 친 부분이 특징이다.

> "John Keats는 영어권에서 가장 위대한 시인들 중의 하나로 평가된다. 그의 시 언어는 풍요롭고 심미적이다. 묘사의 많은 부분이 눈에만 호소하는 것이 아니라 모든 감각에 호소한다. 더 나아가 Keats의 시들은 구체적이다. 그의 시들은 관념뿐만 아니라 이 세상의 사물들을 다룬다. 사물들을 다룸으로써 Keats는 삶에 대해 심오한 견해를 밝힌다."

④ **원인**(Causes)이다. 핵심 아이디어가 발생한 이유를 댄다. 다음 단락에서 밑줄 친 부분이 원인을 나타낸다.

> "반사회적 행동을 하는 <u>이유</u>는 여러 가지이다. 많은 사회학자들은 반사회적 행동의 <u>원천</u>으로 불안정한 가정을 들고 있다. 그러나 또 다른 학자들은 반사회적 행동은 돌봄이 부족한 사회에서 <u>기인한</u>다고 본다. 마지막으로 프로이드 심리학자들은 모든 인간은 반사회적일 수 있으며 반사회적 행동은 초자아 또는 양심에 의해 억제되고 있다고 주장한다."

⑤ **결과**(Effects)이다. 핵심 아이디어의 결과로 나타나는 것을 보조 아이디어로 사용한다. 다음 단락에서 밑줄 친 부분이 결과를 나타낸다.

> "1차 세계 대전이 사람들과 정부에 미친 결과는 어마어마하다. 먼저, 패전국은 전쟁 비용으로 막대한 금액을 지불해야 했다. <u>그 결과</u> 패전국의 삶의 표준은 급격하게 기울었다. 전쟁의 두 번째 <u>결과</u>로 패전국의 경제적 문제를 해결하겠다고 약속하는 독재자들이 나타났다. 마지막으로 천만 명이 넘는 사망자들로 인해 국가 간에 증오가 <u>나타났다</u>."

텍스트의 중심 문장과 보조 문장들의 주요 내용들은 형광펜의 색깔을 달리하여 표시하거나 밑줄을 치며 읽는 것이 효과적이다(Vorderman, 2016). 밑줄을 칠 경우, **중심 문장은 두 줄로, 보조 문장들 중 주요 내용은 한 줄로** 밑줄을 치며 읽으면 나중에 텍스트를 복습할 때 그 구성을 파악하는 데 있어 시간과 노력을 절약해 준다.

4) 텍스트의 구조를 파악하며 읽기

학술적 텍스트는 구조화되어 있는데, 텍스트의 구조를 찾아 읽으면 읽기에서 방향을 잃을 염려가 줄어든다(Wallace, 2005). 학술적 텍스트는 중요한 내용과 덜 중요한 내용이 체계적으로 조직을 이루고 있는데, 사람들은 덜 중요한 내용보다는 더 중요한 내용을 더 잘 기억한다(Gernsbacher, 1994; Johnson, 1970; Kintsch, 1976; Meyer, 1975; Meyer & McConkie, 1973). Brown과 Smiley(1978)는 이것을 **구조의 수준 효과**(Structure Level Effect)라고 부르는데, 텍스트의 구조에 대한 인식은 연령 및 읽기 능력과 관계가 있다. 초등학교 학생들보다 중등학교 학생들이 평균적으로 텍스트의 구조에 대한 인식이 높았고(Brown & Smiley, 1977), 나이는 어려도 읽기 능력이 높은 학생들은 나이는 많으나 읽기 능력이 떨어지는 학생들보다 그 인식이 높았다(Taylor, 1980).

Cook과 Mayer(1988, pp.448-456)는 학생들에게 다음과 같이 글의 **5가지 구조**를 파악하는 훈련을 시킨 결과 독해 능력을 크게 향상시킬 수 있음을 발견했다.

① **일반화 구조**(Generalization Structure)이다. 하나의 핵심 아이디어를 가지고 있는 문장이 있으며 다른 문장들은 핵심 아이디어를 지지하는 구조이다. 지지하는 문장들은 예들을 사용하여 핵심 아이디어를 명료화거나 상세하게 설명하여 확장시킨다. 다음과 같은 텍스트가 일반화 구조의 예이다.

> "감수성은 유기체가 외부 환경에 반응하는 한 능력으로 정의된다. 유기체는 환경으로 부터 오는 자극에 반응한다. 그 자극은 빛, 온도, 물, 소리, 화학물질의 존재, 또는 삶의 위협일 수 있다. 유기체는 어떤 자극에 반작용하는 방식으로 반응한다. 예를 들어, 식물은 성장 반응을 할 수 있다. 이것은 뿌리가 물을 향해 뻗

> 어 나가거나 줄기가 울퉁불퉁하게 자라고 빛을 향해 굽어질 때 발생한다."

일반화 구조의 텍스트를 읽을 때, 유의해서 찾아볼 것은 **정의, 원리, 법칙** 등이고 이를 지원하는 증거들을 사용하여 자신의 말로 핵심 아이디어를 설명하는 것이 중요하다.

② **열거 구조**(Enumeration Structure)이다. 사실들을 열거하는 구조이다. 일반적으로 열거 구조는 두 가지의 유형을 띤다. 하나는 번호를 매기며 사실들을 열거하는 **명시적 구조**이고, 또 하나는 사실들을 단락의 형태로 열거하되 각 사실들을 하나 또는 그 이상의 문장으로 진술하는 **비명시적 구조**이다. 다음과 같은 텍스트가 명시적 열거 구조의 예이다.

> "일반적으로 고체는 네 가지의 속성을 지닌다. ① 강도로서 분리에 저항하는 능력이다. ② 경도로서 다른 물질에 흠집을 내는 능력이다. ③ 전성으로 망치질을 통해 얇은 판으로 변할 수 있는 능력이다. ④ 연성으로 선의 형태로 길게 늘어지는 능력이다."

열거 구조는 한 진술로 내용을 정확하게 요약하기 어렵다. **일반적 토픽에 주목하고, 각 사실 또는 하위 토픽을 기억**하는 것이 중요하다.

③ **계열 구조**(Sequence Structure)이다. 일련의 계속적이고 연계적인 사건들이나 어떤 과정에서의 단계들을 진술하는 구조이다. 계열의 예들로 성장의 결과로 나타나는 변화, 생물학적 과정, 실험에서의 단계, 또는 어떤 사건의 전개를 들 수 있다. 다음과 같은 텍스트가 계열 구조의 예이다.

> "듣는 것은 다섯 단계로 이루어진다. 첫 번째 단계에서는 음파가 외이(귀의 외부 부분)에서 포착된다. 외이는 음파에 초점을 맞추거나 집중하는 기능을 한다. 두 번째 단계에서는 음파가 이도(외이에서 고막까지 이어진 좁은 통로)로 진행하여 고막을 친다. 세 번째 단계에서는 고막이 진동하면서 일련의 작은 뼈들을 진동시킨다. 네 번째 단계에서는 이 진동들이 내이(달팽이관으로 불림)로 전달된다. 여기서 진동들은 신경의 전기적 충격으로 바뀌어 뇌로 전달된다. 마지막으로 다섯 번째 단계에서는 뇌가 소리의 패턴을 해석한다."

계열 구조는 "첫째", "단계" 등의 신호 단어들을 사용하기 때문에, 이에 유의하여 각 단계의 차이를 파악하는 것이 중요하다.

④ **분류 구조**(Classification Structure)이다. 부류(Class) 또는 유목(Catagory)으로 내용을 묶거나 분리하여 진술하는 구조이다. 이를 위해 분류 체계를 개발하여 내용을 항목별로 묶어 진술한다. 다음과 같은 텍스트가 분류 구조의 예이다.

> "실험에서 변인들은 다음 두 가지 유목으로 분류된다. 하나는 조작 변인이고 또 하나는 통제 변인이다. 조작 변인은 직접적으로 작용을 가할 수 있는 변인이다. 예를 들어 방으로 들어오는 증기(steam)의 흐름은 직접적으로 바꿀 수 있기 때문에 조작 변인이다. 이와는 반대로 통제 변인은 직접적으로 작용을 가할 수 없는 변인이다. 예를 들어, 방의 온도는 직접적으로 제어할 수 없고 다른 변인(이 경우 증기의 흐름)을 조작해야만 제어할 수 있는 것이어서 통제 변인이다."

분류 구조는 "분류", "유목", "유형" 등의 신호 단어들을 사용하기 때문에, 이에 유의하여 유목들의 차이를 파악하는 것이 중요하다.

⑤ 비교/대조 구조(Compare/Contrast Structure)이다. 둘 이상의 사물이나 사건들 간의 관계를 진술하는 구조이다. 비교 구조는 이들 간의 유사점과 차이점을 진술하고, 대조 구조는 차이점만 진술한다. 다음과 같은 텍스트가 대조 구조의 예이다.

> "지구의 기원에 대해 두 가지의 상이한 가설이 있다. 성운 가설과 혜성 생산 가설이다. 성운 가설은 지구는 성간 가스와 먼지가 모여 만들어졌다고 주장한다. 이 이론은 점점 더 많이 수용되고 있다. 이와는 반대로 혜성 생산 가설은 지구는 혜성이 태양의 한 부분을 찢어 내어 생성되었다고 주장한다. 전자는 지구가 작은 요소들이 모여 큰 것이 되었다고 가정하고, 후자는 생성될 때 이미 현재의 모습으로 시작했다고 가정한다."

비교/대조 구조는 "비슷하다", "유사하다", "이와는 반대로", "다른 점은", "차이는" 등의 신호 단어들을 사용하기 때문에, 이에 유의하여 유사점과 차이점을 파악하는 것이 중요하다.

5) 텍스트의 내용을 평가하며 읽기

많은 정보들이 넘쳐 나는 정보화 사회에서 정보의 정확성과 신뢰성을 평가하며 글을 읽는 일은 매우 중요해 졌다. 비판적 사고의 권위자인 Vincent Ruggiero는 다음과 같은 **4단계의 포괄적 전략**을 제시하며 정보를 평가하면서 읽기를 할 것을 제안한다(Pauk & Owens, 2011에서 재인용).

(1) 사실과 의견을 확인한다.

정보가 상식적이거나 쉽게 증명할 수 있는 것이면, 그 정보는 사실일 가능성이 높으나, 그렇지 않으면 의견일 가능성이 높다. Vorderman(2016)은 정보가 **사실인지 판단하는데 도움을 주는 질문들**로 다음 몇 가지를 제시한다. (a) 정보가 얼마나 최신의 것인가? 정보가 오래된 것인 경우, 수정되거나 변화했을 가능성이 높아 사실이 아닐 수 있다. (b) 정보 제공자의 언어가 너무 주관적이거나 절대적인 것은 아닌가? 객관적인 용어보다는 주관적인 용어를 너무 많이 사용하거나, "항상", "결코 --- 아니다" 등의 절대적 용어를 많이 사용하는 경우 사실이 아닐 수 있다. (c) 저자가 인용하는 정보들이 적절하고 신뢰할 수 있는 정보원에서 나온 것인가? 정보원이 너무 적거나 오래된 것일수록 그것에 기초한 정보는 사실일 가능성이 줄어든다. (d) 정보가 일차적 정보인가 이차적 정보인가? 일차적 정보는 원 저자의 왜곡되지 않은 원천 정보이고, 이차적 정보는 원 저자가 아닌 다른 사람이 일차적 정보를 인용하거나, 번역하거나, 적용하거나, 평가한 정보를 말한다. 이차적 정보일수록 그 정보는 의견이 가미된 것일 수 있다.

(2) 사실을 점검하고 의견을 검증한다.

정보가 사실이면 증명할 수 있는 것인가? 저자가 중요한 것은 빠뜨린 것은 아닌가? 정보가 의견이면 논리적으로 검증될 수 있는가? 쉽게 반박될 수 있지는 않은가? 등의 질문을 하며 점검한다.

(3) 증거를 평가한다.

저자가 어떤 의견을 지지하면, 그 지지는 합리적이고 충분한 증거를 가지고 있는가? 저자들은 가끔 우연적으로 그러나 종종 의도적으로 자신이 원하는 결론을 무리하게 도출해내곤 한다. 즉 논리적 오류를 발생시킬 수 있다. Pauk과 Owens는 두 가지 **대표적인 논리적 오류**의 예를 들고 있다.

① **아이스크림 세일 오류**(Ice Cream Sale Fallacy)
아이스크림 판매의 증대와 범죄의 증대는 어느 정도 상응하기 때문에,

아이스크림은 범죄를 야기한다고 주장하는 것이다. 이것은 상관관계와 인과관계의 차이에 대한 인식 오류에서 생긴 것이다. 이와 같이 오류의 속임수는 대개 결론의 오류로 이어지는 사실적 전제들로 구성된다는 데 있다. 따라서 비판적으로 듣거나 읽지 않으면 잘못된 결론을 유도하는 논리적 오류에 휘말릴 수 있다.

② **허수아비 때리기 오류(Straw Man Fallacy)**

이 오류를 사용하는 저자는 자신의 주장에 대한 정당성을 얻기 위해 약하거나 또는 상상 속 반대의 예를 사용한다. 여기서 허수아비는 종종 "어떤 것" 또는 "어떤 사람"이라는 진술과 함께 구체적인 명명이 없이 실제로 반대인 것처럼 제시되는 것이다.

위키 백과사전에 따르면, 허수아비 때리기란 논증의 한 종류로 상대방의 입장을 곡해함으로써 발생하는 비형식적 오류이다. 상대방의 입장과 피상적으로 유사하지만 사실은 비동등한 명제(즉, "허수아비")로 상대방의 입장을 대체하여 환상을 만들어내고, 그 환상을 반박하는 것이 바로 허수아비 때리기이다. 이때 환상을 아무리 공격해 보았자 상대방의 원래 입장은 전혀 반박되지 않은 채 고스란히 남아 있다. 이 수법은 유사 이래 수없이 많은 격렬한 논쟁, 특히 긴장이 잔뜩 고조된 감정적 이슈에서 빈번히 사용되어 왔다. 위키 백과사전은 다음과 같이 허수아비 때리기 오류들의 예시를 제시하고 있다.

〈예시 1〉

갑: 우리는 맥주 관련법을 완화해야 합니다.
을: 안 됩니다. 도취성 물질에 대한 접근을 제한하지 않는 사회는 모두 당장의 욕구 충족에 눈이 멀어 노동 윤리관을 상실하게 될 것입니다.

갑의 제안은 맥주 관련법을 완화하자는 것이었다. 을은 이 입장을 방어하기 어려운 입장으로 비약시키고 있다. 갑은 "도취성 물질에 대한 접근을 제한하지 말자"고 한 적이 없다.

〈예시 2〉

갑: 맑은 날이 좋아.
을: 만약 매일매일 맑기만 한다면 비가 오지 않을 테고, 비가 오지 않으면 우린 다 굶어 죽을 거야.

이 경우, 을은 갑의 주장을 불성실하게 표현함으로써 갑이 맑은 날만 좋아한다는 느낌을 주고, 그 주장을 반박하고 있다. 갑은 맑은 날이 좋다고 주장했을 뿐, 비오는 날에 대해서는 가타부타 언급한 바가 없다.

〈예시 3〉

갑: "다른 운동선수와 비교해 손연재 선수는 성적보다 과도하게 추앙받고 있다."
을: "손연재 선수를 비판하지 마십시오. 김연아 선수 팬은 손연재 선수를 비판할 자격이 없습니다."

을은 손연재 선수를 비판하는 갑의 주장을 김연아 선수 팬으로 일축하고 있다. 갑은 김연아 선수를 언급하지 않았지만 을은 단지 손연재 선수를 비판했다는 이유로 김연아 선수 팬으로 몰아 비판하고 있다.

Longman과 Atkinson(1988, pp.86-91) 또한 논리 오류의 한 형태인 선전(Propaganda)을 인지하는 능력이 비판적 읽기에서 중요함을 제시한다. 선전이란 이슈의 한 쪽 측면만 진술하는 설득의 한 형태로, 저자들은 의식적 또는 무의식적으로 이 기법을 사용하여 자기 주장을 받아들이도록 하는 경우가 많다. 몇 가지 선전 유형들이 있음에 유의할 필요가 있다.

① **얼버무리는 말(Weasel Words)**

진술이 사실인 것 같으나 취약점이 있는 진술이다. "사실상", "아마도", "--- 일수 있는", "가끔은", "종종", "많은" 등의 신호 단어를 동반한다. 예를 들어, "비타민 C는 아마도 성장하는 아이들에게 가장 중요한 영양소일 것이다."라는 진술은 얼버무리는 말이다.

② **매도(Name-Calling)**

어떤 주장을 펼치기 위해 유행하지 않는 용어를 사용하며 논의되고 있는 이슈를 비판하려는 진술이다. 예를 들어, "죽은 스컹크와 매우 유사하게도, 의료보장 제도의 그 이슈는 쓸모없는 수사적 표현과 나태함의 낌새만 있을 뿐, 국민 건강 계획에 대한 설득력 있는 주장으로 주목받지 못하고 있다."라는 진술은 매도의 예이다.

③ **권위에 대한 호소(Appeals to Authority)**

호평을 받는 사람, 아이디어, 장소, 또는 사물의 힘을 빌려 주장하는 진술이다. 예를 들어, "대통령 영부인도 18세 이하의 환자들에게 필요한 조직 이식 수술 기금을 지원하고 있다."라는 진술은 권위를 이용하여 기금 마련의 중요성을 주장하고 있는 것이다.

④ 편승하기(Band-Wagoning)

"군중 속에 들어가기" 식의 진술이다. 예를 들어, "바보들만이 핵무기의 재앙이 인류에게 위험이 되어 다가오고 있음을 인식하지 못하고 있다. 우리는 핵 확산 금지를 지지해야 한다."고 진술하는 것이다.

⑤ 보통 사람임을 가장하기(Plain Folks)

저자가 자신은 독자들과 같은 생각과 정서를 가진 보통 사람이라고 주장하며 자신의 주장에 신뢰를 보내고 동의해야 한다고 진술하는 것이다. 예를 들어, "지금 이루어지고 있는 화학분야에서의 새로운 연구는 우리 전업 주부들에게 안전하고 경제적인 세제를 제공해 줄 것이다."라고 진술하는 것이다.

⑥ 과일반화((Over-Generalization)

충분하지 못한 증거에 기반하여 어떤 개념이나 사람에 대해 폭 넓은 진술을 하는 것이다. 예를 들어, "아이들이 매주 얼마나 많이 텔레비전을 보고 있는지 보시오! 지금 우리의 학교들이 악화 일로에 있는 것은 전혀 이상한 일이 아니다."라고 진술하는 것이다.

(4) 신뢰도를 판단한다.

직감이나 선호에 의존하기보다는 사실과 증거에 기반하여 저자가 제시한 정보가 신뢰할 만한 것인지의 여부를 판단한다.

6) 이해 수준을 점검하며 읽기

글을 읽을 때 읽고 있는 내용에 대해 자신이 이해하며 읽고 있는지를 점검하는 일은 독해의 성공과 실패에 영향을 미친다. 자신의 유목적적 활동(Purposeful Activity)의 진행 상황을 점검하고 필요시 전략을 수정하거나 조절하는 것을 **메타인지**(Metacognition)라고 부르는데, 읽기의 경우에는 이를 **독해 모니터링**(Comprehension Monitoring) 또는 **메타 독해**(Meta-Comprehension)라고 부른다(Brown, 1978). 독해 모니터링은 글을 읽는 과정을 자기 주도적으로 통제하는 것으로 독해 능력을 향상시키는 중요한 공부 기술이다. 독해 모니터링 능력은 읽기 능력이 높은 학생들의 특징인데(Baker & Anderson, 1982), 읽기 능력이 부족한 학생들에게도 독해 모니터링 전략을 지도하면 독해 능력을 높이는데 효과적이다(Brown & Smiley, 1977; Palinscar & Brown, 1984).

자녀의 독해 모니터링 능력을 증진시키는 전략들은 다음과 같다(Brown et al., 1979; Markman, 1985)

① 글을 읽으면서 **자신에게 질문하는 목록**을 제시해 준다.

예를 들어, "내가 이해하고 있는가?" "요점이 무엇인가?" "기타 어떤 것이 관계되어 있는지 내가 알고 있는 것은 무엇인가?" 등의 질문 목록을 제공해 준다.

② **논리적, 인과적, 시간적 관계를 포함하며 정연하게 조직된 글을 다양하게 읽게 한다.**

학교에서 사용하는 교과서는 종종 비구조화되어 있고, 많은 글이 서술적 문장들(Descriptive Sentences)로 구성되어 있어 이런 관계들을 잘 제시하지 못하는 경우가 많으므로 양서들을 많이 읽게 하는 것이 좋다.

③ 나타나는 논리적 사건 또는 등장인물의 행위를 **예언**하고, 사건들을 인과적 계열의 순서대로 **추론**하고, 사건의 원인을 **추측**하고, 등장인물의 모티브를 추론

하도록 하는 질문들을 자주 제시한다.

④ 부모가 **독해 모니터링 전략**들을 자주 모델링 해 준다.

⑤ 텍스트에 진술된 설명들을 평가하는 연습을 자주 시킨다.

예를 들어, 진술된 설명 중에서 가장 설득력이 있는 것은 무엇인지 선택하도록 한다.

⑥ 글에서 **비일관성이나 기타 문제를 찾아내는 훈련**을 시킨다.

그리고 Longman과 Atkinson(1988)은 독해 모니터링 과정에 필요한 기술들이 부족할 경우, 그 **부족한 기술별로** 다음과 같은 **해결 방향**을 제시하고 있다.

① **질문하며 읽는 기술이 부족할 경우**
  (a) 빈 학습 카드의 앞면에 질문을 쓰고 텍스트를 읽은 후 답을 찾아 뒷면에 기록하기
  (b) 또래와 함께 서로 질문하고 텍스트를 읽고 답을 찾기
  (c) 질문에 사용되는 단어들을 습득하기

② **집중해서 읽는 기술이 부족할 경우**
  (a) 외부의 집중 방해 요인들을 피하거나 제거하기
  (b) 긴 시간의 읽기를 짧은 블록의 시간대들로 나누어 읽기
  (c) 읽기의 목적을 명료하게 설정하기

(d) 근심으로 집중하기 어려우면 근심 목록에 근심들을 기록하고 관리하기

③ **어려운 단어들을 만났을 경우**

(a) 텍스트의 문맥을 보고 단어의 뜻을 추론하기

(b) 텍스트 권말의 용어 풀이 부분을 살펴보기

(c) 사전에서 단어의 뜻을 살펴보기

(d) 어려운 단어 목록을 만들어 관리하기

④ **텍스트의 한 부분을 이해하지 못하는 경우**

(a) 다시 읽거나 핵심 아이디어를 찾아 살펴 읽기

(b) 핵심 아이디어를 요약하거나 개요화 하기

(c) 유사하지만 다른 텍스트의 내용을 참고하기

(d) 읽기의 목표를 다시 설정하기

⑤ **텍스트의 구조를 파악하는데 실패한 경우**

(a) 다시 읽으며 전환 단어들을 살펴보기

(b) 단락 개요화하기

⑥ **주요 아이디어를 찾아내는데 실패할 경우**

(a) 각 단락의 첫 문장을 다시 읽기

(b) 텍스트 구조의 유형에 대해 소개하는 글을 다시 읽어보기

(c) 세부 내용을 아웃라인하기

(d) 주요 아이디어라고 생각되는 것을 자신의 말로 요약하기

⑦ **텍스트를 이해하는데 필요한 배경 지식이 부족할 경우**

(a) 대안적 정보와 글들을 찾아 읽기

ⓑ 튜터를 찾아 도움 받기

7) 시그널과 주석을 달며 읽기

텍스트에 시그널을 달며 읽는 것을 신호화(Signaling)라고 한다. 신호화는 텍스트 내용의 세부 측면들이나 구조를 파악하기 위해 텍스트에 표시하는 것이다. 예를 들어, 글의 제목과 하위 제목들을 색깔을 달리하여 표시하고, 핵심 내용과 보조 내용에 대해 색깔이나 밑줄의 수를 달리하여 표시하고, 열거된 내용들에 대해 번호를 붙이고, 서로 연계되는 부분은 색연필로 연결시키고, 인과 관계를 화살표로 나타내는 등 텍스트의 내용들이 어떻게 구성되어 있는지를 보다 파악하기 좋게 텍스트에 표시를 하는 것이다. 신호화는 독해 능력이 약한 학생들에게 더 효과가 있고(Meyer et al., 1980), 글에 대한 개요를 잘 파악하지 못하는 학생들에게 유용하다(Lorch et al., 1993). 또한, 선택적 보유(Selective Retention)를 증진시켜 중요 내용에 대한 기억을 증진시키고(Meyer, 1981), 개념적 정보 습득과 창의적 문제해결 증진에 효과적이며, 글의 질적 수준을 평가하는 도구로 유용하다(Britton et al., 1993; Chambliss & Calfee, 1998).

주석을 달며 읽기(Annotating)란 텍스트를 읽으면서 떠오르는 생각이나 질문을 텍스트의 여백에 써 넣으며 읽는 것이다. 이런 면에서 텍스트를 읽으면서 주석을 다는 일은 텍스트와 대화하는 것과 같다. Cottrell(2019)은 다음과 같은 방식으로 주석을 달 것을 추천한다.

① 책을 읽으며 텍스트 페이지의 위나 아래, 또는 옆의 여백에 자신의 생각이나 반응을 적는다.

② 자신의 말로 기록한다.

③ 정서적으로 관여한다.

텍스트를 읽은 후 자신의 생각이나 반응을 감탄 부호, 그림, 이모티콘, 노트 등으로 기록한다.

④ 읽은 텍스트의 내용에 비추어 자신의 생각을 자극한다.

읽으면서 떠오르는 질문이나 다른 교과에서 배운 내용들과 연계되는 부분을 기록하거나, 어디에 사용할 수 있는지 기록하거나, 추후 점검해야 할 필요가 있는 것을 기록한다.

⑤ 텍스트의 어떤 부분이 왜 중요한지를 기록한다.

단순히 표식만 해 놓으면 나중에 왜 그런 표식을 했는지 알아내느라 시간을 낭비할 수 있기 때문이다.

⑥ 선택적으로 텍스트에 주석을 단다.

모든 텍스트에 주석을 달거나 하이라이트를 하면 아무것도 두드러지지 않게 되고 읽기의 속도가 느려지기 때문이다.

⑦ 주석을 사용한다.

기록한 주석을 살펴보고 유용하게 활용할 데가 있는지 생각해 본다.

8) 추론을 통해 핵심 아이디어 찾기

텍스트의 핵심 아이디어는 직접적으로 진술되지 않아 찾기 어려울 때가 종종 있다. 이런 경우 추론을 통해 찾는다. **추론이란 주어진 정보를 사용하여 새로운 결론을 도출하는 인지적 활동**이다(Bruner, 1973). 즉, 주어진 정보 X를 사용하여 Y라는 결론을 생성하는 것이다. 독해의 과정은 종종 독자가 추론을 만들어내는 활동을 요구하는데, Weaver와 Kintsch(1991)는 한 단락의 글에 담겨있는 모든 진술들을 이해하려면 평균 12개 정도의 암시적 추론이 필요하다고 추정하였다. 이런 이유로 추론을 끌어내는 능력은 독해 능력의 초석(礎石)이라고 할 수 있다.

추론하며 읽기를 하기 위해서는 텍스트에 진술된 내용과 독자가 지닌 세상에 대한 사전 지식 간에 연계를 구성해야 한다(Anderson & Pearson, 1984).

좀 더 구체적으로 Longman과 Atkinson(1988)은 텍스트의 핵심적 아이디어들을 추론하는 단계를 다음과 같이 제시하고 있다.

① 유목적적으로 질문을 설정하고 단락을 읽는다.
② 반복적으로 진술되는 핵심 단어나 구절을 찾아 토픽을 확인한다.
③ 텍스트를 이해하는데 필요한 구조를 파악한다.
④ 텍스트에 있는 요소들과 사전 지식에 기초하여 진술된 세부 내용들을 찾아내고
새로운 용어나 개념에 대해 추론한다.
⑤ 진술되지 않은 세부 내용이나 핵심 아이디어의 텍스트 패턴에 대해 추론한다.
⑥ 핵심 아이디어를 자신의 말로 바꾸어 진술하거나 요약한다.
⑦ 핵심 아이디어가 자신이 설정한 질문에 대해 답을 해 주는지 점검한다.

9) 요약하기

텍스트를 읽고 내용을 요약하는 것은 독해를 증진시키는 전략 중의 하나이다(King, 1992). 요약한 글은 시험에 대비하여 효과적인 학습 자료가 된다. 요약하기는 응축된 형태로 학습 내용을 일관되고 정확하게 간추

려 재진술하는 것이다. 요약하기는 독해력, 개념적 정보의 기억 보유와 문제해결 능력, 창의적 전이 능력 향상에 효과가 있는 것으로 보고되고 있다(Doctorow et al., 1978; Mayer, 1980; Mayer & Cook, 1981; Peper & Mayer, 1978; Slotte & Lonka, 1999). 요약하기는 내용의 단순한 반복이 아니라 학습자 스스로 내용을 구조화하여 정보를 깊게 처리하도록 해 주기 때문이다. 읽기 능력이 훌륭한 자녀들은 일반적인 지식, 영역 특수적 지식, 그리고 텍스트의 구조에 대한 지식을 사용하여 중요한 것을 추려내고, 아이디어들을 조합하여 자신의 말로 바꿔 쓰며(패러프레이즈라고 함), 통일성 있게 텍스트를 요약하지만, 읽기 능력이 부족한 자녀들은 텍스트의 내용을 그대로 축어적으로(In Verbatim) 복사한다(Dole et al., 1991).

텍스트를 읽고 효과적으로 요약하려면 ① 텍스트에서 사소하거나 중요하지 않은 정보를 가려내고, ② 핵심적인 내용을 구별하여 추려낸 후 비슷한 아이디어들은 유목화하여 명명하고, ③ 핵심적인 아이디어들을 그 원래의 의미를 잃지 않으면서도 통일성 있는 조직으로 종합해 내는 능력이 필요하다(Hart & Speece, 1998). Brown과 Day(1983)도 **요약하기 전략**으로 ① 진부한 정보를 무시하기, ② 중요한 아이디어 단위들(Idea Units)에 밑줄 치기, ③ 일련의 항목들을 상위 용어(Superordinate Term)로 바꾸기, ④ 하나의 상위 용어를 세부 항목들로 풀어내기, ⑤ 토픽 문장을 선정하거나 없는 경우에는 만들어 내기를 제시하고 있다. Sotiriou(1989), Smith와 Smith(1990)도 다음과 같은 **요약하기 전략**을 제시한다.

① 텍스트에서 주요 아이디어들을 찾아 밑줄을 두 개씩 긋는다.

대부분의 저자들은 각 단락의 첫 번째 문장에 그 단락의 핵심 내용을 진술하기 때문에, 그 첫 번째 문장들만 읽고 요약하여도 그 단원이나 장의 내용을 효과적으로 개관할 수 있다.

② 어떤 경우에는 주요 아이디어들이 명시적으로 진술되어 있지 않고 여러 단락에 걸쳐 암시적으로 들어가 있다.

이런 경우에는 책 여백에 자신의 말로 주요 아이디어를 적는다.

③ 주요 아이디어를 보조하는 세부 내용들을 찾아 밑줄을 한 개씩 긋는다.

주요 아이디어와 구별하기 위해 한 번만 긋는다. 지지하는 세부 내용 전체 문장에 밑줄을 긋지 말고, 중요한 단어들만 찾아 밑줄을 한 번씩 긋는다.

④ 밑줄 친 부분들의 내용을 기초로 5-6개 문장 정도로 요약한다.

10) 비판적으로 읽기

비판적 읽기란(Critical Reading) **정보와 추론 계선**(Inferential Sequence)**의 정확성, 신뢰성, 가치를 평가하며 읽는 것**이다(Ormrod, 2016). 즉 저자가 텍스트에서 제시한 아이디어나 주장이 사리에 맞는지? 증거가 있는 것인지? 합리적이고 가치가 있는 것인지를 평가하며 읽는 것이다. IT 기술이 날로 확대되는 현대에는 정보가 틀린 경우도 많고 사람들을 현혹시키는 정보들도 있어 비판적 읽기가 더욱 중요해졌다. 비판적 읽기는 단순히 저자가 텍스트에서 한 이야기를 이해하는 수동적이고 일방적인 과정이 아니라, 이야기에 담겨 있는 저자의 생각을 평가하며 능동적으로 읽는 것이다. 이에 따라 **비판적 읽기는 가장 상위의 독해 능력**이다.

비판적 읽기 전략들은 다음과 같다(Cottrell, 2019; Glaser, 1984; Wallace, 2005).

첫째, 텍스트에서 제시된 **저자의 추론 계선을 찾아낸다.** 다음과 같은 질문들을 하며 읽는다. ① 저자는 내가 어떤 핵심 주장을 수용하기를 원하는가? ② 저자가 자신의 주장을 수용하도록 하기 위해 제시하는 근거는 무엇인가? ③ 이 주장은 확신할 수 있는 것인가? 등이다.

둘째, 찾아낸 **저자의 추론 계선을 평가**한다. 다음과 같은 질문들을 만족시키는지 점검한다. ① 명제가 적절하고, 도움이 되고, 충분한가? ② 논리적으로 전개되고 있는가? 이전에 말한 것과 그 후에 말한 것이 논리적으로 연계되는가? ③ 전제(Premises)가 올바른 것인가? 종종 주장이 잘못되거나 약한 전제 위에 제시되는 경우가 있기 때문이다. ④ 추론에 흠이 없는가? 앞에서 제시한 바 **추론 오류**는 다음과 같은 경우에 많이 발생한다. (a) 인과적 관계를 가정할 때이다. 두 가지 사건이 같은 시간 또는 같은 장소에서 발생하면, 다른 요인들이 작용하고 있을 수 있음에도 불구하고 한 사건이 다른 사건을 야기하고 있다고 추론하는 오류를 범하기 쉽다. (b) 한두 가지의 적은 예에 기반을 두고 일반화를 도출해 낼 때이다. (c) 비교가 적절하지 않을 때이다.

셋째, **중간적 입장**(Interim Position)을 취하고 읽는다. 저자의 새로운 생각을 음미하면서도 한 걸음 물러나 이성적이고 초연한 자세로 저자의 아이디어를 평가하며 읽는다. 다음과 같은 질문들을 자신에게 던지며 읽는 것이 효과적이다. ① 나는 이 토픽에 대해 나름대로의 관점을 가지고 있는가? ② 그렇다면 나의 관점은 무엇인가? ③ 나는 다른 책이나 논문에서 이 토픽에 대해 읽은 적이 있는가? ④ 그렇다면 그것들은 무엇이었나? 등이다. 그리고 텍스트를 읽으면서 나의 중간적 관점이 바뀔 수 있음을 인식한다.

넷째, 텍스트의 내용에 대해 **질문들을 제기**하며 읽는다. 다음과 같은 질문들을 제기하며 읽는다. ① 증거는 어떤 것인가? ② 저자의 생각 중 어떤 점에 대해 얼마나 동의할 수 있는가? ③ 다른 설명, 해석, 결론은 없는 것인가? 모든 정보가 제시되어 있는가? 만약 정보가 더 있다면 결론이 다르게 도출될 수 있지 않은가? ④ 저자의 주장을 수용할 때 이익을 보는 사람들이 있는가? ⑤ 숨겨진 가정이나 목적이 있는가? 등이다.

다섯째, 증거가 객관적이고 신뢰할 수 있는 자료에서 나온 것인지 평가한다. 저자가 제시한 통계, 실험, 조사, 사례 연구의 결과, 사건이나 자료의 세부 내용을 평가한다. 증거들은 그 중요성과 무게가 서로 같지 않기 때문에, 어떤 증거가 더 나은지를 점검한다. 그 점검의 가이드라인은 다음과 같다.

① **타당한 준거**를 사용하여 증거를 평가하고 있는지 점검한다.

예를 들어, 어떤 사람이 건강하다면, 체온, 혈압, 질병의 징후 등과 같은 준거들이 사용되어야 타당하다.

② **데이터의 날짜**를 점검한다.

증거로 제시된 데이터의 날짜가 오래된 경우이면, 현 시점에서는 유효하지 않을 수 있다.

③ **정보의 출처**를 점검한다.

대개의 경우 학술 논문이나 전문 잡지, 유명 교과서의 정보들은 일반 잡지나 신문의 정보들보다 더 신뢰할 수 있다.

④ 정보에 내재할 수 있는 **편견**을 점검한다.

편견이 분명하게 드러나지 않는 경우에도, 은밀하게 어느 한 관점은 가리고 다른 관점은 드러내는 경우가 있다. 특히 정치적이거나 경제적 이익을 고려한 텍스트들은 편견이 있을 수 있다.

⑤ **숫자와 통계치의 유혹**에 유의한다.

양적 데이터와 그런 데이터를 암시하는 단어들은 종종 독자들을 현혹시키기 위해 오용되는 경우가 있다. 특히 그런 단어들 중 "대부분"이라는 단어와 "많은"이라는 단어의 사용에 유의해야 한다. 이런 단어들은 모호한 양을 지칭한다. 진술이 참 또는 거짓인지가 중요한 경우에는, 보다 상세한 수치가 필요하다. 얼마나 많은 사람들에게 질문을 했는지? 얼마나 많은 사람들이 특정한 어떤 것을 선호하는지? 어떤 상황에서 그것을 선호하는지를 점검해야 한다. 그리고 퍼센트라는 용어의 사용에도 유의해야 한다. 예를 들어, "60%의 사람들은 오렌지를 좋아하고, 40%의 사람들은 사과를 좋아한다"라는 진술의 경우, 60%와 40%의 차이가 유의미한 것인지 질문해야 한다. 중요한 것은 몇 명에게 물어보았는지이다. 10명에게 질문한 경우와 1000명에게 질문한 경우, 이 진술이 주는 신뢰도는 다르다. 또한 샘플의 대표성(Sample Representativeness)도 중요하다. 샘플은 나이, 성별, 사회경제적 배경의 차원에서 균형 있게 구성되어야 한다. 아울러 데이터의 수집 조건도 중요하다. 위 진술의 경우, 만약에 사람들에게 오렌지를 무료로 제공하고 물어보거나, 조사하는 사람이 오렌지를 판매하는 광고의 로고가 적힌 옷을 입고 물어보면, 사람들은 대개 오렌지를 선호한다고 답을 할 수 있기 때문이다.

⑥ **텍스트에 정서를 내포하거나 설득하는 단어들이 있을 경우에 유의한다.**

"잔인한", "불공정한", "남용하는", "자연스러운", "정상적인", "상식적으로", "'순진무구한", "늙은", "거의 없는", "커다란", '유일무이한", "극단적인", "급진적인", "젊은", "새로운", "최종적인" 등과 같이 정서를 내포한 단어들은 독자를 정서적으로 현혹시켜 제시된 증거를 정확하게 평가하지 못하도록 할 수 있다. 아울러 "분명히", "명료하게", "명백히", "자명하다", "알기 쉽다", "당연히", "자연스러운" 등과 같은 설득 단어들은 '저자가 제시한 것은 틀림없이 참이다.'라는 것을 독자가 수용하도록 현혹할 수 있다.

여섯째, **저자의 결론을 점검**한다. 종종 결론은 "그러므로", "이에 따라", "따라서", "이런 이유로", "그래서"와 같은 신호단어를 동반하여 제시되므로 찾기 쉽다. 그러나 어떤 경우에는 결론이 명시적으로 진술되지 않고 주장과 증거에 의해 암시되는 경우도 있다. 결론은 저자가 제시한 증거를 기반으로 점검한다. 저자는 논리적인 증거 없이, 또 숨겨져 있는 잘못된 가정에 기초하여 결론을 제시할 수 있다. 숨겨져 있는 잘못된 가정은 단순하지 않으므로 주의 깊게 살펴보아야 한다.

제2절
쓰기 기술

1. 쓰기에 대한 이해

쓰기는 저자가 독자와 글을 통해 의사소통하는 활동으로 읽거나 말하고 듣는 것보다 어려운 과정이다. 그 이유는 좋은 글쓰기에는 여러 가지 복잡한 요소 또는 능력들이 동원되어야 하기 때문이다. 문서 언어(Written Speech)는 구두 언어(Oral Speech)와는 그 실행에 있어서 구조와 요구 조건이 다르기 때문에 쓰기가 읽기나 말하기보다 더 어렵다(Vygotsky, 1962). 비유적으로 대수 학습이 산수 학습보다 더 어려운 것과 같다. 좋은 글의 생산은 단순히 문법을 잘 알고 어휘력이 많다고 하여 이루어지지 않는다. 자녀가 가질 수 있는 쓰기 불안에 대해 이해하고, 학문적 글쓰기와 글쓰기의 여러 유형들에 대한 기본 지식들이 필요하다.

1) 쓰기 불안

학생들은 대개 글쓰기에 대해 불안감을 가지고 글쓰기를 어려워한다. 이것을 쓰기 불안(Writing Anxiety)이라고 한다. Scardamalia와 Bereiter(1986)에 따르면 학생들은 ① 글의 내용을 생성하기, ② 글의 구조를 조직하기, ③ 글을 쓰는 목표와 상위 수준의 계획을 도출하기, ④ 글을 쓰는 기계적 측면을 빠르고 효율적으로 집행하기, ⑤ 글을 수정하고 목표를 재형성하는 데 어려움을 갖는다.

학생들이 글쓰기를 어렵게 느끼는 요인들은 다음과 같다(Cottrell, 2019; Harris & Graham, 1992).

① 쓰기의 과정에 대한 지식과 쓰는 방법에 대해 인식이 부족한 것
② 글의 토픽 선정과 아이디어 생성이 어려워 글쓰기의 시작에서 끝에 이르는 과정을 마음속에 그리지 못하는 것
③ 글을 쓸 계획을 잘 짜지 못하여 글쓰기를 진행시키지 못하는 것
④ 생각과 글쓰기가 혼잡스럽게 엮이는 것
⑤ 이야기할 거리가 많지 않은 것
⑥ 처음 시작할 때 쓸 내용이 무엇인지 모르는 것
⑦ 마음이 백지 상태여서 시작을 하지 못하는 것
⑧ 문법, 어휘 등의 부족으로 글을 잘 쓰지 못하는 것
⑨ 어떤 소재가 좋은지 확신이 부족한 것
⑩ 쓰기를 자주 하지 않아 글쓰기 기술이 녹스는 것
⑪ 글을 수정하는 활동에 임하지 않는 것
⑫ 쓰기 두려움으로 압도당하는 것

이런 어려움으로 인해 자녀들은 쓰기 불안을 가질 수 있다. 강한 쓰기 불

안을 가진 자녀들은 글을 쓰기 위해 종이를 마주하면, 아무 생각도 나지 않고, 어디서 시작해야 할지를 모르고, 몇 단어를 적은 후 휴지(Pause)가 많아 글쓰기의 진도가 나가지 않으며, 아이디어들을 연결하지 못하여 단순히 아는 것을 몇 자 열거하고, 문법과 구두법 그리고 맞춤법에서 오류가 많으며, 글쓰기에 공포를 느끼며 글쓰기를 싫어한다.

그러나 쓰기 불안은 극복될 수 있다. 특히 글을 쓰기 전에 쓰기 주제에 대해 **친구들과 이야기를 나누거나, 학급 토론, 그 외 쓰기 주제와 관련된 읽기 활동을 하여 사전 지식을 활성화하는 것이 일반적인 전략**이 된다. 그 외 쓰기 불안에 대처하는 전략들은 다음과 같다(Cottrell, 2009, 2019).

첫째, **생각나는 대로 자유롭게 글을 쓰는 연습**(Free Writing)을 하도록 한다. 일상의 삶에서 보고, 듣고, 생각한 것, 꾸었던 꿈, 그림, 사진, 음악, 거리에서 본 것, 친구들과 나누었던 대화 등 자신에게 어떤 영감을 주는 것에 대해 글을 쓴다. 어떤 내용을 쓸 것인지 깊이 생각하지 않고 5분 동안 가능한 빠르게 많이 쓰는데 집중한다. 그 후 쓴 것을 재정렬하고 다시 쓰는 활동을 한다. 그리고 그 시간을 점차 늘려 나가 10분 정도까지 자유롭게 글을 쓸 수 있도록 한다.

둘째, **처음부터 완벽하게 쓸 생각을 하지 않도록** 한다. 글의 초안을 작성하는 데 초점을 맞춘 후 여러 번 고쳐 쓴다는 생각을 갖도록 한다. 초고는 자신 외에는 누가 보는 것이 아니므로 정자로 쓰기, 말끔하게 쓰기, 오류 등에 신경을 쓰지 않도록 한다. 초고는 아이디어의 구조화와 전개가 중요함으로 맞춤법 등과 같은 소소한 오류에 대해 마음을 쓰지 않도록 한다.

셋째, **어디에서든지 출발**한다. 자신에게 적절하면 어떤 순서라도 글을 쓰도록 한다. 예를 들어, 서론이나 결론을 먼저 쓸 수도 있다. 이것이 글쓰기를 더 쉽게 만드는 경우도 있다.

넷째, **말을 하고 글을 쓴다.** 글로 생각을 표현하기 어려우면 말로 녹음한 후, 글로 쓰도록 한다.

다섯째, 한 번에 한 단계씩 쓴다. 글쓰기 과제를 여러 부분으로 나누어 단계별로 글을 쓰도록 한다.

여섯째, 글쓰기 앱이나 전문가용 소프트웨어를 사용하도록 한다. 글쓰기 앱이나 소프트웨어는 글의 아이디어들을 브레인스토밍하고 아웃라인을 조직하도록 하여 글쓰기를 좀 더 용이하게 해 준다.

일곱째, 휴식을 취하고 몸과 마음을 이완하도록 한다. 마음속에 떠오르는 것이 없으면 피로하거나 스트레스 상황에 처한 것일 수 있기 때문에 글쓰기를 중단하고 휴식을 취하면 글쓰기의 의욕도 생기고 글의 아이디어가 생각나기도 한다.

2) 학문적 글쓰기(Academic Writing)

글의 유형은 시, 소설 등 다양한데, 본 책에서는 학문적 글쓰기에 초점을 맞추어 설명한다. 학문적 글쓰기란 학문 또는 교과와 관련한 글을 쓰는 활동이다. 대표적인 학문적 글쓰기는 교과 **논술**(Essay)과 **보고서**(Report)쓰기이다.

학문적 글쓰기를 잘 하려면 다음과 같은 활동을 해야 한다(Cottrell, 2019).

첫째, 좋은 쓰기 자료들을 수집한다. 학문적 글쓰기에서는 단순히 자신의 의견이나 처음 마음에 떠오르는 것을 진술하지 않는다. 자신의 생각을 발전시키고 지원할 내용 자료들에 기초해야 한다. 양질의 내용 자료들을 수집하여 추론하고, 증거와 예들을 제시한다.

둘째, 비교하고 대조한다. 대부분의 학문적 글쓰기, 특히 이론, 모델, 또는 연구를 통한 발견들은 비교하기와 대조하기의 요소들을 가지고 있다. 여러 가지 관점, 이론, 학파들의 비슷한 점과 차이가 나는 점을 진술한다.

셋째, **준거를 사용하여 평가**한다. 어떤 준거들을 사용하여 증거들을 평가했는지 명시해야 한다. 단지 해당 증거들이 인터넷이나 책에 기록되어 있다는 것을 제시하는데 그치지 않고, 증거로 제시한 자료들의 출처의 신뢰도를 평가하고 측정했다는 것을 나타내야 한다.

넷째, **복잡성과 뉘앙스**(Nuances)를 인식하고 있음을 보여준다. 학문적 글쓰기에서 답이 항상 명료하지만은 않다는 것과 제시된 주장에 약점과 강점이 있음을 인지하고 있다는 것을 보여주어야 한다. 예를 들어, 인용하는 전문가들도 소수의 사례에 기초하여 결론을 내리거나, 비록 큰 데이터베이스를 사용했더라도 그 증거 사례가 주제와 직접적으로 관련이 없을 수도 있다는 것을 인지하고 있어야 한다. 아울러 자신의 주장에 약점이 있을 수 있고, 반론 또한 존재할 수 있다는 것을 인정한다. 그리고 이런 저런 방식으로 확실한 결론을 도출하는 일이 왜 어려운지를 명료하게 진술하여야 한다.

다섯째, **종합한다**. 여러 가지 상이한 관점들을 종합하여 최선의 것을 제시한다. 때로는 이런 과정이 글 쓰는 이에게 새로운 관점을 제공해 주기도 한다.

여섯째, **정해진 구조**를 따른다. 과제의 유형과 교과에 따라 적절한 쓰기 구조가 있는데 이에 따를 때 의사소통이 원활하게 된다.

일곱째, **토론적인 글쓰기**를 한다. 본인의 주장에 대해 토론하는 글을 쓴다. 핵심 아이디어들을 유기적인 문장과 단락으로 만들어, 핵심적인 추론 계선(Inferential Sequence)에 부합하도록 한다.

여덟째, **정서적으로 중립적 입장**을 취한다. 객관적인 방관자로서 냉정하게 뒤로 한 발 물러서서 이슈를 분석하여 진술한다.

아홉째, **잘 구조화된 주장을 제시**한다. 글의 방향을 알리는 추론 계선을 제시하고, 어떤 내용이 논리적으로 어떤 내용과 연계되어 제시되고 있는지를 명확히 한다.

열째, **결론을 내린다.** 본인이 최선이라고 생각하는 주장, 모델, 이론을 제시한다. 비록 그것들이 기존의 것들과 비슷하더라도 나름대로의 증거에 기초하여 결정을 내렸다는 것을 보여주어야 한다.

학문적 글쓰기의 대표적인 유형인 논술과 보고서를 쓰는 전략은 다음과 같다.

(1) 논술(Essay)

논술에는 **4가지의 유형**이 있는데 논술의 제목에 따라 어느 한 유형을 선택하거나 몇몇의 유형들을 조합하여 사용할 수 있다(Cottrell, 2019). 첫째, ① **지지 또는 반대 논술**("For and Against" Essays)이다. 어떤 입장을 지지하거나 또는 지지하지 않는지를 주장하는 논술이다. 둘째, ② **범위 논술**("To What Extent" Essays)이다. 어떤 것이 얼마나 진실이고, 얼마나 성취되었고, 얼마나 진행되었는지 등을 판단하는 논술이다. 셋째, ③ **비교와 대조 논술**(Compare and Contrast Essays)이다. 유사한 점과 다른 점을 진술하는 논술이다. 마지막으로, ④ **반성적 논술**(Reflective Essays)이다. 어떤 이론을 얼마나 잘 이해했는지를 보여주거나 어떤 전문적 행위의 교훈이 지닌 중요성을 서술하는 논술이다.

논술은 어느 유형이든지 다음과 같은 구조로 이루어진다(Cottrell, 2019).

첫째, **제목 또는 질문**이다. 모든 논술은 명시적으로나 암시적으로 제목 또는 질문을 포함하고 있고, 글 쓰는 이는 논술에서 이 제목 또는 질문에 초점을 맞추어 내용을 진술해야 한다.

둘째, **도입**(Introduction)이다. 논술이 다룰 내용을 소개한다. 다음과 같은 내용이 들어가야 한다. ① 질문을 어떻게 해석하고 있는지 설명하고 자신의 주장과 결론을 요약한다. ② 질문에 대한 접근을 어떻게 할 것인지 간단하게 개요로 제시한다. ③ 핵심 요점들, 다룰 논쟁이나 관점을 제시한다. ④ 필요한 경우 용어들을 정의한다.

셋째, **본문**(Main Body)이다. 주장이나 추론 계선을 전개한다. 본문의 첫 번째 단락은 다음과 같이 구성한다. ① 도입에서 다루고자 한 첫 번째 이슈를 다룬다. ② 단락의 첫 문장에는 단락의 주요 아이디어를 토픽 문장으로 제시한다. ③ 그 외 문장들은 토픽 문장을 지지하는데 사용한다. 적절한 예, 세부 내용, 증거, 인용, 참고 문헌을 제시한다. ④ 다음 단락으로 이어지는 진술로 마무리한다. 두 번째 단락부터 다음과 같이 구성한다. ① 첫 문장으로 토픽 문장을 제시하여 이전의 단락과 연결되도록 한다. ② 그 외 문장들은 단락의 토픽 문장을 지지하는데 사용한다. 마찬가지로 적절한 예, 세부 내용, 증거, 인용, 참고 문헌을 제시한다. ③ 다음 단락으로 이어지는 진술로 마무리한다.

넷째, **결론**(Conclusion)이다. 새로운 내용을 추가하지 않고, 다음과 같이 구성한다. ① 가장 중요한 요점을 결론으로 도출한다. ② 결론을 지지하는 주요 이유들을 요약한다. ③ 결론의 중요성을 명료화한다. ④ 마지막 문장에 제목이나 질문과 연계하여 주장을 요약한다. 결론이 모호하거나 강력하지 않으면 글 전체가 힘을 잃게 된다. 별도의 종이에 생각하고 있는 결론을 미리 적어 글 쓰는 도중에 늘 볼 수 있도록 하고, 수정이나 상세화가 필요하다고 생각되면 새로운 결론을 다시 종이에 기록한다. 이것은 뒤에서 앞으로 오는 접근(Back to Front)으로 역설적인 것처럼 보일 수 있으나, 결론이 명료하게 먼저 도출되면 도입과 주장이나 추론 계선이 명료해져서 효과적인 글쓰기를 할 수 있다.

다섯째, 논술에 사용한 내용들의 출처를 참고 문헌에서 밝힌다.

논술에는 비판적 사고(Critical Thinking)가 중요하다. **비판적 사고는 어떤 신념이나 주장을 지지하는 증거와 결론에 비추어 검토하는 인지적 활동이**다. Glaser(1984)는 비판적 사고에 기초한 논술을 쓰기 위해 구체적으로 다음과 같은 활동들이 중요함을 제시한다.

① 객관적으로 결론을 도출해 낸다.
② 추론의 바른 계선(Sequence)을 찾는다.
③ 증거들을 균형적, 객관적, 체계적으로 조사한다.
④ 자신의 추론 과정을 지속적으로 유심히 검토한다.
⑤ 제시된 정보로부터 중립적인 입장을 취한다.
⑥ 수집된 정보가 정확한지 여러 각도에서 면밀히 검토한다.
⑦ 쓸 내용을 그 구성 요소들에 비추어 조사하고 구성 요소들이 서로 어떻게 연계되어 있는지 탐색한다.
⑧ 각 진술이 이전의 진술로부터 논리적으로 전개되고 있는지 점검한다.
⑨ 추론, 증거, 결론이 도출되는 방법에서 오류가 있는지 점검한다.
⑩ 같은 이슈를 다른 이론가나 저자들의 관점에서 비교한다.
⑪ 사람들마다 도출해 낸 상이한 결론들을 비교하고 대조한다.
⑫ 어떤 일련의 의견, 결과, 결론들이 다른 것에 비해 선호되는 이유를 설명한다.
⑬ 독자들을 현혹할 수 있는 문학적 수사나 통계적 수치에 경계심을 갖는다.
⑭ 제시하고자 하는 아이디어나 주장에 깔린 가정들이 바른지 점검한다.

Cottrell(2019) 또한 비판적 논술에서는 다음과 같은 쓰기 활동들을 강조한다.

① 다루는 이슈에 대해 가설과 결론을 포함하여 입장을 명확히 한다.

글을 쓰기 전에 자신의 생각을 명료하게 정리하지 않으면 논술이 힘들어지기 때문이다.

② 명료한 추론 계선, 즉 결론에 이르는 주장의 순차배열을 구성한다.

도출하고자 하는 결론이 명확하지 않거나, 축소되어 진술되거나, 엉성하게 형성되면, 글쓰기의 모든 측면이 어려워진다. 따라서 글의 주제에 대해 입장과 결론으로 생각하고 있는 것을 미리 별도의 종이에 적어 놓고 글을 쓴다. 기존의 결론을 수정하거나 세밀하게 조정하도록 하는 정보나 아이디어를 얻게 되면, 결론을 새롭게 작성한다.

③ 자신의 추론을 지지할 증거들을 계획하고 제시한다.

④ 다각적 관점에서, 각 관점이 제시하는 증거들을 균형 있게 제시하며 이슈들을 분석한다.

어떤 문제에 대해 전문가들의 관점이 어떻게 유사하거나 상이한지 분석하고, 왜 그런 현상이 나타나는지, 또 각 관점이 제시하는 증거들이 타당한지 확인한다. 이것은 각 관점들이 지닌 강점, 약점, 중간 지대를 고려하는 것으로, 그 해답이 단순히 맞거나 틀린 차원을 넘는 것임을 시사한다. 이 문제에 대해 최종적으로 도출한 자신의 입장이나 결론이 앞서 살펴본 다각적 관점을 비판적으로 종합한 것임을 보여주어야 한다.

⑤ 서술적이고, 개인적이고, 저널리스트적인 방식보다는 비판적이고 분석적인 방식으로 글을 쓴다.

⑥ 자신이 쓴 글을 비판적으로 읽는다.

다른 사람들의 글을 비판적으로 읽듯이 자신의 글도 비판적으로 읽는다.

자신의 글에 대해 스스로 맹렬한 비판자가 되어 약점을 찾아내어 교정하고 자신의 주장이 지닌 강점은 더욱 두드러지게 한다.

(2) 보고서(Report)

보고서를 작성하는 단계는 다음과 같다.

첫째, **보고서의 토픽**을 정한다. 보고서 토픽은 교사가 정해주기도 하고, 폭 넓은 주제 하에 구체적인 토픽은 학생이 정하도록 하기도 한다. 보고서 토픽은 특정하게 정해야 한다(Luckie & Smethrust, 1998). 보고서 토픽이 너무 넓거나 모호하면 쓸 내용이 부족하여 자료를 보충하기 위해 학생이 스스로 실험하거나 인터뷰를 하는 등 나름대로의 데이터를 준비해야 하는 어려움이 따른다. 보고서 토픽을 설정할 경우 브레인스토밍을 통해 가능한 토픽들을 3-4개 도출해 낸 후, 도서관이나 인터넷 조사를 통해 토픽 별로 얼마나 많은 책, 기사, 보고서 등이 있는지 확인한다. 이 중에서 관련 자료가 충분히 있고 본인이 흥미를 가지고 있는 토픽을 하나 선정한다. 그리고 적절한 토픽인지 교사나 부모 또는 친구들에게 조언을 구하면 보다 효과적이다.

둘째, **정보를 수집**한다. 수집된 자료를 읽고 스터디 카드(Study Cards)나 노트에 내용을 요약하되, 출처를 잘 기입하였다가 보고서 참고 문헌에 기록한다. 정보를 수집할 때부터 참고 문헌을 기입해 놓지 않으면 나중에 보고서에 사용했던 정보가 어디에서 온 것인지 확인하기 어렵게 된다. 참고 문헌에 있는 글을 직접 인용할 경우, 보고서에 출처와 인용 페이지를 빠뜨리지 않고 기입한다.

셋째, **임시적으로 보고서의 결론**을 작성한다. 1-2개의 문장으로 보고서를 시작하기 전에 결론을 미리 작성한다. 이 결론은 임시적인 것으로 최종적인 것은 아니다. 보고서를 써 나가는 도중이나 완성한 후에 바뀔 수 있다.

임시적으로 먼저 결론을 내리는 일은 보고서의 방향을 정해주고 그에 따라 구체적인 내용 진술의 순서와 구조를 정해주기 때문에 효과적이다. 임시적 결론이 쉽게 작성되지 않는 경우 다음과 같은 질문을 하며 답을 얻는다(Fry, 2011, p.143).

- 내 토픽이 특별한 점이 무엇인가?
- 내 토픽이 과거에 일어난 사건들과 어떤 관계가 있는가?
- 내 토픽이 사회에 어떤 영향을 미치는가?
- 내 토픽을 통해 사람들에게 알리고 싶은 것은 무엇인가?
- 나는 내 토픽에 대해 어떤 질문들을 가지고 있는가?

넷째, 보고서의 개요(Outline)를 작성한다. 토픽에 대한 내용들을 어떻게 전개할지 개요를 작성한다. 조사한 자료를 바탕으로 다양한 이슈들을 적은 후, 각 이슈들을 진술할 순서를 보고서의 개요로 작성한다. 이 개요 또한 임시적인 것으로 정보를 정렬하고 조직하는 과정을 통해 바뀔 수 있다.

개요 작성 시 다음과 같이 여러 접근이 있을 수 있다(Fry, 2011, pp.152-3).

① **연대기적 접근(Chronological Approach)**
사건들을 발생한 시간대에 따라 정렬한다.

② **공간적 접근(Spatial Approach)**
정보를 지리적 또는 물리적 순서로 정렬한다. 예를 들어, 북에서 남으로, 밑에서 위로, 좌에서 우로, 안에서 밖으로 등으로 정렬한다.

③ **수/알파벳 접근(Numerical/Alphabetical Approach)**
숫자 또는 알파벳 순서로 정보를 정렬한다. 예를 들어, 십계명, 내가 존경하는 세 명의 인물 등이다.

④ **논리적 구분 접근(Logical Division Approach)**

정보를 논리적으로 몇 개 주요 부분으로 정렬한다.

⑤ **방법론적 순서 접근(Methodological Order Approach)**

어떤 것을 수행하는 방법적 순서로 정보를 정렬한다. 예를 들어, 난초를 기르는 방법이나 물건을 조립하는 방법의 순서로 정렬한다.

⑥ **문제/해결 접근(Problem/Solution Approach)**

일련의 문제들과 해결책을 제시하는데, 어떤 문제가 발생한 이유와 그 결과 어떤 것이 발생할지를 예측하고 해결책을 제시하는 순서로 정렬한다.

⑦ **결과/원인 접근(Effect/Cause Approach)**

어떤 조건, 문제, 또는 결과를 이야기한 후 그것을 유발시킨 것이 무엇인지 진술하는 방식으로 정렬한다.

⑧ **비교/대조 접근(Compare/Contrast Approach)**

사람, 사물, 또는 사건 간의 유사점과 차이점을 논하거나, 어떤 방법, 실험, 치료, 접근의 강점과 약점을 논하는 방식으로 정렬한다.

⑨ **중요성의 순서 접근(Order of Importance Approach)**

가장 중요한 것에서 가장 덜 중요한 것의 순서로(또는 그 반대로) 여러 측면을 논하는 방식으로 정렬한다.

⑩ **찬성/반대 접근(Pros/Cons Approach)**

어떤 입장, 질문, 결정, 접근, 방법에 대해 찬성하거나 반대하는 방식으로 정렬한다.

글 쓰는 이는 토픽과 결론에 따라 위의 조직하는 방법을 결정할 수 있다. 한 가지 적절한 것을 선택하여 사용할 수 있고, 두 가지의 접근을 혼합하여 사용할 수도 있다. 예를 들어, 연대기적 순서에 따라 사건들을 나열하고 각 사건의 원인과 결과를 진술할 수 있다.

다섯째, **보고서 초고**를 작성한다. 작성된 개요의 순서에 따라 정보를 기록해 두었던 스터디 카드나 노트를 정렬한 후에 초고를 작성한다. 초고는 완벽할 수 없기 때문에, 생각의 흐름에 따라 중요한 내용들을 논리적으로 정렬하는 것에 초점을 맞추고, 문법, 맞춤법 등에 큰 관심을 두지 않는다. **자유롭게 쓰기**(Free Writing)가 중요하다. 즉, 토픽과 직접적으로 관련 없을 것 같아 보이더라도 그것에 대해 염려하지 않고 떠오르는 생각을 쓰는 것이다. 핵심은 쓰기를 시작하는 것이다. 또한, 보고서에서 사용한 내용의 출처는 보고서 맨 뒤 참고 문헌에 기록한다.

여섯째, **초고를 수정하거나 보완**한다. 초고의 내용, 문법과 맞춤법, 구두점에 오류가 있으면 수정한다. 정보가 추가로 필요하다고 판단되거나 새로운 질문에 대한 답이 필요하다고 생각되는 경우, 추가로 조사를 실시한다. 논리의 흐름을 향상시키고, 아이디어들을 좀 더 잘 조직하고, 혼란스러울 수 있는 부분을 명료화하고, 약한 논리는 강화한다. 특히 도입 단락과 종결 단락을 검토하는데 시간을 많이 투여한다. 도입 단락은 주장이 무엇인지 소개하고 보고서의 방향을 설정해 주기 때문에, 잘 쓴 도입 단락은 독자들이 글쓴이의 글 구조와 논리 전개 방식 및 내용을 보다 명확하게 파악하도록 도움을 준다. 종결 단락은 글의 결론으로 글을 요약하여 끝맺기 때문에 독자가 글 전체의 요점을 파악하는데 도움을 준다. 수정하거나 보완 작업을 할 때, 초고를 소리 내어 읽으면 묵독의 경우보다 오류를 발견하는데 효과적이다. 또한 보고서를 거꾸로 읽어도 효과적이다. 이 방법은 개별 단어에 초점을 두어 오류를 발견하는 데 도움을 준다.

3) 유형별 글쓰기

학문적 글쓰기와 관련하여서 다음 세 가지 유형의 글이 있는데, 각 유형의 특징과 글쓰기 전략은 다음과 같다(Hansen & Hansen, 2008).

첫째, 서술문(Descriptive Writing)이다. 어떤 사람, 장소, 사물, 또는 사건과 같은 특정한 어떤 것을 기술한다. 서술문의 핵심은 독자로 하여금 글쓴이가 경험한 것을 글쓴이와 같은 수준의 감각적 선명성으로 경험하도록 하는 것이다.

서술할 세부 내용에 대한 아이디어를 얻기 위해 다음과 같은 접근을 한다.

① 서술하고자 하는 것과 관련하여 연상되는 단어들을 도출한다.

처음 연상된 단어들은 가장 분명하고 일반적인 것들이지만, 브레인스토밍(Brainstorming)을 통해 이런 통상적인 것들을 넘어 더 많은 단어들을 연상하여 도출한다.

② 오감을 사용하여 다양한 경험들을 서술한다.

서술하는 것은 어떤 모양인가? 냄새는 어떠한가? 어떤 맛인가? 어떤 촉감인가? 등의 질문을 하여 서술하고자 하는 세세한 내용들을 도출한다.

③ 일련의 질문들을 통해 세부 내용에 대한 아이디어를 얻는다.

· 내가 서술하고자 하는 것의 배경이나 상황은 무엇인가?
· 내가 서술하고자 하는 것과 관련하여 마음속에 바로 연상되는 것은 무엇인가?
· 내가 서술하고자 하는 것을 어떤 것과 비교할 수 있는가?
· 내가 서술하고자 하는 것의 특징은 무엇인가?
· 내가 서술하고자 하는 것에 대한 나의 감정은 어떠한가?
· 내가 서술하고자 하는 것에 대해 독자들이 알았으면 하는 것은 무엇인가?
· 내가 서술하고자 하는 것에 대해 독자들의 관심을 끌만한 단어들은 무엇인가?

・내가 서술하고자 하는 것과 관련하여 6하 원칙(언제, 어디서, 누가, 무엇을, 어떻게, 왜)으로 얻을 수 있는 답은 무엇인가?

다음은 좋은 서술문을 썼는지 점검할 때 유용한 체크리스트이다(Hansen & Hansen, 2008, p.185).

서술문 체크리스트

☐ 내가 서술한 것을 독자들이 실제로 경험한 것처럼 충분하고 상세하게 서술했는가?
☐ 허구적인 것을 포함시키지는 않았는가?
☐ 단순히 말해 주는 것을 넘어 보여주려고 노력했는가?
☐ 단어들을 다양하고, 생생하고 구체적으로 사용했는가?
☐ 독자가 나의 경험을 잘 느낄 수 있도록 세부 내용을 제시하는 순서가 적절했는가?
☐ 나의 서술이 흥미로운가?

둘째, **설명문**(Expository Writing)이다. **어떤 것을 명료하고 간결하게 설명**하는 글이다. 어떤 주제나 명제와 관련하여 사람들의 관점을 설명하거나, 어떤 사건이나 상황에 대해 보고하거나, 어떤 토픽을 상세하게 설명하고 요약하거나, 두 가지 또는 그 이상의 작품이나 주장을 비교하는 글이다. **설명문의 접근**은 다음과 같이 다양하다(Hansen & Hansen, 2008). 첫째, ① **해설**(Explication)이다. 비교적 작은 글의 단위를(시, 단락, 문장들) 여러 부분으로 나누어 검토하고 해석하여 쓴다. 다음은, ② **반응**(Response)이다. 어떤 작품에 대해 갖게 되는 개인적 반응과 그 작품이 자신의 경험, 생각, 아이디어와 어떻게 연계되는지에 대해 쓴다. 셋째, ③ **평가**(Evaluation)이다. 어떤 작품이 어떤 준거를 어떻게 만족시키는지 판단한 것을 쓴다. 넷째, ④ **종합**(Synthesis)이다. 둘 또는 그 이상의 작품 또는 그 작품들의 부분들이 서로 어떻게 연결되는지에 대해 쓴다. 다섯째, ⑤ **과정**(Process)이다. 어떤 것을 어떻게 수행할 것인지를 단계별로 설명한다. 마지막으로, ⑥ **비교/대조**(Compare/Contrast)이다. 둘 또는 그 이상의 작품이나 주장이 유사한 점과 다른 점을 설명한다. 글 쓰는 이는 필요에 따라 위 접근들을 적절히 조합할 수 있다.

셋째, **논설문**(Argumentative Writing)이다. **자신의 주장을 제시하는 글이다.** 전제를 제시하고 결론에 이르도록 순차적으로 내용을 진술하는 글이다. 주장하는 글은 논리의 세계에 뿌리를 두고 있어, 삼단논법과 연역법에 대한 지식을 가지고 있으면 좀 더 잘 쓸 수 있다.

다음은 논설문 쓰기 전략이다(Hasnen & Hansen, 2008; Vorderman, 2016).

① **논쟁적인 토픽**(예: 낙태, 동성애, 사형제도 등)을 선정하되 그 범위가 너무 넓어서는 안 되고 잘 정의할 수 있는 것이어야 한다.

② **조사를 통해 충분히 자료를 확보**하여 자신이 가지고 있던 관점과는 다른 다양한 이슈의 측면들에 대해 전문적 지식을 축적한다.

6하 원칙을 사용하여 다양한 각도에서 가능한 많은 정보를 수집한다.

③ **자신의 주장을 제시**하되 신랄하거나 히스테릭한 논조가 아니라 전문적이고 공평한 논조를 유지한다.

서로 대립되는 주장과 배경, 그리고 자신의 주장에 반대되는 관점이 있을 수 있음도 제시한다. 자신의 주장에 반대되는 관점이 어느 정도 타당성이 있음을 인정하되, 자신의 주장을 철회할 만큼 강력하지 않다는 것과 전혀 동의

할 수 없는 측면이 있으면 제시한다.

④ **자신의 주장을 사실, 예, 통계, 비유, 자신의 경험, 전문가들의 말, 설문 조사 등을 사용하여 뒷받침한다.**

증거의 출처를 밝히고 신뢰할 수 있다는 것을 보여준다. 증거는 너무 개인적이거나 단순히 다른 사람들에게서 들은 것으로 구성해서는 안 된다.

⑤ **1인칭 사용을 지양**한다.

논설문이 글쓴이의 의견을 제시하는 글이지만 1인칭을 사용하지 않아야 자신의 주장에 더 힘이 실린다. 예를 들어, "나는 지구 온난화를 막기 위한 노력을 해야 한다고 믿는다." 보다는 "우리는 지구 온난화를 막기 위한 노력을 해야 한다."고 말하는 것이 더 설득력이 있다.

⑥ **결론을 맺을 때는** 너무 조급하거나, 넓거나, 추상적이거나, 피상적으로 일반화하거나 또는 지나치게 단순화하지 않는다.

⑦ **정서적인 언어를 사용하여 논쟁하는 것을 지양**한다.

논설문의 대략적인 구조는 ① 주장, ② 주장을 지지하는 이유와 증거, ③ 주장을 반대하는 이유와 증거, ④ 나의 주장이 더 강하고 반대하는 주장은 약하다는 이유와 근거, ⑤ 결론으로 이루어진다.

Smith와 Smith(1990, pp.138-150)는 이 흐름을 **도입-본문-결론**이라는 세 **부분으로 나누어** 다음과 같이 자세히 제시하고 있다.

첫째, **도입** 부분에서는 문제를 상세하게 제시하고 글 쓰는 이의 관점을 지지하는 주장들로 단락을 구성하는데 다음 네 가지 요소들을 포함시킨다.

① 주제를 독자들의 경험과 관련시킨다.

TV, 신문이나 학술지, 토론회 등을 통해 독자들이 이미 주제에 대한 지식이 있거나 그와 관련한 경험이 있을 수 있음을 시사한다. 날짜, 사실, 인물들을 포함시키면 더 좋다.

② 주제 뒤에 숨어 있는 문제를 제시한다.

이를 이슈라고 부르는데 논설문이 실제로 논의하고자 하는 것을 제시하기 때문에 가장 중요한 부분이다. 이슈는 논의가 어떻게 전개될지에 대해 정의한다. 이슈를 처음부터 바로 제시하는 것은 다음과 같은 이점이 있다. ⒜ 독자는 처음부터 글 쓰는 이가 주장하고자 하는 것이 무엇이고 문제의 어떤 측면을 논의할 것인지 알게 된다. ⒝ 자신이 원하는 바가 무엇인지 환기한다. ⒞ 글 쓰는 이로 하여금 글에서 한 가지 핵심 포인트를 일관되게 고수하도록 해 준다.

③ 사람들이 글 쓰는 이의 의견과 다른 의견들을 가질 수 있음을 제시한다.

글 쓰는 이의 의견과 반대되는 의견을 가지고 있는 사람들도 그것을 지지하는 강한 논거를 가지고 있음을 알린다. 그러나 반대편의 지지 논거를 다수로 제시할 필요는 없다. 다음과 같은 형식을 사용하여 반대편 주장을 제시한다. ⒜ "어떤 사람들은 ~ 라고 주장한다." ⒝ "~ 라는 주장이 있다." ⒞ "~ 라고 말할 수 있을 것이다." 등이다.

④ 글 쓰는 이의 의견을 제시한다.

핵심 아이디어 진술이라고 불리는데, 이슈에 의해 제기된 질문에 대한 글 쓰는 이의 답이다. 그러나 도입 부분에서는 글 쓰는 이가 왜 이런 의견을 가지고 있는지에 대한 이유에 대해서는 이야기하지 않는다(본문에서 제시함). 다음과 같은 형식을 사용하여 핵심 아이디어를 진술한다. ⒜ "그러나 ~ 은 분명하다." "~ 인 이유는 많이 있다." 등이다.

다음은 "축구장 폭력 사태에 대한 대응"이라는 주제를 가지고 논설문을 쓸 때 도입 부분에서 위 ①에서 ④까지의 진술을 담은 예이다(Smith & Smith, 1990, p.141).

> Hanson 박사는 한 신문 기고에서 최근 축구장에서 발생한 팬들의 난동에 경찰이 대처하는 방안으로 경찰들이 앞으로 스파이크가 달린 2 미터의 경찰봉으로 무장해야 한다고 주장했다(①). 정말 경찰이 경찰봉으로 무장하는 것이 스포츠 사건에서 발생하는 법과 질서의 문제를 해결하는 바른 방법이 될 수 있는 것인가?(②) Hanson 박사는 폭력에 대항하는 방법은 폭력뿐이기 때문에 경찰에 무기를 제공하는 것이 필요하다고 주장한다(③). 그러나 스포츠 사건에서 법과 질서의 문제를 다루는 데 있어 좀 더 현명한 방법이 있다(④).

둘째, **본문에서는** 도입 부분에서 제시한 **핵심 아이디어에 대한 지지 논거**를 제시한다. 지지 논거별로 한 단락 씩 배정하여 진술한다. 예를 들어, "~를 주장하는 첫 번째 이유는 ~ 이다."라는 형식을 취한다. 그런 후 단락별로 주장을 지지하는 진술들로 구성한다(인용, 도표, 차트 예 등). 특히 각 단락의 지지 진술에 예를 포함시킬 때 그 설득력이 높아진다. 예는 만들어 내는 것이 아니라 사실적인 것으로 상세하게 제시한다.

셋째, **결론에서는** 이슈에 의해 제기된 문제에 대해 **답을 정리하여 진술**한다. 이슈는 양면성을 가진 문제이기 때문에 결론에서의 답은 양면이 어떻게 조화될 수 있는지에 대한 진술이 된다.

2. 세부 쓰기 기술

전통적으로 쓰기 교육은 맞춤법, 구두점, 문법을 포함하여 산출물을 강조해 왔다. 즉 결과 중심의 쓰기 교육이었다. 이에 따라 학생들은 쓰기의 하위 과정에서 당면하는 여러 종류의 문제들로 인해 흥미를 잃고 쓰기를 중도에 포기하는 일이 많았다(Spencer, 1983). 그러나 현대의 쓰기 교육에서는 독자와의 의사소통에 초점을 두어 의미와 아이디어를 생성하고, 쓰기의 하위 인지 과정들을 거치며 그 과정들을 점검하고 조절하는 메타인지를 강조하고 있다. 즉 쓰기의 하위 과정에 관여하는 정신적 과정들을 이해하고, 쓰는 과정에서 그 정신적 과정들을 점검하고 조절하면 좋은 글을 생산해 낼 수 있다고 보는 과정 중심의 쓰기 교육을 강조하고 있다(Applebee et al., 1990; Scardamalia et al., 1981).

쓰기에는 세 가지 단계의 주요 인지적 과정이 관여하고 있다(Mayer, 2003).

첫째, **계획하기**(Planning)이다. 텍스트를 생산해 낼 계획을 세우는 과정으로 세 개의 핵심적인 하위 과정이 필요하다.

① **생성하기**(Generating)로 장기기억에서 쓰기 과제에 적절한 정보를 회생하거나 외부에서 정보를 수집하는 것이다. 즉, 쓸 내용을 생산해 내는 것이다.
② **조직하기**(Organizing)로 쓸 내용으로 생산해 낸 정보들 중 적절한 것들을 구조화하여 쓰기 계획에 포함시킨다.
③ **목표 설정하기**(Goal Setting)로 쓰기 목표를 설정하여 구조화한 계획에 따라 글을 쓰는 과정에 제시할 일반적 준거들을 설정하는 것이다.

예를 들어, 예상 독자들이 저자가 쓰고자 하는 글의 내용에 대해 친숙하지 않을 것으로 생각되면, 장황하게 쓰지 않고 단순하고 명료하게 쓴다는 준거를 설정하는 것이다.

둘째, **서술하기**(Translating)이다. 계획한 것을 텍스트로 바꾸어 생산하는 것이다. 즉 페이지에 나의 해석과 생각을 서술하여 글을 쓰는 것이다.

셋째, **검토하기**(Reviewing)이다. 쓴 글을 다시 읽고 편집하여 텍스트를 향상시키는 것이다.

다음은 각 단계별 쓰기의 하위 과정 기술들인데, 이것들을 지도할 때 부모는 **생각 보고법**(Think-Aloud Technique, 글을 쓰면서 머릿속에 떠오르는 생각을 말로 이야기하는 기법)을 동원하며 쓰기 기술들을 시범 보이고, 자녀 또한 부모처럼 생각 보고법을 동원하며 쓰기 연습을 하도록 한 다음, 잘된 점과 부족한 점을 토론하면 효과적이다.

1) 계획 단계에서의 쓰기 기술

얼마나 쓰기 계획을 잘 세우느냐는 글의 질적 수준을 결정하기 때문에 쓰기에서 매우 중요하다. 전문적으로 글을 쓰는 사람들의 글쓰기 특징 중의 하나는 쓰기 계획에 매우 많은 시간을 들인다는 것이다(Pianko, 1979; Stotsky, 1990; Zbrodoff, 1985). 그러나 어린 아동들과 같이 글쓰기 초보자들은 글의 제목을 받자마자 바로 글을 쓰는 패턴을 보임에 따라, 글쓰기에서 많은 오류를 저지른다(Bereiter & Scardmalia, 1985). Kellogg(1994)는 대학생들을 대상으로, 한 집단은 계획하기를 한 후 글을 쓰게 하고, 또 다른 집단은 바로 글을 쓰게 한 결과, 계획하기를 한 집단의 글이 훨씬 우수하다는 것을 발견했다. Pianko(1979)는 5학년, 10학년 학생들과 전문적으로 글을 쓰는 작가들을 대상으로 짧은 글을 쓰게 한 후 글을 쓰는 특징을 관찰했다. 그 결과 5학년, 10학년 학생들은 과제를 받자마자 대개 바로 쓰기에 들어갔으나, 전문 작가들은 아웃라인을 작성하는 등 글을 쓰기 전에 글쓰기 계획에 시간을 많이 사용하는 것을 발견하였다. 즉, 경험 많은 작가들은 쓰기에서 총체적 계획(아이디어를 생성하고 조직하기)을 하는 것이 특징이라는 것을 발견하였다. 이런 특징의 발견은 Stotsky(1990)와 Zbrodoff(1985)의 연구에서도 일관되게 나타났다.

계획 단계는 좀 더 구체적으로 다섯 가지의 하위 단계로 구성되는데, 각 하위 단계별로 효과적인 쓰기 기술은 다음과 같다.

첫째, **기본 계획 단계**이다. 쓰기 과제를 명료화하고 어떤 것을 어떻게 쓸지 기본적인 계획을 세우는 단계이다. 글쓰기에 소요되는 총 시간의 5% 정도를 할당하여 다음과 같은 활동을 한다(Cottrell, 2019).

① 글쓰기 과제와 관련하여 쓰기 재료로 무엇이 필요한지 검토한다.
② 과제에서 드러낼 자신의 의견이나 주장을 미리 요약한다
(임시적인 것으로 나중에 글쓰기를 하면서 조정할 수 있다).
③ 과제에 대해 이미 알고 있는 것을 적는다.
④ 어떤 텍스트를 읽거나 찾아야 하는지 알아본다.
⑤ 쓰기 과제 마감일에 맞추어서 해야 할 일을 열거하고 시간 계획을 한다.

둘째, **아이디어 생성 단계**이다. 기본 계획이 끝난 후 쓰기 과제와 관련하여 적절한 정보를 수집하거나 기억으로 회생해 내는 활동을 하는 것이다. 많은 학생들은 이 활동이 부족하여 글에 쓸 내용이 부족함에 따라 글을 짧게 쓸 수밖에 없는 경향을 보인다(Bereiter & Scardmalia, 1985). 글의 주제와 관련하여 자료를 수집하고 노트를 하거나, 다른 사람들과 함께 토픽에 대해 토론이나 브레인스토밍한 후 아이디어를 얻거나, 적절한 정보를 장기 기억에서 회생하도록 한다. 아이디어 생성 단계에서는 글쓰기에 소요되는 총 시간의 40% 정도를 할당하여 다음과 같은 활동을 한다(Cottrell, 2019).

① 모든 정보를 사용할 수 없으니 선택적으로 쓸 내용을 수집한다.
② 조사를 안내할 일련의 질문들을 생성하고 그 답을 찾는다.
③ 핵심 내용별로 얼마나 많은 정보를 필요로 하는지 결정한다.
④ 조사를 하면서 필요한 정보들을 기록한다.

셋째, **조직 단계**이다. 생성된 아이디어와 수집된 정보들을 서로 연계하여 조직한다. 글쓰기에 소요되는 총 시간의 5% 정도를 할당하여 다음과 같은 활동을 한다(Cottrell, 2019).

① 큰 차트에 주요 아이디어들과 세부 내용들을 연계하여 기록한다.
② 개략적인 초기 아웃라인을 만든다.

넷째, **평가 단계**이다. 생성되어 조직된 아이디어와 정보들을 검토하고 비평한다. 쓰기의 대상으로 삼는 독자들을 고려하여 쓰기 목표를 설정하고, 생성된 아이디어와 수집된 정보들이 그 목표를 달성하는데 적절한지 평가한다. 글쓰기에 소요되는 총 시간의 10% 정도를 할당하여 다음과 같은 질문을 하며 점검한다(Cottrell, 2019).

① 무엇을 발견했는가?
② 기본 계획 때의 나의 의견, 주장, 관점이 아직도 명료한가? 아니면 변화나 조정이 필요한가?
③ 강력한 증거와 예들을 발견했는가?
④ 어떤 주장이나 증거가 내가 지녔던 입장에 도전적인가?
⑤ 이런 주장이나 증거들을 나의 글에서 어떻게 다룰 것인가?

이렇게 하여 정리된 아이디어와 정보들은 쓰기의 근간이 되는 영역 관련 지식(Domain-Relevant Knowledge)이 된다. 이 지식은 좋은 글을 쓰는 데 있어 핵심적이다(Voss & Bisanz, 1985).

다섯째, **구조화 단계**이다. 글의 최종 아웃라인을 만드는 것이다. 즉 글을 쓸 골격을 마련하는 것이다. 글쓰기에 소요되는 총 시간의 10% 정도를 할당하여 다음과 같은 활동을 한다(Cottrell, 2019).

① 핵심 요점들의 순서를 정하고, 제목과 하위제목들을 설정한다.
② 핵심 요점별로 얼마나 많은 분량을 할당할 것인지 정한다. 글의 아웃라인은 글을 본격적으로 쓰기 시작하면서 수정되거나 보완할 수 있다.

Cottrell(2019)은 효과적인 아웃라인 작성 방법으로 패턴 노트(Pattern Notes, 일명 마인드맵이라고 함)에서 출발하여 순차적인 계획으로 변환시킬 것을 제안한다. 패턴 노트란 쓸 내용 간의 관계를 네트워크로 조직하는 것이다. 색깔, 숫자, 선을 사용하여 쓸 내용들을 상호 관계 짓는다. 그리고 패턴 노트의 각 영역에 제목을 써 넣는다. 각 제목과 관련된 요점들은 각 제목 밑에 기록한다. 색깔 부호(Color-Code)를 사용하여 각 단락으로 들어갈 것이 무엇인지 다르게 표시한다. 패턴 노트는 쓸 내용들을 전체적으로 조망하고 내용들 간의 관계를 파악하는데 효과적이다. 그러나 패턴 노트에 기초하여 글을 쓰는 일은 어렵다. 왜냐하면 글은 직선적이고 순차적인데 비해, 패턴 노트는 아이디어들이 서로 연결되어 전체로 구성된 것만 보여주기 때문이다. 따라서 글을 쓸 때는 이 패턴 노트를 순차적인 계획으로 전환시키며 글을 쓴다. 다음 그림은 CSIW(Cognitive Strategy Instruction in Writing)라는 쓰기 프로그램에서 계획하기 단계에서 학생들을 돕기 위해 개발한 학생용 생각 노트이다(Mayer, 2003, p.142).

〈쓰기 계획을 돕는 생각 노트〉

이름: _____

날짜: _____

주제: _____

1. 누구를 독자로 생각하고 글을 쓸 것인가?
   _____
   _____

2. 나는 왜 이 글을 쓰는가?
   _____
   _____

3. 나는 무엇을 알고 있어야 하는가?
   1) _____
   2) _____
   3) _____
   4) _____
   5) _____

4. 아이디어들을 어떻게 묶을 것인가?

5. 아이디어들을 어떻게 조직할 것인가?

   _____ 비교,대조   _____ 문제 해결
   _____ 설명   _____ 기타

2) 서술 단계에서의 쓰기 기술

서술 단계에서는 **쓰기 계획을 글로 바꾸는 활동**을 하게 된다. 즉 초고를 작성하는 단계이다. 글쓰기에 소요되는 총 시간의 30-35% 정도를 할당하게 된다(Cottrell, 2019).

Nystrand(1981)는 다음과 같은 5가지의 조건을 만족시키는 방향으로 글을 쓰도록 지도해야 한다고 제시한다. ① **그래픽**(Graphic) 측면으로, 읽는 사람에게 알아 볼 수 있는 문장이어야 한다. ② **구문적**(Syntactic) 측면으로, 문법, 구두점, 문장 구조가 읽는 사람에게 적절해야 한다. ③ **어의적**(Semantic) 측면으로, 읽는 사람에게 의미를 전달할 수 있어야 한다. ④ **텍스트**(Textual) 측면으로, 일관된 문장들이 단락으로 함께 묶여야 한다. ⑤ **맥락적**(Contextual) 측면으로, 읽는 사람에게 적절한 어휘, 문장, 스타일로 써야 한다.

그러나 초등학교 1-2 학년들과 같이 어린 자녀들은 이런 서술하기의 조건들에 너무 집착하지 않도록 한다(Read, 1981). 서술하기 과정은 상당한 주의 집중 능력을 필요로 하기 때문에 어린 아동들은 이 과정에 어려움을 겪는다. 그러나 부모들은 종종 자녀의 비표준적인 맞춤법과 구문 사용에 대하여 우려를 표명하곤 한다. 표준적인 맞춤법과 정자 쓰기는 격려할 필요가 있으나, 이 시기에는 이것들을 과도하게 강조할 필요는 없다. 정확한 맞춤법과 문장 쓰기, 정자의 사용을 너무 강조하는 것은 정보처리 능력이 제한된 어린 아동들의 고등수준의 사고를 방해하여 글의 질적 수준을 떨어뜨리는 결과를 가져온다(Scardamalia et al., 1982). 초등학교 1-2학년 아동들은 성장하면서 점차 표준적인 맞춤법과 정자 쓰기에 적응하게 되기 때문에 크게 염려할 필요는 없다.

아울러 어린 자녀들에게는 서술하기 단계에서 **발성화**(Vocalization)와 **휴지**(Pauses) 현상이 발생하는데 이것들도 발달적인 과정이기 때문에 제지할 필요가 없다. 발성화란 글을 쓰는 동안에 각 단어를 중얼거리며 자신에게 구술하는 현상이고, 휴지란 글쓰기를 멈추고 생각에 잠기는 현상이다(Scardamalia et al., 1982). 발성화와 휴지는 쓸 단어를 단기기억으로 생각해 내기 위한 수단으로 자연스러운 현상이다. 4학년 정도가 되면 쓰는 동안이 아니라, 휴지 기간 동안에도 발성화를 하게 되지만, 초등학교를 졸업하면 발성화는 거의 사라지게 된다. 그리고 휴지는 사람들이 글을 쓸 때나 이야기할 때 전체 시간의 약 2/3를 차지할 정도로 흔한 것으로(Gould, 1978; Matsuhashi, 1987), 글의 내용을 정신적으로 조직하고 적절한 맥락에서 생각하는 것이기 때문에, 제지할 필요가 없다. 초등학교 자녀들은 글쓰는 집중력이 약해 실제로 서술하기를 완성하기 전에 중단하는 경우가 많아 부모의 지속적인 격려와 조언을 필요로 한다(Scardamalia et al., 1982).

한편 글의 초고를 완벽하게 쓸 것을 요구하는 것도 글쓰기에 도움이 안 된다. 서술하기에서 중요한 것은 단락을 구성하는 것이다. 단락은 글의 구성재(Building Blocks)로서, 내용을 조직하여 독자들이 이해하기 쉽게 하는 동시에 페이지를 좀 더 작은 부분들로 나누어 가독성(Readability)을 높인다. 단락들은 논리적인 순서로 이어져야 하고, 단락 내 문장과 구절들은 이전의 내용과 나중의 내용을 연계하여야 한다.

Cottrell(2019)은 **단락을 다음과 같은 방법으로 구성**할 것을 제안한다.

첫째, 단락은 핵심적인 주제나 요점들을 중심으로 내용을 조직한다.
둘째, 단락을 시작하는 문장들은 다음과 같아야 한다.

① 단락 앞부분에 중심 문장을 위치시켜 단락의 주제를 소개한다.
중심 문장은 요약 진술, 주장, 질문, 또는 제안과 같은 것들로 구성한다.
② 단락이 주장을 강화할 것인지, 아니면 새로운 방향을 진술할 것인지를 시사하는 진술을 한다.

셋째, 단락의 추후 문장들은 다음과 같아야 한다.

① 중심 문장의 주제를 발전시키는 진술들이어야 한다.
② 핵심 내용을 명료화하고 지원하는 증거와 예들을 제시한다.
③ 문장들이 주장을 향해 논리적으로 이어지게 한다.

넷째, 단락의 마지막 문장은 단락의 내용을 요약하고 다음 단락의 내용이 변화할 것임을 시사하는 진술로 구성한다.

아울러 Cottrell(2019)은 단락이 잘 구성되었는지 점검하는 활동으로 다음과 같은 것들을 제안한다.

첫째, 각 단락을 읽고 단락의 주제가 정확히 진술되었는지 점검한다. 이를 위해 단락의 주제를 1-4개 단어로 요약해 본다.

둘째, 주제 문장(토픽 문장)을 찾아 형광펜으로 색칠한다.

셋째, 단락의 문장들 모두가 주제 문장과 관련을 맺고 있는지 점검한다.

넷째, 단락의 문장들이 논리적으로 적절한 위치에 자리 잡고 있는지 점검한다.

다섯째, 단락의 주제들이 논리적으로 서로 연계되어 텍스트 전체의 추론 계선이 분명히 드러나는지 점검한다.

여섯째, 단락이 글의 제목에 적절하고 필요한 것인지 점검한다.

텍스트의 추론 계선을 보다 분명히 하기 위해 단락의 진술과 단락 간의 연계에서 **시그널**(Signal)을 사용하는 것이 필요하다. 이를 신호화(Signaling)라고 하는데, 특히 설명을 하거나 주장하는 글에서 필요하다. 신호화는 "텍스트 내용에 어떤 것을 추가하지 않고 내용의 측면들이나 구조를 강조하기 위한 것이다". Meyer(1975)는 4 가지 유형의 시그널을 제시한다.

① 토픽들 간의 관계에 대한 단서를 보여주는 시그널
예를 들어, "첫째, 둘째, 셋째" 또는 "문제는 ...", "해결책은 ..." 등이다.
② 추후 제시될 핵심적 정보에 대한 진술
예를 들어, "이 글에서 논의할 주요 아이디어들은 ..." 등이다.
③ 요약 진술
글의 맨 뒤에 요약문을 쓸 때, "이 글에서 논의한 주요 아이디어들은 ..."이라는 진술로 시작한다.
④ 지시 단어(Pointer Words)
글 쓰는 이의 관점을 지시하거나 중요한 정보를 강조하는데 사용되는 단어들이다. 예를 들어 "더 중요한 것은 ...", "안타깝게도 ..." 등이다.

3) 검토 단계에서의 쓰기 기술

검토는 글쓰기에 소요되는 총 시간의 5% 정도를 할당하게 된다(Cottrell, 2019). 우선 **글의 구조적 측면에 초점을 맞추어 검토**한다. 학생들은 글을 검토하고 수정할 때 맞춤법에 맞게 단어를 교정하는 외양적 수정에 초점을 둘 뿐 글의 구조적 차원에 대한 수정은 거의 하지 않는 경향이 있다(Bereiter & Scardmalia, 1985). 검토 단계에서는 쓴 글을 자신이 먼저 검토한 후, 급우들끼리 바꾸어 외양적 오류 외에 구조적 오류를 발견하도록 하는 것이 효과적이다. 그 이유는 학생들은 자신의 글보다 다른 사람의 글에서 구조적 오류를 더 잘 발견해 내기 때문이다(Barlett, 1982).

Cottrell(2019)은 다음과 같이 교정 지도를 할 것을 제안한다.
초고 교정 지도의 경우, 다음을 검토한다.

① **구조와 조직**

구조가 적절한가? 정보들이 적절히 묶여 연계되었는가? 정보들이 최선의 순서로 제시되었는가? 단락들이 잘 짜여 있는가? 등의 질문에 답하도록 한다.

② **의미**

쓴 글이 의미가 통하는지 소리 내어 천천히 읽도록 한다.

③ **증거**

주장을 지지하는 증거, 예, 세부 내용들이 제시되었는지 점검하도록 한다.

④ **참고 문헌**

정보원이 명료하게 제시되었는가? 인용이 정확한가? 참고 문헌이 정확히 제시되었는가? 등의 질문에 답하도록 한다.

⑤ **양식**

텍스트가 읽기 쉽도록 진술되었는가? 진술이 수다스럽거나, 장황하거나, 과장되지는 않았는가? 혼란스럽게 진술된 부분이 있는가? 진술이 정교하고 간결한가? 등의 질문에 답하도록 한다.

⑥ **프레젠테이션**

텍스트가 일관되게 배열되었는가? 텍스트가 깔끔하게 제시되었는가? 주어진 프레젠테이션 지침을 따르고 있는가? 등의 질문에 답하도록 한다.

그리고 **최종본 교정 지도**의 경우, 다음에 유의한다.

① 종이로 글을 인쇄하여 교정하도록 한다.
② 소리를 내어 다시 읽으며 의미가 전달되는지 확인하도록 한다.
③ 맞춤법과 문법적 오류가 있는지 확인하도록 한다.
④ 글의 끝부분부터 시작하여 문장별로 읽도록 한다. 이것을 **최종본 교정의 후진 방법**(Backward Method)이라고 한다.

⑤ 반복적으로 저지르는 오류를 기록한 다음 점검 시 유의하여 살펴보도록 한다.

다음 **체크리스트**는 쓰기 과제를 제출하기 전에 글쓰기가 제대로 되었는지 각 질문에 대해 5단계의 척도로 평가하고 부족한 부분은 수정·보완하는 데 유용한 도구이다(Cottrell, 2019, p.317).

1. 내용과 적절성

□ 글의 내용이 쓰기 과제가 요구하는 조건들을 만족시키고 있는가?
□ 글의 내용이 글 제목과 설정된 질문들을 적절히 다루고 있는가?
□ 가장 중요한 부분에 대해 쓰기가 충분한 분량으로 이루어졌는가?
□ 폭넓게 문헌을 참고했다는 것이 글에 나타나 있는가?
□ 글이 사려 깊은 숙고를 통해 나타난 결과라는 것을 보여주는가?
□ 이슈들에 대해 흥미로운 각도로 해석했는가?

2. 주장과 비판적 분석

□ 논쟁이 되는 이슈들을 적절히 다루었는가?
□ 나의 입장과 주장이 명료하게 드러나 있는가?
□ 나의 입장과 주장을 지지하는 예와 증거들을 충분히 제시했는가?
□ 주장, 이론, 증거 등을 비판적으로 분석한 내용이 들어가 있는가?
□ 나의 추론 계선이 분명하고 논리적인가?
□ 다양한 관점들을 지지하는 증거들을 공정하게 제시했는가?
□ 다양한 관점들을 잘 종합했는가?
□ 결론이 간결하고 논리적으로 도출되었는가?

3. 구조와 조직

- ☐ 글의 전반적 구조가 안정적인가?
- ☐ 아이디어들을 분류하여 적절히 연계시켰는가?
- ☐ 주요 요점들을 바른 순서로 제시했는가?
- ☐ 각 단락이 잘 구조화되었는가?
- ☐ 단락들이 서로 논리적으로 연계되어 제시되었는가?

4. 명료성, 쓰기 양식과 가독성

- ☐ 쓰기 양식이 교과와 과제 내용에 적절한가?
- ☐ 언어 사용이 명료하고 솔직한가?
- ☐ 서론의 문장들이 나의 입장을 분명히 요약해 주고 있는가?
- ☐ 서론이 명료하고 요점적인가?
- ☐ 서론에서 제시한 순서와 내용을 충실히 다루었는가?
- ☐ 장황한 진술은 없는가?
- ☐ 텍스트 진술이 수다스럽거나 경박하지는 않은가?
- ☐ 속어나 구어체의 진술은 없는가?
- ☐ 텍스트가 간결하고 단어 분배가 최선으로 되었는가?
- ☐ 문장들이 합리적인 길이로 진술되었는가?
- ☐ 텍스트에 반복적인 진술은 없는가?
- ☐ 텍스트의 흐름이 적절하고 따라잡기 용이한가?

5. 일반적 측면

☐ 표절 없이 나의 말로 진술되었는가?

☐ 문법과 구두법이 정확한가?

☐ 이전에 교사가 지적했던 나의 쓰기 문제를 해결하여 반영했는가?

☐ 텍스트에 사용한 정보의 출처들이 참고 문헌에 모두 제시되었는가?

☐ 인용과 출처 제시가 정확한가?

제3절
말하기 기술

쓰기는 문어를 통해 의사소통하는 활동인 반면 말하기는 구어를 통해 의사소통하는 활동이다. 말하기도 학업성취에 영향을 줄 뿐만 아니라, "말 한 마디로 천 냥 빚을 갚는다."라는 말처럼 인간관계에서도 큰 힘을 발휘한다. 본 책에서는 ① 집단 속에서 학문적 내용을 가지고 의사소통하는 학문적 말하기(Academic Speaking)와 ② 자녀의 학습과 바른 행동을 지원하는 의사소통 기술(Communication Skill)로서의 말하기에 대해 설명한다.

1. 발표불안에 대한 이해

학문적 말하기란 교과 또는 학문과 관련한 특정 정보를 가지고 말하는 활동이다. 학문적 말하기는 주로 집단 속에서 여러 사람을 대상으로 이루어진다. 이런 경우 학문적 말하기는 발표 또는 프레젠테이션이라고 불린다. 발표는 발(發, 나타날 발)과 표(表, 겉 표)로 이루어진 단어로 생각을 외부로 드러낸다는 의미이고, 프레젠테이션(Presentation)이라는 말은 앞으로(pre) 보낸다(send)로 이루어진 말로서 여러 사람들 앞에서 어떤 정보를 전한다는 뜻이다. 발표는 토론을 활성화하고 다양한 관점을 생성시킴에 따라, 학교생활에서는 물론 성인이 되어서도 많은 직업에서 필요로 하는 기술이다.

발표는 집단 내 여러 사람 앞에서 말하는 것이기 때문에 친구와의 개인적 담화와는 달리 많은 사람이 **발표 불안**(Speech Anxiety)을 겪는다. 발표 불안은 불안 장애의 한 유형으로 정서적으로는 공포와 두려움을 느끼게 하여 마음을 위축시키고, 인지적으로는 학습과 기억에 관련된 뇌의 기능을 떨어뜨리고, 신체적으로는 손 떨림, 목소리 떨림, 심장 박동 증가, 눈앞이 캄캄해지는 현상, 입이 마르고 다리에 힘이 풀리며 식은땀을 흘리는 등의 증세를 보이게 한다. 그러나 어느 정도의 발표 불안은 누구나 느낄 수 있는 정상적인 현상이고, 발표 기술을 익히고 연습을 통해 자신감을 갖게 되면 극복할 수 있다.

발표 불안은 다음과 같은 말하기 전략들을 **발표 전, 도중, 후의 단계별**로 실행하면 보다 쉽게 극복할 수 있다(Cottrell, 2009).

첫째, 발표 전에 취할 전략으로 다음과 같은 것들이 필요하다.

① 집단 내에서 적어도 한번은 발표할 기회를 갖고 사전에 예행연습을 한다.
② 발표를 들을 집단의 구성원들 중 일부 또는 전부와 사전에 친숙해 질 기회를 가져, 발표를 할 시점에는 좀 더 편안한 느낌을 가질 수 있도록 한다.

둘째, 발표하는 도중에 취할 전략은 다음과 같다.

① 집단 내에서 잘 아는 친구와 가까이 위치하여 자신감을 갖고 발표를 한다.
② 발표할 것을 기록한 후 말을 하되, 필요한 경우 기록한 것을 그대로 읽는다.

③ 자신의 주장을 지지할 예, 증거, 또는 삽화를 사용한다.

④ 불안감을 느끼면 평소보다 더 느리게 숨을 쉰다.

⑤ 평소보다 좀 더 느리게 이야기한다.

⑥ 집단 내 듣는 사람들 중 적어도 한 사람에게는 눈을 맞춘다.

⑦ 간략하게 말한다.

말하고자 하는 요점을 말한 뒤 이미 말한 내용을 다시 이야기하는 것을 피한다.

⑧ 명료하게 말한다.

발표하는 내용에 대해 집단 내 구성원들이 혼란스럽게 느끼는 것이 있으면, "내가 좀 더 자세하게 이야기하겠다."라고 말하고 다시 이야기한 후 다들 이해했는지 점검한다.

⑨ 목소리를 크게 하여 모두가 들을 수 있도록 한다.

듣는 사람들이 발표자의 목소리가 작아 듣는데 불편함을 느끼게 되면, 말하는 내용에 대해 덜 이해하게 되고, 발표자는 다시 여러 번 이야기를 할 수밖에 없게 된다.

⑩ 자신감 있게 행동한다.

비록 발표 내용에 대해 자신감이 없더라도 행동은 자신감 있게 한다.

⑪ 실수를 했더라도 사과하지 않는다.

그 대신 미소를 짓는다.

셋째, 발표를 끝낸 후에 취할 전략은 다음과 같다.

① 발표하는 데 있어 발전했다고 생각되면 자신을 칭찬한다.

② 발표 중 어떤 실수나 말 더듬는 행동을 했을 경우, 여유롭게 수용하는 자세를 갖는다.

사람은 누구나 실수를 할 수 있고, 또 그런 실수를 했다고 세상이 끝난 것이 아니기 때문이다.

③ 다음에 발표할 때 발전시켜야 할 부분에 대해 생각한다.

2. 세부 발표 기술

효과적인 발표는 발표 준비 단계, 발표 연습 단계, 실제 발표 단계로 나누어 필요한 전략들을 숙지하고 실천할 때 이루어질 수 있다(Cottrell, 2009, 2019; Hansen & Hansen, 2008; Horsley, 2016; Luckie & Smethurst, 1998; Mcmurray, 2011; Vorderman, 2016).

1) 발표 준비 단계에서의 전략

사전에 발표 준비를 잘 하면 반 이상의 성공을 거둔 것이다. 발표가 짧거나 길거나, 또는 형식적이거나 비형식적이나, 세심한 계획이 필요하다. 다음과 같은 발표 준비 전략들이 필요하다.

첫째, **발표할 내용을 흥미롭게 조직한다.** 이를 위해 다음과 같은 활동을 한다.

① 발표 주제를 선정한다.

발표 주제는 좁은 성격의 것이어야 한다. 넓은 주제는 발표로 그 내용을 다 담아내기에 어렵고, 내용도 추상적인 것들로 구성되어 청중에게 지루할 수 있기 때문이다. 이에 반해 좁은 주제는 논쟁의 초점을 보다 분명히 드러내고 청중에게 흥미로울 수 있는 세세한 사항들을 제시하는 데 도움이 된다.

② 발표에 담을 내용을 수집한다.

문헌 조사, 설문, 실험 등을 통해 발표할 주요 내용과 그 내용을 뒷받침할 예들을 수집한다.

③ 발표의 전체 개요를 작성한다.

발표에 담을 내용을 서론, 본론, 결론의 형태로 조직한다.

④ 발표 카드를 만든다.

발표할 구체적인 내용들을 7.5cm X 12.5cm 정도의 카드에 작성한다. 발표는 내용을 글을 읽듯 말하는 것이 아니라 핵심 내용들을 이야기로 풀어내는 것이기 때문에, 카드에 담을 내용으로는 완전한 문장들이 아니라 이야기 핵심 내용들로만 구성한다. 왜냐하면 그 핵심 내용들만 보면서 청중에게 이야기를 자세히 만들어 가며 발표해야 하기 때문이다.

⑤ 발표 내용은 발표일보다 한참 전에 작성한 후, 잘 숙지하도록 한다.

아울러 발표 후 청중에게서 나올 수 있는 예상 질문들을 만들고 답을 준비한다.

둘째, **시청각 보조 자료를 선정**한다. 파워포인트(Power Point - MS사의 프레젠테이션을 도와주는 소프트웨어)를 사용하면 편리하고 효과적이다. 파워포인트를 사용하여 발표 자료를 준비할 때는 **각 슬라이드별로 너무 많은 내용을 적지 않도록** 한다. 너무 많은 내용이 담기면 청중은 핵심 내용을 살펴 파악하기 어렵게 되고, 발표자도 발표라기보다는 읽는 형태를 취하게 되어 청중에게 지루할 수 있다. 발표할 내용을 파워포인트에 글로 적을 때는 내용이 적을수록 좋다.

셋째, 취업 시험, 대중 연설과 같은 **형식적인 상황인 경우, 말끔하게 입고 갈 옷을 준비한다.** 비즈니스 정장은 아닐지라도 청중에게 권위 있게 보이고 좋은 인상을 줄 수 있도록 캐주얼한 옷이라도 깨끗하고 맵시 있게 차려 입을 준비를 한다. 그리고 발표 장소를 미리 답사하여 필요한 장비들을 쓸 수 있는지, 청중의 자리 배치가 어떠한지, 마실 물을 발표자가 가지고 가야하는지 등을 점검한다.

2) 발표 연습 단계에서의 전략

발표도 쓰기 과제처럼 세심하게 다듬어야 한다. 말을 만들어 발표하는 것은 사전에 연습을 필요로 하는 경우가 많다. 시간적 여유를 갖고 합리적이고 안정된 속도로 말하는 연습을 한다. 말이 너무 길어진다고 생각되면, 주어진 시간에 편안하게 전달할 수 있다는 자신감이 들 때까지 시간적 여유를 갖고 말을 줄이는 연습을 한다. 몇 회에 걸친 발표 연습으로 발표의 흐름을 점검하고 부족한 점을 찾아 수정한다.
다음과 같은 연습 방법들이 효과적이다.

첫째, **거울 앞에 서서 발표 연습**을 한다. 거울은 다른 사람들이 자신의 발표 모습을 보듯, 본인 스스로 자신의 발표가 어떻게 진행되고 있는지 볼 수 있도록 해 주고, 즉각적으로 피드백을 얻을 수 있게 도움을 준다. 그리고 시계를 준비하여 발표 시간에 맞게 발표를 끝내는지 점검하고, 얼굴 표정이 부드러운지, 말을 더듬지는 않는지 등을 찾아 개선한다. 거울 앞에서 연습을 하면 다른 사람들이 자신의 발표를 평가하듯, 본인이 스스로 자신의 발표를 객관적이고 자세하게 비평할 수 있게 된다.
둘째, **발표 내용을 녹음하고 듣는다**. 녹음기에서 자신의 목소리는 평소 자신의 목소리와는 다르게 들린다. 이에 따라 녹음을 하고 들으면 자신의 발표 시 목소리와 발표 속도를 보다 객관적으로 평가할 수 있게 된다.
셋째, 발표 내용을 **과도하게 암송하거나 직접 보면서 이야기하지 않는다**.

그 이유는 발표는 청중에게 자연적이고 생동적으로 보여야 하는데, 과도한 암송은 이런 모습을 보여주는 데 있어 어려움을 제공할 수 있기 때문이다. 발표문을 암송하는 대신 발표 카드에 기록한 핵심 내용들을 잠깐잠깐 보면서 말을 만들어 발표하는 연습을 한다.

넷째, **소집단을 꾸려 발표 연습**을 한다. 또래끼리 서로의 발표를 듣고 비평을 하여 발표의 내용과 언어적, 비언어적 발표 방식을 개선한다.

다섯째, **마음을 이완시키는 연습**을 한다. 이완은 긴장을 제거하고 발표에 대해 긍정적인 마음과 태도를 갖는데 필요하다. 가볍게 체조를 하고, 숨을 깊게 들이쉬고 내뱉으며, 자신에게 "나는 발표에 성공할 수 있다!"는 말을 함으로써 발표에 대해 자신감을 갖도록 한다. 그리고 발표 불안은 정상적인 것임을 인정하고 크게 신경 쓰지 않는다. 오히려 긴장할 때 발생하는 아드레날린은 에너지로 변환되어 발표에 열정을 가하도록 하는 역할도 할 수 있음을 인식한다. 아울러, 발표 시작 부분에서 말할 유머나 조크를 준비하여 청중의 분위기를 부드럽게 하는 동시에 자신의 긴장감을 완화할 수 있도록 한다.

3) 실제 발표 단계에서의 전략

옷을 단정하게 차려입고 발표한다. 다른 사람들이 발표자의 외양을 보는 방식은 발표자를 보는 방식에 영향을 미치고, 발표자 본인이 자신의 외양을 보는 방식도 자신의 발표에 영향을 미친다. 화려하게 입을 필요는 없다. 화려한 옷은 오히려 청중으로 하여금 발표자가 말하는 내용에 집중하기 어렵게 만들 수 있기 때문이다.

실제 발표 단계에서의 효과적인 전략은 다음과 같다(Cottrell, 2019).

첫째, **여유롭고 부드러운 자세**로 이야기한다. 이를 위해

① 청중이 자리에 앉아 조용히 할 때까지 기다린 후 발표한다.

② 평소보다 느리게 시간적 여유를 갖고 말한다.

빠른 발표는 청중의 이해를 떨어뜨린다.

③ 사람들과 눈을 맞추며 이야기한다.

④ 미소 띤 얼굴로 자신감 있게 행동하고 말한다.

변명하듯 말하지 않고 자신의 발표에 대해 자신감을 갖고 침착한 자세로 행동하고, 발표에서 "결국은 내가 승자가 될 것이다."라고 자신에게 속으로 조용히 말을 한다.

⑤ 모든 사람이 들을 수 있을 정도로 크게 말한다.

⑥ 청중이 발표 내용에 대해 혼란을 느끼고 있다고 생각되면, 의미하는 바를 친절하고 분명하게 다시 이야기해 준다.

⑦ 발표 시간, 질문, 다른 사람들의 코멘트를 들을 시간을 고려하여 자신이 말하는 시간을 여유 있게 조절한다.

⑧ 혼자서 말하는 것으로 발표 시간을 채우지 않고, 듣는 사람들도 이야기하도록 격려한다.

⑨ 마음에 불안감이 들면 조용히 숨을 길게 들여 마시고 천천히 내뱉으며 마음을 이완시킨다.

⑩ 발표 도중 청중이 보이는 무례한 행동(예: 문자 메시지 하기, 옆 사람과 소곤거리기 등)은 무시하고, 청중이 듣고 있는지에 대해서도 염려하지 않는다.

어떤 사람들은 반쯤 졸고 있는 것 같을 때 가장 잘 듣기도 한다.

둘째, **청중의 주의를 끈다.** 청중은 발표자의 발표 내용에 대해 관심을 가지지 않을 수 있기 때문에, 청중의 주의를 집중시키는 것은 발표자의 책임이다. 다음과 같은 방법으로 청중의 주의를 끌 수 있다.

① **유머나 조크를 사용하여 청중의 주의를 집중시킨다.**

유머나 조크는 청중의 마음을 즐겁게 하고 발표자에게 주의를 집중시키는 힘을 가지고 있다. 그러나 유머나 조크는 발표 주제에 적합한 것이어야 한다. 그래야 발표 내용에 대해 관심을 기울이게 된다. 발표 주제와 동떨어진 유머나 조크는 그저 웃음으로 그치고 발표 주제에는 오히려 관심을 덜 갖게 만든다.

② **흥미로운 인용(Quotation)으로 시작한다.**

논쟁적이거나, 경고적이거나, 어떤 정서적 반응을 일으키는 인용들이 주의를 집중시킨다. 그러나 청중에게 호기심을 일으킬 정도여야 하지 청중 누구에게도 불쾌감을 주는 성격의 것은 아니어야 한다.

③ **멋있고 화려한 수사적 질문으로 시작한다.**

청중이 기대하지 않았던 질문을 던져 잠시 생각에 잠기도록 한다. 예를 들어, "진리란 무엇인가?"라는 질문이 이런 성격의 것이다. 그러나 질문 또한 청중 및 발표 주제와 관련된 것이어야 한다. 그래야 청중은 발표자의 생각에 관심을 갖고 들어보고자 하는 마음이 생긴다.

④ **청중을 자신의 발표로 끌어들인다.**

예를 들어, "여러분이 이 그림을 보면, 저도 그랬듯이, ~라는 생각이 들 것입니다!"라는 말을 하며 청중을 자신의 발표에 끌어들인다. 이것은 자신의 발표를 청중이 개인화(Personalizing)하도록 하는 것으로, 발표자는 청중과 의사소통하고 상호작용하고자 한다는 것을 알리는 방법이다.

⑤ **침묵을 사용하기도 한다.**

청중을 10초 정도 묵묵히 바라본다. 특히 중요한 내용을 말할 때 필요하다. 그러면 청중은 호기심을 느끼고, 그 침묵을 깨뜨릴 말이 무엇인지 기다리게 된다. 발표자의 입장에서 침묵을 사용하는 것은 용기를 필요로 하며,

발표 초청자에게 사전에 양해를 구할 필요가 있을 수도 있다. 그렇지 않으면 발표 초청자는 중간에 끼어들어 발표자가 침묵을 사용하여 청중의 주의를 끌고자 했던 의도를 방해할 수 있다.

⑥ 청중의 주의는 표류하는 경향이 있다는 것을 이해한다.

이에 따라 청중은 핵심 내용을 놓칠 수 있다. 그러므로 핵심 내용을 한 번 이상 진술하되, 약간 다른 단어들을 사용하는 것이 효과적이다. 아울러 청중의 주의 집중 시간도 짧다는 것을 이해한다. 따라서 말할 내용을 소수의 부분들로 잘게 나누어 제시하고, 부분들 간에 짧은 휴지(Pause)를 둔다.

셋째, 서론-본론-결론의 순서로 발표를 진행한다. 발표의 순서를 포함하여 질문을 언제 받을 것인지 이야기 해 준 후, 다음과 같은 방법으로 발표한다.

① **발표의 구조와 순서를 보여 주고 발표 계획을 고수**한다.

발표의 구조와 순서는 청중으로 하여금 발표자가 발표 내용에 대해 깊이 생각했고 잘 알고 있다는 인상을 준다. 그리고 발표 순서를 고수한다. 그렇지 않으면 발표 계획에 따라 연습한 발표 리듬이 망가지게 되고, 청중도 당황해한다.

② **발표 시작과 종료 시간을 적어 놓고 시작**한다.

일단 발표가 시작되면 시간의 흐름을 잊기 쉽기 때문이다. 그리고 시간을 허비할 수 있는 요점에서 벗어나는 말과 행동을 피한다.

③ **열정을 갖고 진정으로 말하고자 하는 것을 말**한다.

발표자의 열정은 청중의 주의를 끌고 유지하도록 하는 힘을 갖고 있기 때문이다.

④ **소수의 핵심 내용들을 전달**한다.

알고 있는 모든 것을 청중에게 전달하려고 하지 않는다. 소수의 제목들을 사용하여 전달할 내용을 명료하게 구조화하고, 핵심 내용들을 전달할 순서를 숙지한다. 그 순서는 기억술을 사용하여 숙지하면 편리하다. 예를 들어, 잘 아는 길, 신체, 자동차, 나무 등과 같은 단어 기둥 목록(말뚝단어)과 연계하여 이미지를 만들거나 마인드맵을 만들어 기억한다(2장 7절 기억술 부분 참조).

⑤ 핵심 내용에 초점을 맞추고, **불필요하게 세세한 내용은 피한다**.

계획하지 않은 방향으로 발표가 진행될 수 있기 때문이다. 이것은 청중을 혼란스럽게 하고 중요한 타이밍을 놓치는 결과를 초래한다. 핵심 내용들은 반복하여 이야기하되 구체적인 예를 들고, 이야기 말미에서는 요약해서 제시한다. 이렇게 하면 청중은 핵심 내용을 보다 쉽게 이해할 수 있게 된다. 청중은 주로 귀를 통해 정보를 처리해야 하기 때문에, 발표자는 이야기를 끌고 가는 주요 방향과 핵심 내용들이 서로 어떻게 연결되는지 수시로 상기시킨다.

⑥ 발표 내용을 읽지 말고 **발표 카드나 파워포인트를 보고 이야기한다**.

읽는 것보다 말하는 것이 청중에게는 이해하기 더 쉽기 때문이다. 그리고 발표를 연극의 한 부분이라고 생각하고, 필요시 말과 함께 연극하듯 행동하면 청중에게 발표를 더 즐겁게 느끼도록 해 준다. 그러나 읽는 것 외에 다른 효과적인 방법이 없을 경우에는 또박또박 읽어 내려가되, **청중을 자주 바라보고 이야기하듯 읽는다**.

⑦ 발표 시간이 부족하다고 하여 남은 내용의 슬라이드들을 빠른 속도로 보여 주는 식의 발표를 하지 않는다.

발표는 내용을 '커버'('cover')하는 것이 아니라 청중에게 말하고자 하는 내용을 충분히 이해시키기 위함이기 때문이다. 따라서 남은 시간에 맞게 이야기를 편집하여 전달해야 한다. 이런 편집은 발표 연습을 할 때 사전에 미리 예상하고 준비해야 한다.

⑧ **목소리를 조절**한다.

단조로운 목소리는 청중에게 지루함을 야기시켜 집중을 어렵게 한다. 발표할 내용의 모든 부분 적절한 곳에서 어조, 속도, 크기, 강도, 패턴에서 다양성을 둔다. 이것을 **발화 변화**(Speech Variation)라고 한다. 발화 변화의 효과적인 방법의 하나로 **무대 속삭임**(Stage Whisper)이라는 것이 있다. 즉 속삭이듯 작은 소리로 말하는 것이다. 청중은 발표자가 소리칠 때 보다 속삭일 때 좀 더 주의를 기울인다.

넷째, **끝맺음을 인상적으로** 한다. 발표의 시작과 종료 시에 하는 이야기는 청중에게 가장 오랫동안 기억된다. 발표 내용을 요약하고 제언을 강조하며, 맺음말을 강렬하게 전달한다. 발표자는 자신의 발표에 아쉬운 부분이 있었다고 느끼더라도 미안하다는 사과의 이야기를 전달하지 않는다. 자신의 발표는 매우 훌륭했다고 조용히 자신감을 갖는 양 행동한다. 청중이 제기한 질문에 답하고, 답을 할 수 없는 경우에는 그것을 인정하고 추후 답을 찾아 개인적으로 알려 주겠다고 이야기함으로써 발표자의 정직성과 겸손함도 보여 준다. 경청에 대한 감사의 말과 함께, 유머나 조크로 시작했으면 유머나 조크로 끝맺는 것이 좋고, 인용이나 수사적 질문으로 시작했으면 마찬가지로 그것들로 끝맺는 것이 효과적이다.

다음 체크리스트를 사용하여 자신의 발표가 얼마나 효과적이었는지를 5단계 척도로 점검하고 부족했던 부분을 향상시킨다(Cottrell, 2009, p.105).

〈발표 체크리스트〉

☐ 핵심 주장을 분명하게 전달하였는가?
☐ 발표의 아웃라인을 제시하고 발표했는가?
☐ 발표의 아웃라인에 따라 발표했는가?
☐ 나의 발표 시작은 얼마나 훌륭했는가?
☐ 발표 끝부분에 주요 내용들을 잘 요약했는가?
☐ 발표 후 청중의 반응은 좋았는가?
☐ 나의 발표 자료와 유인물은 적절했는가?
☐ 발표가 요점별로 논리적 순서에 따라 제시되었는가?
☐ 핵심 내용을 이해하기 쉽게 좋은 예들을 사용하였는가?
☐ 청중의 질문에 대답을 잘하였는가?
☐ 대부분의 청중과 눈 맞춤을 하며 발표하였는가?
☐ 청중이 주의를 기울이며 나의 발표를 들었는가?
☐ 청중이 내 발표의 핵심 내용을 이해하였다고 생각하는가?
☐ 청중과의 질의응답 과정에서 그들의 다양한 의견을 존중하였는가?

3. 효과적인 말하기 지원 전략

자녀가 학습과 행동에 문제를 보일 때, 부모가 그것을 수정하여 자녀가 열심히 공부하고 바람직하게 행동하도록 지원하는 말을 하는 일은 쉽지 않다. 많은 경우 부모는 목소리를 높여 야단을 침으로써 자녀의 마음만 상하게 하곤 한다. 다음 말하기 전략들은 자녀의 감정을 상하게 하지 않으면서도 자녀의 공부 증진과 바람직한 행동 변화를 이끌어 내는 효과적인 말하기 지원 전략들이다.

1) 나-전달법(I-message)을 사용하기

나-전달법이란 자녀의 감정을 상하게 하지 않으면서 부모의 의견을 분명하게 제시하여 자녀가 학습과 행동을 바르게 하도록 이끄는 대화 기법으로, 대면적인 것과 예방적인 것 두 종류로 나뉜다(Edwards, 2008).

첫째, **대면적 나-전달법**(Confronting I-message)이다. 자녀의 문제 행동(예: 공부 미루기, 욕하기 등)으로 인해 생기는 부모의 어려움을 해결하기 위해 부모가 능동적으로 메시지를 전달하는 것이다.

적절한 형태의 **대면적 나-전달법은 세 부분**으로 이루어진다.

① 어떤 것이 부모를 곤란하게 만드는지 분명하게 이야기해 준다.

즉 자녀의 **문제 행동이 무엇인지에 대한 진술**로 구성된다. 그러나 자녀의 행동에 대해 비난하거나 판단하지 않는다. 다만 언제 어떤 부정적인 말이나 행동이 발생했는지에 대해 객관적으로 이야기해 준다. 이것은 자녀의 인격적 측면 그 자체에 대한 부정적 진술이 아니라 특정 시간에 특정 말이나 행동이 문제라는 것과 그 변화가 중요하다는 것을 전달하기 위함이다. 예를 들어, "나는 네가 공부를 하지 않고 컴퓨터 게임만 하는 것을 보았는데…", "나는 네가 친구를 비난하는 글을 SNS에 올리는 것을 보았는데…", "나는 네가 자주 공부를 미루는 것을 보았는데…." 등으로 이야기해 준다.

② 자녀의 문제 행동이 가져오는 가시적이고 구체적인 결과에 대해 이야기해 준다.

즉, 행동의 **결과적 측면에 대한 진술**로 구성한다. 자녀들은 종종 자신의 말과 행동이 다른 사람들에게 미치는 영향에 대하여 잘 모르고 자신의 요구만 만족시키기 위해 몰입되는 경향이 있다. 따라서 무비판적으로 진술하되 그 행동의 결과적 측면을 인식할 수 있도록 이야기해 준다. 예를 들어, "네가 컴퓨터 게임만 하던데(무비판적 진술), 그러면 공부할 시간이 줄어든다(가시적 결과)…", "네가 공부를 자꾸 미루면(무비판적 진술), 네 학업 스케줄이 뒤쳐질 것 같구나(가시적 결과)…" 등으로 이야기해 준다.

③ 자녀의 문제 행동이 부모에게 야기하는 감정에 대해 이야기해 준다.

즉, 문제 행동이 부모에게 미치는 **정서적 측면에 대한 진술**로 구성된다. 사람은 문제 상황 속에 처하게 되면 일차적 감정과 이차적 감정이라는 두 가지 종류의 감정을 갖게 된다. **일차적 감정**(Primary Feelings)은 문제 상황에 봉착하여 처음에 느끼는 감정이다. 예를 들어, 운전 중 어떤 차가 갑자기 끼어들어 교통사고가 날 뻔한 상황에 봉착하게 되면 사람들이 처음 느끼는 일차적 감정은 공포이다. **이차적 감정**(Secondary Feelings)은 일차적 감정을 느낀 후 시간이 경과함에 따라 느끼는 감정이다. 예를 들어, 다행히 교통사고는 일어나지 않아 자신이 안전하다고 확인한 후에는 이차적 감정으로 분노를 느끼게 된다.

자녀에게 나-전달법으로 대화를 할 때에는 **일차적 감정에 기초하여 전달**한다(Gordon, 1989). 그래야 자녀가 느낄 수 있는 죄의식을 최소화할 수 있게 된다. 예를 들어, "네가 공부를 지연시키면(무비판적 행동 진술), 네 학업 스케줄에 뒤처지게 되어(가시적 결과), 학기말 고사 때 성적이 나쁘게 나올 것 같아 염려가 된다(부모의 감정).", "네가 놀이터에서 친구들을 밀치면(무비판적 행동 진술), 친구들이 심각하게 다칠 수 있다(가시적 결과). 그러면 우리가 책임을 지게 되어 곤란한 처지에 놓일까봐 걱정이 된다(부모의 감정)."라고 말해 준다.

둘째, **예방적 나-전달법**(Preventing I-message)이다. 대면적 나-전달법은 이미 발생한 문제 행동을 수정하도록 하는데 목적을 두고, 예방적 **나-전달법은** 어떤 상황에서 발생할 수 있는 미래 문제 행동을 예방하는 데 목적을 두는 점이 다르다. 예방적 **나-전달법은** 자녀로 하여금 부모가 필요로 하거나 원하는 것을 사전에 알게 하여, 계획한 것을 수행할 때 불시에 나타날 수 있는 의외성을 줄이고 부모가 원하는 행동을 하도록 한다. 아울러 미래에 나타날 수 있는 갈등과 긴장을 피하고, 미래 행동의 결과에 대해 자녀가 책임을 지도록 하는 데 도움이 된다(Gordon, 1989).

예방적 **나-전달법**도 공격적이거나, 강요적이거나, 전제적이어서는 안 되고, 부드럽고 명확하게 전달되어야 한다. 예를 들어, "나는 네가 금요일까지 학교에 제출하게 되어 있는 보고서 준비가 어느 정도나 되어 있는지 알고 싶다. 그래야 우리 가족이 토요일에 함께 여행할 계획을 세울 수 있다."거나 "우리는 다음 주에 박물관에 가기로 되어 있는데 너희들은 그때 지킬 규칙들로 어떤 것들이 있을지 생각해 보았으면 한다. 그래서 의외의 문제들이 생기지 않도록 예방할 수 있었으면 한다."라고 말해 준다.

2) 판단적 언어보다 서술적 언어 사용하기

판단적 언어(Judgmental Language)는 자녀의 행동을 인격 또는 능력 차원에서 낙인찍기를 하거나 명명하여(Labeling) 평가하는 말이고, **서술적 언어**(Descriptive Language)는 자녀의 행동에 대한 현상적 모습을 그대로 진술하는 말로서 차이가 있다(Gordon, 1989). 예를 들면, 자녀가 공부를 하지 않고 빈둥거리고 있을 경우, "너는 게으르구나!"라고 말하면 판단적 진술이고, "너는 공부를 미루고 있구나!"라고 말하면 서술적 진술이다. 자녀는 판단적 언어보다 서술적 언어에 덜 방어적으로 반응하는 동시에 바른 행동을 할 확률이 높다. 그 이유는 서술적 언어가 자녀의 문제 행동과 개선점에 대해 보다 분명한 정보를 담고 있기 때문이다. Ginott(1972) 또한 같은 맥락에서 자녀가 문제 행동을 했을 때 인격이나 능력을 명명하여 특징을 지우는 **인간 진술**(Characterizing)을 피하고, 문제 상황 자체를 이야기해 주는 **상황 진술**(Describing)이 자녀의 학습과 바른 행동을 증진시키는데 효과적이라고 주장한다.

자녀의 인격이나 능력을 명명하는 인간 진술은 심지어 칭찬도 (예: 머리가 좋다, 뛰어나다 등) 능동적인 학습자가 되도록 하는데 비효과적이다. 칭찬도 자녀의 인격적 측면이 아니라 자녀가 성취한 학습 활동이나 바람직한 행동 그 자체에 초점을 맞추어 제시되어야 한다. 인간 진술 차원에서의 칭찬은 다른 사람들의 지각에 기초하여 자긍심을 높여줄 때에만 동기 유발적이기 때문에, 자녀는 다른 사람들의 지각에 기초한 '칭찬의 덫'에 걸릴 수 있는 위험이 있다. 따라서 자녀가 자신의 자긍심을 자신의 능력에 대한 다른 사람들의 지각에 기초하지 않고, 자신이 성취한 결과에 기초하여 올릴 수 있도록 지도해야 한다. 이를 위해 Curwin과 Mendler(2002)는 불특정한 칭찬 대신 **나-중심 전달법**(I-statement)을 사용할 것을 권장한다. **나-중심 전달법은** 자녀의 행동에 대한 진술과 부모의 감정이 포함된다는 점에서 **나-전달법**과 유사하다. 그러나 진술의 마지막 부분에 이유를 제시한다는 점이 다르다. 예를 들어, "철수야, 오늘 너는 공부를 잘했다."라는 불특정적인 칭찬보다, **나-중심 전달법**으로, "철수야, 나는 오늘 네가 수학 숙제를 다 끝내서 기쁘다. 왜냐하면 나는 네가 숙제의 수학 개념을 이해했다는 것을 알았기 때문이다."라고 말해 줄 것을 추천한다.

3) 신체 언어(Body Language) 사용하기

신체 언어는 비언어적 메시지로 언어적 메시지를 해석하는 의사소통의 참조 틀을 제공하고 청자가 화자의 메시지를 수용하는데 큰 영향을 준다. 부모가 자녀와 이야기할 때 자녀와 눈을 마주치며, 손 제스처(Hand

Gesture)를 사용하고, 어깨에 손을 얹거나 팔을 잡고 이야기하면 부모의 말에 진정성과 의도성의 힘을 실을 수 있다. 신체 언어가 효과 있는 이유는 비언어적 메시지가 언어적 메시지보다 더 정확하게 의미를 전달하는 경우가 많기 때문이다. 부지불식간에 전달하는 화자의 비언어적 메시지는 의식적인 상태에 있는 청자에게 신뢰할 수 있고 정확한 메시지로 파악된다. 예를 들어, 화자는 미소를 짓거나 이마를 찌푸리는 비언어적 행동을 인식하지 못할 수 있으나, 청자는 그것이 화자가 전달하고자 하는 메시지의 많은 부분을 차지하고 있다고 인식하고, 화자의 언어적 메시지보다 더 정확한 것이라고 판단한다.

비언어적 메시지를 전달할 때는 **언어적 메시지와 일치시켜야 한다**. 그렇지 않으면 자녀는 부모의 비언어적 메시지를 다르게 해석할 수 있다. 예를 들어, 부모가 이마를 찌푸리며 자녀를 칭찬하는 것은 자녀에게는 진정한 칭찬이 아니라 빈정거림으로 수용될 수 있고, 반대로 부모가 미소를 지으며 부정적인 내용의 메시지를 전달하면 자녀는 그것을 위선적인 것으로 받아들일 수 있다. 따라서 부모는 자신의 비언어적 메시지를 평가하고, 자신도 모르게 의도하지 않았던 메시지를 무의식적으로 드러내 자녀에게 전달하는지를 점검해야 한다.

신체 언어를 사용할 때는 자신감을 갖고 침착하게 메시지를 전달한다. 예를 들어, 부모의 의연한 자세와 조용한 몸짓은 자녀에게 부모의 자신감과 침착함의 메시지를 전달하지만, 신경질적인 움직임, 빠르게 움직이는 눈동자, 서두르는 발걸음 등은 부모가 자신감이 부족하고 불확실하다는 메시지를 전달하여 자녀에게 추가적인 도전 행위들을 유발할 수 있다.

신체 언어 중 다음 6가지가 자녀와의 의사소통에서 중요하다(Gordon, 1989; Edwards, 2008).

① **얼굴 표정**(Facial Expression)

얼굴 표정만으로 자녀의 문제 행동을 상당 부분 저지할 수 있다. 어떤 부모는 얼굴 표정을 쉽고 자연스럽게 지어 메시지를 잘 전달하지만, 또 어떤 부모는 이에 어려움을 갖고 있기도 하다. 얼굴 표정을 자연스럽게 지어 메시지를 전달하는데 어려움을 갖는 부모는 거울 앞에서 자신의 표정을 보며 스스로 연습을 하거나, 연극과 같은 활동이나 코칭을 통해 얼굴 표정을 사용하여 메시지를 효과적으로 전달하는 능력을 키울 필요가 있다.

② 눈 맞추기(Eye Contact)

얼굴 표정과 마찬가지로 문제 행동을 하는 자녀와 눈을 맞추고 비행을 멈출 때까지 그 눈 맞춤을 지속하는 것도 매우 효과적이다.

③ 제스처(Gestures)

오케스트라의 지휘자처럼 제스처로 메시지를 효과적으로 전달할 수 있다. 손가락을 입술에 갖다 대어 조용히 할 것을 지시하고, 시계를 가리켜 시간을 낭비하지 말 것을 지시하고, 엄지손가락을 세워 '오케이' 신호를 보내는 것 등이 있다. 제스처를 사용하는 능력도 연습을 통해 증진될 수 있다. 자신이 말하는 모습에 대한 비디오를 보면서 제스처 부분을 관찰하고 비효과적이라고 생각되는 부분은 거울 앞에서 교정하는 연습을 한다.

④ 접근 통제(Proximity Control)

접근 통제란 부모가 자녀에게 가까이 접근함으로써 자녀의 문제 행동을 통제하는 것이다. 자녀는 부모가 가까이 다가와 서 있기만 하여도 문제 행동을 계속하기 어렵다. 접근 통제는 자녀 바로 뒤에서 이루어질 때 효과적이다. 자녀는 부모가 자신의 뒤에 다가와 서 있는 이유를 알아채고 문제 행동을 멈추게 된다. 자녀의 책상 위에 손을 올려놓거나, 눈 맞추기를 하면 접근 통제가 더 효과적이게 된다.

⑤ 방해물 조용히 치우기

자녀에게 방해가 되는 대상을 조용히 제거하면 자녀는 학습에 임하라는 부모의 암시적 메시지를 인식하게 된다. 예를 들어, 공부 시간이 다가오면 휴대폰이나 기타 공부와 관계없는 책이나 물건을 조용히 제거한다. 자녀가 못마땅한 표정을 지을 경우에는 "공부가 끝날 때까지 보관하겠다."고 조용히 말한다.

⑥ 학습준비가 될 때까지 기다리기

자녀가 공부할 준비가 될 때까지 기다리는 것이다. 초시계를 작동시키고 기다리면 자녀의 주의를 끌게 되고, 자녀는 바람직하지 못한 행동을 멈추고 공부에 임하게 된다. 이때 부모는 자녀가 부모에게 주의를 기울일 것을 먼저 신호화하는 것이 중요하다. 예를 들어 나지막이 말을 하거나 약속된 손 신호를 하고 자녀가 공부하도록 기다린다. **신호**(Cue)란 자녀가 이전에 학습했던 행동 패턴을 보이도록 자극하는 **암호**(Signal)이다. 이런 신호를 사용하는 것을 **신호화**(Cuing)라고 하는데, 특히 손 신호는 자녀와의 협의 하에 이루어질 때 효과적이다.

4) 불필요한 말과 듣지 않을 지시를 하지 않기

부모가 불필요한 말을 하거나 듣지 않을 지시를 내리면 효과가 없어 에너지 낭비일 뿐만 아니라, 추후 부모의 말을 무시하는 습관을 형성하게 하고, 부모의 권위를 떨어뜨리는 일이 된다. 예를 들어, 이미 공부하고 있는 자녀에게 부모가 "공부해라!"라고 말을 하면 자녀에게는 들을 필요가 없는 말을 하고 있는 것이다. 이것은 비유적으로 이미 잠을 잘 자고 있는 환자를 깨워서 수면제를 먹이는 일과 같다. 아울러 자녀가 듣지 않을 지시는 내리지 않는 것이 좋다. 부모가 지시를 했음에도 자녀가 따르지 않는다면 부모의 권위는 약화되기 때문이다. 이럴 경우 지시보다는 **권유의 언어**를 사용하는 것이 좋다. 부모는 지시를 내리기 전에 먼저 생각하여 자녀가 듣지 않을 지시는 내리지 않아야 한다. 병법에 '명장은 들을 명령만 내린다.'는 말이 있듯이 할 말을 사전에 한 번 더 생각하는 것이 효과적인 말하기 지원 전략 중의 하나이다.

제4절
듣기 기술

1. 듣기에 대한 이해

좋은 의사소통은 양방향의 과정이고 그 기본은 잘 듣는 것이다. 따라서 의사소통 능력이 좋은 사람들은 듣기 기술이 우수하다. 자녀들이 학교에서 대부분의 지식을 얻는 방법도 수업 내용을 잘 듣는 것에서 시작한다. 듣기는 기본적인 공부 기술로서 듣기를 잘 하는 자녀들은 잘 듣지 못하는 자녀들보다 학업성취를 올리는데 있어 보다 좋은 위치에 있다. 듣기는 의사소통을 원활하게 하고 학업성취를 올리는 기본 기술이지만 듣기를 잘하는 일은 의외로 쉽지 않다. 그 주된 이유는 듣기에 방해되는 요인들을 통제하지 못하기 때문이다.

1) 듣기 방해 요인

듣기를 방해하는 요인은 외적인 것과 내적인 것이 있는데, 이것들을 인식하고 대처하는 노력이 필요하다. 또한, 상대방의 말에 사려 깊게 주의를 기울이지 않으면 듣기를 통해 정보를 얻기 어렵다. 듣기도 정신을 바짝 차리고 임해야 하는 능동적인 활동이다.

Longman과 Atkinson(1988)은 듣기에 방해가 되는 외적 요인으로 복도에서의 시끄러운 소리, 사람들의 움직임 소리, 교사의 목소리와 말하는 속도, 눈부신 햇빛, 화려한 실내 장식 등과 같이 학생이 통제하기 어려운 외부 요인을 들고 있다. 이에 대한 대처 방안은 다음과 같다

① 학습 주제에 대한 흥미를 높여 듣는 것에 보다 주의를 기울이고 다른 외적 방해 요인은 무시하는 것이다.
② 외적 방해 요인을 최소화할 수 있는 조치를 취하는 것이다.
예를 들어, 교사에게 가까이 가서 잘 들을 수 있는 자리에 앉는 것이다.

내적 방해 요인은 피곤, 신체적 불편함, 개인적 걱정, 몽상 등 학생 본인이 내적으로 가지고 있는 방해 요인이다. 이에 대한 대처 방안은 다음과 같다.

① 영양분을 잘 섭취하고, 휴식하고, 운동을 하여 신체적 불편함을 제거한다.
② 개인적 걱정의 경우, 큰 걱정이면 수업 전 또는 후로 교사와 상담을 하거나 친구들과 대화를 나눔으로써 걱정을 덜고, 소소한 걱정이면 노트에 그 걱정들을 기록한다. 일단 기록을 하면, 공부가 끝날 때까지는 걱정을 잊어버리는 효과가 있고, 공부가 끝난 후 해결하면 된다.
③ 공상의 경우, 자기 대화(Self-Talk) (예: 지금은 공부에 집중하자! 공부가 끝난 후 보자.)를 통해 저지한다.

2) 듣기의 과정

자녀가 학교 공부에서 성공하려면 교사나 또래들의 이야기를 잘 들어야 한다. 잘 듣기 위해서는 앞에서 언급한 듣기의 방해 요인들을 통제하는 노력 외에도, 듣기의 과정을 이해하고 본인이 그 과정의 어느 부분에 문제가 있는지 점검하고 수정하는 노력이 필요하다.

Hollins(2021)는 효과적인 듣기는 다음과 같이 5단계의 능동적인 정보 처리의 과정을 거쳐야 한다고 본다.

첫째, 수용 단계(Reception Stage)이다. 청각적 정보를 지각하고 의미 있는 데이터로 만들기 위해 **주의를 기울이는 단계**이다. 이런 주의의 단계가 없으면 청각적 정보는 '한 귀에서 들어와 그냥 다른 귀로 나가는' 현상이 발생하게 된다. 주의를 기울이기 위해서는 방심과 방해를 가능한 많이 제거해야 한다.

둘째, 이해 단계(Understanding Stage)이다. 청각적 정보들을 함께 모아 일관된 의미를 지닌 이야기로 **해석하는 단계**이다. 언제, 누가, 무엇을, 어디서, 어떻게, 왜의 측면에서 질문을 던지면서 이야기의 세세한 내용뿐만 아니라 이야기의 목적을 알아내는 노력을 한다.

셋째, 평가 단계(Evaluating Stage)이다. 들은 내용 그 자체를 이해하는 것을 넘어 그 내용에 대해 **자신의 의견을 갖는 단계**이다. 평가 단계는 다음과 같이 여러 측면에서 이루어질 수 있다. ① 이야기의 내용에 대해 동의하는지? ② 주장이 바르게 이루어졌는지? ③ 이야기의 내용이 자신의 삶에 의미가 있는 것인지? ④ 이야기의 내용과 전달 방법에서 어떤 편견이나 오류가 있는지? ⑤ 이야기의 내용에서 불분명한 부분이 있는지? 등이다.

넷째, 반응 단계(Responding Stage)이다. 들은 내용에 대해 여러 가지로 **반응하는 단계**이다. 그 반응에는 자신의 느낌이나 생각을 갖기, 행동하기,

질문하거나 의견을 교환하기, 노트 필기하기 등이 있다.

다섯째, 기억 단계(Remembering Stage)이다. 들은 내용을 오래 기억하기 위해 **조직화하는 단계**이다. 내용들 간의 논리적 관계, 인과 관계, 내용에 대해 얻은 통찰 등을 말 또는 그림이나 글로 정교화하는 것이다.

이 듣기의 5단계는 ① 개념적으로 구분되나 듣기의 실제에 있어 서로 중첩되고 듣기를 하는 동안 계속 반복된다. ② 어느 한 단계에서 문제가 생기면 듣기 전체의 과정이 방해를 받게 된다. 그 결과, 들을 내용에 대한 학습과 보유에 타격을 입게 된다.

2. 세부 듣기 기술

듣기는 다른 사람들과의 사회적 맥락에서 이루어지는데, 효과적으로 듣는데 필요한 기술들은 다음과 같다.

1) 듣기에 필요한 대인간(Interpersonal) 기술

듣기에는 화자와 청자인 본인이 존재하게 된다. 화자는 한 사람인 경우도 있고 다수인 경우도 있다. 양자의 경우 모두 대인간 기술이 필요하다.

Cottrell(2019)은 효과적인 듣기에 필요한 대인간 기술들을 다음과 같이 제시하고 있다.

첫째, **순서 주고받기**(Turn Taking)이다. 의사소통 능력이 떨어지는 사람들의 특징 중의 하나는 상대방의 말에 귀 기울이지 않고 주로 혼자서만 말하는 것이다. 스스로 대화를 지배하거나 다른 사람이 지배하도록 허용하는 대화를 하지 않고, 서로 간에 이야기를 주고받으며 능동적으로 자신의 역할을 하는 것이 필요하다.

둘째, **건설적으로 기여하기**이다. 화자 또는 화자들과 함께 토론하고 의견 교환에 협력적으로 기여한다.

셋째, 자신에 대한 다른 사람들의 **피드백을 건설적으로 수용**하고 자신에게 가치가 있도록 만들 방법을 생각한다. 그리고 필요시 중요한 내용들은 기록한다.

넷째, **협동적인 팀 워킹**과 소집단 활동에 참여한다. 면대면 또는 비디오 링크나 SNS를 사용하여 서로 질문도 하면서 협동적으로 참여한다.

다섯째, **문화적 역량**을 키운다. 사회·경제적, 문화적 배경이 다른 다양한 사람들의 말과 정서에 민감하게 반응하고 자신감 있게 상호작용하여 집단에 잘 적응할 문화적 역량을 키운다.

여섯째, **타인을 지지하는 행동**을 한다. 화자에게 눈을 맞추고 주의를 집중 시킨다. 타인이 말하도록 격려하고, 화자의 내용을 자신이 알고 있던 것과 연계하여 긍정적인 코멘트를 하며, 속임수나 악의적 공모가 없는 자세로 아이디어를 나눈다.

2) 비판적 듣기 기술

사람들과의 의사소통이나 학습을 증진시키기 위해서는 다른 사람이 하는 말을 오해 없이 정확하게 듣고 상호작용할 필요가 있다. 이때 필요한 듣기 기술이 비판적 듣기이다. **비판적 듣기**(Critical Listening)**는 남을 비판하기 위해 듣는 것이 아니라 정확한 의사소통을 위해서 듣는 것**이다.

Cottrell(2019)은 효과적으로 **비판적 듣기**를 하기 위해 다음과 같은 **행동이 필요함**을 제시하고 있다.

첫째, **사전에 들을 준비를 한다.** 사전에 토론이나 세미나에서 다룰 텍스트를 읽고 화자의 이야기를 들으면 보다 잘 이해할 수 있으며, 혹여 화자의 주장이나 증거에 오류가 있으면 이를 보다 쉽게 파악할 수 있다.

둘째, **화자의 추론 계선**(Inferential Sequence)**을 확인**한다. 이것은 화자가 말하고자 하는 내용의 맥락을 포착할 수 있어, 화자가 제시하는 세부 내용이나 일화로 인해 방향을 잃지 않도록 한다.

셋째, **화자의 내용이 일관적인지 점검**한다. "화자가 말하는 내용이 이전에 말한 내용과 모순되는가? 모순이 된다면, 왜 그리고 어떻게 모순되는가?" 등의 질문을 하며 점검한다.

넷째, **화자의 신체 언어, 눈 맞춤, 발화 속도, 목소리 톤이 말하는 내용과 일치하고 조화를 이루는지 점검**한다. "화자는 참을 말하고 있고 자신이 말하는 내용을 믿고 있는 것처럼 보이는가?"라는 질문을 하며 점검한다.

다섯째, **증거를 평가**한다. 화자가 자신의 주장을 지지하기 위해 사용하는 증거가 타당한지 확인한다.

여섯째, 다음과 같이 **화자의 추론 계선을 잘 포착하는 것을 방해하는 요인들에 유의**한다.

① 화자의 명성, 역할, 직업
② 인상적인 어휘나 표현의 사용
③ 말주변이나 유머의 사용
④ 화자의 열성
⑤ 청자의 정서에 호소하는 말
⑥ 본인의 말에 권위를 부여하기 위해 사용하는 부적절한 사실이나 데이터
⑦ 다른 부분은 희생하면서 특정 부분만 강조하기 위해 사용하는 반복 어법
⑧ 화자의 논리를 분석하기 어렵게 만들기 위해 토픽을 건너뛰는 행위

3) 능동적 듣기 기술

 능동적 듣기란 화자가 말하는 내용이나 감정에 반응하며 듣는 것이다 (Gordon & Burch, 1974). 화자가 전달하는 언어적 정보와 비언어적 정보의 단서를 면밀히 관찰하고 적절히 반응하며 관심을 보이는 것이다. 예를 들어, "아 그렇군요!" "알겠습니다!", "그랬었군요!" 등의 언어와 눈 마주치기, 고개 끄덕이기, 미소 짓기, 상대방 쪽으로 몸을 기울이기, 얼굴 찌푸리기, 기타 신체 움직임 등과 같은 비언어어적 정보로 반응하는 것이다. 그래서 화자로 하여금 청자는 자신에게 주의를 기울이고 있고 자신을 수용하려고 한다는 것을 알게 하는 것이다.

능동적 듣기가 중요한 이유는

① 화자는 대개 청자에게 신뢰를 가지기 전까지는 자신의 감정을 쉽게 노출하지 않기 때문이다.

 이에 따라 자녀는 부모에게 말을 잘 하려고 하지 않을 수 있다. 자녀는 자신의 감정을 정확하게 말하는데 어려움을 느낄 뿐만 아니라 부모에게 무엇인가 숨기려고 할 수 있다.

② 자녀가 말하는 이면의 **숨은 메시지**를 이해하는 데 효과가 있기 때문이다.
 자녀는 종종 자신의 메시지를 암호화하고 타인에게 신뢰를 형성하기 전까지는 자신의 감정을 감추고 방어적인 진술로 일관하게 된다.

예를 들면, 다음과 같은 말을 하는 것이다(Edwards, 2008, p.186).

(a) "이 숙제는 너무 어렵다. 도무지 모르겠다" (숙제를 하기 싫어서)
(b) "학교에 패거리들이 너무 많아 참을 수 없다. 그것들은 모두 없어져야 해"

(친구들로부터 따돌림을 받을까 걱정이 되어서)

부모는 자녀의 암호화된 메시지에 그대로 반응하기보다는 그 숨은 이면의 메시지를 이해해야 바르게 지도할 수 있다. 이를 위해 능동적 듣기가 필요하다.

능동적 듣기에서 가장 중요한 것은 자녀가 정서를 표현했을 때 부모가 그것을 이해하고 수용한다는 느낌을 갖게 하는 **부모의 지원적 반응**이다. 특히 청소년기 자녀들은 복잡한 정서를 느끼고 있어 지원적 반응이 중요하다. 청소년기에는 호르몬의 변화로 인해 새로운 요구가 등장하고(예: 자신의 정체성 찾기), 학업 과제의 부담으로 힘들어한다. 그리고 삶의 여러 문제에 직면하여 자신만이 홀로 스트레스를 받고 있다고 느낀다. 또래들 속에 소속되고 싶으면서도 자신의 독특성을 유지하고자 하는 요구가 상충함에 따라 스트레스를 받고 고민한다. 인간의 두뇌는 언어를 인지적 신경 통로 외에도 정서적 신경 통로를 사용하여 통합적으로 처리하게 되어 있다(Connell, 2005). 인간이 듣고 읽는 언어의 인지적 측면은 좌뇌에서, 언어의 정서적 측면은 우뇌에서 상호 연계하여 처리한다. 따라서 부모는 자녀가 제시하는 언어의 정서적 측면에도 관심을 두고 지원하면서 의사소통하면 자녀는 좌뇌와 우뇌를 통합적으로 사용하여 이성적 판단을 보다 효과적으로 하게 된다(Zull, 2002).

부모가 능동적 듣기를 잘 수행해 내기 위해서 취해야 할 자세는 다음과 같다(Gordon, 1989).

① 자녀가 궁극적으로는 자신의 문제를 스스로 해결할 능력을 가지고 있다는 **신뢰를 보인다.**

자녀의 말이 현재는 두서없고, 결론을 내지 못하고 우왕좌왕하지만 머지않아 자녀가 문제에 대한 해결책을 스스로 도출할 수 있다는 믿음을 보인다.

② 자녀가 표현하는 감정을 진정으로 수용한다.

비록 자녀가 문제에 대해 생각하고 느끼는 것에 있어 오류가 있다고 하더라도 자녀가 현재 느끼는 감정을 수정하려고 하지 말고 있는 그대로 수용한다. 자녀는 자신의 감정이 숨김없이 표현될 수 있고 검토되고 깊이 탐색될 수 있다고 믿게 되면, 현재의 문제로 인해 야기되는 괴로운 감정으로부터 벗어날 수 있다.

③ 자녀가 느끼는 감정은 대개 일시적이라는 것을 이해하고, 능동적 듣기를 통해 자녀가 순간적으로 느끼는 감정들을 이런 모양 저런 모양으로 옮겨 가면서 표현하도록 한다.

이 과정은 자녀의 감정을 분산·방출하여 해소하도록 도와준다.

④ 자녀가 스스로 자신의 문제를 해결하는 것을 돕기 원한다고 말해 주고 필요한 시간을 주고 지켜보며 기다려 준다.

⑤ 자녀가 지닌 문제와 느끼는 감정에 공감하고 있다는 말을 해 주되 부모는 **부모로서의 정체성을** 유지한다.

부모는 자녀가 표현하는 감정에 본인이 몰입되어 부모로서의 위치와 역할을 망각하지 않도록 한다. 즉 부모는 자녀의 감정을 이해할 필요는 있지만 그것을 자신의 것으로 소유할 필요는 없다. 그렇지 않으면 자녀를 바르게 인도할 수 없게 된다.

⑥ 자녀가 처음에는 문제의 핵심적인 측면을 파악해 내기 어려울 수 있다는 것을 이해한다.

자녀가 문제의 핵심을 파악하도록 돕는 일은 부모가 얼마나 능숙하게 듣고 반응하느냐에 달려 있다.

⑦ 자녀가 자신의 문제 및 감정에 대해 부모에게 진술한 것을 비밀로 해야 할 경우가 있다.

부모는 자녀에게 "네가 말한 것은 사생활 보호 차원에서 폭로하지 않는다."는 말을 해 줌으로써 자녀가 부모에게 절대적 신뢰를 가지도록 한다.

이와 같이 능동적 듣기는 자녀로 하여금 자신에게 해로울 수 있는 강력한 감정들을 분산시키거나 해소하도록 하는데 도움을 주고, 자신의 감정에 대한 원인을 분석하고, 문제를 해결하는데 책임감을 갖도록 한다. 그런데 부모들은 능동적 듣기와 관련하여 **두 가지 오해**를 가지고 있다(Edwards, 2008).

① 자녀의 문제를 부모 자신이 지도를 잘못하여 생긴 자신의 문제로 잘못 정의하는 것이다.

이에 따라 자녀와의 의사소통에서 장애가 생기고, 자녀로 하여금 문제에 대해 느끼는 감정과 태도를 바꾸도록 강요하고, 자녀를 대신해서 문제를 해결하려는 노력을 한다. 이런 부모의 자세로 인해 자녀는 자신의 감정을 불신하게 되고, 자신이 행동하고 느끼는 방법에 대하여 타인이 말해주도록 하는 의존성을 키우게 된다.

② 자녀를 문제로부터 보호하려고 하는 것이다.

이에 따라 자녀는 자신의 문제 행동의 결과로 나타나는 것들을 책임감 있게 해결할 기회를 박탈당하게 된다.

능동적 듣기는 다음과 같은 기법들을 함께 사용할 때 효과적이다(Gordon, 1989).

① '문 열기 기법'(Door Openers)

질문이나 진술을 통해 자녀가 자신의 감정이나 말하는 내용에 대해 탐구하도록 격려하는 기법이다(Gordon & Burch, 1974). 예를 들어, "나는 네 말에 관심이 있다. 그것에 대해 좀 더 말해 주겠니?", "네 얼굴을 보니 근심이 있는 것 같구나. 이야기 좀 해 주겠니?", "그거 참 흥미로운 아이디어다. 계속 이야기해 주겠니?", "네가 지금 말하는 것은 네게 중요한 것 같구나!"라고 질문이나 진술을 하여 의사소통의 문을 연다. 문 열기 기법은 무비판적인 질문이나 진술로서 평가적 성격을 지니지 않는다. 따라서 비판적 의도를 담은 질문이나 진술과는 다르다. 문 열기 기법은 자녀가 말하는 것을 듣고 이해하기를 원하고 있다는 것을 확신시켜 주기 때문에 의사소통을 원활히 해주고, 자녀가 마음을 열고 자신의 생각과 감정이 무엇인지 좀 더 깊게 탐색하도록 도와준다.

② 잠자코 바라보기(Silent Looking)와 인정(Acknowledgement)

잠자코 바라보기는 자녀를 조용히 바라보고 자녀의 말을 무비판적으로 듣는 기법이다(Gordon & Burch, 1974). 잠자코 바라보기는 자녀를 바라보고 자녀가 말을 할 시간을 주고, 고개를 끄덕이거나 여러 가지 몸짓을 사용하여 말을 지속하도록 격려하는 것이다. 인정이란 자녀의 말에 동의하고 용인하는 것이다. Gordon과 Burch는 아무 말도 하지 않는 것은 자녀를 실제로 수용한다는 메시지를 전달하는 것이라고 본다. 잠자코 바라보기는 상대방을 진정으로 수용하고 있고, 좀 더 많은 것을 공유하기를 원한다는 것을 전달하는 강력한 비언어적 메시지이다. 부모가 말을 많이 하면 자녀는 말을 줄이게 된다.

4) 효과적으로 수업을 듣는 기술

자녀들은 새로운 지식의 상당 부분을 수업에서 들음으로써 얻는다. 그러나 수업에서 듣기를 잘 하는 일은 쉽지 않다. Hollins(2021)는 수업 시간에 잘 듣는 방법으로 "HEAR"라는 4단계 기법을 제시한다.

H – Halt (멈춤)

하고 있는 모든 일을 멈추고, 모든 방해 요인들을 제거한 후, 의식적으로 교사에게 집중하려고 마음을 먹는 것이다.

E – Engage (참여)

뇌의 모든 역량을 동원하여 수업에 집중하는 것이다. 노트를 하고, 질문을 하고, 피드백으로 반응하고, 마인드맵을 만들고, 자신의 생각을 기록한다.

A – Anticipate (예상)

교사가 들려주는 내용을 수동적으로 받아들이려 하지 않고, 교사의 설명이 끝나면 교사가 그 다음으로 무슨 내용을 다룰 것인지 예상을 한다. 스스로 질문을 하고 교사가 설명하는 내용이 답을 주는지 확인한다. 이런 예상 활동은 학습 내용에 대한 이해와 기억을 증진시키고, 중요한 내용을 포착하도록 해 준다.

R – Replay (재생)

수업을 통해 들은 내용 중 핵심적인 부분을 다시 생각해 보고, 자신의 말로 암송하거나 글로 쓴다.

수업을 들을 때 중요한 것은 교사가 한 이야기를 전부 기억하려고 노력하는 것이 아니라 이해하는 것이고, 시험에 나올 만큼 중요한 내용들을 포착해 내는 것이다. 이는 수업 듣기가 수동적인 활동이 아니라 능동적인 활동이라는 것을 시사한다.

수업을 효과적으로 듣기 위해서는 수업의 단계별로 전략이 필요하다.

첫째, 수업 전에 들을 준비를 한다. 준비 없이 수업에 들어가면 교사의 수업 내용을 분명하게 이해하고 정확히 노트를 하는데 어려움을 겪게 된다. 아울러 교사가 강의한 내용들의 상대적 중요성을 평가하는데도 어려움을 갖게 된다. 특히 수업이 토론식으로 이루어지면, 토론에 참여할 기반 지식이 없으므로 토론에 참여하기 어렵게 되어 수업에서 도태될 가능성이 있다.

다음과 같은 활동을 하며 수업을 들을 준비를 한다(Fry, 2011; Hollins, 2021; Longman & Atkinson, 1988; Luckie & Smethurst, 1998; Vorderman, 2016).

① **교재의 내용을 미리 살펴보고 개관한다.**
교과서와 같은 교재는 교사가 수업에서 중요하게 생각하는 수업 자료이기 때문에, 교과서나 기타 교사가 부여한 읽기 과제 내용을 개관하거나 자세히 읽고 수업에 들어가도록 한다.

② **이전 시간까지 수업에서 노트한 내용을 읽고 들어간다.**
교사는 이전 수업 시간에 강의한 내용에 기반하여 그 다음 수업의 내용을 다루기 때문에, 이전 시간 수업에서 다룬 내용에 대해 생생한 기억을 가지고 수업에 임하면 본 수업의 내용을 보다 잘 이해할 수 있다.

③ **교사가 수업에서 다룰 내용이 무엇인지 예측하고 들어간다.**
이런 예측과 기대는 수업에서 들은 내용을 보다 잘 기억할 수 있도록 해 준다. 인간의 뇌는 무엇을 들을 것인지 예측하고 있을 때 들은 내용을 자동적으로 분류하고 정리하여 듣기를 보다 쉽게 만들어 준다. 즉 "학습은 준비된 마음에 호의를 베푼다"(Learning favors the prepared mind.)는 말이 사실이다. 교과서 단원 뒤의 질문이나 스스로 만든 질문에 대해 답을 생각하고

수업에 들어간다. 수업을 들으며 이런 질문에 대한 답을 확인하고, 답이 정확하지 않은 경우, 수업 후 적절한 시간에 교사에게 질문한다.

④ 수업에 적극적으로 참여하고자 하는 자세를 갖는다.

열심히 준비를 하고 수업에 들어갔으나 적극적으로 수업에 참여하고자 하는 마음이 없이 수동적으로 뒤에 앉아 한눈을 팔면 그 수업은 효과가 없다. 만약 좌석을 선택할 수 있으면 되도록 교사 가까이에 앉아 교사의 목소리를 분명하게 듣고 판서 내용을 정확하게 볼 수 있도록 함으로써 수업에서의 집중력을 높이도록 한다.

둘째, 수업 도중에 능동적으로 듣는다. 수업 듣기가 효과적이기 위해서는 바른 자세로 앉아 교사에게 집중하고 능동적으로 들어야 한다. 교사의 설명을 모두 노트할 필요는 없고, 교사가 설명한 내용을 자신이 알고 있던 지식과 연계하고, 교사가 반복하여 강조하거나 질문하는 내용이 무엇인지 살펴보는 것이 중요하다. 특히 교사의 설명 중 ① 교과서나 과제에 포함되지 않는 내용, ② 교과서나 과제에서 다루어진 내용 중 내가 어려움을 느끼고 이해가 잘 안되었던 부분, ③ 교과서와 과제에서 다루는 개념, 과정, 주제 등을 추가로 설명하기 위해 교사가 제시하는 예나 시범, ④ 교과서와 과제에서 다루는 내용들에 대한 배경적 정보, ⑤ 시험에 나올 법한 중요한 내용에 주목해서 듣는다.

아울러 다음 두 가지 기술을 알고 실천하면 능동적 수업 듣기에 도움이 된다(Luckie & Smethurst, 1998).

하나는 강의의 구조를 파악하며 듣는 것이다. 텍스트에도 구조가 있듯이 강의에서도 네 가지의 구조가 있는데, 이 강의 구조를 알고 수업을 들으면 수업 듣기의 효과를 높일 수 있다. 네 가지 강의 구조는

① 요약 구조이다.

교사는 이 구조에서 용어를 정의하고, 예를 제시하고, 세부사항을 설명하면서 새로운 토픽의 주요 요점들을 소개하거나 요약한다.

② 열거 구조이다.

교사는 이 구조에서 핵심적인 내용들을 열거하거나 계열화하여 제시한다.

③ 비교 및 대조 구조이다.

교사는 이 구조에서 한 이슈의 두 가지 측면을 같은 점과 다른 점 차원에서 설명한다.

④ 인과 구조이다.

교사는 이 구조에서 어떤 행위의 결과를 보여주거나 문제와 해결책을 설명한다.

또 하나는 교사가 사용하는 언어적 단서에 주목하여 듣는 것이다. 교사들은 수업에서 중요한 내용을 강조하기 위해 사용하는 공통적인 방법이 있다. 이런 방법을 알고 들으면 주의를 집중할 수 있고, 중요한 내용을 놓치지 않고 포착할 수 있다. 다음과 같은 교사의 말과 행동에 주목한다.

① 칠판에 적는 내용에 주목한다.

교사들은 중요한 내용은 칠판에 적으며 설명한다.

② 반복하는 내용에 주목한다.

교사들은 중요한 내용은 반복함으로써 학생들이 습득하기를 원한다. 어떤 경우에는 학생들이 노트에 기록하도록 "기다리는 시간"(Wait Time)을 가지기도 하며, "중요하다"는 말을 반복해서 하기도 한다.

③ 목소리의 톤에 주목한다.

교사들은 중요한 내용 부분에서는 목소리를 높이거나 강한 어조로 이야기한다. 또 어떤 경우에는 오히려 목소리를 낮추고 그 속도도 줄임으로써 중요한 내용에 대해 학생들이 집중해서 듣도록 한다.

④ 신체언어(Body Language)에 주목한다.

교사들은 중요한 내용을 이야기할 때 책상을 손바닥으로 친다든지, 학생들에게 다가간다든지, 몸짓을 하면서 이야기한다.

⑤ 시각적 도구를 사용할 때 주목한다.

교사들은 중요한 내용을 설명할 때 학생들에게 이해하기 쉽도록 다양한 시청각 자료를 사용하며 설명한다.

⑥ 교재의 특정 페이지를 언급할 때 주목한다.

교사들은 자신들이 설명하는 중요 내용이 교재의 몇 페이지에 있는지 지적하며 이야기하곤 한다.

⑦ 시험에 나올 가능성이 높다는 교사의 언급에 주목한다.

교사들은 아주 중요한 내용은 이전 주요 시험에도 출제되었고 앞으로도 출제될 가능성이 높다고 이야기하곤 한다.

셋째, 수업 후 정리한다. 수업이 끝난 후 쉬는 시간이나 점심시간에 수업에서 다룬 내용 중 주요 사실이나 아이디어들을 5-9개 문장 정도의 말 또는 글로 요약한다. 친구들과 함께 요약한 내용이나 시험에 나올 법한 중요한 내용을 살펴보는 것도 좋다. 또한 수업시간에 궁금했는데 교사가 설명하지 않은 내용은 쉬는 시간에 교사에게 질문을 하거나 추가 설명을 부탁한다.

제5절
노트 필기 기술

    노트 필기란 수업을 듣거나 텍스트를 읽으며 중요한 요점들을 기록하는 활동이다. 노트 필기를 해야 하는 이유는 ① 교사의 수업은 교재에는 없는 내용을 포함할 수 있기 때문이다. 즉, 교사의 수업이 어떤 정보를 얻는데 있어 단 하나의 정보원이 될 수 있기 때문이다. 또한, ② 인간의 망각 때문이다. 특히 망각은 학습을 한 직후 급속하게 일어나며 6일이 지나면 수업에서 들은 내용의 20-25% 정도 밖에 기억하지 못하게 된다(Luckie & Smethrust, 1998). 따라서 수업을 듣거나 텍스트를 읽을 때에는 노트 필기를 해야 하며, 망각은 학습을 한 직후 급속도로 일어나기 때문에, 수업이 끝난 직후 또는 텍스트를 읽은 후 노트 필기한 내용을 잠깐 복습하거나, 적어도 그 날 잠자리에 들기 전까지는 복습을 하는 것이 망각을 더디게 하는 좋은 방법이다. 복습은 그리 많은 시간을 필요로 하지 않는다. 한 시간 분량의 노트는 1-2분 정도 복습하면 된다. 이런 식으로 5일 간 계속해서 노트한 내용을 복습하면 그 동안 노트 필기한 내용의 80-85%를 기억하게 된다(Luckie & Smethrust, 1998). 이런 이유로 노트 필기는 수업에서 듣거나 책에서 읽은 주요 내용들을 오래 보관하고 기억할 수 있는 중요한 수단이 된다.

1. 노트 필기의 효과

글을 읽거나 수업을 들을 때 노트 필기를 하는 것은 학습에 긍정적인 효과가 있다(Ormrod, 2016; Peper & Mayer, 1978). 그 이유는 다음과 같다

① 학습 내용에 대해 주의를 집중하도록 해 주기 때문이다.
노트 필기의 주의 이론(Attention Theory)이라고 하는데, 노트 필기는 글이나 강의 내용에 주의를 기울이지 않으면 불가능하기 때문이다.
② 학습 내용을 단기기억에서 부호화하는 것을 촉진시켜 준다.
이것을 **노트 필기의 노력 이론**(Effort Theory)이라고 하는데, 노트 필기는 읽기나 듣기보다 좀 더 많은 노력과 사고를 요구하여 학습한 내용이 기억에 오래 남도록 해 준다.
③ 정보를 외부 장치(예: 노트 파일, 공책, 컴퓨터 등)에 저장하는 확실한 방법이기 때문이다.
인간의 기억은 망각과 오류로 인해 부정확하지만, 노트 필기한 내용은 나중에 검토하고 정확하게 학습하게 해 주는 믿을 수 있는 대안이다.

다른 학자들도 좀 더 구체적으로 노트 필기의 효과를 다음과 같이 지적하고 있다(Cottrell, 2019; Longman & Atkinson, 1988; Luckie & Smethrust, 1998).

첫째, 노트 필기는 노트할 중요한 요점들을 찾을 목적으로 수업을 듣거나 책을 읽는 것이기 때문에 학습에 주의를 집중할 수 있도록 해 준다. 학생

들은 교사의 수업을 듣는 동안 수동적인 자세를 취하거나 심지어는 잠을 잘 수도 있는데, 노트 필기는 이런 문제들을 예방할 수 있다. 그리고 텍스트를 노트 필기 하게 되면 독해력과 글쓰기 능력도 증진된다.

둘째, 노트 필기는 외부에 정보를 저장하는 수단으로 유용한 기록이 된다. 따라서 강의 내용을 기억하지 못할 때 늘 다시 찾아 볼 수 있는 자료가 됨에 따라, 노트는 기억의 또 다른 형태로 역할을 한다. 노트 필기는 나중에 사용할 중요한 내용과 정보의 출처를 상실하지 않게 해 준다.

셋째, 과제를 수행하는데 도움이 되기 때문이다. ① 과제를 해결하기 위해 필요한 아이디어들을 얻을 수 있고, ② 기록을 통해 어떤 정보를 가지고 있는지 알 수 있기 때문에 과제 수행 계획에 도움을 주고, ③ 노트를 재정열하고 계열화할 수 있어 과제 수행에 필요한 정보를 조직하는데 도움을 주고, ④ 과제에 필요한 정보를 노트로 가지고 있기 때문에 언제든지 과제를 수행하는데 도움을 준다.

넷째, 읽는 텍스트를 이해하는데 도움을 주기 때문이다. ① 노트할 내용을 선택하는데 집중하게 됨에 따라 텍스트 이해에 도움이 되고, ② 텍스트 내용들을 자기의 말로 노트함에 따라 사고를 깊게 하게 되어 텍스트 이해에 도움이 되고, ③ 핵심 개념들과 정보를 기초로 세세한 내용들을 조직해 나가도록 돕기 때문에 텍스트 이해에 도움을 준다.

다섯째, 학습한 내용을 보다 잘 기억하게 해 준다. 그 이유는 ① 자신의 언어로 노트했기 때문이고, ② 손을 사용하여 노트하는 신체적 활동은 기억에 도움이 되기 때문이다. 특히 타자보다 수기가 기억에 도움을 준다. 노트에 중요한 정보가 담겨 있으면, 그 정보가 기억될 확률은 34% 증진되고, 노트에서 발견되지 않는 정보가 기억될 확률은 5% 밖에 되지 않는다(Howe, 1970).

여섯째, 시험 준비를 위한 복습에 도움을 주기 때문이다. 교사가 수업을 통해 강조한 내용은 시험에 어떤 내용이 출제될지 예측할 수 있게 해주기 때문에 노트 필기를 해야 한다. 그리고 노트한 것을 복습하고 잘정리하면 시험에 잘 대비할 수 있게 된다(뒤에 나오는 노트 필기한 내용을 가지고 시험에 대비하는 방법 참고).

2. 효과적인 노트 필기 전략

노트 필기가 효과적이기 위해서는 노트는 수업이나 텍스트의 핵심 아이디어, 그 아이디어를 뒷받침하는 세부 사항, 이에 대한 개인의 생각을 담은 종합적인 것이어야 한다(Ormrod, 2016). 이에 따라 노트 필기는 단순히 교사의 수업 내용이나 텍스트의 내용을 그대로 받아쓰는 것이 아니라 내용 선택 및 구조 형성에 참여하는 능동적인 활동이다.

효과적인 노트 필기 전략들은 다음과 같다(Hansen & Hansen, 2008; Hollins, 2021; Longman & Atkinson, 1988; Luckie & Smethurst, 1998; Smith & Smith, 1990; Vorderman, 2016; Wallace, 2005).

첫째, 노트 필기의 목적을 분명히 한다. 책을 읽거나 수업을 들으며 노트 필기를 할 때 왜 노트 필기를 하는지 그 이유를 생각해 보도록 한다. 어떤 주장에 대한 근거를 찾기 위한 것인가? 예를 찾기 위한 것인가? 주장의 개요를 확인하기 위해서인가? 등 노트 필기의 이유를 생각하면 노트할 내용을 선택하고 집중력을 증진시키는데 도움이 된다. 노트 필기에서 중요한 것은 단순히 글을 쓰는 것이 아니라 주요 내용을 찾아서 분석하는 일이다.

둘째, 수업의 개요나 책의 장 제목을 사용하여 노트할 주요 아이디어들을 예상한다. 노트 필기를 하기 전에 수업 개요나 책의 장 제목을 보고 어떤 내용일지 스스로 질문을 하면 핵심 내용들을 파악하는데 도움을 준다. 교재를 사전에 읽고 수업 노트 아웃라인을 만들어 수업에 참여하면 더욱 효과적이다. 이 아웃라인 개요는 강의의 내용을 미리 예측하고, 수업을 보다 잘 이해하고, 중요한 내용들을 놓치지 않고 노트하는데 도움을 준다. 다음과 같은 전략들을 사용하여 아웃라인을 수업 노트 필기에 사용한다.

① 교사가 수업 시 이야기하는 내용을 미리 준비한 노트 아웃라인 적절한 곳에 기록을 하고, 교사가 강조하는 것은 노트 아웃라인에 밑줄을 치거나 눈에 띄도록 하이라이트를 한다.

② 교사가 강의에서 생략한 부분은 노트 아웃라인에 밑줄을 그어 지우며 표시한다.

③ 교사가 수업에서 특정 그래프나 인용을 사용하면 교재에서 그 페이지를 찾아 노트 아웃라인에 기록한다.

④ 수업이 끝난 후에는 교사가 강조한 부분에 대해 자신의 생각을 기록하거나, 미진한 부분은 교재의 내용으로 보완하여 노트 아웃라인에 기록한다.

⑤ 본인의 아이디어를 수업에서의 교사의 아이디어나 텍스트 저자의 아이디어와 구분하여 노트 아웃라인에 기록한다.

셋째, 노트 아웃라인을 사용하지 않는 경우, 종이 한 장에 한 토픽에 대한 내용을 노트하고 맨 위에는 그 토픽의 제목을 단다. 그리고 수업인 경우 교과 명, 수업 날짜, 교사 이름을 종이 우측 상단에 적는다. 이 정보는 다른 학생들의 노트와 비교하거나, 교사에게 질문을 하거나, 결석을 해서 수업을 듣지 못한 경우, 빠진 날짜의 노트를 필요로 할 때 참고가 되기 때문이다. 텍스트를 노트 필기한 경우 종이 맨 아래에 그 출처를 적는다.(저자명, 책 제목, 출판사나 학술지명, 페이지 등). 노트한 내용이 짧아 종이 아래에 여백이 많이 남는다고 하여 한 장의 종이에 두 개 이상의 상이한 내용 토픽을 노트하지 않는다. 나중에 보고서를 쓰거나 시험 대비 복습을 할 때 노트들을 내용에 따라 분류하기 어렵기 때문이다. 남는 여백이 있더라도 과감하게 남기고 여백은 나중에 노트한 내용을 자신의 말을 사용하여 자신이 이해한 것을 요약하거나, 다른 교과와 연계되는 부분을 기록하거나, 기타 아이디어를 기록하는 용도로 사용한다.

넷째, 노트를 항상 같은 크기의 종이에 한다. 같은 크기의 종이를 사용해야 노트한 것을 분류하여 보관하거나 시험을 대비하여 검토를 할 때 편리하다. 종이들을 함께 묶어 놓은 공책보다는 낱장으로 쉽게 분리할 수 있는 종이(Lose-Leaf Paper)를 사용하는 것이 나중에 노트한 것들을 분류하고 복습할 때 보다 효과적이다. 시중에는 A4 용지가 많이 판매되어 구하기 쉽고, 비교적 많은 내용을 노트할 수 있어 편리하다. 색이 있는 견출지(Color-Coded Index Guides)를 사용하여 노트들을 분류하여 구별하고, A4 용지는 펀치를 사용하여 구멍을 세 군데 찍은 후 링 바인더(Ring-Binder)에 보관하거나, A4 크기의 플라스틱 포켓(Pockets)또는, 별도의 상자에 보관하는데도 편리하다. 이렇게 노트들을 필요에 따라 분리하고 분류하는 일을 효과적으로 하기 위해서는 종이의 앞면에만 노트를 한다. 앞면만 쓰는 것은 낭비인 것처럼 생각될 수 있으나, 앞면에만 노트해야 나중에 노트 분류가 용이하여 학습에 효과적이다. 뒷면은 앞면에 노트한 내용에 대한 자신의 의견이나 기타 필요한 내용을 추가로 기입하는데 사용한다.

다섯째, 교사의 이야기를 모두 기록하는 것이 아니라 핵심적인 내용을 중심으로 선택적으로 기록하고 지지하는 세부 내용을 간략하게 노트한다. 완전한 문장으로 기록하지 않아도 되고, 이를 뒷받침하는 핵심적인 내용만 적는다. 그러나 수업이 끝난 후에는 나중에 내용을 알아 볼 수 있도록 완전한 문장으로 보완한다. 나중에 노트한 것을 읽고 이해할 수 없다면 그 노트는 쓸모가 없기 때문이다. 그리고 형광펜의 색깔을 달리하여 내용의 중요성을 다르게 표시함으로써 눈에 띄게 한다. 예를 들어, 핵심 주장이나 개념은 붉은색으로, 그것을 지지하는 세부 내용은 노란색으로 표시하여 그 중요성이 다름을 구별한다.

여섯째, 친구의 노트를 빌리지 않는다. 노트 필기는 다른 사람의 도움이 없이 혼자서 해야 한다. 친구에게 빌린 노트는 그 사람의 생각을 반영한 것이기 때문에, 본인에게는 유용하지 않다. 친구에게 빌린 노트는 본인의 능동적 듣기를 통해 얻은 산물이 아니다. 가장 효과적인 노트는 본인이 작성한 것으로 본인의 배경 지식과 이해를 반영하는 것이어야 한다. 몸이 아파 학교에 결석을 한 경우 외에는 친구의 노트를 빌리지 않는 것이 좋다.

일곱째, 녹음기는 특별한 경우를 제외하곤 사용하지 않는다. 녹음기 사용은 다음과 같은 이유로 노트 필기에 비효과적이다.

① 녹음기를 다시 듣는 것은 시간을 너무 많이 사용하기 때문이다.
② 녹음기에 담긴 정보는 청각적 정보뿐이어서, 강의 도중에 교사가 사용한 도해, 차트, 그림 등 시각적 정보가 없기 때문이다.
③ 능동적으로 듣는 기술과 효과적인 노트 필기의 기술을 익힐 기회를 박탈하기 때문이다.
④ 녹음기 사용은 대개 교사들에게 환영받지 못해 수용되지 않기 때문이다.

교사가 허용하고, 노트 필기도 하면서 녹음기를 사용하는 경우는 괜찮다. 왜냐하면 녹음한 내용을 나중에 복습할 때 틀어 보고 빠진 부분을 점검하는 데에는 사용할 수 있기 때문이다. 그리고 교사의 강의가 너무 빨라 노트를 하기 어려운 경우에도 녹음기를 사용하는 것은 괜찮다.

여덟째, 교사가 수업 중 교재의 특정 페이지를 언급할 경우, 그 교재의 페이지에 표시를 한 다음, 노트에도 그 페이지를 기록한다. 교사가 언급한 교재의 특정 페이지는 중요한 것이므로, 나중에 시험에 대비해서 그 페이지를 찾아 세세히 읽고 공부한다.

아홉째, 수업이 끝나자마자 쉬는 시간에 노트한 내용을 살펴보고 오타를 교정하거나 필요한 내용을 추가로 기입하여, 노트한 내용 간에 간극이 생기지 않도록 한다. 필요시 친구의 노트와 비교도 하고, 교사에게 질문을 하기나, 필요한 내용을 교재를 참고하여 보완한다. 또한 수업을 기다리고 있는 동안 이전 수업에서 노트한 내용을 잠깐 검토하고 다음 수업의 내용을 노트할 준비를 한다.

 열째, 약어를 사용하여 노트한다. 교사의 빠른 강의 속도를 따라 잡기 위해서는 약어를 사용하는 속기 체제를 개발할 필요가 있다. 자신이 스스로 약어 체제를 만들어 사용할 수도 있으나 흔히 사용되는 방법을 채택하여 사용할 수도 있다. 약어의 수는 제한적이어야 한다. 다음은 흔히 사용되는 약어들과 그 의미인데, 수업 노트를 할 때 간단히 사용할 수 있어 유용하다 (Cottrell, 2019, p.229).

영어 약어	
&	그리고(and)
+	더하여, 추가하여
〉	더 많은, 더 좋은
〈	더 적은, 더 나쁜
=	같은, 동등한
≠	같지 않음
[ ]	그러므로, 왜냐하면, 그 이유는
w/	더불어, 함께
→	그 결과, ---로 이어지는
i.e.	즉, 의미하는 바는
e.g.	예를 들어
etc.	등등, 나머지
Ch	장
p	페이지(복수인 경우, pp)

3. 코넬 노트 체제를 이용하기

코넬 노트 체제(Cornell Note System)는 코넬 대학에서 개발한 노트 필기법이다. 인간의 기억 체제를 반영하여 개발된 노트 필기법으로 학습에 매우 효과적이다. 초등학교 5-6학년 정도면 코넬 노트 체제를 사용할 수 있다. 수업을 들으며 노트하거나 텍스트를 읽고 노트하는데 사용한다.

1) 코넬 노트 체제로 수업 노트하기

종이에 두 개의 세로 란을 만드는데, 좌측 란은 6cm, 우측 란은 15cm 정도의 넓이로 한다. 수업 중에 우측 란(개요란이라고 함)에 주요 내용들을 노트하고, 주요 내용들 사이에는 몇 줄을 남겨 여백을 남기도록 함으로써, 수업이 끝난 후에 추가할 내용이 있으면 기록한다. 수업이 끝난 후에 좌측 란(질문란이라고 함)에는 우측 란의 내용을 상기시키는 회생단서로 키워드, 질문, 또는 짧은 서술을 기록한다. 그리고 각 페이지의 아래에는 그 페이지의 내용을 요약하는 짧은 글을 적는다.

코넬식 노트필기법	
· 삼권 분립이란? · 삼권 분립이 왜 필요한가? · 삼권의 역할은 무엇인가?	2017. 10. 1 사회과 (김철수 선생님) 주제 : 삼권 분립 1. 정의: .... 2. 필요: .... 3. 삼권의 역할 1) 입법: .... 2) 사법: .... 3) 행정: ....
요약	

위의 예시는 사회과 수업에서 삼권분립에 대한 강의를 듣고 코넬 노트 체제에 따라 노트한 내용의 개요를 보여 준다.

2) 코넬 노트 체제로 텍스트 노트하기

코넬 노트 체제는 수업에만 사용되는 것이 아니라 책의 텍스트를 읽고 노트할 때도 사용할 수 있다. **텍스트의 좌우 여백은 질문란으로, 아래 여백은 요약란으로 사용**한다. 그러나 **텍스트에 개요란은 만들 수 없기 때문에 노트하는 대신에 다음과 같이 주요 아이디어들을 나타내는 단어나 구들을 텍스트에 표시하는 것으로 대체**한다.

첫째, **핵심적인 단어나 구, 또는 문장을 두 줄로 밑줄을 긋는다**. 예를 들어, 사회과의 삼권분립에 대한 텍스트에서 다음과 같이 핵심 단어와 구를 두 줄로 긋는다.

> 삼권분립이란 국가권력의 작용을 입법·행정·사법의 셋으로 나누어, 각각 별개의 기관에 이것을 분담시켜 상호간 견제·균형을 유지하여 국가권력의 집중과 남용을 방지하려는 통치 조직 원리이다.

둘째, **핵심적인 내용을 지원하는 단어나 구, 문장을 한 줄로 밑줄을 긋는다**. 예를 들어, 텍스트에 삼권분립을 하는 이유를 지원하는 문장을 한 줄로 밑줄 긋는다.

> 국가 권력의 작용을 입법·행정·사법의 셋으로 나누어, 각각 별개의 기관에 이것을 분담시켜 상호간 견제·균형을 유지하여 국가권력의 집중과 남용을 방지하려는 통치 조직 원리이다.

셋째, **일련의 주장, 사실, 아이디어들에 번호를** 매긴다. 예를 들어, 다음과 같이 입법부의 지위를 설명하는 세 가지 내용에 대해 번호를 매긴다.

> 국가 입법부로서 국회의 지위는 ① 국민대표기관으로서의 지위, ② 입법기관으로서의 지위, ③ 국정 통제기관으로서의 지위를 가진다.

넷째, **아이디어의 중요성에 따라 별표(*)를** 매긴다. 다음과 같이 텍스트 내용의 중요성 수준을 판단하여 그 문장이 시작되는 첫머리에 별표의 수를 달리하여 매긴다.

> * 핵폭발이 일어나면 …
> ** 낭만파의 주요 특징은 …
> *** 인플레이션의 주요 원인은 …

다섯째, **키워드나 핵심 용어들을 동그라미표** 한다. 다음이 예이다.

> ⟮유전자란⟯ 부모가 자식에게 물려주는 특징, 즉 형질을 만들어 내는 인자로서 유전 정보의 단위이다.

여섯째, **열거 단어**(Enumeration Words)와 **전환 단어**(Transition Words)는 네모를 친다. 다음이 예이다.

> ▢ 첫 번째로 ▢ 공급의 부족은 …(열거 단어)
> ▢ 이와는 반대로 ▢ 이 문제는 …(전환 단어)

2장 일차적 기술 145

이와 같이 텍스트에 표시하는 여섯가지 방법을 요약하면 다음과 같다.

표기방법	사용처
두 줄 긋기	핵심적인 단어, 구, 문장에
한 줄 긋기	핵심적인 단어, 구, 문장을 지원하는 내용에
번호 매기기	일련의 주장, 사실, 아이디어에
* 표하기	아이디어의 중요성에 따라 (*, **, ***)
동그라미 하기	키워드나 핵심 용어에
네모 치기	열거 단어나 전환 단어에

3) 수업 노트와 텍스트 노트를 조합하여 복습하기

시험을 대비하여 여러 교재의 텍스트를 읽고 노트한 내용과 수업을 들으며 노트한 내용을 나란히 놓고 별도의 종이에 양자를 조합한 노트를 만들어 복습하면 각각을 따로 보는 것 보다 더 깊은 이해를 할 수 있다. 종이에 다음과 같은 양식을 만들어 복습하면 보다 효과적으로 시험에 대비할 수 있다.

질문	텍스트 노트	수업 노트
요약		

① 먼저 책을 읽고 노트한 내용 중 중요하다고 생각되는 내용을 텍스트 노트 란에 적는다.

② 그리고 수업 노트를 보고 텍스트 노트 내용과 관련 있다고 생각되는 내용을 옆 수업 노트 란에 적는다.

③ 마지막으로 텍스트 노트 내용과 수업 노트의 내용을 답으로 내도록 하는 질문을 생성하여 질문란에 기록한다.

④ 텍스트 노트와 수업 노트의 내용을 종합하여 요약란에 기록한다.

⑤ 시험에 대비하여 먼저 요약 부분들을 읽어 '숲을 본 후', 질문란의 질문을 보고 답을 하고, 텍스트 노트와 수업 노트의 내용을 보고 정답 여부를 확인한다.

이렇게 텍스트의 내용과 수업의 내용을 나란히 놓고 비교하며 복습하는 활동은 교사가 수업에서 중요하게 이야기한 내용을 책의 내용을 통해 보완하게 되고, 중요한 내용과 덜 중요한 내용을 구별해 내는 시간을 갖게 해 주어 시험 대비의 효과적인 전략이 된다.

제6절

영어 어휘력 증진 기술

인지 뇌 과학에 의하면 영어와 같은 언어는 유아기부터 공부하는 것이 적절하다. Bruning 등(2011)은 설명에 따르면, 인간의 뇌는 약 1조 개의 뉴런(Neuron)으로 구성되어 있고, 이 뉴런들은 서로 연결된 상태(시냅스라고 불림)로 존재한다. 대뇌 피질부(Cerebral Cortex)에만 천조 개의 시냅스가 존재한다. 인간이 성장하면서 기존의 시냅스는 제거되거나 수정되는 동시에 새로운 시냅스가 형성되면서 계속 변화한다. 뇌의 시냅스 수는 약 3살 정도에 최대화된다. 이것을 **개화**(Blooming)라고 한다. 이 시기가 지나면서 장기간에 걸쳐 시냅스의 수가 줄어든다. 이것을 **전지**(Pruning, 가지치기)라고 한다. 3살 이후 전지 현상은 청소년기까지 일어나는데, 특히 전전두엽피질(Prefrontal Cortex)에서의 시냅스 밀도가 꾸준히 줄어들고, 그 후에는 그 수준을 유지한다.

뇌 시냅스의 개화와 전지는 학습과 인지 발달의 정상적 기재인데, 이런 현상이 나타나는 이유는 뇌가 오랜 시간을 거쳐 특정한 문화적 배경에 적응하기 때문이다. 즉 뇌는 한 문화의 배경적 특징들에 적응하기 위해 유아기에는 어떤 신경통로(Neural Pathways)들은 강화시키고(개화) 또 어떤 통로들은 약화시킨다 (전지). 문화적 배경의 차이로는 언어가 대표적인데, 각 문화의 언어는 음 체제(음소와 음소들의 연합)가 서로 다르다. 유아기의 뇌는 모국어의 음 체제에 적응하기 위해 시냅스 개화를 일으키는 동시에 그 적응에 불필요한 시냅스는 전지를 하여 줄이게 된다. 그 결과 모국어 음 체제를 듣고 발음하는 기능은 발달하나, 유아기가 끝난 후에는 모국어가 아닌 외국어의 음 체제에는 적응하기 어려워 외국어를 듣고 말하는 데 어려움을 겪게 된다(Greenough & Black, 1992). 따라서 외국어 교육은 유아기부터 시작하는 것이 뇌 시냅스 발달의 개화와 전지 현상의 측면에서 볼 때 적절하다.

언어는 두 가지 기능을 지닌다(Vygotsky, 1966). 하나는 다른 사람들과 의사소통하며 사회에 적응하도록 하는 기능이다. 그래서 자녀들은 학교교육을 통해 언어를 학습하여 사회에 적응할 능력을 길러야 한다. 또 하나는 언어를 통해 자신의 생각하는 힘을 증진시키는 기능이다. 우리는 흔히 먼저 생각하고 그 다음 그 생각을 언어로 옮긴다고 생각한다. 그러나 그 처음의 생각도 언어가 없으면 이루어지기 어렵다. 언어는 문화의 상징 체제로서 생각에 영향을 미친다. 몇 가지 예를 들어볼 수 있다. 호주에서 '사자(使者)의 지팡이'(Messenger's Wands)라는 것이 발견되었는데 이 지팡이에는 일련의 틈새가 새겨져 있었고, 그 틈새는 어떤 인물, 물체, 수, 지역을 나타내는 상징들로서, 사자는 상대방에게 메시지를 전달할 때 그것에 기초해 말할 내용을 기억하고 재구성하여 전달하였다고 한다(Gredler, 2005). 파푸아뉴기니의 한 원주민들은 신체 부분을 사용하며 셈을 하였다고 하는데, 오른손 엄지에서 손, 팔, 어깨, 오른쪽 귀, 눈, 그리고 왼쪽 팔과 손가락까지 내려오면서 29까지 셈을 하였다고 한다. 따라서, 이 원주민들은 매우 단순한 가감셈도 어렵게 느낀다고 한다(Saxe, 1981). 에스키모인들에게는 눈을 지칭하는 단어들로, 내리는 눈, 날리는 눈, 산비탈에 쌓인 눈, 땅에 쌓인 눈 등 적어도 눈에 대한 어휘가 12개를 넘는다고 한다(Boas, 1911). 이에 따라 이들은 눈을 지칭하는 단어를 하나만 가지고 있는 문화권의 사람들보다 눈의 유형을 보다 미묘하고 정교하게 구별하는 능력이 있었다. 이와 같이 언어는 세상을 어떻게 보고 또 어떻게 보지 못하게 하는가에 영향을 준다. 이렇게 볼 때, 자녀들이 모국어 외에도 외국어를 배우면 단순히 외국어를 구사하는 능력 외에도 생각의 폭을 넓히고 깊이를 깊게 할 수 있다는 시사점이 있다.

언어 능력 중에서 핵심적인 것은 어휘이다. 영어 능력도 마찬가지이다. 영어 어휘를 많이 보유하고 있으면 영어로 의사소통하는데 있어 보다 유리한 입장에 설 수 있다. 이는 역으로 말하면 영어 어휘력이 부족하면 영어로 읽고, 쓰고, 듣고, 말하는 일이 어려워진다는 것을 시사한다.

1. 어휘력의 중요성

우리말이나 영어나 어휘는 읽고, 쓰고, 말하고, 듣는 능력을 증진시킨다. 우리는 어떤 사건을 경험할 때 만약 그 경험을 지칭하는 어휘를 가지고 있으면 그 경험을 보다 잘 이해할 수 있다(Cole & Scribner, 1974). 따라서 어휘는 세상을 보다 잘 이해할 수 있는 수단이 된다. 어휘력은 지능 점수와는 r= .80, 고등학교 성적과는 r= .65, 대학 성적과는 r= .45 라는 높은 상관을 보인다(Conry & Plant, 1965).

그리고 어휘는 인간 사고와 삶의 격(格)에 직접적인 영향을 미친다. 좀 더 강력하고 정교한 어휘를 가지고 있을수록 사람의 사고는 더 강력하고 정교해진다. 즉 강력하고 정교한 어휘는 세상을 보는 관점, 다른 사람을 이해하는 방식, 자신의 생각을 형성하고 표현하는 방식을 변형시킨다. 이에 따라 어휘에 대한 흥미를 개발하면 삶을 변화시킬 수 있고, 어휘 능력이 높은 만큼 생각하고 표현하게 된다.

다음 두 일화는 어휘가 인간 삶의 격에 영향을 미친다는 것을 보여 주는 사례이다(Pauk & Owens, 2011, pp.129-130).

〈에피소드1〉

유명한 인권운동가였던 말콤 엑스(Malcolm X)는 뉴욕 할렘의 밑바닥 인생을 전전하다 무슬림이 되어 급진적 흑인 해방 운동을 이끈 사람이었다. 그는 교도소에 갇혀 있을 때 단어 철자를 모르고 한 문장도 쓸 줄 몰라, 가족과 친지에게서 오는 편지에 답장을 할 수 없었다. 그는 이에 무력감을 느끼고 있던 중, 독학으로 흑인 지도자가 된 빔비(Bimbi)의 강연을 들은 후, 빔비의 엄청난 어휘력과 현명한 판단력에 감명을 받고 그를 닮고자 단어들을 배우기 시작했다. 말콤 엑스는 사전을 사용하여 단어를 학습하는 것이 최선의 방법이라고 생각하고 교도서 도서관에서 사전을 빌린 후 자신의 방으로 돌아왔다. 말콤 엑스는 이때의 경험을 다음과 같이 회상하였다.

"나는 연필을 잡고 느리지만 공을 들여서, 울퉁불퉁하게 사전의 첫 페이지에 있는 단어들을 서판(書板)에 그대로 복사하듯이 써 내려갔다. 내 기억에 아마 하루를 잡아 먹은 것 같다. 그리고 나서는 소리를 내어 크게 읽었다. 그리고 또 다시 읽었다. 내가 쓴 것은 모두 읽었다. 반복에 반복을 거듭했다. 그 결과 나는 내가 쓴 단어와 문장을 읽을 수 있었고, 아침이 되면 또 단어들을 생각하고 읽었다."

이렇게 말콤 엑스는 교도소에서 자신의 삶을 어휘를 공부하는데 맞추었는데, 단어 공부는 점점 그의 삶을 무식쟁이에서 위대한 사상가로 바꾸기 시작하였다. 전에는 가질 수 없었던 생각을 할 수 있도록 만드는 어휘들로 무장하게 된 것이다. 그리하여 말콤 엑스는 풍부하고 정확한 어휘를 사용하여 자신의 생각과 아이디어를 강력하면서도 지적으로 표현할 수 있게 되었다. 종국에는 말콤 엑스는 위대한 리더, 설교가, 강연가가 되었고 하버드 대학교 법대생들을 대상으로 강의를 할 수 있게 되었으며, 전 세계적으로 존경받는 인물이 되었다.

⟨에피소드2⟩

1930년대 미국 대공황 시기, 일자리가 부족하여 고등학교를 졸업한 사람들에게 골프장에서 캐디로 일을 하는 것은 수입이 괜찮은 직업 중의 하나였다. 코네티컷 주, 브랜포드시의 한 골프장에서 캐디를 하고 있던 사람들 중에 유독 한 사람만 다른 사람들보다 항상 팁을 훨씬 많이 받고 있었다. 그래서 동료 캐디들이 그 비결을 묻자 이 캐디가 마지못해 입을 열었는데 그 비밀은 다음과 같았다.

지금도 그렇지만 골프장이나 길거리에서 사람들이 나누는 공통적인 대화의 주제는 날씨에 관한 것이었다. 골프 손님이 "오늘 비 올 것 같습니까?"라고 물으면 거의 대부분의 캐디들은 "네!" 또는 "아니오!"라고 간단히 대답하였다. 그리고는 대화가 거기서 끝이 나곤 하였다. 그러나 이 캐디는 비가 올 것 같지 않으면 "I am optimistic; there is a bit of blue in the sky. It won't rain."이라고 말을 하였고, 비가 올 것 같으면 "I am pessimistic today. The clouds are gathering. It'll rain."이라고 말했다. 여기서 비밀은 "optimistic"과 "pessimistic"이라는 단어에 있었다. 이 단어들은 대학을 나온 사람들이 사용하는 수준의 단어들이었던 것이다. 그 당시 골프 치는 사람들은 주로 대학을 나온 사람들이었고, 이 손님들은 이 캐디가 사용하는 단어를 보고 비록 이 캐디가 고등학교 졸업자이지만 지적으로는 자신들과 동급의 수준이라고 판단하여 낮은 수준의 팁을 줄 수가 없었던 것이다.

이 비밀을 들은 캐디 친구들은 대학 수준의 단어들을 공부하여 사용하였고, 이들도 이전과는 다른 높은 수준의 팁을 받을 수 있게 되었다.

어휘 중에는 **개념에 대한 어휘**가 특히 중요하다. 개념(Concept)은 사물이나 생각의 분류를 가능하게 하는 정신적 구조물(Construct)로서, 일정한 특징을 공유하는 부류들(Classes)을 나타내는 상위 범주, 즉 유목(Category)이다(Wallace et al., 1990). 개념적 어휘를 많이 보유하고 있으면 효과적인 의사소통을 할 수 있고, 지적발달과 학업성취에 큰 도움을 얻을 수 있다.

2. 어휘 습득의 단계와 영어 어휘 학습의 팁

어휘 발달은 4단계를 거쳐 이루어진다(Dale & O'Rourke, 1981). 제 1단계에서는 듣거나 본 단어가 새로운 것이라는 것을 인식하게 된다. 제 2단계에서는 단어를 보거나 들은 적이 있다는 것은 인식하지만 그 의미에 대하여서는 알지 못한다고 느낀다. 제 3단계에서는 단어를 일반적 범주에 넣는다. 예를 들어, "belligerent"라는 단어를 듣거나 보았을 때, 이 단어의 의미를 정의하지는 못하지만, 부정적인 의미의 단어라는 것을 인식하는 단계이다. 제 4단계에서는 단어의 의미를 정확히 알고 말하거나 쓰고 사용하는 단계이다. 따라서 제 4단계에 도달했을 때 우리는 비로소 어떤 어휘를 습득했다고 말할 수 있다.

어휘를 지도하는 교수법으로 **몰입법**(Immersion Approach)과 **직접 교수법**(Direct Instruction Approach)이 제시되고 있다(Mayer, 2003). 전자는 읽기, 쓰기, 듣기, 말하기와 같은 문해적 활동에 참여하여, 풍성한 어휘로 둘러싸인 환경에서 어휘를 늘리도록 하는 방법이다. 후자는 단어에 대한 정의를 학습하도록 하는 방법으로, 예를 들어, ① 단어 목록을 제시한 후 각 단어의 정의를 학습하도록 하고, ② 접두어, 접미어, 어근의 의미를 분석하여 어휘를 습득하도록 하는 것이다. 직접 교수법은 학생들의 어휘 발달에 실용적이지 못하다는 지적이 있다(Nagy & Anderson, 1984; Nagy & Herman, 1987; Nagy et al., 1985). 따라서 이 두 가지 방법 중 어느 하나에만 의존하지 말고, 혼용하는 것이 영어 어휘를 효과적으로 증진시키는 방법이 된다(Baumann, 2009; Biemiller & Boote, 2006).

영어 어휘 학습의 일반적인 팁은 다음과 같다(Hansen & Hansen, 2008; Longman & Atkinson, 1988; Mcmurray, 2011; Stahl, 1986).

첫째, 좋은 영어 사전을 구입하여 친숙해지도록 한다. **자녀의 학년 수준에 맞는 영어 사전을 구입**한다. 예를 들어, 초등학교 저학년의 경우, 그림이 있는 영어 사전을 구입하여 학습하면 영어 사전에 보다 친숙해 질 수 있다. 영어 사전에 계속 친숙해져서 영어 교과 시간에만 학습하는 것을 넘어 삶 속에서도 어휘에 대한 지식을 확장하도록 한다.

둘째, 영어 단어를 보거나 들으면 **그 의미를 생각하는 습관**을 기른다. 단어의 의미에 대해 생각하게 되면 다음에 그 단어를 보거나 들었을 때 그 단어를 정확히 알게 될 확률이 높아진다. 그 이유는 단어의 의미를 반복적으로 생각하는 것은 단어를 정신적으로 리허설을 하는 것으로, 리허설은 그 단어에 대한 기억 회생을 강화하기 때문이다. 이런 영어 단어에 대한 반복적 리허설에 효과적인 방법은 영어 단어의 의미를 **패러프레이즈**(Paraphrase) 하는 것이다. 즉, 영어 단어를 자신의 말을 사용하여 영어로 재진술 하는 것이다. 패러프레이징은 그 단어와 다른 단어들 간의 연합 형성을 증진시켜, 단어의 의미가 자신의 것이 되게 함에 따라, 기억 회생을 더 용이하게 만든다.

셋째, 단어를 소리 내어 **발음하며 학습**한다. 단어를 소리 내어 학습하면 시각적 자극에 청각적 자극을 보태는 다중 부호화가 이루어져 기억에 오래 남는다.

넷째, **단어를 선택적으로 학습**한다. 처음 보거나 너무 어려운 단어보다는 '알 듯 말 듯 어디선 본 것 같은' 단어들을 선택하여 공략한다. 이것을 다음에 소개할 프런티어 어휘 확장법에서는 **회색 단어**(Grey Words) 또는 **프런티어 단어**(Frontier Words)라고 한다.

다섯째, **단어가 포함된 문장 전체를 학습**한다. 삶의 실제에서 단어들은 문장 속에서 사용되기 때문에, 단어만 별도로 학습하지 않고 문장의 문맥 속에서 학습하도록 한다. 문장 속에서 단어를 학습하면 문법도 함께 학습하게 되는 것이며, 그 문장에 새로운 단어들을 삽입하며 여러 단어들을 함께 학습하는 효과도 있다.

여섯째, **영어에 몰입한다.** 영어 어휘를 학습할 때 **영한사전 보다는 영영사전을 사용**한다. 그리고 친구들이나 가족 식구들과 함께 일상 삶에서 영어를 사용하여 영어가 삶의 한 부분이 되게 된다. TV로 영어 드라마나 영화를 보거나 팝송을 듣는 등 영어에 잠기는데 시간을 좀 더 많이 투자하면 할수록 영어 어휘를 크게 늘릴 수 있다.

3. 프런티어 어휘 확장법(Frontier Method)

하버드 대학의 Johnson O'Connor 교수가 개발한 어휘 확장법이다. 프런티어란 미국 서부 개척 시대의 변방을 의미하는데, 개척자들이 미지의 세계를 탐험하여 변방을 확장하듯이, 프런티어 어휘 확장법도 자기가 잘 모르는 미지의 어휘 세계를 탐험하여 어휘를 확장하는 방법이라는 의미에서 붙여진 이름이다.

1) 어휘의 세 가지 종류

O'Connor 교수는 모든 사람들은 세 가지 종류의 어휘를 가지고 있다고 전제한다(Pauk & Owens, 2011). 첫째는 **백색 단어**(White Words)로서 개인적으로 잘 아는 친숙한 단어가 있다. 예를 들어, father, mother, school과 같은 단어들은 대부분의 자녀들에게 백색 단어이다. 둘째는 **흑색 단어**(Black Words)로서 어려워 알지 못하고 있는 단어가 있다. 예를 들어, schizophrenia, catechism, blatherskite와 같은 단어들은 대부분의 자녀들에게는 흑색 단어이다. 셋째는 회색 단어(Grey Words)로서 어느 정도는 친숙한데 정확히는 모르는 단어이다. 이 단어가 **프런티어 단어**이다. 사람들마다 이 세 종류에 속하는 단어는 서로 다르다. 어떤 단어가 어떤 사람에게는

흑색 단어이나 또 다른 어떤 사람에게는 백색 단어 또는 회색 단어일 수 있다. 다음은 위 세 종류의 단어를 그림으로 나타낸 것이다.

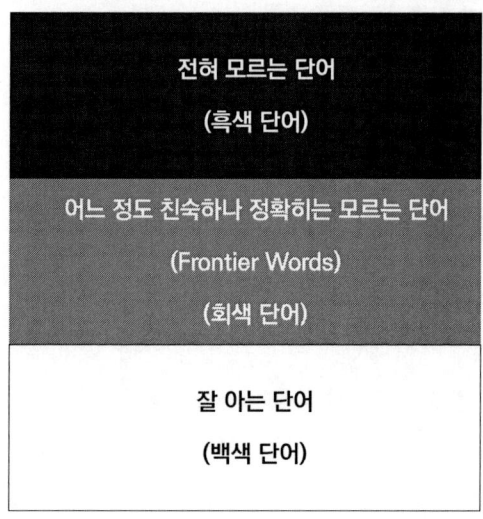

2) 프런티어 어휘 확장법의 단계

1단계: 프런티어 단어를 선택하여 공략한다.

흑색 단어는 생소하기 때문에 공략하기에 시간과 노력이 많이 들고, 백색 단어는 잘 아는 단어이기 때문에 공략하지 않아도 망각이 쉽게 일어나지 않는다. 이에 비해 회색 단어(프런티어 단어)는 그 의미는 정확히 모르나 어느 정도 친숙하기 때문에 보다 적은 시간과 노력을 통해 보다 쉽게 공략할 수 있기 때문이다.

그렇다면 좀 더 구체적으로 회색 단어를 공략하는 것이 어떻게 어휘를 늘릴 수 있는 방법이 되는가? O'Connor 교수는 사람마다 회색 단어에 속하는 구체적인 단어들은 서로 다를 수 있지만, 그 양은 대개 일정하다고 본다. 그리고 사람들 각자가 습득할 수 있는 어휘의 총량도 대개 정해져 있다고 본다. 따라서 회색 단어를 공략한 후 그 단어를 백색 단어로 만들면, 백색 단어의 양이 많아지고, 그 많아진 백색 단어의 양으로 인해 흑색 단어의 양은 줄어든다는 것이다. 그리고 흑색 단어가 줄어든다는 것은 곧 어휘가 확장되었다는 것을 의미한다.

2단계: 프런티어 단어를 학습 카드에 기록한다.

글이나 일상생활을 통해 보거나 들은 회색 단어를 학습 카드에 기록한다. 이 카드를 프런티어 단어 카드라고 한다. 학습 카드는 항상 가지고 다니면서 언제 어디서나 쉽게 학습할 수 있는 좋은 수단이다. 학습 카드는 자녀들에게도 어휘뿐만 아니라 교과의 내용을 학습하는 좋은 방법이다. 학습 카드는 가로 12-13cm, 세로 7-8cm 정도의 카드로 주머니 속에 간단히 넣어 가지고 다닐 수 있는 것이 적절하다.

다음 그림은 영어 단어 "infer"를 프런티어 단어로 선택한 후 영영 사전을 찾아 학습 카드의 앞면과 뒷면에 기록한 예이다.

〈카드 앞면〉

From his silence and manner, I inferred that he agreed with my statement.

in-fer [ɪn fɜ':(r)]
in-ferred
inferring

① 카드 앞면에는 프런티어 단어인 "infer"가 포함된 문장 전체를 기록한다.

단어는 별개로 익히는 것이 아니라 문장의 문맥 속에서 익혀야 보다 쉽고 완전하게 의미 파악이 되기 때문이다. 문장 내에서 단어의 배경은 그 단어를 인식하는 속도와 정확성에 미친다. 이것을 **어휘의 맥락 효과**(Context Effect)라고 한다(Tulving & Gold, 1963).

② 사전을 이용하여 "infer"의 발음 기호 및 악센트, 과거 분사, 현재 분사를 기록한다.

기록 시 접두사와 어근, 또는 접미사가 상호 구분될 수 있도록 약간 간격을 두어 기록한다. 접두사와 어근을 잘 소개하는 사전으로 Webster 영영 사전이 있다. 그리고 발음 기호를 보고 단어를 발음해 본다. 과거 분사와 현재 분사가 불규칙적으로 변화하는 경우를 기록한다. 규칙적인 변화의 경우 과거분사는 -ed, 현재분사는 -ing가 붙지만 infer의 경우는 불규칙 변화라서 유의하여 기억하기 위해 기록한다(규칙적인 변화의 경우는 기록할 필요가 없다).

〈카드 뒷면〉

[in=in] [ferre= bring about]

* 1. derive by reasoning; conclude from facts or premises
  2. surmise; guess

  syn: deduce, conclude

① 카드 뒷면에는 맨 위에 단어의 어근, 접두사 또는 접미사와 그 뜻을 기록한다.

어근과 접두사 또는 접미사를 살펴보고 기록하는 것은 단어의 언어적 구조를 파악하고 그 뜻을 이해하는데 도움이 되기 때문이다. "infer"의 경우, in + fer로 구성되는데, "in"은 접두사로서, "안으로"라는 뜻이고, "fer"는 "ferre"라는 어근에서 나온 것인데 "가져 오다"라는 뜻이다. 접미사는 얼마 되지 않지만 이 또한 사전을 통해 알아 놓으면 관련 단어들을 함께 학습하는데 도움이 된다. 예를 들어, (a) "-itis"는 "감염 또는 질병"을 의미하여 laryngitis(후두염), tonsillitis(편도선염)가 감염증을 일컫는 단어라는 것을 알 수 있고, (b) "-ectomy"는 "수술에 의한 제거"를 의미하여, laryngectomy(후두염 제거 수술), tonsillectomy(편도선염 제거 수술)는 수술을 의미하는 것을 알 수 있고, (c) "-cide"는 "killer"를 의미하여, insecticide(살충제), germicide(살균제)는 모두 없애는 것을 의미하는 것을 알 수 있다.

② 단어의 뜻을 영어로 기록한다.

영어 단어는 여러 가지 뜻을 가지고 있는 경우가 많아 다 기록한다. 그리고 이 여러 가지 뜻 중에서 앞면에 기록한 프런티어 단어가 어떤 뜻으로 사용되었는지 살펴본 후 그것에 별표(*)를 한다. 예에서 앞면에 기록된 infer의 뜻은 첫 번째에 해당되어 1번에 *표를 하였다.

③ 동의어 또는 반의어를 기록한다.

영어 단어는 복잡성의 수준이 다른 다양한 단어들과의 관계를 함께 생각하며 공부할 때 효과적이기 때문이다.

3단계: 프런티어 단어 카드를 가지고 다니면서 수시로 학습한다.

'프런티어 단어 카드 보관함'을 만들어 프런티어 단어 카드를 만들 때마다 보관한다. 프런티어 단어 카드가 보관함에 10장 정도 모이면 주머니에 넣어 가지고 다니면서 학습한다. 학습하는 단계는 다음과 같다.

① 프런티어 단어 카드의 앞면을 보고 문장을 읽는다.

② 프런티어 단어를 발음하고 앞면에 기록된 발음 기호를 보며 정확했는지 확인한다.

③ 과거 분사와 현재 분사의 불규칙 변화가 기록되어 있으면 유의하여 확인한다.

④ 문장에서 프런티어 단어가 어떤 뜻으로 쓰였는지 먼저 암송한 후, 뒷면을 보고 정확했는지 확인한다.

⑤ 프런티어 단어가 여러 가지 뜻을 가지고 있는 경우, 나머지 뜻도 한 번 읽어 본다.

⑥ 동의어, 반의어가 기록되어 있으면 함께 읽어 본다.

4단계: 정확하게 암송한 프런티어 단어 카드는 백색단어 함에 넣는다.

'백색 단어 카드 보관함'을 만들어, 위 3단계에서 프런티어 단어 카드를 정확하게 암송한 것으로 확신이 들면 그 카드를 백색단어 카드 보관함에 넣어 보관한다. 그러나 틀렸으면 카드의 앞면 오른쪽 상단에 *표를 하고 다음에 다시 공략한다. 두 번째 시도에서도 실패했으면 **를 치고, 그 다음에도 실패했으면 ***을 표시한 후, 프런티어 단어 카드 보관함에 다시 넣어두고 다음 학습 시 특별히 관심을 기울인다.

이런 식으로 프런티어 단어 카드가 백색 단어 카드 보관함에 쌓이면 그것은 자신의 영어 어휘력이 그 만큼 확장되고 있음을 의미하는 것이 된다. 그러나 사람은 망각의 동물이기 때문에 백색 단어 카드 보관함으로 넘긴 프런티어 단어 카드들도 가끔씩 재암송하는 과정을 거친다.

4. 어근을 통한 어휘 학습

어근이란 단어의 중심부로서 기본적인 의미를 담고 있는 부분이다. 접두사는 단어의 초입부로서 어근을 수식하는 부분이고, 접미사는 단어의 종반부로서 단어의 의미를 변화시키거나 다듬는 부분이다. 영어 단어의 60%가 라틴어나 그리스어로부터 기원하는 접두사 또는 어근으로 구성되어 있기 때문에, 많이 사용되는 어근, 접두사, 접미사를 알면 영어 어휘를 늘리는 데 효과적이다. 특히 어근과 접두사를 알면 구성되는 단어들이 어떤 의미를 갖게 되는지 알 수 있어, 많은 단어들을 함께 집합적으로 쉽게 학습할 수 있다. 예를 들어, "duct"라는 말의 어근인 "ducere"의 뜻이 lead(이끌다)라는 것과, 여러 접두사들의 뜻을 알면 다음 그림과 같이 여러 단어들을 함께 묶어 집합적으로 학습할 수 있어 효과적이다(Pauk & Owens, 2011, p.146).

"duct"라는 어근을 사용하는 단어들

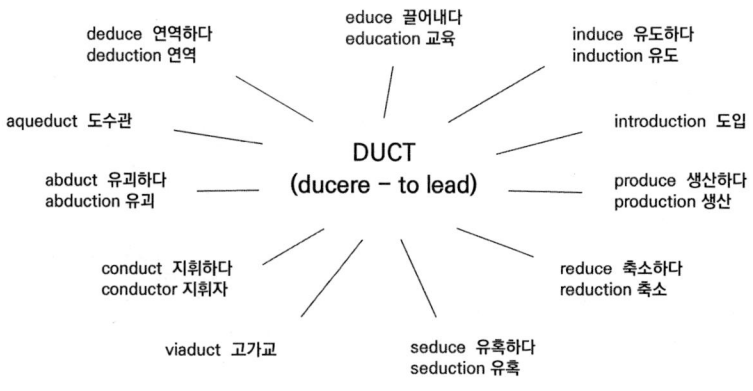

1) 많이 사용되는 어근과 접두사

어근 중에는 많이 사용되는 것들이 있다. 여기에 접두사가 붙으면 여러 가지 다양한 상황들을 표현하는 단어들이 탄생하게 된다. 다음 표와 같이 많이 쓰이는 어근과 접두사를 암송하고 있으면 처음 보는 단어라고 하더라도 그 단어의 뜻을 추측하는데 도움이 되고, 어휘를 효과적으로 늘리는데 사용될 수 있다.

많이 사용되는 어근은 다음과 같다(Pauk & Owens, 2011, p.144).

어근	뜻	예	뜻
agri	field	agriculture	농업
anthro	man	anthropology	인류학
astro	star	astronaut	우주비행사
bio	life	biology	생물학
cardio	heart	cardiac	심장의
chromo	color	chromatology	색채학
demos	people	democracy	민주주의
dyna	power	dynamic	역동적인
derma	skin	epidermis	표피
geo	earth	geology	지질학
hydro	water	hydroponics	수경재배
magni	great, big	magnify	확대하다
man(u)	hand	manuscript	원고
mono	one	monorail	단궤철도
ortho	straight	orthodox	정통적인
terra	earth	terrace	테라스
thermo	heat	thermometer	온도계
zoo	animal	zoology	동물학

그리고 많이 사용되는 접두사는 다음과 같다(Pauk & Owens, 2011, p.145).

접두사	뜻	예	뜻
ante	before	antebellum	전쟁 전
anti	against	antifreeze	부동액
auto	self	automatic	자동적인
bene	good	beneficial	유익한
circum	around	circumscribe	둘레에 선을 긋다
contra	against	contradict	부정하다
hyper	over	hypertension	고혈압
hypo	under	hypotension	저혈압
inter	between	intervene	사이에 끼어들다
intra	within	intramural	학교 내의, 시내(市內)의
intro	in, into	introspect	내성(內省)하다
macro	large	macroscopic	거시적인
mal	bad	maladjusted	부적응적인
micro	small	microscopic	미시적인
multi	many	multimillionaire	천만장자, 대부호
neo	new	neolithic	신석기 시대의
non	not	nonconformist	비순응자
pan	all	pantheon	판테온(신들을 모신 신전)
poly	many	polygonal	다각형의
post	after	postgraduate	대학 졸업 후의(대학원의)
pre	before	precede	…에 앞서가다
pseudo	false	pseudonym	가명, 익명, 필명

retro	back	retrospect	회상, 회고
semi	half	semicircle	반원
sub	under	submerge	물속에 가라 앉히다
super	above	superfine	극상의
tele	far	telescope	망원경
trans	across	transalpine	알프스를 넘어

2) 14개의 마스터 단어

미네소타 대학의 James I. Brown 교수는 20개의 접두사와 14개의 어근이 비교적 많이 쓰이는 영어 단어 14,000개의 부분으로 사용되고 있으며, 사전에 나와 있는 약 100,000개 단어의 부분으로 사용되고 있는 것을 발견하고는, 20개의 접두사와 14개의 어근이 들어 있는 14개의 단어들을 열거하고 "14개의 마스터 단어"(14 Master Words)라고 이름을 붙였다(Pauk & Owens, 2011, p.148에서 재인용). 이 14개 단어를 암기하여 접두사와 어근을 알고 있으면 많은 단어들을 '낚는' 낚시 바늘의 역할을 하여, 영어 어휘력 향상에 크게 도움이 된다.

단어	접두사	뜻	어근	뜻
① precept(교훈)	pre-	before	capere	take, seize
② detain(구금하다)	de-	away, from	tenere	hold, have
③ intermittent(간헐적인)	inter-	between	mittere	send
④ offer(제공하다)	ob-	against	ferre	bear, carry
⑤ insist(주장하다)	in-	into	stare	stand

⑥ monograph(전공논문)	mono-	alone, one	graphein	write
⑦ epilogue(후기)	epi-	after	logos	say, word
⑧ aspect(양상, 모습)	ad-	to, toward	specere	see
⑨ uncomplicated (단순한)	un-	not	plicare	fold
	com-	together		
⑩ non-extended (확장되지 않은)	non-	not	tendere	stretch
	ex-	out of		
⑪ reproduction (재생)	re-	back, again	ducere	lead
	pro-	forword		
⑫ indisposed (기분이 언짢은)	in-	not	ponere	put, place
	dis-	apart from		
⑬ oversufficient (과잉된)	over-	above	facere	make, do
	sub-	under		
⑭ mistranscribe (잘못 베끼다)	mis-	wrong	scribere	write
	trans-	across		

제7절
기억술

　기억은 모든 학습의 근간이 되며, 기억력의 증진은 학업성취의 증진으로 이어진다. 기억술이란 사실적 정보와 어휘의 기억을 높이는 기술이다(Mayer, 2003). 기억에도 효과적인 방법들이 연구되어 있으며 이를 습득하는 것은 학업에 긍정적인 영향을 미친다. 그러나 학업에 미치는 기억의 중요성에도 불구하고 학교에서 기억을 증진시키는 방법에 대해서는 잘 가르치지 않는 것은 안타까운 일이다.

1. 기억의 작동에 대한 이해

　인간의 기억 과정은 정보처리 이론가들에 의해 연구되어 널리 알려졌다. 정보처리 이론은 **감각등록기**(Sensory Register), **단기기억**(Short-Term Memory, 또는 Working Memory(활동기억)이라고도 함), **장기기억**(Long-Term Memory)이라는 3가지 독립적인 체제가 상호작용을 하며 단계적으로 정보를 처리한다고 본다.

첫째, 감각등록기에서는 시각, 청각, 후각, 미각, 촉각과 같은 감각 기관을 통해 정보를 잠깐 보유한다. 이것을 **감각기**(Sensation)라고 한다. 감각등록기에 보유된 정보는 기본적으로 감각된 성질의 것과 같아, 시각적 정보는 시각적 형태로, 청각적 정보는 청각적 형태로 보유된다(Cowan, 1995). 감각등록기의 정보 보유 용량은 매우 크지만 그 보유 시간은 매우 짧다. 시각적 정보는 약 0.5초, 청각적 정보는 3초 동안 보유된다. 청각적 정보가 시각적 정보보다 더 오래 보유되는 것은 인간의 언어적 정보 처리 능력이 우수함을 시사한다(Schwab & Nusbaum, 1986). 감각등록기에 들어온 정보가 잠시 머무르는 동안 인간은 장기기억에서 보유하고 있던 이전 지식에 비추어 그 정보의 패턴 또는 상태를 인식하게 된다. 이것을 **지각**(Perception)이라고 한다. 지각되지 않은 정보는 금방 사라진다.

감각등록기에서 정보를 수용하는 크기는 나이에 따라 증가한다. 어린 자녀들의 감각등록기 정보 수용 크기는 성인들의 경우보다 작기 때문에, 한 번에 지도할 정보의 양이 많아서는 안 된다. 그리고 시각적 정보와 청각적 정보를 함께 제공해 주면, 각각의 정보를 별도로 제공해 줄 때보다 지각될 확률이 높아진다. 인지 신경과학(Cognitive Neuroscience)에서는 후두엽(Occipital Lobes)이 감각 등록기에서 일어나는 지각 과정에 관여하고 있다고 보고 있다(Bruning et al., 2011)

둘째, 감각등록기에서 지각된 정보에 **주의**(Attention)를 기울이게 되면 그 정보는 단기기억으로 넘어가 약 30초 동안 보유되어 처리된다. 그러나 주의를 기울이지 않은 정보는 금방 사라지고, 처리된 정보만 장기기억으로 넘겨져 저장된다. 주의란 당면한 과제에 인지적 자원을 할당하는 일을 말하는데, 인간의 주의 능력은 한계가 있어 대부분의 사람들은 동시에 두 가지 이상의 일에 주의를 기울일 수 없다. 즉, 주의는 **선택적인 성격**을 띠고 있어, 어떤 정보에는 주의를 기울이고 어떤 정보는 무시해야 한다. 아래 그림은 덴마크의 심리학자 Edgar Rubin이 만든 "루빈의 꽃병"(Rubin's Vase) 그림이다(Ormrod, 2016, p.187).

컵과 두 사람의 옆모습이 그려져 있는데, 이 그림을 볼 때 흰색에 주목하면 컵이 보이고 검은색에 주목하면 마주 보고 있는 두 사람의 얼굴이 보인다. 그러나 컵과 두 옆얼굴을 동시에 볼 수는 없다. 어디에 주목하는 가에 따라 컵과 두 옆얼굴이 번갈아가며 전경과 배경으로 지각되는데, 이를 **전경과 배경의 역전 현상**이라 한다. 이 현상은 주의가 선택적이라는 것을 시사한다.

주의의 이런 선택적 성격으로 인해 우리가 동시에 두 가지 일을 하려면 한 가지 일은 의식적으로 주의를 기울이지 않아도 될 만큼 **자동화**(Automaticity)되어야 한다. 예를 들어, 운전 초보자는 옆 좌석에 앉은 사람과 대화를 나누며 운전하는 일을 동시에 수행하기 어렵다. 그러나 경력 있는 노련한 운전자는 운전하는 일이 자동화되어 있기 때문에 옆 사람과 대화하는데 주의를 기울이며 운전을 하는 두 가지 일을 동시에 수행할 수 있다. 따라서 사람이 어느 하나의 일에 자동화되지 않은 경우, 동시에 두 가지 이상의 일을 처리하는 **다중처리 작업**(Multitasking)은 그 정보처리의 질적 수준을 떨어뜨릴 수 밖에 없다. 예를 들어, TV를 보며 글을 읽으면 독해의 질적 수준이 떨어진다. 따라서 자녀들은 공부할 때는 공부에만 주의를 기울여야 한다.

한편 단기기억에서 정보를 한 번에 처리할 수 있는 용량은 7 ± 2의 항목으로 제한되어 있다(Miller, 1956). 어린 아동들의 경우 적게는 5개에서, 성인들의 경우 9개까지의 항목을 한 번에 처리할 수 있는 정도로 제한되어 있다. 전화번호가 대개 7개로 되어 있는 것도 단기기억의 이런 제한된 정보처리 용량을 경험적으로 반영한 것으로 볼 수 있다. 그러나 단기기억의 이런 정보 처리 용량 제한을 극복하는 방법이 있는데 그것을 **청킹**(Chunking)이라고 한다. **청킹이란 기억해야 할 항목들을 의미 있는 정보 덩어리인 한 단위로 묶어 처리하는 것**이다. 청킹은 여러 개의 정보를 한 단위 항목으로 처리함에 따라 단기기억에서 처리할 수 있는 전체 용량을 크게 늘릴 수 있다. 예를 들어, bkj라는 글자는 3개의 항목이지만, cow라는 단어는 그 단어를 잘 아는 독자에게는 한 청크로서 한 항목이고, $(a+b)^2$라는 정보는 수학 초보자인 학생들에게는 6개 항목이지만 수학자에게는 한 청크로 한 항목일 뿐이다.

단기기억에서의 정보처리 과정을 **부호화**(Encoding)라고 한다. 부호화는 장기기억에 정보를 저장하고 회생하는데 영향을 미친다. 최근에는 단기기억은 정보를 잠깐 저장하는 공간이라는 개념을 넘어, 정보를 능동적으로 처리하여 의미를 형성함에 따라 학습과 기억에 중추적인 역할을 한다는 측면을 강조하기 위해 단기기억이라는 말 대신 **활동기억**(Working Memory)라는 말을 사용하기도 한다(Baddeley, 1986). 부호화는 얕은 수준에서 이루어질 수도 있고 깊은 수준에서 이루어질 수도 있다. 얕은 수준의 처리(Shallow Processing)는 학습 내용의 외양을 다루는 것이고, 깊은 수준의 처리(Deep Processing)는 학습 내용의 의미를 다루는 것이다. 예를 들어, 문단을 읽고 그 문단의 주요 단어들을 그대로 기록하는 것보다, 요점을 자신의 말로 요약하거나 글로 적는 것이 정보를 보다 깊은 수준으로 처리하는 것이다. 깊은 수준의 정보 처리는 학습 내용들 간의 의미적 관계를 파악하고, 학습 내용과 학습자의 사전 지식과의 연계를 도모하여, 학습 내용의 의미를 정교화하고 확장하는 것이다. 부호화의 과정이 깊을수록 그 정보를 기억할 확률이 높아진다(Craik & Lockhart, 1972). 이런 측면에서 볼 때 **기억술은 단기기억에서 기억해야 할 학습 내용을 깊은 수준으로 처리하는 부호화의 방법들을 익히는 것**이라고 할 수 있다. 다양한 부호화의 방법을 익혀 정보를 깊은 수준으로 처리하면 장기기억으로 넘어가 저장된 정보를 나중에 회생하는 일이 보다 쉽게 이루어진다. 그러나 얕은 수준으로 부호화하면 정보 회생이 어렵다. 이것을 **정보처리의 수준 효과**(Level Effect)라고 한다.

단기기억의 기능은 성장하면서 서서히 발달한다. 생물학적 성숙에 의해 자연적으로 성장하고, 또 단기기억을 사용함으로써 그 기능이 향상된다. 인지 신경과학에서는 단기기억의 과정을 뇌의 전두엽(Frontal Lobes, 이마엽이라고도 불림), 측두엽(Temporal Lobes), 마두엽(Parietal Lobes, 두정엽이라고도 불림)이 통제하고 있다고 보고 있다(Bruning et al., 2011).

셋째, 장기기억에 저장된 정보는 필요시 단기기억으로 회생되어 사용된다. 장기기억은 무한정의 용량을 가지고 있으며 상대적으로 장시간 동안 정보를 보유하는 기억 체제이다. **회생**(Retrieval)은 장기기억에 저장되어 있는 정보에 접근하여 단기기억으로 가져오는 것인데, 어떤 자극 정보(Retrieval Cues, 회생단서)가 그 자극 정보와 연계되어 있는 장기기억의 정보들을 자극하여 활성화시키는 일을 필요로 한다. 이것을 **활성화 확산**(Spreading Activation) 또는 **프라이밍**(Priming)이라고 한다(Anderson, 2005). 정보 회생은 컴퓨터의 경우에는 매우 빠르고 쉽지만, 인간의 경우에는 그렇지 못하다. 회생을 보다 수월하게 하려면 단기기억에서의 깊은 부호화 과정을 통해 정보들이 서로 다양하게 그리고 강하게 연결되도록 조직해서 장기기억에 저장해야 한다. 그래서 어떤 자극 정보가 회생단서(내적 단서이던 외적 단서이던)로 작용하여 프라이밍을 통해 장기기억에서 관련 정보를 빠르게 활성화시키도록 해야 한다(Tulving, 1974). 신경과학 연구에서 장기기억은 해마(Hippocampus, 뇌 안에 깊숙이 자리 잡고 있는 한 쌍의 구조)에서 담당하고 있다고 보고 있다(Bruning et al., 2011).

이렇게 감각등록기, 단기기억, 장기기억을 서로 다른 뇌 부위에서 담당하고 있는 것은 이들이 별도의 기억 체제임을 시사하는 것이다.

2. 기억을 증진시키는 기술

새로이 학습한 정보가 자연적으로 기억의 한 부분이 되는 것은 아니다. 기억은 매우 의식적이고 의도적인 과정이다. 뇌는 기억뿐만 아니라 망각도 통제한다. 예를 들어, 레스토랑의 웨이터들은 고객이 주문한 내용에 대해 잘 기억하는데 그것은 주문서를 작성하여 주방으로 넘길 때까지이다. 그리고는 다음 손님의 주문을 받기 위해 이전 손님이 주문한 내용은 의도적으로 기억에서 지운다. 천재 발명가였던 Albert Einstein도 자신의 집 전화번호를 기억하지 못했다고 한다. 그것은 주소록에 적혀 있는 단순한 번호를 외우느라 마음속의 사고의 흐름을 방해하지 않기 위해서였다. 이처럼 기억하기와 마찬가지로 망각하는 것도 의도적인 행위이다. 다음은 학자들이 제시하는 뇌의 효과적인 기억 전략들이다.

1) 기억하려는 노력하기

감각등록기에서 정보가 단기기억으로 넘겨져 처리된 후 장기기억에 보관되려면 그 정보에 주의를 기울이고 기억하려는 노력을 해야 한다. 사람들은 어떤 사람을 처음 만나 이름을 묻고 인사를 주고받았으나, 곧 그 사람의 이름을 잊곤 한다. 이것은 주의를 기울여 기억하려는 노력을 하지 않았기 때문에 나타나는 현상이다. 따라서 기억력을 높이려면 기억하고자 하는 것에 주의를 기울여 적어도 한 번은 마음에 분명하고 또렷하게 새겨야 한다.

Pauk과 Owens(2011)는 뇌의 기억 의도와 동기를 강하게 하는 방법으로 다음 세 가지를 제시한다.

① 주의를 집중한다.

주의가 산만하면 어떤 것이라도 기억하기 어렵다. 책을 읽거나 수업을 들을 때 주의 산만함을 최소화해야 기억하기가 수월해 진다.

② 처음부터 정확하게 학습한다.

부정확하거나 잘못 이해한 정보도 정확하고 바르게 이해한 정보만큼 끈질기게 두뇌에 머문다. 그리고 부정확하거나 잘못 이해한 정보를 바른 것으로 대체하는 일은 처음부터 바르게 이해하는 것보다 훨씬 더 어렵고 힘이 든다.

③ 이해했는지를 확인한다.

글을 읽거나 수업에서 들은 내용을 처음부터 분명하게 이해하지 않으면 나중에 그 내용을 바르고 정확하게 기억해 낼 수 없다. 따라서 바르게 이해했다고 확신할 때까지 읽었던 글을 다시 읽거나, 수업 중 이해가 잘 안됐다고 생각되는 부분을 교사에게 다시 설명해 달라고 요청하는데 주저하지 말아야 한다.

Cottrell(2019)은 뇌가 기억을 돕도록 하는 전략으로 뇌에게 말을 할 것을 추천한다. 뇌에게 말을 한다는 것이 이상하게 들릴지 모르지만, 뇌에게 자신이 원하는 것을 말하면 뇌는 자신이 행하는 것에 주의를 기울이게 된다. 따라서 기억하고자 하는 것을 뇌에게 말을 하면 뇌는 그것이 어디에 저장되어 있는지 찾는다는 것이다. 아울러 Cottrell은 자신의 뇌가 어느 방향으로 향할 때 기억을 잘 하는지 살펴볼 것을 권한다. 다음과 같은 실험을 해

보자. 어떤 것을 기억하려고 하면서 ① 위를 보고 좌측을 보고, ② 위를 보고 우측을 보고, ③ 좌측을 보고, 우측을 보고, 아래를 본다. 뇌가 어느 방향일 때 기억이 잘 되는가? 그 방향이 확인되면 앞으로 무엇을 기억하고자 할 때 그 방향으로 머리를 움직여 뇌로 하여금 내가 기억하고자 하는 정보를 찾도록 해 보라는 것이다. 아울러 시각, 청각, 후각 등 모든 감각 기관을 사용하여 학습하고 기억하려는 노력을 하는 것이 기억에 보다 효과적이다. Flanagan(1997)의 연구에 따르면, 뇌는 읽은 것은 20%, 들은 것은 30%, 본 것은 40%, 말한 것은 50%, 행한 것은 60%, 위 모든 것을 합한 것은 90% 기억한다.

2) 평안한 마음으로 기억할 내용에 집중하기

이는 뇌의 작동 원리에 부합하는 일이다. 인간의 뇌는 **변연계**(Limbic system), **신피질**(Neocortex, 대뇌피질), **뇌간**(Brain Stem)의 삼각 체제를 지니고 작동한다(Cottrell, 2019). 변연계는 정서, 기쁨, 로맨스, 기분, 면역과 같은 기능들을 통제하고, 신피질은 사고를 담당하고, 언어, 생각, 수를 다루는 등 학습의 지적 과정을 통제한다. 뇌간은 본능과 생존 반응을 통제한다. 뇌간은 과도한 스트레스나 근심 상황에 놓이게 되면 생존에 위험을 느끼고, 아드레날린을 분비하여 몸을 긴장시켜 그 위험 상황에서 벗어나도록 한다. 따라서 사람은 과도하게 긴장된 상태에 놓이면 그 상황에서 벗어나려는 뇌간의 생존 본능만 작동하게 되어 학습에 신경을 쓸 수가 없게 된다. 기억 작동을 활발하게 하여 학습이 잘 이루어지도록 하려면 변연계가 학생으로 하여금 편안한 마음으로 이완된 각성 상태에 있도록 통제해야 한다. 그랬을 때 변연계는 뇌간을 안정시키고 신피질의 인지적 기능이 최적화된 상태에서 작동하도록 할 수 있다. 이런 이유로 교사들이 위협적이고 공포를 야기하는 상태에서 수업을 하면 뇌간만 작동시켜 학생들의 학습을 방해하게 된다. 이와는 반대로 교사가 편안한 상태에서 수업을 하면서 학생들로 하여금 학습은 즐겁고 유익한 것이라는 긍정적인 정서를 갖도록 하면, 학생들의 뇌 변연계는 이완된 각성 상태를 유지하여 신피질의 인지적 기능을 촉진시킨다. 따라서 **정서는 기억에 중요한 역할**을 한다는 것을 이해하고, 자녀가 스트레스나 불안감 또는 분노를 느낄 때는 산책을 하거나, 조용한 음악을 듣거나, 따뜻한 차를 마시거나, 가족과 즐거운 대화를 하는 등의 활동을 하여 마음을 편안하게 한 다음 공부에 임하도록 해야 한다. 그리고 뇌가 잘 작동하려면 편안하고 안정된 마음을 갖는 것 외에, 수면, 휴식, 물, 음식, 좋은 영양을 필요로 하기 때문에 평소에 자녀의 웰빙(Well-Being)을 유지하는데도 관심을 두어야 한다.

3) 학습곡선을 이해하고 분산 학습하기

사람들이 학습하는 속도는 다르나 학습곡선은 같다. **학습곡선**(Learning Curve)에서는 학습의 진보가 처음에는 천천히 그리고 꾸준히 이루어지다가, 소강상태에 접어들면 많은 노력에도 불구하고 진전이 없는 양상이 나타난다. 이 시기를 **학습 고원**(Learning Plateau)이라고 부른다. 그러다가 몇 주 또는 몇 달의 노력이 이루어진 후에, 다시 스퍼트가 나타나고 또 다른 고원에 이르게 된다. 따라서 학습이 고원에 도달하고 진보가 없더라도 이것은 정상적인 학습의 과정이고 기억의 강화가 일어나고 있다는 신호이기 때문에 실망할 필요가 없다. 학습은 지속적으로 이루어져야 한다. 운동선수들도 슬럼프를 겪는데, 이에 굴복하지 않고 꾸준히 노력하면 그 슬럼프를 극복하고 실력이 한층 더 새로운 수준으로 향상된다.

그리고 기억을 오래 보유하기 위해서는 **분산학습**(Distributed Learning)을 하는 것이 효과적이다. 분산학습은 짧은 시간대로 간격을 두며 학습하는 것이다. 즉, 학습할 것을 여러 세션으로 나누어 하는 학습이다. 매회의 학습은 정해진 시간(예: 30분) 또는 정해진 분량(예: 교과서 5쪽 등)으로 이루어진다. 분산학습과 대비되는 것은, 여러 세션을 하나의 세션으로 통합하여 일이 끝날 때까지 집중적으로 학습하는 **집중학습**(Massed Learning)이다. 학습한 것을 기억하는 데에는 분산 학습이 더 효과적이다. 예를 들어, 영어 단어 목록을 암기할 때 하루에 다 하기 보다는 하루에 몇 단어씩 나누어 반복적으로 학습하는 것이 더 효과적이다. 기억할 내용이 많은 시험에서 시험 전날 벼락치기로 집중학습을 하는 것이 실패할 확률이 높은 이유도 분산학습의 효과를 이용하지 못했기 때문이다. 그러나 짧은 글쓰기나 문제를 해결하는 학습을 할 때는 집중학습이 더 효과적이다.

좀 더 구체적으로 **분산 학습이 기억에 효과적인 이유**는 다음과 같다 (Calfee, 1981; Dempster, 1991; Vaughn & Rawson, 2011).

① 이전에 학습한 내용을 추가적으로 정교화 하도록 해 주기 때문이다.
② 같은 내용을 상이한 맥락에서 반복해줌에 따라 강한 연계가 장기기억에 형성되도록 해 주기 때문이다.
③ 반복적인 학습은 기억의 자동화를 증진시키기 때문이다.
④ 매회 학습이 끝나고 취하는 휴식은 학습을 강화하기 때문이다.
⑤ 매회 학습이 짧게 정해진 시간과 짧은 학습 분량에 따라 이루어지기 때문에 학습 동기를 높여 질 높은 학습이 되도록 해 주기 때문이다.
⑥ 분산학습의 학습 분량은 인간의 제한된 활동 기억 용량에 적절하여 장기기억으로의 전이를 효과적으로 만들기 때문이다.
⑦ 학습 내용이 복잡한 경우, 분산학습은 세부 학습 내용들에 대한 혼란의 야기를 줄여 주기 때문이다.

학교생활에서 분산학습의 효과를 높이는 방법은 두 가지이다.

① 바로 전 수업 시간에 학습한 내용을 쉬는 시간에 복습하는 것이다.

뇌가 마지막에 배운 것을 가장 잘 기억하는 원리를 이용하는 것이다(Cottrell, 2019). 이것을 **기억의 최신 효과**(Recency Effect)라고 한다.

② 시간이 날 때 마다 이전에 **학습했던 내용을 재학습**하는 것이다.

재학습을 반복하면 재학습하는데 걸리는 시간은 이전에 학습했을 때 걸리는 시간보다 적게 든다. 예를 들어, 이전에 학습했을 때 10분이 걸렸다면 재학습할 때 마다 걸리는 시간은 8분, 7분, 5분 등으로 자꾸 줄어든다. 그만큼 줄어든 시간을 "기억 저축"(Memory Savings)이라고 하는데(MacLeod, 1988), 재학습에서 나타나는 기억 저축 현상은 뇌에 기억이 강화되고 있음을 말해 주는 증거가 된다.

4) 기억할 내용을 사전 지식과 연계하기

인간은 아이디어들을 연계하여 학습할 때 효과적으로 학습하게 된다. 연계는 주의를 집중시키고, 상상력을 강화하고, 개념들을 통합하는 능력을 증진시킨다. 기억도 연계를 통해 증진된다. 기억할 내용의 연계란 새로운 학습 내용을 기존에 지니고 있던 사전 지식(Prior Knowledge)과 관계 지음으로써 그 학습 내용을 좀 더 의미 있게 만드는 것이다(Weinstein, 1978).

장기기억에 사전 지식을 많이 저장해 놓은 사람들은 새로운 학습 내용과 연계할 아이디어들을 더 많이 갖고 있어 의미 있는 학습을 더 많이 할 수가 있고, 반대로 사전 지식이 부족한 사람들은 암송이나 기타 비효율적인 전략들을 사용하게 된다(Bandalos et al., 2003; Wood et al., 1993). 따라서 사전 지식이 '부자'인 사람은 더 지식이 많은 '부자'가 되고, 사전 지식이 '가난한' 사람은 상대적으로 더 지식이 '가난하게' 된다. 이런 점에서 **공부에도 "부익부 빈익빈의 원리"가** 존재한다. 또한 사전 지식은 어떻게(How) 새로운 정보를 저장하고 기억하느냐에 영향을 주기도 하지만, 무엇을(What) 저장하고 기억할 것인가에도 영향을 준다(Anderson et al., 1977). 따라서 사전 지식이 많은 전문가들은 같은 정보에 노출되더라도 무엇을 보고 무엇을 발견하느냐가 사전 지식이 적은 초보자들에 비해 차이가 있다.

새로운 학습 내용을 자신의 사전 지식과 연계하여 효과적으로 기억하기 위해서는 다음과 같은 **연계 전략**들이 사용될 수 있다.

① **질문하기**

새로운 것을 배울 때, "이 내용은 이미 내가 알고 있는 것과 어떤 관계를 맺고 있지?", "이 내용은 내가 이미 배운 것을 어떻게 변화시켜 주지?" 등과 같은 질문을 하면 새로운 정보를 사전 지식과 연계하는데 도움이 된다. 또한 또래들과 함께 서로 학습한 내용에 대해 "왜"라는 질문을 하거나 기타 사고를 확장시키는 질문을 하고 답하는 활동을 하면 효과적이다. 이를 **정교화 탐문**(Elaborative Interrogation)이라고 한다(Benton, 1997; Eysink & de Jong, 2012; Ferguson & Hegarty, 1995; Glenberg et al., 2004; King et al., 1998; Pressley et al., Symons, McDaniel, Snyder, & Turnure, 1988).

② **비유와 예를 사용하기**

복잡한 개념을 기존에 알고 있는 지식에 기초하여 여러 가지 비유와 예를 생성함으로써 기억하는 것이다(Hollins, 2021). 예를 들어, 자유주의라는 개념을 기억하기 위해 (a) 반대적 비유를 생성하여 기억을 깊게 한다. 예를 들어, 자유주의와 반대되는 공산주의와 비교하여 이해한다. (b) 예/유형의 비유를 생성하여 기억을 깊게 한다. 예를 들어, 아이폰(iPhone)이 스마트폰의 한 유형인 것처럼 자유주의는 정치적 이념의 한 유형이라고 이해한다. (c) 사물/특징의 비유를 생성하여 기억을 깊게 한다. 예를 들어, 의사소통에서 화자(Speakers)의 특징 중의 하나인 목소리와 유사한 것은 자유주의에서 인권이라고 이해한다. 그리고 예를 만들면 개념을 좀 더 현실적으로 만들어 잘 이해하고 오래 기억하는데 도움을 준다. 어떤 개념에 대한 예들을 되도록 구체적이고 개인에게 적절하도록 만들면 그 개념 기억이 보다 효과적이게 된다.

③ **요약하기**

요약하기는 글을 읽고 그 내용을 줄여서 자신의 말이나 글로 재진술하는 것이다. 따라서 요약하기는 글의 내용을 이전에 자신이 가지고 있던 사전 지식과 연계하여 보다 깊은 수준으로 이해하도록 돕고, 오래 기억하도록 해 준다.

④ **언어화(Verbalization)**

기억할 내용을 다른 사람이나 자신에게 말로 설명하거나 글로 쓰는 것이다. 예를 들어 텍스트를 읽고 그 내용을 다른 사람이나 자신에게 말로 설명하거나 글을 써 보는 것은 기억을 효과적으로 회생하고 유지하도록 해 준다.

⑤ **실연(Enactment)**

기억할 내용을 신체적 행동으로 나타내는 것이다. 예를 들어, 어린이들이 이야기 글을 읽은 후 장난감 인형을 가지고 그 내용을 연기하면 그 이야기를 좀 더 쉽게 기억해 내고, 기하학적 도형을 그림으로 그리면 그 도형을 보다 쉽게 기억해 낸다. 아울러 물리교과에서 도르래 체제(Pulley System)에 대해 학습할 때 단순히 다양한 도르래 체제에 대한 그림을 보기보다는 실제로 도르래들을 가지고 실험이나 놀이를 하면 보다 잘 기억할 수 있다.

5) 기억할 내용 조직하기

기억할 내용에서 중요한 정보들을 선정하여 의미 있는 방식으로 조직하면 기억이 수월해진다. 이를 **네트워킹**(Networking)이라고 하는데, 글의 내용 중에서 주요 개념이나 아이디어들을 찾아내고 그들 간의 관계를 네트워크의 형태로 표상하는 것이다. 관계는 위계(전체-부분, 상위-하위), 체인(추론 계선, 시간 순서, 인과 관계), 군집(특징, 정의, 비유) 중 어느 하나가 될 수 있다(Dansereau, 1985).

다음은 정보를 의미 있게 조직하는 방법이다.

① **기억할 내용을 응집하여 요약한다.**

이를 위해서는 취할 것과 버릴 것을 선택해야 한다. 이 활동은 기억할 내용에 대한 전반적인 이해가 부족하면 성공하기 힘들기 때문에, 학습 내용에 대한 이해를 강화시키는 일이 되기도 한다. 응집과 요약은 기억을 돕는 훌륭한 수단이다(Mayer, 1980; Peper & Mayer, 1978). **마인드맵**(Mind Map)을 이용하여 요약하기를 하면 시각적 자료가 더해져 더 효과적이다. 마인드맵은 1970년대 초기에 Tony Buzan이 개발한 방법으로, 그는 마인드맵을 "뇌를 위한 스위스 군용 칼"이라고 불렀다(Horsley, 2016). 그 이유는 스위스 군용 칼이 매우 좋고 용도의 쓰임새가 많은 것처럼, 마인드맵도 기억력 증진, 이해 학습, 프레젠테이션, 의사소통, 조직, 계획, 협상 등 많은 유형의 사고 활동에 효과적이기 때문이었다.

마인드맵은 **어의망**(Semantic Map) 또는 **개념 차트**(Concept Map)라고도 불리는데 다음과 같은 순서로 만든다(Vorderman, 2016). (a) 종이를 마련하고 가운데에 핵심 단어를 적는다. 대개 특정 주제, 토픽, 개념의 이름을 기록하는 것으로 시작한다. (b) 핵심 단어에 동그라미를 치고, 선을 사용하여 그 핵심 단어로부터 유도되는 내용을 가지치기로 연결해 나간다. (c) 그 가지에서 다시 연결되는 내용들을(세부사항이나 예들) 잔가지로 쳐 나간다.

② **기억할 내용에 대해 의미 있는 패턴을 도출해 낸다.**

그 방법이 **위계적 유목화**(Categorization)이다. 즉 기억할 내용을 몇 개로 묶은 후 제목을 붙이고 논리적 위계에 따라 조직하는 것이다. 위계적 유목화는 망각의 힘을 저하시킨다. 그 이유는 마치 포도나무의 줄기가 걸려 있는 개별 포도 알들을 함께 붙들고 있듯이, 군집과 유목(Category)들은 개별 사실과 아이디어들을 함께 붙들기 때문이다. 예를 들어, 지질학 수업에서 기억할 항목들이 다음과 같이 있을 경우, 아래와 같이 의미 있는 패턴을 생성하여 조직하면 기억 보유에 도움이 된다(Pauk & Owens, 2011, pp.214-5).

점판암, 다이아몬드, 사파이어, 청동, 납, 알루미늄, 철, 대리석, 은, 에메랄드, 강철, 놋쇠, 금, 석회석, 루비, 화강암, 백금, 구리

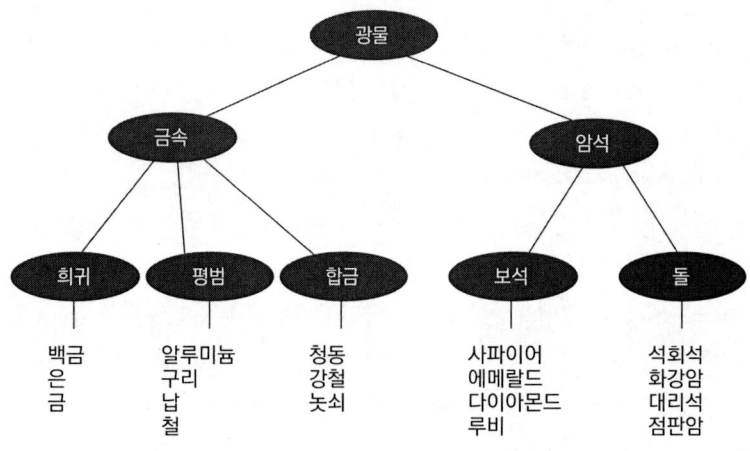

6) 이미지(심상)를 만들어 기억하기

인간의 뇌는 좌뇌와 우뇌로 나뉘어 작동하는데, **좌뇌와 우뇌의 기능을 통합**하면 기억을 크게 증진시킬 수 있다(Cottrell, 2009). 예를 들어, 어떤 노래

를 기억하기 위해 좌뇌를 통해 가사를, 우뇌를 통해 그 가사의 곡조를 기억하거나, 어떤 사람을 기억할 때 좌뇌를 통해 그 사람의 이름을, 우뇌를 통해 그 사람의 얼굴을 기억하면 기억의 보유와 회생이 보다 효과적이게 된다.

이미지(심상)를 만들어 기억하기는 좌뇌와 우뇌를 통합하여 기억하는 **다중부호화**(Multiple Encoding)의 한 방법이다. 예를 들어, 국어 교과의 글을 읽을 때 그 내용을 그림으로 만들며 읽거나, 역사 교과에서 설명하고 있는 일련의 복잡한 정치적 사건들과 날짜들을 그림이나 만화, 또는 다이어그램으로 그려 연대기적 순서로 정렬하는 것이다.

미네소타 대학의 MIS 연구센터는 인간은 단어보다 시각적 정보를 6천 배 빠르게 처리하고, 데이터의 90%는 시각적인 정보라고 보고했다(Hollins, 2021). 글로 된 정보를 잘 기억하기 위해서 의도적으로 언어적 정보를 시각적 정보로 변환시키면 지각, 처리, 저장, 기억을 좀 더 쉽게 만든다. 사람들은 어떤 것을 보거나 듣고 3일이 지나면 10% 정도 밖에 기억하지 못하지만, 그 정보를 이미지로 만들면 65%로 기억을 증진시킬 수 있다(Horsley, 2016).

그림 이미지를 이용하여 기억하는 일은 여러 구체적인 상황에 적용될 수 있다.

① **영어 단어를 기억할 때 사용될 수 있다.**

예를 들어, 영어의 apple이라는 단어를 기억할 때 사과 그림과 연계하거나, love라는 단어를 심장(heart)이라는 상징 그림과 연계하여 기억한다. Washington이라는 지명을 기억하기 위해 tin can(깡통 캔)을 washing하는 (닦는) 사람의 이미지를 떠올리거나, hydrogen(수소)이라는 단어를 기억하기 위해 gin을 마시고 있는 소화전(fire hydrant)의 이미지를 떠올리거나, Australia의 수도인 Canberra를 기억하기 위해 호주를 상징하는 kangaroo가 can of berries(베리 캔)를 먹고 있는 이미지를 떠 올린다(Horsley, 2016).

② **어떤 사실을 기억할 때 사용될 수 있다.**

예를 들어, Abraham Lincoln이 1809년에 태어났다는 사실을 기억하려면 수염을 덥수룩이 기른 링컨이 "1809"라고 주소가 새겨진 통나무 집 현관에 서 있는 이미지를 생각해 낼 수 있다. 기억할 항목이 여러 가지인 경우, 장소법(Loci Method)을 사용하여 기억할 수도 있다. 장소법은 고대 그리스와 로마 시대에 개발되었는데, 기억할 항목을 친숙한 장소(집, 아파트, 기숙사, 쇼핑몰, 등교하는 길 등)의 여러 가구나 물건 배열들과 그림 이미지로 연계하는 것이다. 예를 들어, Manhattan 프로젝트(원자폭탄 개발 프로젝트)의 핵심 물리학자 Oppenheimer, Teller, Fermi 세 사람을 기억하기 위해, Oppenheimer가 자신의 집 소파에 앉아서 낮잠을 자고 있는 Teller에게 장난을 하다가, 옷장으로 가서 문을 열자 Fermi가 튀어 나오는 것을 보고 놀라는 모습을 연상한다(Pauk & Owens, 2011). 장소법은 교과에서 배운 중요한 내용들을 기억하는데도 사용될 수 있다. 예를 들어, 화학교과에서 배우는 10개 원소를 기억하기 위해 잘 알고 있는 옷장, 창문, 식물, 방, 자동차, 또는 건물의 여러 부분에 화학 원소들을 연계하여 그림 이미지를 만들 수 있다.

③ **글 단락을 기억할 때도 사용될 수 있다.**

Horsley(2016, pp. 96-97)는 "성공"이라는 책에 나온 한 단락을 기억하는 예를 제시한다. 먼저, 기억할 단락은 다음과 같았다.

To **laugh** often and much; to win the respect of **intelligent people** and the **affection of children**; to earn the **appreciation of honest critics** and endure the **betrayal of false friends**, to appreciate **beauty**, to find the best in others; to leave the world a bit better; whether by a **healthy child**, a **garden patch** or a redeemed **social condition**; to know even one life has breathed easier because you have lived. This is to have succeeded.

이 글 단락에서 기억해야 할 핵심 단어들을 표시하고(위 글에서 굵게 표시한 단어들), 나무와 연계하여 기억할 수 있다. 예를 들어, 위 글 단락에서 나오는 처음 몇 개의 핵심 단어들을 다음과 같이 그림 이미지로 만든다.

(a) 나무의 뿌리가 웃고 있고(laugh) 지성인들이(intelligent people, Einstein과 Steve Jobs를 생각) 나무 밑에 앉아 있다.

(b) 아이들이(children) 나무를 부둥켜안고(affection of children) 있고, 또 다른 아이들은 비평가들로(critics) 가득한 둥지(nest, "honest" 단어의 한 부분을 가지고 있음)를 보고 놀라고 있다.

이런 방식으로 글의 나머지 핵심 단어들도 나무의 잎, 열매, 나무가 있는 공원 등에 연계하여 그림 이미지를 만들어 기억한다. 이렇게 하면 핵심 단어들과 그림 이미지들은 "아교"의 역할을 하여 글 단락 전체를 기억하게 한다. 위 예시는 영어 글 단락이었으나 한글 텍스트의 경우에도 동일하게 적용될 수 있을 것이다. Horsley(2016)에 의하면, Creighton Carvello라는 사람은 이 방법을 사용하여 헤밍웨이의 "노인과 바다"라는 소설 전체를 암기하였는데, 몇 페이지 몇 째 줄에 있는 몇 번째 단어가 무엇인지도 기억할 수 있었고, 배우들도 이 방법을 사용하여 성공적으로 대사를 암기한다고 한다.

7) 두문자어, 시구, 리듬 패턴, 문장을 만들어 기억하기

이 방법들은 기억할 것을 기계적으로 기억하기 쉽게 만드는 것인데, 학생들에게 시험 성적을 77% 올리는 것으로 효과가 검증되었다(Miller, 1967). 그 방법들은 다음과 같다.

첫째, **두문자어**(Acronyms)를 만들어 기억하기이다. 기억할 이름들의 앞 글자들을 사용하여 단어를 만드는 방법이다. 예를 들어, 북대서양조약기구(North Atlantic Treaty Organization)를 기억하기 위해 NATO라는 단어를 만들거나, 원자(Atom)의 각 부분인 Proton, Electron, Neutron을 기억하기 위해 PEN이라는 단어를 만들거나, 지구에 가까운 행성 Mercury, Venus, Mars를 기억하고자 할 때 MVM이라는 약어를 만들어 기억하는 것이다(Sotiriou, 1989).

둘째, **시구**(Jingle)를 만들어 기억하기이다. 같은 음의 반복을 통해 짧은 시 구절(운율)을 만들어 기억하는 것이다. 예를 들면 다음과 같다.

① 월별 일수를 기억하기 위해 운율을 만든다(Pauk & Owens, 2011, p.219).

> Thirty days have September, April, June, November.
> All the rest have thirty one,
> Except February alone

② 혼돈스러운 단어 철자를 비교해서 기억하기 위해 다음과 같이 운율을 만든다.

(a) principal(교장)과 principle(원리)을 구별하여 기억하기 위해 (Pauk & Owens, 2011, p.219)

> A principal is a pal(친구)
> A principle is a rule(규칙)

(b) gray(회색)와 grey(회색)는 같은 의미이나 gray는 미국에서, grey는 영국에서 쓰인다는 것을 기억하기 위해(Hollins, 2021, p.126)

> It's spelled gr<u>A</u>y in <u>A</u>merica,
> and gr<u>E</u>y in <u>E</u>ngland

셋째, **리듬 패턴**을 만들어 기억하는 것이다(Weinstein, 1978). 서로 관계없는 항목들을 리듬을 만들어 기억하는 방법이다. 예를 들어, 어린 아동들이 영어 알파벳 순서를 기억하기 위해 "ABC 노래"를 만들거나, 조선시대 임금들의 이름 순서를 기억하기 위해 '태정태세문단세…'라고 리듬 패턴을 만드는 것이다.

넷째, 문장을 만들어 기억하는 것이다. 앞에서 살펴 본 바 기억할 항목들을 의미 있게 함께 묶으면 그것이 하나의 청크(Chunk)가 되어 좀 더 많은 정보를 처리할 수 있다. 청킹의 한 방법은 기억할 여러 개의 정보들을 하나의 의미 있는 문장으로 묶는 것이다. 그러면 그 문장 하나가 여러 개의 정보를 담고 있지만 하나의 의미 있는 정보 단위(청크)가 되어 단기기억에서 처리하는 기억의 용량을 늘릴 수 있게 만든다.

다음은 문장을 만들어 기억하는 예들이다(Pauk & Owens, 2011).

① 생물 교과의 내용 중 동물 세계의 유목과 하위 구분 즉, Kingdom(계, 界), Phylum(문, 門), Class(강, 綱), Order(목, 目), Family(과, 科), Genus(속, 屬), Species(종, 種)과 Variety(변종)이라는 8개 정보를 기억하기 위해 다음과 같이 각 단어의 첫 글자들을 사용하여 의미 있는 문장으로 하나의 청크를 만든다.

> Kings Play Cards On Fairly Good Soft Velvet

② 기하 교과의 원주율(π)의 처음 6개 소수 자리수(3.141592)를 기억하는 방법으로 다음과 같은 문장의 각 단어의 글자 수를 계산한다.

How I wish I could calculate Pi !
(3. 1   4   1   59   2)

③ 지구과학 교과에서 8개 행성을(Mercury, Venus, Earth, Mars, Jupiter, Saturn, Uranus, Neptune) 순서대로 기억하는 방법으로 우리는 "수금지화목토천해"라는 식으로 리듬패턴 기법을 사용하여 기억했으나, 다음과 같이 두 문자들을 가지고 문장을 만들어 기억할 수도 있다.

My Very Economical Mother Just Serves Us Noodles.

④ 세계사 교과에서 영국 왕가의(Norman, Plantagenet, Lancaster, York, Tudor, Stuart, Hanover, Windsor) 이름을 외울 때 다음과 같이 첫 글자를 가지고 문장을 만든다.

Non Plan Like Yours To Study History Wisely

⑤ 화학 교과에서 무해한 cyanate(시안산염)와 유해한 cyanide(시안화물, 청산가리)를 구별하기 위해 다음과 같이 대조 문장을 만든다.

-ate, I ate; -ide, I died

⑥ 지리 교과에서 오대호 Superior, Erie. Michigan, Huron, Ontario를 기억하기 위해 먼저, 각 항목의 첫 글자 "S, E, M, H, O"를 찾아낸다. 이 첫 글자들을 머리말로 사용하여 단어를 만드는데, 만약 기억의 순서가 중요치 않을 경우에는 글자들을 재정렬하여 "HOMES"라는 단어를 만들어낸다. 그리고 이 단어를 포함시켜 다음과 같이 문장을 만들어 낸다.

"5대호를 따라 늘어선 HOMES들은 전망이 좋다."

8) 기둥 단어법(Peg Word Method)을 이용하기

기둥 단어란 기억할 정보들을 묶어두는 단어를 말한다. 기둥 단어법(또는 말뚝 단어법)은 기억해야 할 내용들을 미리 설정된 단어들과 연계하여 시각적 연상을 창조함으로써 기억하는 방법이다. 이 전략은 맹목적 암기에 비해 기억 회생 효과가 훨씬 높다(Bower, 1970; Bugelski, 1970; Hunter, 1964; Morris & Stevens, 1974; Neisser & Kerr, 1973; Wood, 1967).

기둥 단어법은 운율 기둥 단어법과 모양 기둥법으로 나뉜다(Horsley, 2016).

운율 기둥 단어법(Rhyming Peg Word Method)은 1879년 John Sambrook이 개발한 기억법으로 다음과 같은 순서로 시행한다(Horsley, 2016).

① 1에서 10까지의 수와 운이 비슷한 단어들을 다음과 같이 기둥 단어들로 설정한다.

> 1(one) = bun(빵), 2(two) = shoe(신발), 3(three) = tree(나무),
>
> 4(four) = door(문), 5(five) = hive(꿀벌), 6(six) = sticks(막대기),
>
> 7(seven) = heaven(하늘), 8(eight) = gate(입구, 통로),
>
> 9(nine) = vine(포도나무), 10(ten) = hen(암탉)

② 기억해야 할 정보들을 이 운율 기둥 단어들에 연계하여 이미지를 만든다.

되도록 엉뚱하고, 재미있고, 비논리적인 이미지를 만든다. 그래야 기억에 오래 남는다. 예를 들어, Tony Robinson이 쓴 책에 나오는 성공적인 사람들이 지녀야 할 10가지 태도, 사랑과 온정(love and warmth), 감사와 보은(appreciation and gratitude), 호기심(curiosity), 흥분과 열정(excitement and passion), 결단력(determination), 융통성(flexibility), 자신감(confidence), 쾌활함(cheerfulness), 역동성(vitality), 헌신(contribution)을 기억하기 위해 다음과 같이 운율 기둥 단어들에 연계해 이미지를 만든다.

> (a) 1(one) = bun(빵). 하트 모양으로 생긴 따뜻한 빵이나 빵에서 날아오는 수천 개의 따뜻한 심장들을 그림 이미지로 상상한다. 심장은 사랑의 상징이기 때문에, 심장을 마음으로 그려보면 1번은 사랑과 온정(love and warmth)이라는 것을 보다 쉽게 기억하게 된다.
>
> (b) 2(two) = shoe(신발). 목사님이 치즈 강판에 신발을 가는(grate) 모습을 상상한다. 목사님은 감사를, 강판은(grater) 보은(gratitude)을 기억하게 한다. 2번은 감사와 보은(appreciation and gratitude)이다.
>
> (c) 3(three) = tree(나무). 나무에 올라가 있는 호기심 많은 고양이를 상상

하되, 매우 엉뚱한 그림 이미지를 떠올린다. 예를 들어, 고양이가 호기심으로 나뭇가지처럼 몸을 만든다든지, 이리저리 나뭇가지를 돌아다니다가 땅으로 떨어져 다치는 모습을 생각한다. 3번은 호기심(curiosity)이다.

(d) 4(four) = door(문). 흥분한 사람이 자신의 집 현관문을 발로 차서 부수는 이미지를 상상하거나, 현관문이 스스로 흥분해서 위아래로 점프를 하며 문을 열거나 닫는 이미지를 상상한다. 그리고 흥분한 현관문에다 패션후르츠 주스(passion-fruit juice)를 뿌리는 모습을 상상한다. 4번은 흥분과 열정 (excitement and passion)이다.

(e) 5(five) = hive(꿀벌). 배가 고픈 꿀벌들이 꿀을 먹으려고 결단력 있게 (determined) 벌통을 집단적으로 공격하고 있는 장면을 상상한다. 5번은 결단력(determination)이다.

(f) 6(six) = sticks(막대기). 구부려지는(flexible) 막대기를 돼지 꼬리처럼 나선 모양으로 만드는 이미지를 상상한다. 6번은 융통성(flexibility)이다.

(g) 7(seven) = heaven(하늘). 천국에서 자신감으로 충만하여 코가 삐죽 나온 사람들이 여기 저기 돌아다니며 뽐내고 있는 장면을 상상한다. 7번은 자신감(confidence)이다.

(h) 8(eight) = gate(입구, 통로). 내가 문 앞에 서서 웃는 모습으로 쾌활하게(cheerfully) 그 문을 여는 모습을 상상한다. 8번은 쾌활함(cheerfulness)이다.

(i) 9(nine) = vine(포도나무). 포도나무에서 비타민들이(vitamins) 포도알처럼 자라고 있고 그 비타민들을 먹으며 자신의 활력(역동성)이 증진되는

> 습을 상상한다. 9번은 역동성(vitality)이다.
>
> (j) 10(ten) = hen(암탉). 암탉이 나에게 선물(달걀)을 주는 모습과 그 암탉에게 "너는 헌신적인 암탉이구나!"라고 말하는 나의 모습을 상상한다. 10번은 헌신(contribution)이다.

운율 기둥 단어들은 확장시킬 수 있다. 예를 들어, 1(one)과 운이 비슷한 단어로 빵(bun)외에 총(gun), 태양(sun)을 추가하는 식으로 확장하면 더 많은 정보를 기억할 수 있다.

모양 기둥법(Shape Peg Method)은 1651년 Henry Henderson이 제시한 것으로 단어 대신에 아래 그림과 같이 숫자를 닮은 모양과 연계시켜 이미지를 만든 후 기억하는 것이다(Horsley, 2016, p.52). 모양 기둥법은 운율 기둥 단어법의 기둥 단어 대신 다음과 같은 모양 기둥을 0-9까지의 숫자 모양과 비슷한 모양으로 삼는 것만 다를 뿐, 기억할 내용을 모양 기둥에 연계하여 이미지로 만들어 기억하는 것은 같다.

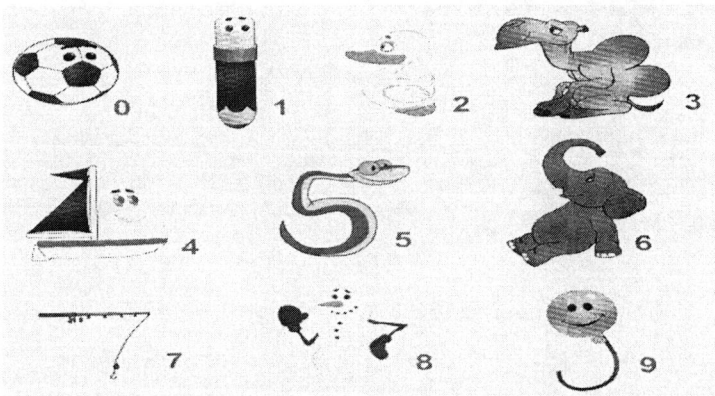

9) 키워드 법(Key Word Method)

　키워드 법은 외국어 단어를 기억하도록 도움을 주는 기억술로서 영어를 쓰는 학생들이 프랑스나 스페인어와 같이 언어의 음성학적 구조가 비슷한 외국어 단어를 기억하도록 하기 위해 개발된 것이다. 키워드 법의 핵심 원리는 외국어 단어와 발음이 비슷한 영어 단어를 찾아 두 단어의 이미지를 조합하여 외국어 단어를 기억하도록 하는 것이다. 예를 들어, 편지라는 의미의 스페인어 carta를 기억하기 위해 이와 발음이 비슷한 영어 cart(손수레, 키워드라고 함)와 연계하여 다음 그림과 같이 카트에 편지가 담겨 있는 이미지를 만들어 기억하는 것이다(Mayer, 2003, p.366).

Carta(cart) means Letter

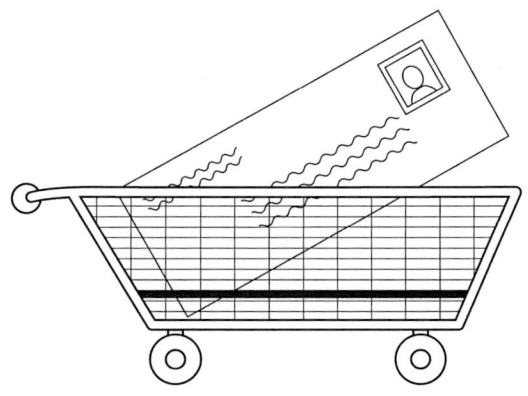

　키워드 법은 두 가지의 연계 단계를 거친다(Mayer, 2003).

① 음성적 연계(Acoustic Link)이다.

스페인어 carta와 발음이 비슷한 영어인 cart를 키워드로 찾아낸다.

② 심상적 연계(Imagery Link)이다.

cart에 큰 편지가 담겨 있는 이미지를 생각해 낸다.

키워드 법의 음성적 연계 단계에서 외국어와 발음이 비슷한 모국어의 키워드를 찾는 일은 언어의 발음 구조가 다른 경우에는 사용하기 어려울 것이다. 예를 들어, 우리나라 학생들이 영어 단어를 익히기 위해 우리나라 말에서 키워드를 찾기는 매우 어렵다. 영어와 우리말의 발음 구조가 다르기 때문이다. 따라서 우리나라 학생들이 키워드 법을 사용하여 외국어 단어를 기억하려면 영어를 사용하여 영어와 발음 구조가 비슷한 스페인어나 프랑스어, 독일어 같은 제 2 외국어의 단어들을 기억하는데 사용해야 할 것이다.

10) 암송하기와 회생 연습하기

암송(Recitation)은 자신의 언어를 사용하여 쓰거나 말로 기억해 내는 것이다. 암송은 단순히 단어들을 기억하는 것을 넘어 아이디어를 보다 깊이 이해하게 해 준다. 암송은 리허설(Rehearsal)이라고도 한다. 리허설은 프랑스 말에서 기원했는데 "쟁기로 갈아 젖히다, 홈을 파다"의 뜻이다. 기억에서 리허설은 읽거나 들은 것을 반복적으로 학습함으로써 두뇌에 기억의 흔적을 '골'이 깊게 만드는 것을 말한다. 암송을 통해 중요한 내용을 기억하고 있으면 발표, 협상, 또는 회의를 할 때 도움이 된다(Horsley, 2016).

암송에는 집중학습보다 분산학습이 효과적이다. 예를 들어, 하루에 20번 암송하는 것보다 여러 날에 걸쳐 10번 암송하는 것이 더 효과적이다. 집중학습보다 분산학습을 통한 암송이 기억에 보다 효과적인 이유는 ① 망각의 속도를 느리게 하고, ② 학습 내용들 간의 관련성을 파악하는 시간을 벌게 해 주고, ③ 에너지의 소비를 줄일 수 있기 때문이다. 이 사실은 앞에서 설명한바 시험에 대비하여 벼락치기와 같은 집중학습은 비효과적이라는 이유를 설명한다. 운동선수들이 어떤 운동 기능을 습득할 때도 마찬가지이다. 한 번에 집중학습을 하다보면 에너지를 소진하게 되고 심지어는 근육에 상할 수 있어, 분산학습을 하는 것이 효과적이다. 인간의 뇌도 근육으로 같은 원리가 작용한다(Hollins, 2021).

용어, 정의, 사람 이름, 날짜(연대), 공식, 개념, 원리 등 단답형의 정보를 암송할 때는 학습 카드 또는 녹음기를 사용하면 효과적이다(Hansen & Hansen, 2008). 학습 카드를 사용할 경우, 앞면에 기억할 내용에 대한 질문을 쓰고, 뒷면에는 그 답을 쓴다. 그리고 암송할 때 앞면의 질문을 보고 답을 한 후 뒷면의 답과 대조하여 정확성을 점검한다. 또래들과 함께 학습 카드로 퀴즈 풀이 놀이를 하며 암송하면 재미도 있다. **학습 카드 대신에 녹음기를 사용**해도 효과적이다. 녹음기를 사용할 경우, 학습 카드의 경우와 마찬가지로 기억할 내용을 질문으로 만들고, 답을 할 시간을 녹음기에 여백을 두어 남기고, 정답을 녹음한다. 그 후 녹음기의 질문을 듣고 답을 암송한 후, 녹음된 정답을 들으며 정확성을 점검한다. 녹음기를 사용하여 암송하면 다른 일들을 하면서(예: 산책, 운동, 양치질, 청소 등) 또는 쉬는 시간에 편안한 자세로 녹음한 내용을 틀어 놓고 암송하고 회생하는데 편리하다.

시나 산문과 같은 일련의 문장들을 암송할 때는 **아래에서 위로 학습하기**(Bottom-Up Learning) 방법을 이용하면 효과적이다(Luckie & Smethurst, 1998). 시를 암송할 경우 다음과 같이 진행한다.

① 시 전체를 읽고, 마지막 줄을 암송한다.
② 다시 시 전체를 읽고, 마지막 줄과 바로 전의 줄을 암송한다.
③ 다시 시 전체를 읽고, 마지막에서 세 번째 줄을 암송한다

(그러나 마지막 두 줄까지 포함하여 함께 암기한다).
④ 이런 식으로 시의 첫 번째 줄을 암송할 때까지 진행한다.

이 방법은 시의 처음부터 끝까지 암송하는 방법(위에서 아래로 학습하기)에 비해 시간이 50% 정도 절약된다. 이 암송법은 산문을 암송하는데도 적용된다. 암송할 산문 전체를 한 시의 길이에 상응할 만큼 여러 개로 나누어 시와 같은 포맷으로 만든 후 하나씩 같은 방식으로 암송하면 된다.
암송이 기억에 효과적인 이유는 다음과 같다(Pauk & Owens, 2011).

① 기억하고자 하는 정보를 능동적으로 생각하도록 하여 단기기억에 보유하도록 함으로써 부호화를 강하게 하기 때문이다.
② 말하고 듣는 신체 기관을 이용하고 마음이 학습의 과정에 관여하도록 함에 따라 능동적인 학습자로 만들기 때문이다.
③ 암송은 피드백을 받아 점검하도록 함에 따라 틀린 정보는 바로잡고 바른 정보는 더 잘 기억하게 하기 때문이다.

암송은 짝과 함께 또는 소집단 속에서 서로 질문하고 암송으로 답하면 보다 효과적이다. 이 활동은 청각, 시각, 신체적 감각을 사용하도록 해 주고, 암송은 이런 감각적 인상들을 조합하면서 능동적으로 학습하게 해 줌에 따라 장기기억으로의 정보 전이와 기억 보유를 증진시킨다.
암송을 통해 장기기억에 저장된 정보는 자주 회생되어 사용되어야 오래 보유할 수 있다. 회생을 잘 하려면 **회생단서**(Retrieval Cues)를 잘 사용해야 한다. 예를 들어, 자동차를 타기 위해 자동차에 다가갔으나 자동차 열쇠가 없음을 발견했을 때, 이곳저곳 헤매며 찾지 말고 회생단서를 생각해 보는 것이 효과적이다. 마지막으로 자동차 열쇠를 사용했을 때 '무슨 옷을 입었는지? 지갑이나 서류 가방을 가지고 있었는지? 집안의 어떤 방에 가장 먼저 들어갔었는지? 자동차의 트렁크를 열었었는지?' 등의 회생단서를 찾는 것이 자동차 열쇠를 찾는데 효과적이다. 앞에서 열거한 기억술은 모두 회생단서를 잘 사용하기 위한 전략들이다.

    회생된 정보는 여러 가지로 활용될 때 그 보유력이 높아진다. 이것을 **회생 연습**(Retrieval Practice)이라고 한다. 회생 연습은 단순히 암송한 내용을 그대로 재생하는 것이 아니라 재생한 내용을 ① 다른 내용과 여러 가지 방식으로 연계하거나(예: 단어 학습의 경우, 동의어와 반의어 찾기), ② 실제 삶의 어떤 문제를 해결하는데 적용하는 것이다(예: 단어가 들어간 문장을 만들기, 개념이 사용되고 있는 삶의 사례를 찾기 등)(Hollins, 2021). 따라서 회생 연습은 매우 능동적인 기억 활동이다.

제8절
문제 해결 기술

　자녀들은 학교에서나 사회에서 다양한 문제들을 해결하도록 요구받으며 생활하고 있다. 그러나 학교에서의 문제 해결과 사회에서의 문제 해결은 차이가 있다. 학교에서는 정해진 알고리즘을 적용하여 대부분의 문제를 해결하나, 사회에서는 학교에서 배우기 어려운 직관적 절차(Intuitive Procedure)를 사용한다(Mayer, 2003).

1. 문제의 3요소

　문제는 문제 상태(Given State), 목표 상태(Goal State), 통로(Path)라는 세 가지 요소를 가지고 있다(Wallace et al., 1990). 문제 상태는 주어진 문제 자체를 말하고, 목표 상태는 그 문제가 해결된 상태를 말하고, 통로는 문제 상태에서 목표 상태로 이어지게 하는 조작자(Operator) 또는 길(Path)을 말한다. 문제 상태와 목표 상태 사이를 문제 공간(Problem Space)이라고도 부르는데(Hayes, 1989; Martinez, 2010), 문제해결이란, 통로를 발견한 후 문제

공간을 이동하여 목표 상태에 이르는 활동이다. 이와 관련해 다음과 같은 사항에 유의한다.

첫째, 문제 상태에서 문제는 크게 "잘 정의된 문제"(Well-Defined Problems)와 "잘 정의되지 못한 문제"(Ill-Defined Problem)로 나뉜다(Wallace et al., 1990). 전자의 문제는 대개 단 하나의 답이 나오며, 답을 내는데 필요한 정보가 문제 내에 모두 주어져 있으며, 그 정보에 정해진 알고리즘을 적용시키면 답을 얻을 수 있는 종류의 문제이다. 이런 이유로 상투적인 문제(Routine Problem) 또는 재생산적인 문제(Reproductive Problem)라고도 한다(Gredler, 2005). 이에 반해 후자의 문제는 문제 해결에 필요한 모든 정보가 문제에서 제공되지 않아 문제 해결자가 추가적으로 정보를 수집하여야 하며, 하나 이상의 해답이 가능하고, 그 중 어떤 답은 다른 답보다 더 나은 경우를 발생시키는 문제이다. 이런 이유로 비상투적인 문제(Nonroutine Problem), 생산적인 문제(Productive Problem), 또는 창의적인 문제(Creative Problem)라고도 한다(Gredler, 2005).

둘째, 목표 상태는 문제해결의 결과로서 "예 또는 아니오"(yes or no)부터 단어, 문장, 수, 또는 작품 등 다양하다. 창의적 문제해결 과정의 경우에, 결과는 두 준거인 독창성(Originality)과 유용성(Utility)을 만족시켜야 한다. 즉, 창의적 산물은 새로운 것이어야 하는 동시에 유용해야 한다는 것이다. 독창성 개념은 통계적 희귀성(Statistical Infrequency)를 의미하는데, 그 개념 자체로서는 가치중립적이기 때문에, 독창성이 가치를 띠게 되는 것은 '선한' 의미가 부여될 때이다. 즉 독창성이 가치를 띠려면 자신에게나 사회에 유용해야 한다(Perkins, 1984; Amabile, 1983; Mednick, 1962).

셋째, 통로는 문제를 해결할 방법으로, 통로를 찾는 과정은 크게 ① 문제를 이해하고, ② 해결 방법을 발견하는 두 단계를 거친다. 통로를 발견하는 것이 문제해결의 핵심이며, Gestalt 심리학자들은 사람들이 통로를 발견했을 때 통찰의 기쁨을 경험한다고 보고한다. 통찰(Insight)은 문제 상태에 있는 요소들을 이리 저리 재조직하면서 하나의 의미 있는 해결책을 생산하였을 때 나타난다(Köhler, 1929). 예를 들어, Duncker(1945)는 "환자들의 종양 치료를 위해 X선을 쬐어야 하는데, X선 치료는 종양 주변의 건강한 조직도 죽인다. 어떻게 해야 하는가?"라는 문제를 주고, 의대생들이 통로를 찾는 프로토콜을 분석한 결과, 성공적인 문제 해결자들은 다음과 같은 과정을 거치는 것으로 나타났다.

① 문제 속에서 갈등을 이해하였다.
즉, 종양치료에는 X선이 필요한데, X선은 주변조직에 해를 끼치기 때문에 치료하는데 문제가 있다는 것을 이해했다.
② 종종 오류를 범하기는 하였으나 어려움의 근본을 분명히 확인해 내었다.
즉, X선 묶음이 너무 집중화되어 다른 조직도 죽인다는 것이 문제라는 것을 확인하였다.
③ 그 근본적 어려움을 해소하는 통로를 찾았다.
그것은 X선을 다양한 각도에서 흩뜨려서 약하고, 엷고, 또 순간적으로 쬐게 하면 된다는 것이다.

이것이 통찰이며 사람들은 통찰을 얻게될 때 "아하!"라는 깨달음의 경험을 하게 된다.

2. 문제 해결력을 증진시키는 기술

1) 문제 발견 단계에서의 기술

문제를 해결하려면 먼저 문제가 무엇인지 정의해야 한다. 이를 **문제 발견**(Problem Finding)이라고 한다(Getzels & Chikszentmihalyi, 1976). 문제 발견은 ① 문제를 이해하여 표상하고, ② 문제에 주어진 요소들을 통합하여 어떤 유형의 문제인지 파악해 내는 것이다(Mayer, 2003). 문제 발견은 문제해결의 첫 단계로서 가장 어렵다. 왜냐하면 ① 문제 상태에는 문제해결에 직결되는 중요한 요소들과 그렇지 못한 요소들이 혼합되어 있어, 이들을 구별해 내고 그 요소들 간의 관계를 파악하여 진짜 문제가 무엇인지 찾아내야 하기 때문이다. 또한, ② 문제에 대한 최선의 답을 조기에 서둘러 내지 않고 장시간 문제에 대해 생각해 보는 의지와 인내, 그리고 창의성을 요구하기 때문이다(Mayer & Wittrock, 2006; Novick & Bassok, 2005).

문제를 발견하는데 일반적으로 방해가 되는 것들은 다음과 같다.

① 대부분의 사람들은 능동적으로 **문제를 찾는 습관이 되어 있지 않다는 것**이다.

학생들은 문제를 찾기 보다는 성인들에 의해 문제가 주어지기 때문에 문제를 발견하는 습관을 갖기 어렵다. 그러나 위대한 발견은 이전에 인지하지 못했던 문제를 발견함으로써 이루어지는 경우가 많다. 예를 들어, 질병의 세균 이론이 그러하다. 19세기 이전에는 질병은 악령, 나쁜 공기, 감염된 피와 같은 것으로부터 야기된다고 믿고 주술, 채찍질, 방혈과 같은 비효과적인 치료법을 사용했다. 그러나 세균이론이 등장한 후 효과적인 치료법으로 사람들은 많은 질병에서 벗어날 수 있었다(Bruning et al., 2011).

② 문제에 대해 적절한 **사전 지식이 부족한 것**이다.

사전 지식은 새로운 정보를 지각하고 정교화하는 데 영향을 준다. 문제의 막연한 상황을 지각하고 정교화 하여 문제를 발견하는 일은 사전 지식의 영향을 받는다. 예를 들어, 컴퓨터의 마이크로 칩의 개발 문제도 컴퓨터 회로에 대한 사전 지식이 없이는 문제의 발견과 해결이 불가능한 일이었다(Bruning et al., 2011).

③ 문제에 대해 **깊이 숙고할 시간을 충분히 갖지 못하는 것**이다.

Getzels와 Csikszentmihalyi(1976)는 미술을 전공하는 학생들이 정물화를 그리기 전에 그릴 물건을 조사하고 관찰하는데 사용한 시간은 창의적인 작품을 생산하는데 있어 실제 그림을 그리는데 사용한 시간보다 더 나은 예측 변인임을 발견했다. 아울러 7년 뒤 화가로서의 성공과도 문제 발견은 높은 상관이 있다는 것을 밝혔다.

문제 발견을 효과적으로 하려면 다음과 같은 기술들이 필요하다.

(1) 지식을 증진시키기

문제 발견과 해결은 사전 지식이 많을수록 보다 효과적이게 된다(Mayer & Wittrock, 2006; Waters & Waters, 2010). 지식은 내용의 특수성을 근거로 할 때 일반적인 지식과 영역 특수적인 지식으로 분류된다.

일반적인 지식에는 언어적 지식과 세상에 대한 일반적인 지식이 포함된다. 학생들이 수학이나 과학 문제를 잘 해결하지 못하는 원인 중의 하나가 어휘나 문법 능력과 같은 **일반적 언어 지식이 부족하여 문제를 읽을 때 부정확성이 발생**하기 때문이다. 그 결과 진술된 문제 자체를 이해하지 못하고, 더 나아가 문제가 제시하는 '숨겨진' 핵심 의미를 파악하는 것이 더욱 어렵게 된다. 특히 학생들은 문장들 간의 관계를 나타내는 언어적 진술을 어려워한다. 예를 들어, "Mary는 2년 전에 Betty보다 두 배나 나이가 많았다. Mary는 현재 40살이다. Betty는 몇 살인가?"라는 것과 같이 관계에 대한 언어적 진술을 가장 어려워한다(Hegarty et al., 1995; Loftus & Suppes,

1972). 이런 배경에서 볼 때 국어를 잘하는 것은 단지 국어 능력뿐만 아니라 여러 교과의 문제들을 해결하는 능력을 키우는 기본이 된다. 아울러 문제 발견을 잘 하려면 세상에 대한 일반적인 사실적 지식도 필요하다. Loftus와 Suppes(1972)는 초등학교 학생들은 수학에서 척도 변환을 다루는 문제들을 어려워 한다는 것을 발견했다. 그 이유는 척도 변환이 일반적인 사실적 지식을 필요로 하기 때문이다. 예를 들어 30센티미터를 0.3미터로 변환시키려면 1미터는 100센티미터라는 사실적 지식을 필요로 한다.

영역 특수적 지식은 특정 학문 또는 교과의 지식이나 어떤 전문 영역(예: 바둑, 각종 운동 경기, 정원 가꾸기, 자동차 수리 등)에서의 지식을 말한다. 영역 특수적 지식은 영역 특수적인 문제해결 능력과 밀접한 관련을 맺고 있다. 영역 특수적 지식이 많으면 해당 영역에서의 문제를 보다 쉽게 발견하고 효과적인 문제해결 전략들을 동원하여 문제를 빠르게 해결한다(Ritchhart & Perkins, 2005). 아울러 영역 특수적 지식은 해당 영역에서의 텍스트 읽기 능력과 내용 기억에도 긍정적으로 영향을 미친다. Recht와 Leslie(1988)는 평소 야구를 즐기며 야구에 대해 많은 지식을 갖고 있는 사람들은 비록 독해 능력이 부족하다고 하더라도 야구에 대한 글을 읽을 경우에는 야구에 대한 지식이 부족한 사람들보다 독해의 속도가 빠르고 읽은 내용에 대한 기억 회생도 우수함을 발견했다.

(2) 문제를 재진술하기

문제 상태를 자신의 말로 재진술한다. 이를 **패러프레이징**(Paraphrasing)이라고 하는데, 문제의 재진술은 나름대로 의미 있게 문제를 표상하는 것을 돕기 때문에 ① 문제에서 제시한 적절한 정보와 부적절한 정보를 걸러내는 데에 더 도움이 된다(Brenner et al., 1997; Lewis, 1989). 성공적인 문제해결자들은 문제에서 적절한 정보를 찾는데 초점을 맞추는 반면, 서투른 문제 해결자들은 부적절한 정보에 매달리는 경향이 있다. 따라서 문제의 재진술은 ② 이전에 보지 못했던 중요한 문제 요소들을 발견하는데 도움을 준다. Alexander Fleming은 세균 배양용 접시에서 기르던 박테리아가 곰팡이에 의하여 심각한 훼손을 입은 것을 보고, 그 동안 세균 배양과 관련하여 연구해 오던 모든 진부한 정보를 버리고 이 사실적 정보에 선택적으로 관심을 기울여 곰팡이가 박테리아를 죽이는 방법에 대해 연구함으로써 페니실린을 발견하게 되었다고 한다(Sternberg, 1993). Sternberg는 이렇게 필요한 핵심 정보는 선택하고 불필요한 정보는 버리는 일을 **선택적 부호화**(Selective Encoding)라고 부르며 문제 발견에 도움을 주는 한 전략으로 제시한다.

(3) 이전의 문제와 관계 짓기

해결할 문제를 이전의 문제와 관계 짓는다. 문제를 읽고 이전에 내가 해결했던 문제와 유사한지 살펴보면 현재의 문제를 보다 잘 이해하게 한다. 이것을 **유추적 문제해결**(Analogical Problem Solving)이라고 한다. 유추를 통한 문제해결의 한 예로서, Sternberg(1993)는 Fredrich August Kekulé가 벤젠의 분자모델에 대한 통찰을 얻은 예를 들고 있다. Kekulé는 오랫동안 벤젠의 분자모델에 대한 구조를 해독하는 문제로 고민하던 중, 어느 날 꿈에 뱀이 춤을 추다가 자신의 꼬리를 무는 것을 보았다고 한다. 잠에서 깬 Kekulé는 그 동안 연구해 오던 문제와 뱀이 꼬리를 무는 모양을 연계하여 문제를 해결하고, 벤젠 구조를 밝혀내었다고 한다. Sternberg는 이것을 **선택적 비교**(Selective Comparison)라고 불렀는데, 새로운 정보를 이미 습득했던 이전의 정보와 관계를 짓는 것으로 문제를 발견하는데 도움을 준다. 유추를 통한 문제해결을 잘 하려면 문제 유형에 대한 지식을 필요로 하며, 이 지식은 전문가와 초보자를 구별하는 중요한 준거가 된다(Hinsley et al., 1977; Quilici & Mayer, 1996).

(4) 그림이나 다이어그램 만들기

진술된 문제를 그림이나 다이어그램으로 만든다. 이 활동은 문제에 제시된 중요한 정보들 간에 상호 관계를 맺도록 하여 문제의 통일된 전체 구조를 한 눈에 파악하도록 도움을 준다. Sternberg(1993)는 이것을 **선택적 조합**(Selective Combination)이라고 부르며, Charles Darwin이 진화론에 대한 통찰을 얻은 것을 예로 들고 있다. Darwin은 갈라파고스 제도에서 오랜 기간 동안 수집해 왔던 사실적 정보들 중 적절한 정보를 종합함으로써 생명이 어떻게 진화해 왔는가를 발견할 수 있었다고 한다. 문제에 진술된 내용을 그림이나 다이어그램으로 그리면 문제 요소들의 관계를 파악하여 문제에 대한 정신적 지도를 그리도록 해 줌으로써 진짜 문제가 무엇인지 발견하는데 도움을 준다. 아울러 그림이나 다이어그램은 문제를 발견하고 해결하기 위해 기억해야 할 많은 양의 정보들을 줄여주어 활동기억에서의 정보처리를 좀 더 수월하게 해 준다(Bruning et al., 2011).

2) 해결 방법 탐색 단계에서의 기술

해결 방법 탐색이란 문제 상태에서 출발하여 목표 상태에 이르는 길, 즉 통로를 찾는 것으로 이 단계에서도 전문가와 초보자는 차이가 있다(Larkin et al., 1980). 초보자들은 대개 이것저것 해보는 탐색 전략을 편다. 그러나 전문가들은 문제 상태에서 바로 출발하여 목표 상태에 이르는 전진적 전략(Forward Strategy)을 쓰며, 문제를 유형화하고, 그 유형을 다루는 표준적 절차를 사용한다.

다음과 같이 일반적인 통로 탐색 전략들이 제시되고 있다(Gredler, 2005).

(1) 알고리즘(Algorithm) 전략

알고리즘 전략은 문제에 표준적으로 정해진 절차를 적용하여 문제를 해결하는 전략이다. **규칙 기반 전략**(Rule-Based Strategy)이라고도 하고, 문제를 보고 바로 적용하여 답을 내기 때문에 **전진적 전략**이라고도 한다. 예를 들어, 수학교과에서 긴 나눗셈을 하는 절차나, 의사들이 환자들을 치료할 때 증상에 따라 적용하는 표준적인 치료법이나, 기술자들이 기계를 작동시키거나 수리를 할 때 적용하는 표준적인 절차들이다.

알고리즘 전략은 잘 정의된 문제들의 경우에 적용되고 그 해결이 효과적이다. 그러나 규칙이 존재하지 않는 상황에서는 사용할 수 없고, 규칙 사용에 능숙하지 않으면 실패하는 경우도 있다. 예를 들어, "뺄셈에서는 항상 큰 수에서 작은 수를 뺀다"는 알고리즘은 "3-7=4"라고 오답을 하게 만들 수 있다. 즉, 3-7의 수식을 보며 큰 수 7에서 작은 수 3을 빼면 4라는 결론을 도출하는 오류를 범한다는 것이다. 이런 식으로 문제 상황에서의 요소들을 새롭게 지각하지 못하고 어떤 알고리즘을 상황과 관계없이 기계적으로 사용하려는 경향성을 Duncker(1945)는 기능적 고착(Functional Fixedness)이라 불렀고, Luchins와 Luchins(1959)는 문제 세트(Problem Set) 또는 아인스텔룽(Einstellung)이라고 불렀다.

(2) 눈대중(Heuristic) 전략

문제 상황에 맞는 알고리즘 규칙이 존재하지 않는 경우에는 **눈대중 전략**(우리나라에서는 "Heuristic"을 발견법이라고 번역해서 쓰고 있는데 정확한 번역이라고는 할 수 없)을 사용한다. 이것은 '어림' 전략('Rule of Thumb' Strategies), 실용적인 전략, 경험에 기초한 전략이라고도 불린다. 눈대중 전략은 경험을 통해 습득한 나름대로의 효과적인 문제해결 전략들이지만 성공을 보장하지는 않는다. 그럼에도 불구하고 문제해결책을 탐색하는 시간과 비용을 줄일 수 있다.

눈대중 전략으로 다음과 같은 것들이 제시되고 있다.

① '언덕 오르기'('Hill Climbing') 전략

언덕 오르기 전략은 목표 상태에 접근하기 위해 어떤 활동이라도 하는 것이다. **시행착오 전략**(Trial and Error Strategy)이 대표적이다. 이 전략은 성공 확률이 낮아 비효과적인 경우가 많다. 그러나 생전 처음 보는 문제와 같이 친숙도가 매우 떨어지는 문제에 당면하게 되면, 이 전략이 단 하나의 대안이 되는 경우가 많다. 대부분의 사람들은 문제해결의 초기에는 이 전략을 쓰다가 문제에 대한 정보가 축적되면 좀 더 효과적인 방법으로 전환하게 된다.

② 거꾸로 작업하기(Working Backward) 전략

거꾸로 작업하기 전략은 목표 상태에서 시작하여 거꾸로 문제를 푸는 것이다(Chi & Glaser, 1985; Newell et al., 1974). 즉, 목표를 우선적으로 정해 놓고 그 목표에 이르기 위해 필요한 활동을 하는 **후진적 전략**이다. 예를 들어, 보고서 제출 마감일을 정해 놓고, 필요한 일들을 할 계획을 날짜별로 세워 실천하는 것이다. 또한 기말 시험일이 정해졌으면, 이 날짜에 맞추어 필요한 시험 준비 계획을 세워 실천함으로써 기말 시험에 대비하는 것이다. 아울러 형사들도 범인을 잡을 때 이 전략을 쓴다. 범죄 현장에서 범죄 수법을 알아낸 후 어떤 사람을 범인으로 잠정적으로 지목하고, 그 사람의 그간 행적을 조사해서 증거를 모은 후 체포하는 것도 이 전략에 해당된다.

③ 수단-목표 분석(Means-Ends Enalysis) 전략

수단-목표 분석은 문제 상태에서 목표 상태에 이르는 문제 공간의 간극을 줄이기 위해, **문제를 둘 또는 그 이상의 하위 문제들로 분해한 후 각각을 해결하여 문제 전체를 해결하는 전략**이다(Newell & Simon, 1972; Sweller & Levin, 1982). 수단-목표 분석은 Newell과 Simon의 일반적 문제해결자(General Problem Solver)라는 컴퓨터 시뮬레이션 프로그램에서 사용한 절차적 공식인데, 사람들도 일상생활에서 자주 사용하는 전략이다(Brown et al., 1978). 문제 상태와 목표 상태 사이의 차이를 평가하고, 그 차이를 줄이

기 위해 하위문제들을 생성하고 해결할 적절한 조작자(Operator)를 찾고, 결과를 평가한다(Simon, 1980). 좀 더 구체적으로, 수단-목표 분석을 통해 문제를 해결하려면

    (a) 목표 상태를 찾아내기
    (b) 문제를 하위 문제들로 분해하기
    (c) 각 하위 문제들을 성공적으로 수행하고 다음 하위 문제로 이동하기

의 세 가지 활동을 해야 한다(Bruning, Schraw, & Norby, 2011). 어린 자녀들의 경우도 이 전략을 자주 사용한다. 예를 들어, 연필이 부러져 칼이 필요한데, 칼이 없는 문제 상태를 생각해 보자. 연필을 깎는 칼은 어디에 있는가? 문방구에 있다. 문방구에 칼을 사러 가려면 무엇이 필요한가? 돈이다. 그러나 나는 돈이 없다. 돈은 어디에 있는가? 어머니에게 있다. 따라서 해결책은 어머니께 돈을 타서 문방구에 가서 칼을 사가지고 와서 연필을 깎으면 문제가 해결되어 목표 상태에 이르게 된다(한국심리학회, 2003).

Brown 등(1978, pp.111-2)은 수단-목표 분석의 또 하나의 예로 이솝 우화에 나오는 이야기를 들고 있다.

돌멩이 수프

한 가난한 남자가 폭풍우가 몰아치는 날 어느 커다란 집 앞에 가서 음식을 구걸하였다. 가정부가 문 밖으로 나와 그의 행색을 보고는 화를 내면서 멀리 쫓아냈다. 그러나 그는 다시 그 집으로 돌아가 "화로 가에서 옷이나 말릴 수 있게 해 주십시오. 옷이 비에 젖어서 말입니다"라고 말했다. 가정부는 이 일은 돈이 안 든다고 생각하고. 집 안으로 들어오게 하였다. 그는 집 안으로 들어가 가정부에게 "나에게 냄비를 빌려 주면, 물을 채운 후 돌멩이 수프를 만들어 주겠다"고 말했다. 가정부는 돌멩이 수프가 새로운 메뉴라서 호기심에 허락을

하였다. 그러자 이 남자는 집 밖에서 돌멩이를 하나 구해다가 냄비에 넣었다. 이것을 보고 가정부는 더욱 흥미를 느껴서 그에게 소금, 완두콩, 민트, 그리고 고기를 몇 조각 주어 물과 함께 냄비에 넣도록 하였다. 그래서 이 남자는 맛있는 돌멩이 수프를 끓였고, 가정부는 "훌륭한 음식이다. 암퇘지의 귀로 비단 지갑을 만들었네!"라고 말했다.

이 우화에서 이 배고픈 남자에게 문제 상태는 배가 고픈 것이고, 목표 상태는 허기를 채우는 것이다. 목표 상태에 이르기 위해 구걸이라는 방법을 사용했으나 실패했다. 그러자 수단-목표 분석 전략을 동원하여, ① 집 안의 화롯가 옆 부엌으로 들어가야겠다는 하위 목표를 설정했고, ② 가정부가 자신이 수프를 만드는데 거들도록 하는 하위 목표를 또 다시 설정했다. 그리고 이 두 가지의 하위 목표를 성취하자 허기를 채우는 목표 상태에 이르게 된 것이다.

Simon(1980)은 수단-목표 전략은 간단한 퍼즐 과제로부터 작문이나, 설계 문제와 같이 복잡한 과제에도 적용될 수 있으며, 이런 일반적인 문제해결 기술 지도는 모든 교과 프로그램에 적용되어야 한다고 주장한다. 예를 들어, ① 복잡한 수학 문제를 해결할 때 그 문제를 몇 개의 하위 문제들로 분해하고, 각각을 해결한 후 조합하여 전체 문제에 대한 답을 내리거나, ② 비교하기-대조하기 유형의 논술을 작성할 때, 목표 상태로 주장하는 입장을 설정하고, 서론, 비교와 대조의 증거, 결론으로 하위 부분들을 나눈 후, 한 번에 한 부분씩 쓰기를 진행하는 것 등에 적용할 수 있다는 것이다.

(3) 유추적 문제해결(Analogical Problem Solving) 전략

현재의 문제(Target Problem, 표적문제)를 해결하기 위해 과거에 풀었던 유사한 문제(Base Problem, 기본문제)에서 얻은 경험을 적용하여 문제를 해결하는 것이다. 즉 현재 문제와 비슷했던 과거의 문제 유형을 찾아 그 때 적용했던 문제해결 방법을 현재 문제에도 적용하여 해결하는 것이다. 유추적 문제해결도 일상생활에서 많이 사용된다. 예를 들어, 법조계에서도 과거 판례를 참고하여 현재의 문제를 기소하거나 변호하는데 사용한다.

유추적 문제해결은 매우 효과적인 문제해결 전략이나, 학생들은 이 전략을 자발적으로 쉽게 적용하지 못한다. 따라서 기본 문제의 예제들을 단순히 교과서나 수업에서 제시하는 것만으로는 유추적 문제해결에 충분히 적용하지 못한다. 학생이 자신에게 기본 문제의 예제들을 설명하는 능동적 과정에 임하도록 하여 자신에게 의미 있는 해결책을 스스로 도출하도록 해야 표적 문제로의 전이력이 높아진다(Chi et al., 1989). 유추적 문제해결은 쉽게 이루어지는 것이 아니고 표적 문제와 기본 문제 사이의 **외양적 특징보다는 구조적 특징이 지니고 있는 원리나 해결책의 유사성을 발견**하도록 하는 것이 핵심이다(Gick & Holyoak, 1980).

좀 더 구체적으로 유추적 문제해결은 세 가지 인지 과정으로 나누어 지도할 때 효과적이다(Mayer, 2003).

① 인지하기(Recognizing)

두 문제 간의 구조적 유사점을 파악하는 것이다. 예를 들어, 전기회로 체제의 문제를 이해하거나 풀 경우, 수압 체제와 유사하다는 것을 인지하는 것이다. 전기 회로 체제의 배터리는 수압 체제의 펌프와 상응하고, 전기선은 수로 파이프와, 저항기는 수로 파이프 내 압축, 전류의 흐름은 물의 흐름과 상응한다는 것을 아는 것이다(Mayer, 2003). 인지하기는 표적 문제와 기본 문제가 유사하다는 것을 아는 것을 넘어 두 문제 간의 대상, 속성, 관계 등 구조적 관계의 유사성을 파악해 내는 것이다.

② 추상화(Abstracting)

표적 문제와 기본 문제가 구조적으로 유사하다는 것을 아는 것만으로 유추적 문제해결은 일어나지 않는다(Reed et al., 1985). 기본 문제에서 성공적으로 해결했던 방법이나 원리를 추출하여, 표적 문제 해결에도 유용한지를 살펴보는 과정이 필요하다.

③ **맵핑**(Mapping)
표적 문제에 그 해결 방법이나 원리를 적용하여 해결하는 것이다.

위 유추적 문제해결의 세 가지 인지적 과정을 그림으로 나타내면 다음과 같다(Mayer, 2003, p.309).

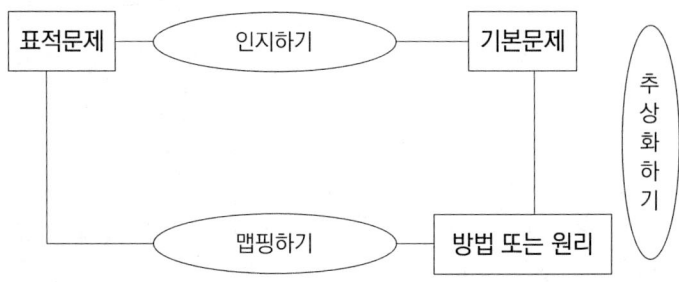

3장

이차적 기술

지금까지의 일차적 기술이 학습할 내용에 대해 직접적으로 적용하는 공부 기술이라면, 이차적 기술은 일차적 기술을 효과적으로 사용하기 위해 학습자가 본인의 내적 심리 상태를 학습에 유리하도록 적절하게 유지하는 공부 기술이다. 이차적 기술은 일차적 기술을 작동시키는 힘의 원천으로서 일차적 기술 못지않게 중요한 기술이다.

제1절
꿈을 갖고 공부하는 기술

19세기 미국의 저명한 작가이자 철학자였던 Henry David Thoreau는 "사람은 방향을 바르게 잡을 뿐만 아니라 모든 힘을 다해 그 방향으로 활을 당겨야 한다."고 말했다. 자녀가 공부를 잘 하려고 방향을 잡았다면, 자신이 가지고 있는 인지적, 정서적, 신체적 힘을 모아 그 방향으로 날아가기 위해 '활'을 당겨야 한다. 그 활을 당기는 힘은 꿈에서 나온다. 꿈은 개인이든 조직이든 성장하고 발전하도록 하는 원동력을 끊임없이 제공한다. 사람이 꿈을 갖고 있으면 ① 삶을 일관되게 이끌어 가며, ② 하루하루를 의미 있게 보내고, ③ 난관이 있을 때 보다 쉽게 극복할 수 있다. 이런 이유로 학창 시절부터 꿈을 명확하게 마음에 새기고 공부해야 학업에 큰 성취를 이룰 수 있다.

꿈을 가지고 공부하며 삶을 살아가는 일은 인간이 가지고 있는 **두 가지 욕구**를 만족시켜 준다.

① 정체감(Sense of Identity) 형성 욕구를 만족시켜 준다.

정체감이란 자신이 누구인지, 어떤 것을 중요하다고 생각하는지, 삶에서 어떤 목표들을 이루고자 하는지에 대한 의식이다(Kroger, 2007; Marcia, 1991; Sinai et al., 2012). 사람들은 정체감을 어떻게 형성하느냐에 따라 삶에서의 우선순위와 행동이 달라진다. 따라서 사람이 정체감을 형성하면 목표를 향해 행동의 우선순위를 정하고 어떤 행동들은 하고 또 어떤 행동들은 무시하면서 살아감에 따라 삶을 일관되게 이끌어가게 된다. 그러나 정체감 형성이 안 되면 사람들은 삶 속에서 방향을 잃고 헤매게 된다. 자녀들이 꿈을 가지고 공부하며 삶을 살아가도록 하면 정체감 형성에 도움이 된다.

② 최상위의 욕구인 자아실현의 욕구를 충족시켜 준다.

자아실현의 욕구란 자신이 가진 잠재적 능력을 최대한으로 발휘하여 자신이 되고자 하는 인물로 성장하고자 하는 욕구이다(Maslow, 1943; Rogers, 1961). Maslow와 Rogers에 따르면, 자아를 실현하기 위해 노력하는 사람은 (a) 자신의 한계를 넓히고 성장하기 위해 새로운 학습을 추구하고, (b) 학습에 대한 내적 동기가 생성되어 학습 그 자체를 위해 노력하고, (c) 자발적이고 자기 주도적으로 학습하고, (d) 창의적으로 생각하고, (e) 타인이 곤경에 처했을 경우 동정심을 보이고, (f) 자신과 타인들을 객관적이고 사실적인 관점에서 조망하고, (g) 자기 자신에 대해 만족감을 느끼고, (h) 삶의 미션을 설정하고 그 미션을 완수하기 위해 평생을 노력하는 사람으로 성장한다. Maslow에 따르면 사람들 중 1% 정도가 생의 후반에 자아를 충분히 실현한다. 꿈을 갖고 공부하며 삶을 사는 일은 그 1%의 자아 실현인이 되는 중요한 방법이다.

꿈을 갖고 공부하기 위해서는 다음 네 단계의 조치를 취하는 것이 효과적이다.

1. 삶의 목적을 꿈으로 설정하기

"나는 왜 사는가?" "내 삶의 목적은 무엇인가?"와 같이 삶의 근본에 대한 질문을 던지고 답을 얻는 것이 꿈을 설정하는 첫 단계이다. 삶의 목적은 삶을 통해 추구하기를 원하는 방향 또는 성취하기를 원하는 종착적 결과이다(Luckie & Smethrust, 1998). 삶의 목적은 삶에 방향을 잡아 주기 때문에 삶의 목적이 없으면 삶은 정처 없는 항해가 되고 만다. 자살을 시도했던 사람 60명을 대상으로 면담한 결과, 85%가 자살 시도의 이유로 "삶에 의미가 없었기 때문"이라고 대답한다(Pauk & Owens, p.4에서 재인용). 삶의 목적을 정하면 동물처럼 생존을 위해 '먹이'만 구하는 삶을 넘어 더 의미 있는 삶을 살아갈 수 있다. 경제적 지위가 높아지고 먹고 사는 일에 걱정이 없어진다고 해서 삶에 의미가 생기고 사람들이 행복해지는 것은 아니다. 내 삶의 목적이 무엇인지 물어야 하고, 답을 찾아야 한다. 그 답은 자녀들의 성장 단계에 따라 다양할 것이고 완성도가 부족할 수도 있다. 그러나 그것은 문제가 되지 않는다. 중요한 것은 삶의 목적을 생각하고 그것을 꿈으로 설정하는 과정이다. 그래서 어릴 적부터 그 꿈을 이루기 위해 공부를 하는 것은 의미 있는 일이라고 생각하고, 삶을 긍정적이고 활기차게 살도록 하는 것이 중요하다. 꿈은 자녀들이 성장하면서 바뀐다. 따라서 부모가 자녀에게 특정한 꿈을 갖도록 종용하는 것은 바람직하지 않을 뿐 아니라 어렵기도 하다. 꿈은 여러 가지이고 대부분의 학생들은 '좋은 꿈'을 꾸지만 그렇지 않은 경우도 있다. 따라서 부모는 자녀가 '좋은 꿈'을 가질 수 있도록 지속적으로 관심을 갖고 지도해 주어야 한다.

꿈은 다음과 같은 두 가지 조건을 만족시킬 때 좋은 꿈이 된다(Pauk & Ownes, 2011).

첫째, 거시적이고, 원시적이고, 공익적인 것이어야 한다. 즉, 꿈은 커야

되고, 멀리 내다보는 것이어야 하고, 사회의 발전에 이바지하는 것이어야 한다. 꿈이 이런 성격을 가질 때 그 꿈은 인생을 통해 추구하는 표적이며 자신을 고취시키는 것이 된다. 이와는 반대로 미시적이고, 근시적이고, 사익적인 꿈은 이런 힘을 갖기 어렵다.

둘째, 구체적이고 뚜렷한 것이어야 한다. "건강하게 살겠다," "행복하게 살겠다" 등과 같이 건강, 행복, 안전, 사랑, 돈 등은 사람들이 추구하는 아이디어들이지만 꿈으로 설정하기에는 너무 모호하다. 이와는 반대로 "암 치료제를 개발 하겠다.", "훌륭한 정치가가 되겠다.", "우리나라를 교육 선진국으로 만들겠다." 등은 특정적이고 뚜렷한 목적이 된다.

세계적으로 유명한 인권 운동가이자 종교 지도자였던 Martin Luther King은 "나는 우리가 사는 이곳이 흑인 어린이와 백인 어린이들이 함께 손을 잡고 걸을 수 있는 곳으로 바뀌게 되리라는 꿈이 있습니다."라고 자신의 꿈을 이야기 한 적이 있다. 마틴 루터 킹의 꿈은 위의 두 가지 꿈의 준거를 만족시키고 있는가? 그렇다고 볼 수 있다. 그의 인종차별 폐지에 대한 꿈은 그 당시 미국에서 인종차별이 극심했던 때 크고, 멀리 내다보고, 사회의 발전을 위한 것이었다. 그리고 그의 꿈은 구체적이고 뚜렷했다. 인종차별 폐지라는 매우 명확한 꿈이었다.

* 다음 활동을 통해 자녀가 좋은 꿈을 갖도록 해 보자

> 1. 나의 꿈을 적어 보자.
>
> 2. 나의 꿈은 좋은 꿈의 두 가지 준거를 만족시키고 있는지 점검하고 글로 적어보자.

2. 꿈이 이루어진 모습을 마음에 새기기

꿈을 세웠으면 그 꿈에 대한 희망을 마음에 깊이 새기며 공부해야 한다. 이를 위해 다음과 같은 두 가지 활동이 도움이 된다.

첫째, 비전 보드(Vision Board)를 만든다(Vorderman, 2016). 비전 보드는 긍정적인 이미지, 단어, 사진, 문구들을 담은 콜라주(Collage)로서, 꿈과 목표들을 적고, 그림이나 상징을 그리고, 나와 같은 꿈을 가지고 성공한 인물의 사진을 붙여 넣고, 진취적이고 동기 유발적인 글도 써 넣은 것이다. 비전 보드를 만든 후에는 집 안에 잘 보이는 곳 여러 장소에 걸어두어 매일 매일의 공부에 동기 부여가 되도록 한다. 비전 보드는 자신뿐만 아니라 여러 사람들이 볼 수 있기 때문에, 비전 보드의 작성과 게시는 꿈의 공식화라고도 한다. 꿈을 머릿속에만 담아 두면 그 꿈은 늘 모호하게 남아 있을 가능성이 높다. 그러나 꿈을 비전 보드로 만들어 공식화하면 그 꿈은 진정한 것이 되어 내 삶의 목적을 지속적으로 생각나게 하는 단서로 작용함에 따라 삶을 목적한 방향으로 이끌어 가며, 삶 속에서 지치더라도 다시 삶을 고취시키는 역할을 하게 된다. 미국의 영화 및 만화 제작자였고, 디즈니랜드 테마 파크를 만들었던 Walt Disney는 유명세를 얻기 전 여러 번 파산의 위기를 맞았다고 한다. 그러나 그는 비전 보드를 만들어 늘 꿈을 상기시키고 위기를 극복했으며, "당신이 꿈을 꿀 수 있다면 그것을 이룰 수 있다."는 유명한 말을 남겼다(Vorderman, 2016).

둘째, 꿈을 성취했을 때의 모습을 강력한 이미지로 마음속에 새긴다(Vorderman, 2016). 즉, 미래에 꿈이 이루어진 모습을 현재로 끌어 와 마음속에 강하게 새기는 것이다. 예를 들어, "우리나라의 교육을 선진국 수준으로 높이겠다."는 꿈을 가지고 있는 경우, 훌륭한 교육자가 되어 교사, 학부모, 학생들을 대상으로 강의하는 모습, 저술 활동이나 국가 교육 프로젝트를 수행해서 발표하는 모습, 이웃을 위해 교육 기부 봉사 활동을 하고, 많은 사람들로부터 격려와 칭찬을 받거나 상을 받는 모습 등을 상상하는 것이다.

'긍정적 사고방식'의 창시자로 알려진 Norman Vincent Peale 박사는 "긍정의 상상"이라는 책에서 꿈을 성취했을 때의 모습을 강력한 이미지로 그리는 활동의 중요성을 다음과 같이 이야기하고 있다.

> 나는 여러분에게 생애를 통해 달성하고자 하는 것을 종이에 써서 붙여 놓을 것을 제안한다. 그것은 명확하고 분명하게 선언적인 문장으로 쓰여야 한다. 여러 장을 써서 하루에 적어도 세 번은 볼 수 있도록 여러 곳에 붙여 놓는다. 나는 그 목적에 대한 맹세를 여러분의 의식적인 마음과 무의식적인 마음 모두에 깊이 새길 것을 제안한다. 왜냐하면 그 목적을 달성하는데 필요한 에너지를 방출시키는 곳이 그 마음이기 때문이다. 가치 있는 목적을 설정하는 것이 성공에 이르는 길로 들어서는 첫걸음이라면, 그 다음 걸음은 믿음이다. 즉 목적을 성취할 수 있다는 확신이다. 여러분은 자신이 설정한 목적을 성공적으로 성취해 내는 자신의 모습을 흔들림 없는 이미지로 마음에 담고 있어야 한다. 이 성공 이미지가 생생할수록 그 목적은 좀 더 성취 가능하게 된다. 위대한 운동선수들은 항상 이것을 알고 있다. 장대높이 뛰기 선수는 장대 위를 넘어 날아가는 자신의 모습을 이미지로 그리고, 축구 선수들은 공을 찰 때는 머리를 숙이지만 마음의 눈으로는 몇 초 후에 벌어지기를 원하는 상황을 이미지로 그려 낸다... 운동선수들이 발생할 이미지를 강하게 그리면 그릴수록 더 자신감을 갖게 되고, 성공할 확률은 더 높아지게 된다. (Pauk & Owens, 2011, pp.14-15에서 재인용)

이렇게 꿈이 이루어진 모습을 마음속에 이미지화하는 활동을 꿈의 시각화라고 한다. 꿈의 시각화를 할 때는 몸과 마음을 이완시킨 상태에서, 눈을 감고 편안한 자세로 꿈이 이루어진 모습을 상상하면 효과적이다. Vorderman(2016)은 이것을 꿈을 "내면의 영화"(Inner Movie)로 만들어 상영하는 것이라고 표현했는데, 이 내면의 영화를 매일 상영하면 그 꿈을 향해 매일의 삶들을 즐겁고 일관되게 살 수있으며, 어려운 일에 부딪히더라도 굴하지 않고 꿋꿋하게 극복할 수 있게 된다. "상상을 통해 꿈을 성취한 모습을 이미지화 하는 것은 그 이미지가 무의식적으로 마음속에 새겨지도록 잠재된 엄청난 에너지가 무의식에서 의식의 세계로 흘러나오게 만들고, 삶에 놀랄만한 변화를 일으키게 한다."(Pauk & Owens, p.6에서 재인용).

* 다음과 같은 활동을 통해 꿈을 마음에 새기도록 해 보자.

〈 _____ 의 비전 보드〉

1. 비전 보드를 만들어 집 안 잘 보이는 곳 세 군데에 붙여 놓고 사진을 찍어 아래 빈칸에 넣어 보자.

2. 나의 꿈이 이루어진 모습을 매일 상상하며 마음에 새기고 있는지 점검해보자.

나의 꿈	일일 점검								
	1	2	3	4	5	6	7	8	9	10
	11	12	13	14	15	16	17	18	19	20
	21	22	23	24	25	26	27	28	29	30

3. 꿈을 이루기 위해 계획하기

꿈이 이루어진 모습을 매일 상상하고 마음에 새기는 활동을 하는 동시에 꿈을 이루기 위한 계획도 세워야 한다. 꿈이 도착지라면 계획은 그곳에 당도하는 길이다. 계획을 세우는 일은 지도를 그리는 것과 같아, 어디서 출발해서, 어디로 향하는지, 어디서 멈출지를 설계하는 것이다.

목적지에 도착하는 길은 여러 가지가 있듯이, 꿈을 이루기 위한 계획도 하나가 아니라 여러 가지인 경우가 있을 수 있다. 따라서 최선의 계획을 세우는 일이 필요하다. 최선의 계획은 처음부터 분명하게 드러나지 않는다. 계획의 초안을 마련한 후 일정 시간을 두고 융통적으로 사고하며 완성해야 한다. 그리고 중간에 장애물이 생기면 계획을 바꿀 수도 있다. 처음부터 완벽한 계획을 세우기는 어렵기 때문에, 초안을 마련한 다음 다른 사람들과 상의하는 것이 좋다. 특히 자녀가 부모, 교사, 기타 멘토와 계획을 상의하도록 하는 것은 나중에 자녀가 계획을 실천에 옮길 때 도움을 받을 수 있어서 중요하다.

꿈을 이루기 위해 계획을 세울 때는 삶의 **목표 피라미드**를 사용하는 것이 좋다. 삶의 목표란 "삶의 목적을 성취하기 위해 단계적으로 나누어 설정한 성취 결과"이다(Luckie & Smethrust, 1998, p.44). 삶의 목표는 삶의 목적보다 특정적이고 단기적이어서 즉시적으로 행동의 방향을 안내하는 역할을 한다. 그리고 공부에 능동적이고 적극적으로 임하도록 하는 촉매제의 역할도 한다. 목표를 설정할 때는 현실적인 자세로 임한다. 너무 높은 목표를 설정하지 않는다. 너무 높은 목표는 실패의 연속으로 이어져 좌절, 과도한 스트레스, 우울증을 경험하게 만들 수 있다. 목표는 적절한 수준의 노력을 통해 성취할 수 있는 범위 내에 있는 것이어야 한다. 그렇게 했을 때 목표 성취감을 맛볼 수 있으며, 이것이 자기 효능감을 높여 주고, 미래 성취의 표준을 좀 더 높은 수준으로 올려 주는 역할을 하게 된다(Bandura, 1977; Zimmerman, 2000). 아울러 삶의 목표는 고정적인 것이 아니라 자녀들이 상급 학년으로 진학하면서 바뀔 수 있다. 목표는 변할 수 있으나, 목표 설정 작업 그 자체는 공부에 대한 학습 동기와 집중력을 높여 주고, 학교생활을 일관성 있는 방향으로 영위해 나가도록 해주기 때문에 중요하다(Fry, 2011).

목표 피라미드는 장기목표, 중기목표, 단기목표로 구성되는데, **장기 목표로부터 시작하여 단계적으로 계획**을 세운다(Fry, 2011). **장기목표**는 목표 피라미드의 정상에 해당하는데 지금부터 3년, 5년, 또는 10년 뒤에 도착하고 싶은 위치, 또는 하고 싶은 것을 적는다. **중기목표**로는 장기목표에 이르는 중간 목표들을 적는다. 이 목표들은 장기목표로 이어지는 중대 사건들 또는 단계들을 말한다. 자녀들에게는 초·중등학교 학교 급별 목표 또는 학년별 목표에 해당한다. 단기목표로는 비교적 단기간 내에 성취할 수 있는 좀 더 작은 단계들을 적는다. 목표 피라미드의 맨 아래에 해당된다. 자녀들에게는 학기별 목표, 월별 목표 또는 주별 목표에 해당된다. **단기목표**들은 현실적인 스케줄을 감안하여 매우 구체적이고 현실적이고 경영 가능한 것들로 설정하여야 한다. 성취하기 어려운 목표의 설정은 오히려 학습 동기를 떨어뜨린다(Vorderman, 2016). 단기목표들의 성취 여부를 수시로 점검하고, 너무 높거나 낮으면 현실적으로 재조정한다.

다음과 같은 그림을 만들어 목표들을 기록한다.

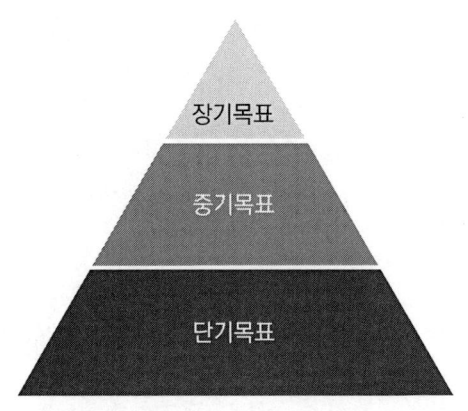

목표 피라미드의 설계는 **생애설계**라고도 하는데, 다음과 같은 반성적 숙고를 필요로 한다.

① 지금 현재 나의 위치는 어떠한가?
어떤 위치에 오르고 싶은가? 어떻게 그 위치에 오를 것인가?
② 나의 강점과 약점이 무엇인가?
이것을 초·중등학교와 대학 교육을 통해 어떻게 강화하고 보완할 것인가?
③ 미래 성인이 되어 내가 하고자 하는 일을 할 때 필요한 지식과 기술은 무엇이고 그것을 습득하는 방법은 무엇인가?
④ 나는 어느 것에 흥미를 가지고 있는가?
그 흥미가 단순히 취미인가? 아니면 나의 진로를 개척하는데 사용될 수 있는 강력한 동기 원천인가?

4. 꿈을 이루기 위한 계획을 실천하기

꿈을 이루기 위해 목표 설계를 한 후에는 그 계획을 실행에 옮겨야 한다. 그러나 계획을 실행에 옮기는 일은 쉽지 않다. 그 이유는 사람들에게는 계획을 지연시키려는 성향이 있기 때문이다. 지연 현상은 계획을 실천해야 하는 이유는 알지만, 실천하지 못하는 자신의 상황에 대한 이유 혹은 변명들을 먼저 생각하기 때문에 생긴다. 즉, 머리로는 실천의 논리적 타당성에 대해서는 인정하나, "내가 처한 환경이 이러하니…못하고," "나는 개인적으로 이러이러하니 …못하고" 등의 핑계를 대면서 계획 실천을 지연시키는 것이다.

계획 실천을 지연시키고자 하는 마음을 극복하는 일은 지혜와 용기를 필요로 한다. 다음과 같이 계획 실천을 방해하는 환경적 요인과 개인적 요인을 찾아 글로 열거하고, 해결 방안을 도출해 내는 것이 지연 현상을 극복하는 좋은 방법이 된다.

* 계획 실천을 방해하는 요인과 해결 방안을 적어보자.

계획 실천을 방해하는 요인	해결 방안
환경적 요인	
개인적 요인	

　사람은 "무엇이 나를 궁극적으로 행복하게 만들 수 있는가?"라는 질문을 하고 그 답을 고민하는 삶을 사는 것이 중요하다. 행복은 사람들이 추구해야 할 중요한 가치이다. 그 이유는 행복이 인간 삶의 기본을 정의해 주기 때문이다. 즉 행복은 ① 삶의 목적과 일상의 문제들에 대한 답을 제공해 주고, ② 인생의 수많은 교차로에서 나아가야 할 방향을 제공해 주고, ③ 삶의 활동들을 구체화하고 명료화해주고, ④ 재능과 에너지를 중요한 것을 성취하는데 집중시키도록 해 준다(Pauk & Owens, 2011).

　행복은 좋은 영양분을 섭취하는 것이나 적절한 운동을 하는 것과 같이 건강에 중요하고, 행복하면 스트레스를 덜 느끼게 되고, 몸이 아플 경우에는 강력한 치료의 힘도 발휘한다. 그러나 사람들은 삶이 바쁘다 보니 행복을 사치라고 보는 경향이 있다. 많은 사람들은 삶을 영위해 가면서 행복은 불가능하다고 믿고, 진정한 행복은 인간이 통제할 수 없는 목표라고 생각한다. 이것은 틀린 생각이다. 행복은 인간이 통제할 수 있고 삶에 있어 필수적이다.

 부모뿐만 아니라 자녀도 행복해야 한다. 비록 공부하는 일이 힘들어도 그 공부 속에서 행복을 찾아야 한다. 그 방법이 꿈을 갖고 공부하는 것이다. 인간이 삶을 사는 이유는 행복하기 위함이고, 꿈을 갖고 공부하면 그 공부가 행복한 일이 되도록 해 준다. 자녀도 "무엇이 나를 행복하게 만들 수 있는가?"라는 질문을 자신에게 제시하고 그 답을 생각하며 공부하는 삶을 살아야 한다. 그렇게 했을 때 하루하루 의미 있게 시간을 보내며 공부와 삶이 즐거워진다.

제2절
시간 관리 기술

꿈을 이루기 위한 계획을 세운 후에는 시간을 관리하며 공부해야 한다. 사람에게 주어진 시간은 제한적이고, 사람은 시간을 느리게 가도록 하거나 빨리 가도록 할 수 없다. 저축도 할 수 없다. 사람이 시간에 대해 할 수 있는 일은 시간을 어떻게 사용할 것인지에 대해 결정하는 것뿐이다. 프랑스의 철학자 Jean de La Bruyère는 "시간을 가장 잘못 사용하는 사람들은 시간이 짧다고 불평하는 사람들"이라고 지적했다. 학창 시절은 시간이 정해져 있고 추후 인생을 결정하는 결정적 시기이다. 그 정해진 시간을 얼마나 잘 사용하느냐에 따라 미래가 상당 부분 결정된다.

1. 시간을 계획해서 사용해야 하는 이유

사람들 중에는 시간을 계획하는데 시간이 들어가기 때문에 시간을 계획하지 않는다고 말하는 사람들이 있다. 그러나 시간을 계획하는데 들어가는 시간은 매우 적어 그것은 핑계일 뿐이다. "시간을 계획하는데 실패하는 것은 실패를 계획하는 것과 마찬가지이다"(Hollins, 2021, p.104).

시간을 계획해서 사용해야 하는 구체적인 이유는 다음과 같다(Cottrell, 2019; Fry, 2011; Smith & Smith, 1990).

첫째, **학업성취에 직접적으로 영향을 미치기 때문**이다. 학업 성취에 영향을 미치는 시간의 두 가지 요인은 ① 얼마나 많은 시간을 공부에 투자했느냐? ② 얼마나 시간을 잘 사용했느냐? 이다. 즉, 공부 시간의 양과 시간 사용의 방법이 직접적으로 학업성취에 영향을 미친다. 체계적인 시간 계획을 통해 공부에 좀 더 많은 시간을 투자하고 주어진 시간을 잘 사용하면 학업성취를 높이고, 수능시험, 자격시험, 승진시험과 같이 중요한 시험에서 성공할 확률을 높이게 된다. 무계획적인 시간 사용은 공부는 물론 삶에도 비효과적인 결과를 초래한다.

둘째, **공부에 게으름을 덜 피우게 만들기 때문**이다. 일의 난이도를 현실적으로 평가하고 그에 따라 적절하게 시간을 할당하게 되면, 일을 지연시키려는 경향이 줄어든다. 그리고 시간을 어떻게 사용할지에 대해 그 스케줄을 글로 작성해 놓으면 그 계획은 좀 더 실천 가능한 것이 됨에 따라 게으름을 피우지 않고 실천으로 옮길 수 있는 가능성이 높아지게 된다.

셋째, **공부를 좀 더 생산적으로 만들기 때문**이다. 시간 계획은 공부하는 시간 외에도 휴식, 운동, 특별활동 등 공부 외의 다른 활동에 소요되는 시간들과 균형을 맞추어 짜게 된다. 이렇게 시간 계획을 하면 공부에 할당된 시간에는 그 시간을 알차게 사용할 동기가 생겨, 공부에만 집중하도록 하여 그 시간을 좀 더 생산적으로 사용하도록 만든다. 그리고 **시간의 덫**(Time Trap)에 걸리지 않도록 돕는다. 자녀들은 종종 학교에서 학원으로, 그리고 체육관으로 허둥지둥 쫓아다니며, 걷거나 달려가면서 점심을 허겁지겁 먹고 때우곤 한다. 이렇게 되면 자녀들은 시간의 덫에 걸린 노예이자 하인이 된다. 그러나 시간을 어떻게 사용할지에 대한 스케줄을 만들고 움직이는 사람은 시간을 통제하는 자유인이자 주인이자 상전이다. 시간 계획은 계획한 대로 일을 체계적으로 추진하게 하여 시간의 덫에 매몰되지 않고 공부를 생산적으로 하도록 해 준다. 아울러, 시간 계획은 학습의 진보를 평가하도록 도와준다. 예를 들어, 일주일 동안 읽어야 할 75페이지 분량의 읽기 과제 중에서 60쪽을 금주에 읽었다면, 다음 주에 나머지 부분을 마저 읽을 시간을 조금 더 확보하는 것은 어려운 일이 아니다. 이 과정에서 자녀는 자신의 학습 진보를 평가할 수 있게 되고, 공부에 좀 더 생산적으로 임할 수 있게 된다.

넷째, **중요한 일을 우선적으로 하도록 돕기 때문**이다. 해야 할 일에 비해 시간이 부족한 것은 보편적인 현상이다. 따라서 우선적으로 해야 할 중요한 일에 먼저 시간을 배당하고, 나중에 해도 되는 일은 나중에 하도록 시간을 배당하는 일이 필요하다. 중요한 일에 우선적으로 시간을 배당하면 덜 중요한 일에 시간을 많이 투자하느라 중요한 일에 시간이 부족해지는 실수를 예방할 수 있다. 현대의 자녀들은 할 일이 많은데 이 모든 것들을 시간 계획을 하게 되면 할 일들의 순서가 매겨져서 시간 갈등이 사라진다. 만약 시간 갈등이 생기면, 이것들을 미리 알 수 있어 시간 계획을 재조정하여 일들에 투자되는 시간 갈등을 없앨 수 있다.

이렇게 시간 계획을 통해 할 일들에 대한 우선순위를 조정하고 삶을 살게 되면 학습에 시간을 잘 사용하여 보다 나은 성적을 얻게 되고, 다른 일들(예: 방과 후 활동, 취미 활동 등)에 좀 더 시간을 할당할 수 있게 되면서 **좀 더 즐겁고 현명한 삶**을 살 수 있게 된다. 다음과 같은 방법으로 무엇을 언제 우선적으로 할 것인지 명료화한다.

① 해야 할 일들의 목록을 작성한다.
② 핵심적인 일들을 표시한다.

③ 이 중에서 긴급한 일들을 확인한다.

④ 긴급한 일들 중에서도 완수하지 않으면 심각한 문제가 발생하는 아주 중요한 일들을 확인한다.

⑤ 이렇게 확인한 중요한 일들의 우선순위를 매긴다.

⑥ 우선순위별로 완수하는데 걸리는 시간을 정한다.

⑦ 혹시 빠뜨린 중요한 일은 없는지 생각한다.

⑧ 우선순위별로 중요한 일들을 시간 계획표에 기록하되 시작 시간과 종료 시간을 써 넣는다.

다섯째, **벼락치기 공부로 인한 스트레스를 피할 수 있게 해 주기 때문**이다. 시간 스케줄에 따라 평소에 공부하게 되면 시험 기간이 임박해 벼락치기 식 공부를 할 수 밖에 없는 스트레스를 피할 수 있다. 시간을 효과적으로 사용하도록 계획을 세우면 한 학기 동안 해야 할 일에 대한 전반적인 개관을 할 수 있다. 즉 한 학기 동안 해야 할 일에 대한 전체 그림을 볼 수 있는 **새의 눈**(Bird's-Eye View)을 얻을 수 있다. 이런 새의 눈을 얻어 큰 그림을 얻게 되면 시험과 같은 중요한 일을 앞두고 허둥지둥 시간에 쫓기지 않을 수 있으며 시험 대비 시간을 사전에 계획하여 사용함으로써 목표의 성공 확률을 높이게 된다.

여섯째, **삶에 여유를 제공해 주기 때문**이다. 시간 계획을 통해 일을 시작하고 끝맺는 시간을 정해 놓으면 공부에 대한 염려를 잊는데 도움이 된다. 그러나 이런 시간 계획이 없으면 자녀들은 "그 일을 해야 하는데…"라는 염려가 머릿속에 계속 맴돌게 되고, 혹시 일을 마치지 못하기라도 하면 죄책감에 시달릴 수 있다. 시간 계획은 이런 죄책감에서 벗어나 삶에 여유를 갖도록 해 준다. 쉬는 시간이나 운동하는 시간도 시간 계획을 통해 정해 놓으면 그런 일들도 마땅히 보상받아야 할 가치 있는 일이 되어 죄의식을 느낄 필요가 없게 된다.

일곱째, 잃어버린 시간을 찾아 공부에 투자할 수 있도록 해 주기 때문이다. 해야 할 일들을 시간 계획에 따라 실행에 옮기게 되면 그 일들이 실제로 시간이 얼마나 걸리는지 알게 된다. 그러면 각 활동을 하는 최적의 시간이 얼마인지 계산할 수 있게 되고, 그 시간이 많거나 적으면 적절히 조정할 수 있게 된다. 또 어디에서 시간을 낭비하고 있는지 알게 되어, 그 낭비되는 시간을 효과적으로 사용하도록 해 준다.

2. 효과적인 시간 사용 전략

시간은 누구에게나 똑같이 주어져 있다. 문제는 얼마나 시간을 효과적으로 사용하느냐이다. 사람들의 능력은 대개 비슷하기 때문에 공부에 시간을 좀 더 많이, 그리고 효율적으로 쓰게 되면 더 나은 학업 성취를 올릴 수 있다.

다음 두 가지 전략은 **시간을 효과적으로 사용하는 전략**이다(Pauk & Owens, 2011).

첫째, **숨겨진 시간을 잘 사용**하는 것이다.

우리 삶에는 무심코 흘려버리는 숨겨진 시간과 자투리 시간들이 많다. 이 시간들은 하루로 보면 얼마 되지 않지만, 한 달, 일 년으로 보면 많은 시간이다. 이 시간들을 잘 사용하면 남보다 더 많은 시간을 공부에 투자할 수 있게 된다. 다음은 **숨겨진 시간을 잘 사용하는 전략**이다.

① 기다리는 시간을 이용하여 학습 카드를 공부한다.

학원차나 버스, 전철 등을 기다리거나, 병원에서 대기하는 등의 시간은 학습 카드를 공부하기에 적절한 시간이다. 학습 카드란 주머니에 넣어 가지고 다닐 정도 크기의 카드에 공부할 내용을 기록해 놓은 카드이다. 기다리는 시간은 지겨운 시간이 될 수 있는데, 학습 카드를 사용하여 공부하면, 공부도 하면서 마음 편하게 기다리게 만드는 일석이조의 효과가 있다.

② **소소한 일거리를 하는 시간에도 공부를 병행**한다.

머리를 빗거나, 화장실을 이용하거나, 방 청소를 할 때 학습 카드를 보기 쉬운 곳에 붙여 놓고 동시에 공부한다. 운동을 하거나, 이동을 하거나, 옷을 입는 등 몸을 움직이는 시간에는 공부한 내용을 녹음한 것을 들으면서 하면 동시에 두 가지 일을 할 수 있다. .

③ **학교 휴식 시간에 복습**한다.

사람의 망각은 학습 직후에 가장 빠른 속도로 일어난다. 인간이 어떤 내용을 잘 기억하려면 이 망각을 더디게 해야 한다. 따라서 학교에서 각 수업이 끝난 후 주어지는 10분 쉬는 시간에 방금 전 끝난 수업에서 배웠던 것을 회상하면서 복습하는 것이 좋은 전략이다. 그리고 시간이 남으면 다음 시간에 배울 것을 잠깐 예습하는 것이 다음 수업 내용의 이해를 높이는 방법이 된다. 10분의 짧은 휴식 시간이라도 매일 이렇게 활용하면 하루, 일주일, 한 달, 일 년이 되면 꽤 많은 시간을 효과적으로 공부에 투자하게 된다.

④ **잠재의식을 사용**한다.

사람들은 침대에 누워 잠에 들기 전까지 자신도 모르게 생각해 오던 문제에 대한 답이나 좋은 아이디어로 홀연히 생각에 잠기는 경우가 있다. 이것은 의식적인 마음이 쉬는 동안에 잠재의식이 작용하여 문제에 대한 답이나 아이디어를 얻게 하는 것으로, 이 때 떠오르는 아이디어나 해결책을 기록하는 습관을 들이면 좋다. 창의적인 사람들은 침대 곁에 메모지와 연필을 놓고 이런 잠재의식이 주는 아이디어들을 기록하곤 했다. 예를 들어, 생리학 분야에서 노벨상을 수상했던 Albert Szent-Györgyi는 "나는 항상 문제를 생각하면서 잠자리에 든다. 그러면 나의 뇌는 잠잘 때 그것에 대해 지속적으로 생각을 한다. 낮에는 생각나지 않았던 질문에 대한 답이 한밤중에 자다가 깨면 내 앞에 앉아 있다."라고 진술했다(Pauk & Ownes, p.27 재인용). 잠재의식 상태는 반의식적 상태(Half-Awake State)로서 뇌의 알파파(Alpha Wave)가 느리게 작동하며 긴 지속시간을 보이게 되는데, 이때 생각했던 정보는 나중에 깨어 의식 상태로 돌아오면 기억될 확률이 높아지게 된다(Martinez, 2010).

⑤ **하루 생활 활동일지를 작성하여 숨겨진 시간을 찾아 효과적으로 사용한다.**

하루 생활 활동일지란 아침에 기상해서 저녁 잠자리에 들 때까지의 주요 활동들에 대해 각 활동을 시작한 시간과 끝낸 시간을 기록한 일지를 말한다. New York 대학의 Brian Poser 교수는 일주일 168시간 중에, 84시간을 잠자기, 먹기, 목욕하기, 몸치장하기, 통근하기 등으로 쓰고, 공부나 그 밖의 일 처리를 할 시간은 84시간뿐임을 밝혀냈다(Hansen & Hansen, 2008). 하루 생활 활동일지의 기록을 통해 어디에 시간을 의미 있게 보냈고, 어디에서 시간을 낭비했는지 정확히 파악하여, 숨겨진 시간을 공부에 의미 있게 사용하도록 한다.

* 다음과 같은 표를 사용하여 숨은 시간을 찾아낸 후 의미 있게 사용할 계획을 세워보자.

시작 시간	종료 시간	사용한 시간	활동 내용	수정이필요한점
7:45	8:15	30분	세면·옷입기	화장실 거울에 단어카드 붙이고 양치하며 암기하기

다음과 같은 점검표를 사용하여 숨겨진 시간을 공부에 투자하는 습관을 들이기를 권장한다.

* 숨겨진 시간을 잘 사용하는 전략 5가지를 실천하고 있는지 일주일 동안 점검표를 만들어 확인해 보자.

숨겨진 시간 사용 전략	점검표						
	일	월	화	수	목	금	토
기다리는 시간에 학습 카드 공부하기							
자유 시간에도 공부 병행하기							
10분 휴식 시간에 복습과 예습하기							
잠재의식 사용하기							
하루생활 활동 일지를 작성하여 숨겨진 시간을 찾아 공부하기							

둘째, 시간 사용 습관을 긍정적으로 바꾸는 것이다.

시간 사용은 하나의 습관이다. 다음 전략들을 사용하여 시간을 긍정적으로 사용하는 습관을 들인다(Cottrell, 2019; Hollins, 2021; Longman & Atkinson, 1988; Luckie & Smethrust, 1998; Mcmurray, 2011; Pauk & Owens, 2011; Smith & Smith, 1990; Sotiriou, 1989; Vorderman, 2016).

① **Parkinson의 법칙을 거꾸로 이용**한다.

Parkinson의 법칙은 사회과학, 경제학에서 자주 언급되는 이론으로, '일의 양은 할당된 시간에 맞추어 늘어난다.'는 원리를 나타낸다. 즉, 1시간짜리 일에 2시간을 할당하면 2시간짜리 일로 늘어난다는 것이다. 그래서 사람들은 항상 시간이 부족하고 일이 많다고 불평을 한다. 따라서 시간 부족을 피하려면 이 법칙을 거꾸로 이용하면 된다. 즉, 각 과제를 만족스럽게 완수하는데 필요한 마감 시간을 정하고 그 마감 시간을 지키기 위해 노력하는 것이다. 그리고 목적을 이루었으면 그 때마다 자신에게 작지만 즐거운 활동으로 보상을 한다. 예를 들어, 친구와 한담을 하거나, 산책을 하든지, 음악을 듣든지, 스낵을 먹든지 한다. 그러나 마감 시간 내에 과제를 완수하지 못했으면 그런 보상을 보류하고 다시 시간을 조정한다.

② **알람시계에 복종한다.**

사람들은 잠자리에서 일어나려고 알람을 맞춰 놓지만 그 알람을 다시 꺼 버리는 경우가 자주 있다. 그러나 알람시계에 복종하여 알람이 울리면 즉시 일어나는 습관을 갖는다. 그러지 않으면 시간 스케줄에 맞추어 하루 일과를 수행해 내기 어렵다. 생리학자 Smith Ryan에 따르면 "두뇌는 신체의 다른 근육들과 크게 다르지 않다. 매일 규칙적으로 해야 할 일을 함으로써 두뇌가 규칙적인 리듬에 익숙해지도록 하면 두뇌는 가장 잘 작동한다."(Pauk & Owens, p.27에서 재인용).

③ **잠깐 잠깐의 휴식 시간을 가진다.**

공부를 할 때 두뇌가 규칙적으로 휴식하고 이완할 수 있도록 시간을 주어야 한다. 왜냐하면 어느 누구도 장기간 공부에 집중할 수 없기 때문이다. 휴식은 비가동 시간(Down-Time)이 아니라 다음 학습을 위해 에너지를 재충전하는데 사용되는 시간이다(Hollins, 2021). 따라서 하루 일과를 수행하는 중에 잠깐 잠깐의 휴식 시간을 가지는 것이 중요하다. 휴식 시간 없이 장기간 학습하는 것보다 여러 번 휴식 시간을 가지며 학습하는 것이 이해도를 높인다. 30분간 공부하면 5분, 1시간 공부하면 10분, 2시간 공부하면 20분씩 휴식 시간을 갖는 것이 좋다. 그리고 쉴 때는 잘 쉬는 것이 중요하다. 즉, 휴식 시간에는 몸과 마음을 충분히 쉬도록 하는 데에만 사용한다. 인터넷이나 기타 잡일을 하지 않는다. 휴식 시간에 잘 쉬려면 ⓐ 책상에 앉아 있지 말고 자리를 벗어나서, ⓑ 물을 마셔 신체에 수분이 충분히 순환되도록 하고, ⓒ 샤워를 하거나, ⓓ 밖으로 나가 신선한 공기를 마시며 걷거나 스트레칭 등 가벼운 운동을 한다. 그래야 휴식 시간이 보상으로 작용하여 휴식 시간을 기다리면서 공부하는 것이 재미있어지고, 휴식 후 제자리에 돌아오면 좀 더 기분이 상쾌해지고, 에너지가 충전되어 뇌의 인지적 기능이 활성화된다.

④ **신체가 보내는 신호에 귀를 기울인다.**

사람은 **하루 주기 리듬**(Circadian Rhythms)에 종속되어 살고 있어, 정신이 맑게 깨어 있을 때와 노곤하고 졸릴 때가 주기적으로 반복되는 상태에 놓인다. 대개 사람은 새벽 전 몇 시간과 이른 오후 중반(mid-afternoon, 3-4시 즈음)을 포함하여 12시간 동안 졸린 상태가 되고, 아침나절(mid-morning)과 저녁나절(mid-evening)을 포함하여 12시간 동안 정신이 깨어 있는 상태가 된다. 따라서 하루주기 리듬에 따라 깨어 있을 때 공부하고 노곤하고 졸린 때에는 휴식을 취하는 것이 좋다.

구체적으로 하루 주기 리듬을 효과적으로 사용하는 전략은 다음과 같다.

ⓐ **두뇌를 많이 사용해야 하는 과제는 아침과 저녁에 하는 것이 좋다.**

이때가 정신이 가장 깨어 있는 시간이므로 읽고, 쓰고, 문제를 해결하는 등 생각할 일이 많은 과제, 예를 들어, 중요 과목의 과제를 학습하는 것이 좋다. 아울러 어려운 과제는 시간을 나누어 공략한다. 예를 들어 어려운 수학 과제 10문제를 주어진 시간에 모두 공략할 경우 지치기 쉽다. 이럴 때는 시간을 나누어 과제를 공략한다. 예를 들어, 1번 문제를 공략하고, 2번 문제를 읽고 생각해 본 후, 4분간의 휴식 시간을 갖고, 2번 문제로 돌아와 공략하는 식으로 한다. 논술 과제의 경우에도, 관련 단원에서 중요한 정보들을 노트하기(45분), 노트한 것들을 읽고 생각하기(30분), 논술 구조를 계획하기(30분), 글쓰기(2시간)로 과제를 작게 나누어 중간 중간 쉬면서 공략한다.

(b) **신체적 활동은 오후에 하는 것이 좋다.**

체육 활동, 현장 견학, 실험실 작업(Lab Work), 심부름 등 신체적 활동을 요구하는 활동은 오후 중반에 하는 것이 좋다. 이 시간대에 조용히 앉아서 하는 활동은 졸린 상태에서 하는 것이라서 학습 효과가 떨어진다. 오후 중반 시간대에 조용히 앉아 공부를 해야만 한다면 커피 한잔 정도는 졸린 상태에서 벗어나는데 도움이 된다.

(c) **주말에 졸음 유혹을 이긴다.**

토요일이나 일요일이 되면 사람들은 느슨해지고 밀린 잠을 자면서 휴식을 즐기려고 한다. 그러나 주중과 주말의 수면 패턴이 바뀌면 그 다음 주에 무기력해지는 등 부정적인 연쇄 반응이 일어난다.

(d) **오전에 읽고 오후에 검토**한다.

오전 9시 경에 단기 기억이, 그리고 오후 3시 경에 장기기억이 가장 활성화되어 있기 때문이다.

⑤ **최적의 학습 시간**(Prime Study Time)을 찾아 공부한다.

최적의 학습 시간이란 주의 집중과 기억을 최고로 잘 할 수 있는 시간대를 말하는데, **프라임 타임**(Prime Time)이라고도 한다. 이 시간대가 **정점 수행 시기**(Peak Performance Period)이고, 대부분의 사람들은 아침에 정신 상태가 가장 맑기 때문에 평소에 어렵게 느꼈던 내용이나 많은 생각을 필요로 하는 내용을 이때 공부하는 것이 좋다. 그러나 일부 소수의 사람들은 저녁에 공부하는 것이 효과적인 경우도 있다. 하지만 이런 경우에도 새벽 늦게까지 공부하는 것은 다음 날의 공부에 역효과를 일으키기 때문에 비효과적이다. 자신에게 최적 학습 시간이 언제인지 잘 관찰하여 그 시간대에 어려운 과제를 할당하여 집중적으로 공부하도록 한다. 공부가 잘되는 시간에 노는 계획을 세우고, 공부가 잘 안되는 시간에 공부할 계획을 세우는 것은 어리석은 일이다. 자신의 학습 스타일과 수면 습관을 고려하여 최적의 학습 시기를 정한다. 아침 일찍 일어나고 아침에 공부가 잘 되는 사람은(종달새 형) 아침에 공부하고, 저녁에 늦게 자고 저녁에 공부가 잘되는 사람은(올빼미 형) 저녁에 공부하는 것이 좋다.

프라임 타임에는 다음과 같은 활동들을 한다.

(a) 하루의 학교 수업에서 노트 필기한 내용들을 복습한다.

각 교과 수업 시간에 노트한 내용을 5-10분 정도씩 할애하여 복습한다. 중간고사나 기말고사에 출제될 수 있는 내용인지 생각하며 복습한다.

(b) 다음 날 학교 수업에서 공부할 내용을 예습한다.

교과서나 관련 도서를 개관하고 훑어보기를 한다.

(c) 기억해야 할 중요한 내용은 학습 카드로 만든다.

프라임 타임을 활용하여 이렇게 모든 교과를 매일 조금씩 복습하고 예습하는 사이클을 지속하게 되면 (a) 학업에서 뒤처지는 일은 발생하지 않게 되고, (b) 편안한 마음으로 잠을 잘 수 있고, (c) 학교생활이 즐겁고, (d) 사회적 활동과 신체적 활동을 여유롭게 할 수 있는 시간을 확보하게 된다.

⑥ **학습할 수 있을 때 학습**한다.

정점 수행 시기를 항상 확보하는 일은 쉽지 않아, 상황이 허용하는 곳에서는 그 상황에 적절한 난이도와 중요도의 내용을 공부한다.

⑦ **수업 직후와 직전에 복습과 예습**을 한다.

수업 직후에 복습하고 수업 직전에 예습을 하면 **망각을 더디게 하고 기억을 높일 수 있다**. 10분 정도의 휴식 시간이라도 (a) 방금 전 교과 시간에 배운 것을 검토하고 (b) 다음 교과 시간에 배울 것도 예습하는 습관을 들이는 것이 좋다. 쉬는 시간이 짧아 제대로 검토가 안 되는 내용은 점심시간의 일부를 활용하여 복습과 예습을 한다.

⑧ **공부할 때 피곤함과 지루함을 느끼면 해소하는 전략을 사용한다.**

사람은 장시간 공부하면 피곤함과 지루함을 느끼게 된다. 이런 경우 다음과 같은 해소 전략을 동원하여 피곤함과 지루함을 없애고 다시 공부에 임하도록 한다.

(a) **잠깐 새우잠을 잔다.**

피곤으로 공부하기 어려우면 20분 정도 잠깐 새우잠을 잔다. 매우 피곤하더라도 **40분을 넘기지 않는 것이 좋다**. 40분이 넘어가면 다른 단계의 수면 상태로 들어가게 되고, 깨더라도 전보다 더 피곤함을 느낄 수 있다.

(b) **음료수를 마신다.**

한 컵 정도의 커피나 차, 음료수는 몸을 상하게 하지 않으면서도 피곤함과 지루함을 잠깐 해소시켜 준다. 그러나 카페인의 각성 기능은 어느 수준에 도달하면 역기능이 있어 이전보다 더 피곤함을 줄 수 있으므로 과도하게 마시지 않는다.

(c) **방안이 더울 경우 온도를 낮춘다.**

방안의 온도가 높으면 나른함을 유발할 수 있으니 온도를 적정 수준으로 조정한다.

(d) **다리 운동을 한다.**

자리에서 잠시 일어나 걷거나 몸을 움직여 피곤함과 지루함을 없앤다.

(e) **학습 시간 스케줄을 재조정한다.**

좀 더 각성 수준이 높고 집중이 잘 되는 시간으로 학습 시간 스케줄을 재조정한다.

(f) **식사 시간과 수면 시간을 줄이지 않는다.**

충분히 잠을 자고 스트레스로부터 자유로운 상태를 유지하는 것은 뇌 건강과 학습에 도움이 된다(Medina, 2008). 40-50분의 식사 시간을 20분으로 단축하거나, 7-8시간의 수면을 4-5시간으로 단축하면 피곤해져서 장기적으로 공부에 해가 된다. 숙면을 취하면 그 날에 공부했던 것들을 뇌에 잘 자리 잡게 하고, 신경망을 공고히 하여 학습한 것들 간의 간극을 메꾸어 주는 효과가 있다(Vorderman, 2016). 정해진 시간에 깊은 잠을 잘 수 있도록 휴대폰을 꺼 놓고, 불을 끄고 커튼을 친 후, 편안한 침대에서 잠을 자도록 한다.

(9) 목욕을 하거나 샤워를 하고, 명상, 요가, 이완 기법을 사용하여 공부로 지친 몸과 마음을 빨리 회복한다.

⑨ 배정된 학습 시간에는 집중해서 공부한다.

공부를 위해 배정된 시간은 집중해서 공부해야 시간을 효과적으로 사용하게 된다. 공부에 집중하려면 다음과 같은 전략들이 필요하다.

(a) 공부는 공부방의 책상에서 한다.

공부를 침대나 소파에 누워서 하지 않고 공부방의 책상에 앉아서 해야 공부 집중력을 높일 수 있다.

(b) 공부방을 즐거운 곳으로 꾸민다.

공부방을 햇볕이 잘 드는 곳에 마련하고 잘 정돈하여 편안하고 자주 가고 싶은 즐거운 곳으로 꾸미면 공부할 때 집중력을 높일 수 있다(3장 4절 학습공간 관리 기술 참조).

(c) 학습 시간에는 집중에 방해받지 않도록 한다.

가족에게 지정된 학습 시간에는 TV를 크게 켜거나 기타 소음 등으로 집중을 방해하지 않도록 부탁한다. 그러나 이것이 여의치 않을 경우, 집중을 방해하는 것들을 역으로 이용하여 학습에 도움을 주도록 한다. 예를 들어, 집 안을 돌아다니면서 기억해야 할 내용을 암송하거나, 발표 과제를 프레젠테이션 하는 연습을 한다. 어떤 사람들은 몸을 움직이면서 더 잘 학습하기도 한다. 친구에게서 전화나 메시지가 오면 쓸데없는 잡담 대신 학습 내용에 대해 서로 의견을 주고받는 시간으로 활용한다.

(d) 자신에게 공부하도록 유도하는 자극을 준다.

자녀들마다 공부 유도 자극이 다를 수 있다. 알람이 울리도록 하여 공부 시간이라는 것을 상기시키거나, 학습을 끝낸 후 책상을 깨끗이 치움으로써 다음에 공부할 때 그 깨끗한 책상을 공부 유도 자극으로 삼을 수 있다. 또 물 한잔을 책상 위에 얹어 놓거나, 책 페이지를 펼치거나, 깊은 숨을 몇 분 쉬는 것을 공부 유도 자극으로 삼을 수도 있다. 아울러, 공부를 시작할 때는 공부를 상징하는 것을 사용하여 자신에게 공부 시작을 알리는 것도 공부에 임하는데 효과적이다. 예를 들어, 공부 시간이 되면 모자를 쓰거나, 머리띠를 메거나, 스카프로 몸을 감싸거나, 트롤 인형을 책상 위에 올려놓아 공부 시간이 시작되었음을 스스로에게 알리는 단서로 사용하도록 한다. 이런 물건들은 공부에만 연계하여 사용함으로써 학습할 시간이라는 것을 스스로에게 상기시키고 학습할 마음을 갖도록 한다. 그리고 이런 학습 연계 상징물들은 다른 곳에는 사용하지 않는다. 예를 들어, 학습 모자를 야구할 때 쓰고 나가지 않는다. 그러면 학습 모자는 학습과의 연계력을 잃게 되어 이런 기능을 하지 못하게 된다(Fry, 2011).

⑩ **중요한 과제는 마감일을 앞당겨 끝내도록 계획한다.**

리포트 제출이나 시험 준비 등과 같은 중요한 일은 마감일보다 일주일이나 10일 정도 앞당겨서 완수하도록 한다. 이것을 '**얼리버드 마감일**'(Early Bird Deadline)이라고 하는데, 인위적으로 마감일을 앞당김으로 일종의 '**완충장치**'(Buffer)를 마련하는 것이다. 이런 완충장치가 있어야 중요한 일들을 여유 있게 준비하고, 예기하지 않았던 일의 발생이 가져올 수 있는 위험 부담을 최소화하고, 일의 성공 확률을 높이고, 마음을 즐겁고 자신감 있게 유지하게 된다.

⑪ **일을 한 번에 하나씩 수행**한다.

꼭 필요한 경우를 제외하곤 여러 가지 일들을 동시에 수행하지 않는다. 여러 가지 일들을 동시에 수행하는 것을 **다중 작업**(Multi-Tasking)이라고 하는데 집안 청소를 하면서 녹음한 내용을 듣거나, 산책을 하면서 영어 회화 연습을 하는 경우와 같이 두 가지 일 중 어느 하나는 별 신경을 쓰지 않아도 되는 경우에만 가능하다. 그러나 동시에 두 가지 일에 깊은 주의를 기울여야만 하는 경우에는 비효과적이다. 이런 경우에는, 한 번에 하나씩 수행해야 그 일을 집중하여 끝낼 수 있고, 두 가지 일을 동시에 수행하면 일의 수행이 방해를 받게 되어 효율성이 떨어진다. 주의 집중을 동시에 요하는 활동들의 경우, 하나의 일에 집중하지 못하면 다른 것들에도 집중하지 못하게 된다. 아울러 어떤 일을 수행할 때 해야 할 다른 일들로 인해 염려가 되거든 그것들을 '나중에 할 일' 목록에 기록하여 나중에 수행하도록 한다.

⑫ **비슷한 일은 함께 묶어 수행**한다.

이메일 보내기, 전화하기, 메시지 보내기 등과 같이 비슷한 일들은 어느 날 한꺼번에 처리하는데 이는 공부하는 동안 이런 일들로 방해받지 않기 위함이다.

⑬ **다음 날 챙기고 나가야 할 물건들은 전 날 저녁에 미리 챙겨서 문 앞에 둔다.**

집을 나갈 때 그 물건을 보지 않고는 집 밖으로 걸어 나갈 수 없는 곳에 놓아둔다. 이런 조치는 다음 날 물건을 챙겨 나가느라 허둥지둥하여 중요한 것을 빠뜨리거나, 약속시간에 늦거나, 조급한 마음으로 하루를 시작하게 되는 등, 공부에 부정적인 영향을 미칠 수 있는 결과가 초래되는 걸 막을 수 있게 한다. 다음 날 가져 갈 물건들을 미리 챙겨 놓는 일은 좋은 루틴이다. 인간은 습관의 동물로서 이런 루틴을 설정하는 것은 시간을 아끼고 효과적으로 사용하는 일이 된다.

⑭ **공부를 미루려는 마음이 생기면 일의 작은 부분이라도 시작**한다.

일의 작은 부분이라도 수행하면 그것이 모멘텀이 되어 일 전체를 수행하게 되는 경향이 높아지기 때문이다. 일의 작은 부분이라도 시작하는데 도움이 되는 팁은 다음과 같다.

(a) 과제가 주어진 날 작은 부분이라도 바로 시작한다.

과제에 대해 생각을 하거나 과제를 수행할 계획을 세움으로써 소위 '공이 굴러 가도록 한다'. 공이 계속 굴러가게 하는 일은 그 공이 처음에 움직이도록 하는 것보다 훨씬 쉽다.

(b) 과제를 작은 부분들로 나눈다.

작은 부분은 잘 다룰 수 있어 한 부분에 성공한 후 모멘텀을 얻으면 과제 전체를 성공적으로 수행할 수 있게 해 준다.

(c) 5분 투자를 한다. 어떤 사람이든 5분 투자는 할 수 있다.

5분 수행하면 20-30분을 지속할 가능성이 높아지게 된다.

(d) 어떻게든 시작을 한다.

일과 관련된 쉬운 부분이나 흥미로운 부분을 일단 수행에 옮겨 아이스 브레이킹(Ice Breaking)을 한다.

(e) 일의 어떤 부분은 실제로 지루할 수 있다는 것을 인정한다.

지루한 부분이 있음을 솔직히 인정하고, 그 부분을 수행하기 위한 나름의 어떤 조치를 취한다 (예: 방 문을 닫고 좋아하는 음악을 잔잔히 틀어 놓기).

(f) 아침에 일찍 일을 수행한다.

이것은 일을 뒤로 미룰 기회를 갖기도 전에 일을 수행하도록 해 준다.

(g) 루틴을 통해 미루기를 방지한다.

습관을 긍정적으로 사용하여 미루기를 방지한다.

다음과 같이 일주일 점검표를 만들어 자신이 얼마나 긍정적으로 시간을 사용하는지 점검하고 반성하면 공부에 도움이 된다.

긍정적 시간 사용 전략	점검표						
	일	월	화	수	목	금	토
과제별로 적절하게 학습 시간을 배당하고 그 안에 끝내는가?							
알람시계가 울리면 바로 일어나는가?							
숨겨진 시간을 찾아내어 잘 활용하고 있는가?							
두뇌를 많이 사용해야 하는 과제는 아침과 저녁에 하는가?							
주말에 자고 싶은 유혹을 이기는가?							
나에게 맞는 최적 학습 시간 때에 학습하고 있는가?							
학습할 수 있을 때 학습하는가?							
수업 직후와 직전에 복습과 예습을 하는가?							
식사 시간과 수면 시간을 제대로 지키고 있는가?							
공부는 책상에서 하고 있는가?							
공부를 시작할 때 학습 유도 자극을 사용하고 있는가?							
집중을 방해하는 요인들을 잘 통제하고 있는가?							
자투리 시간을 잘 사용하는가?							

3. 3단계 시간 스케줄 짜기

시간 스케줄은 마스터 플랜, 주별 플랜, 일일 플랜의 3단계로 나누어 짜는 것이 효과적이다(Pauk & Owens, 2011).

첫째, 3단계 시간 스케줄 작성 시의 기본 지침은 다음과 같다.

① **큰 시간 블록을 낭비하지 않도록 계획**한다.
큰 시간 블록은 시간을 많이 필요로 하는 큰 과제를 위해 사용하고, 작은 시간 블록에서는 작은 과제들을 해결하도록 한다.

② **황금 시간대(Prime Time)에 공부하도록 계획**한다.
인지적 부담이 많은 활동들은 오전에, 인지적 부담이 적은 활동들은 오후에 배치하는 계획을 세운다.

③ **암기 중심의 과목은 수업 전에, 토론 중심의 과목은 수업 후에 공부하도록 계획**한다.
예를 들어, 영어나 사회 수업과 같이 암기할 내용이 많은 과목은 수업 전에 공부할 계획을 세우고, 윤리와 도덕 세미나와 같이 토론 중심 수업은 수업이 끝난 후에 공부할 계획을 세운다.

④ **너무 세세하게 계획을 세워 그것에 지나치게 얽매이지 않도록** 한다.
시간에 따른 활동 계획을 너무 자세히 짜게 되면, 시간 운영의 융통성이 부족하게 되어 계획의 노예가 될 수 있기 때문이다.

⑤ 비학업적인 활동들도 계획에 포함시킨다.

식사 시간, 잠자는 시간, 레크리에이션 시간, 친구들과 노는 시간, 운동 시간 등 삶에 필요한 활동들도 계획에 포함시킨다. 특히 30분의 운동 시간을 마련하는 일은 심신을 쾌적하게 해 주고, 공부에 집중력을 높여 주기 때문에 충분히 투자할 가치가 있다.

둘째, 3단계 시간 스케줄 작성은 다음과 같은 순서로 진행한다.

① **마스터 플랜(Master Plan)을 작성한다.**

한 학기에 한 번 정도 계획한다. 달력에 시험, 과제 마감일, 중요한 행사 등과 같이 한 학기에 이루어지는 중요한 일들을 기록한다. 이것은 한 학기 동안 해결해야 할 중요한 일들을 개관하고 대비할 수 있도록 해 준다. 매일 매일 반복되는 고정된 활동들의 시간(예: 학교 수업 시간)을 배정하고, 그것들을 중심으로 다양한 활동들을 정렬한다. 오른쪽에는 한 주의 요일들을, 왼쪽에는 하루의 시간을 열거한 격자를 만들고, 해당되는 칸에 학교 수업, 잠, 식사, 아르바이트, 정규 미팅, 지역사회 봉사, 운동, 수업 일정들로 채운다. 4. 5 x 8 인치(13cm x 20cm 정도) 카드에 적어서 책상 위에 붙여 놓거나 공책에 붙여 가지고 다니고 보면서 늘 마음을 가다듬는다.

다음은 어느 대학생의 마스터 플랜의 예이다(Pauk & Ownes, 2011, p.33). 초·중등학교 자녀들도 그 원리는 마찬가지이다.

마스터 플랜의 예

	월	화	수	목	금	토	일
7~8				아침식사			
8~9	생물		생물		생물	세면·아침	
9~10		요가		요가		요가	세면·아침
10~11	역사		역사		역사		
11~12		스페인어		스페인어		스페인어	
12~13				점심식사			
13~14	수학	그래픽 랩	수학	그래픽 랩	수학		
14~15	영어		영어		영어		
15~16		일-학습 프로그램		일-학습 프로그램			
16~17							
17~18				저녁식사			
18~19	일-학습 프로그램		일-학습 프로그램		일-학습 프로그램		
19~20							
20~21							
21~22							
22~23							
23~24				취침			

② **주별 플랜(Weekly Plan)을 작성한다.**

마스터 플랜에 기초하여 매주 토요일이나 일요일에 만든다. 마스터 플랜을 복사하여, 다가오는 주에 계획한 활동들로 빈 블록들을 채우면 간단하다. 예를 들어, 금요일에 수학 시험이 예정되어 있다면, 시험 대비를 위해 추가 시간을 계획할 필요가 있고, 보고서를 제출해야 한다면 도서관이나 인터넷 조사를 할 시간을 계획할 필요가 있다. 주별 플랜은 변화하는 우선순위 활동들에 시간을 조절하는데 도움을 준다. 책상 위에 붙여 놓거나 공책에 붙여 가지고 다니면서 마음을 다진다. 그리고 매주 토요일이나 일요일에 그 주에 한 일들을 점검하여 빠뜨린 일이 없는지 확인한다.

다음은 어느 대학생의 주별 플랜의 예이다(Pauk & Ownes, 2011, p.35). 초·중등학교 자녀들도 그 원리는 마찬가지이다.

주별 플랜의 예

	월	화	수	목	금	토	일
7~8	아침식사						
8~9	역사	화학예습	역사	화학예습	역사	화학예습	나의 날
9~10	역사복습	수영	역사복습	수영	역사복습	수영	
10~11	불어예습	화학	불어예습	화학	불어예습	화학	
11~12	불어	화학복습	불어	화학복습	불어	화학복습	
12~13	점심식사						
13~14	수학	연구1	수학	연구1	수학		나의 날
14~15	수학복습	도서관 작업	수학복습		수학복습		
15~16	영어예습		영어공부		영어공부		
16~17	영어		영어		영어		
17~18	레크리에이션						
18~19	저녁식사						
19~20	영어공부	수학공부	영어공부	수학공부	영어공부		영어과 보고서
20~21	불어공부	역사공부	불어공부	역사공부	불어공부		
21~22	영어복습	불어복습	역사복습	수학복습	화학복습		역사복습
22~23	여가 독서						
23~24	가족대화, 취침						

위 주별 플랜을 보면 다음과 같은 특징이 있다.

(a) 월요일에서 토요일까지 다음과 같은 활동 시간이 계획되어 있다.

◇ 07:00-08:00 : 옷 입고 아침 식사하기가 들어가 있다. 1시간이 마련되어 있어 아침 식사를 서둘거나 건너뛰지 않고 옷을 차려 입을 여유가 있다.

◇ 12:00-13:00 : 1시간 점심 식사 시간이 여유 있게 마련되어 있다.

◇ 17:00-18:00 : 레크리에이션 시간이 잡혀 있다. 저녁 식사 전에 긴장을 완화시키고, 하루의 수고를 보상하고 있다.

◇ 19:00-21:00 : 체계적인 학습 시간을 마련하여 학교 수업에서의 노트와 과제를 공부하고 있다.

◇ 21:00-22:00 : 교과별 복습 시간을 마련하여 시험 대비 벼락치기를 피하고 있다.

◇ 22:00-23:00 : 여가 시간과 독서 시간을 마련하여 쉬기도 하면서 매일 자신에게 진정으로 흥미로운 책들을 읽는데 어느 정도의 시간을 마련함으로써, 낮 시간의 공부와 초저녁의 공부에 대해 스스로 보상을 하고 있다.

◇ 23:00-24:00 : 가족 대화와 잠자리에 드는 시간을 마련하고 있다. 가벼운 가족 대화와 독서는 잠을 잘 잘 수 있도록 긴장을 풀어 준다.

(b) 화요일, 목요일, 토요일에 다음과 같은 활동 시간이 계획되어 있다.

◇ 08:00-09:00 : 10시-11시 사이에 있는 화학이 가장 어려운 과목이었기 때문에, 아침 공부는 화학에 좀 더 많은 시간을 투자하고 있다. 특히 1시간 전에 하는 화학 예습은 화학 수업에 큰 도움이 된다.

◇ 11:00-12:00 : 화학 시간이 끝난 후 1시간을 화학 복습에 투자하고 있다.

수업이 끝난 후 즉시 복습하는 것은 학습한 내용을 오래 기억하고 다음 내용을 학습하는 준비로서 효과적이다.

(c) 특수 과제를 수행하기 위해 일정을 계획하고 있다.

◇ 화요일 14:00-17:00 : 학기 말 보고서를 완성하기 위해 도서관 작업을 매주 세 시간씩 잡아 놓고 있다.

◇ 일요일 19:00-21:00 : 영어과의 학기 말 보고서를 완성하기 위해 매주 2시간씩 잡아 놓고 있다.

◇ 토요일 12:00 이후 : 특별한 스케줄을 잡아 놓고 있지 않다. 이 시간은 레크리에이션 혹은, 집중적으로 시간을 투자해야 할 특별 프로젝트나 어려운 과목에 대한 이해 증진을 위해 추가적인 공부 시간으로 사용한다.

◇ 일요일 : 저녁 7시까지는 '나의 날'로 정하고 있다. 잠자리에 들기 전에 역사 과목을 공부하는데, 그 이유는 월요일 아침 첫 수업이 역사이기 때문이다.

③ **일일 플랜**(Daily Plan)을 작성한다.

매일 잠자리에 들기 전 몇 분의 시간을 들여 "내일 할 일" 목록을 작성한다. 만약 계속해서 해야 하거나 특정 일 전에 마쳐야 하는 일은 달력에 기입하여 잊지 않도록 한다. 공부 시간만 기록하는 것이 아니고, 해야 할 전화, 여가활동, 집안 일 등에 대해서도 기록한다. 이 일은 다음 날에 무엇을 해야 하는지를 기억할 필요가 없게 만들어, 긴장을 풀고 숙면을 취할 수 있도록 해 준다. 수첩이나 조그만 카드에 해야 할 일들을 우선순위에 따라 기록한 후 하루 종일 가지고 다니며 실천으로 옮긴다.

다음은 어느 대학생의 일일 플랜의 예이다(Pauk & Ownes, 2011, p.36). 초·중등학교 자녀들도 그 원리는 마찬가지이다.

일일 플랜의 예

월요일

시간	활동	설명
08~09	수학 복습 (이전 수업 복습 및 문제 풀이)	← 수업 전의 복습은 이전 학습을 상기하고 다음 수업과 연계되어 효과적이다.
09~10	수학 수업	
10~11	역사 수업	
11~12	역사 공부 (수업 노트 정리, 5장 읽기)	← 수업이 끝나고 노트를 정리하는 것은 수업 내용을 복습하는 좋은 방법이다.
13~14	매점 공책과 바인더, 연필, 형광펜 사기	← 점심 식사 후가 잠시 걷고 쉬면서 필요한 물건을 사기에 적절한 시간이다.
14~17	국어 읽기 과제 및 문제 풀이	
17~18	운동: 운동장 조깅, 샤워	← 학교 일과가 끝난 후 운동을 하고 샤워를 하는 것은 신체 및 정신 건강에 좋고, 저녁 공부에 큰 도움이 된다
19~22	영어와 수학 공부	← 중요 교과라서 저녁에 3시간의 집중적인 시간을 투자하고 있다.

* 다음 장의 활동을 통해 3단계 시간 스케줄을 작성해 보자.

1. 나의 마스터 플랜을 세워 보자.

	월	화	수	목	금	토	일
5~6							
6~7							
7~8							
8~9							
9~10							
10~11							
11~12							
12~13							
13~14							
14~15							
15~16							
16~17							
17~18							
18~19							
19~20							
20~21							
21~22							
22~23							
23~24							

2. 나의 주별 플랜을 세워 보자.

	월	화	수	목	금	토	일
5~6							
6~7							
7~8							
8~9							
9~10							
10~11							
11~12							
12~13							
13~14							
14~15							
15~16							
16~17							
17~18							
18~19							
19~20							
20~21							
21~22							
22~23							
23~24							

3. 나의 일일 플랜을 세워 보자.

제3절
스트레스 관리 기술

1. 스트레스에 대한 이해

사람들은 일상에서 늘 스트레스를 받으며 생활하고 있다. 자녀들도 공부와 일상에서 스트레스를 받는다. 공부나 삶에서 받는 스트레스는 불가피하다. 중요한 것은 스트레스가 신체나 마음에 부정적 영향을 끼치지 않도록 잘 관리하여 공부를 꾸준히 잘 해 나갈 수 있도록 하는 것이다.

의학 박사 Hans Selye는 스트레스란 "신체에 부과되는 요구에 대한 불특정적인 신체의 반응"이라고 정의를 내린다(Selye, 1974, p.27). 즉, 스트레스란 어떤 외적 요구에 적응하기 위한 신체의 반응이다. 따라서 스트레스는 의학적으로 볼 때 중립적이고, 그 자체로서는 문제가 되지 않는다. 스트레스와 관련하여 문제가 되는 것은 스트레스에 대해 사람이 어떻게 해석하고 대응하는가이다.

스트레스는 신체적 질병 외에도 짜증, 분노, 불안, 근심, 공포 등과 같은 부정적인 정서를 야기하고 공부에 부정적인 영향을 미칠 수 있다. 그 이유는 뇌의 해마(Hippocampus)는 정보를 단기기억에서 장기기억으로 넘겨 공고히 하는 역할을 하는데, 스트레스를 받으면 부신(Adrenal Glands)이 코티졸(Cortisol)이라는 화학물질을 분비하게 되고, 코티졸 수용체가 밀집되어 있는 해마는 과부하됨에 따라 그 인지적 기능이 감퇴하기 때문이다(Frodl & O'Keane, 2013). 그리고 스트레스는 정서를 담당하는 소뇌 편도(Amygdala)를 먼저 자극시켜 스트레스 상황이 주는 위험에서 벗어나고자 하는 생존적 반응을 일으키는데만 관심을 두게 하여, 합리적 사고를 담당하는 신피질이 제대로 작동하는데 어려움을 주기 때문이다(Goleman, 1994). 스트레스는 자녀의 지능이 높고 낮음에 관계없이 부정적인 영향을 미친다. 명석한 자녀들이라도 스트레스로 인해 발생하는 걱정과 통제 불능의 충동 함정에 빠져 공부를 포기하고 침몰할 수 있다.

중요한 것은 삶과 공부에서 스트레스는 필연적이라는 것과 스트레스는 다루기에 따라 유익할 수도, 유해할 수도 있다는 것을 인정하는 것이다. 그리고 스트레스를 느끼고 어려움에 빠졌을 때 그것에 잘 대처하고, 스트레스로 인해 침몰했더라도 다시 정상으로 회복할 수 있는 회복 탄력성(Resilience)을 키우는 것이다. 회복 탄력성이란 난관에 합리적으로 대처하여 견디거나, 난관 속에서 실패를 경험했더라도 나중에 정상적으로 다시 회복하는 성질이다. 회복 탄력성은 난관 속에서 스트레스를 느끼지 않거나 실망하지 않는 것이 아니라 난관을 견뎌 나갈 내적 자원을 충분히 개발한 상태를 말한다. 회복탄력성은 학업 성취에 긍정적으로 기여하는데 그 구체적인 이유는 다음과 같다(Cottrell, 2019).

① 학업이 힘들어질 때 잘 대처하고 견딜 수 있도록 해 주기 때문이다.

② 좌절로부터 회복하고 대처하는 경험을 갖게 해 주기 때문이다.

③ 일들이 잘못되고 있는 것처럼 보일지라도, 충분히 잘 대처할 수 있다는 자신감을 형성시켜 주기 때문이다.

④ 새로운 도전에 직면했을 때 위험을 감수하며 도전할 마음을 주기 때문이다.

따라서 스트레스 상황에 처했을 때 스트레스를 감지하고 제거하며 회복탄력성을 키우는 노력은 일과 공부에 있어 매우 중요하다.

2. 스트레스를 감지하기

스트레스는 과도한 수준으로 전이되기 전에 탐지되어야 하고, 스트레스를 야기 시키는 스트레스 촉발 요인들이 무엇인지 확인하고 대처해야만 한다.

다음 증상들은 스트레스를 느끼고 있다는 신호이다(Cottrell, 2019, p.164). 이 중 어느 것이 자녀에게 해당하는지 점검하고 자녀의 스트레스를 예방하거나 줄이는 전략을 동원한다.

- ☐ 잠을 잘 못 자고, 깨어도 근심으로 누워 있곤 한다.
- ☐ 항상 피곤함을 느낀다.
- ☐ 머리나 근육이 자주 아프다.
- ☐ 공부를 하지 않을 때는 근심을 느낀다.
- ☐ 쉽게 짜증을 내거나 좌절감을 느낀다.
- ☐ 입이 마르고, 심장이 빠르고 불규칙하게 뛰며, 어지러움을 느끼고, 다리가 후들거리고, 메스꺼움을 느끼고, 걱정으로 땀을 흘리거나 몸을 떤다.
- ☐ 근심으로 속이 불편하다.
- ☐ 잠을 자면서 이를 간다.
- ☐ 다른 사람들에게 불끈 성을 내곤 한다.

- ☐ 허둥지둥 바쁘게 밥을 먹거나 폭식을 한다.
- ☐ 긴장을 풀려고 담배를 피우거나 술을 마신다.
- ☐ 물건을 떨어뜨리거나 부수곤 한다.
- ☐ 공포감, 근심, 또는 압도되는 느낌을 자주 느낀다.

자녀가 스트레스를 느끼고 있음을 감지했으면, 언제, 어떤 상황에서 스트레스를 느끼는지 살펴봄으로써 스트레스 촉발 요인을 확인하고, 그에 따른 대처 방안을 세우는 것이 필요하다(Cottrell, 2019). 예를 들어, ① 일이 뜻대로 되지 않을 때인지, ② 일이 많아질 때인지, ③ 다른 사람들을 즐겁게 해주려고 노력할 때인지, ④ 다른 사람들이 짜증 나게 할 때인지, ⑤ 비현실적으로 목표를 설정할 때인지, ⑥ 과제를 할 때인지, ⑦ 식사를 거르게 될 때인지, ⑧ 복잡한 대중교통을 이용할 때인지 등이다.

3. 피할 수 있는 스트레스를 제거하기

모든 스트레스들이 피할 수 없는 것은 아니고, 피할 수 있는 스트레스들도 많다. 스트레스에는 남들과 동일하게 느끼는 '보편적 스트레스'와 남들은 느끼지 않지만 개인적으로 불필요하게 느끼는 '개인적 스트레스'가 있다. 학생들이 공부에 있어 개인적으로 느끼는 불필요한 스트레스는 주로 미루는 습관 때문에 생기는 경우가 많다. 따라서 이와 같은 스트레스는 일을 지체하지 않고 실행함으로써 제거하고, 다른 몇몇 보편적 스트레스들은 '한 걸음 옆으로 비켜가면서' 제거하도록 한다.

1) 공부 지연 극복하기

대부분의 자녀들이 공부와 관련하여 느끼는 개인적 스트레스는 미루는 습관(Procrastination)과 연관된 경우가 많다. William James는 "이 세상에서 일을 지체하면서 완수하지 못하고 질질 끄는 것만큼 사람을 피곤하게 만드는 것이 없다."고 지적하며 지연이 불필요한 스트레스의 한 원천이라고 지적했다(Pauk & Owens, 2011, p.97에서 재인용).

공부 미루기를 하지 않으려면 다음과 같은 인식과 대처가 필요하다 (Cottrell, 2019; Hansen & Hansen, 2008; Pauk & Owens, 2011; Vorderman, 2016).

첫째, 왜 공부 미루기가 생기는지 이해하고 대처한다.

공부 지연은 다음과 같이 공부 미루기를 유발하는 공통적인 스트레스 요인들이 있기 때문에 생긴다.

① **실패에 대한 염려**
과제를 성공적으로 수행하지 못하고 실패 할 것 같아 미루기를 할 수 있다. 대처방법은 과거에 성공했던 경험을 회상하며 이번 과제에도 성공할 수 있다는 자신감을 갖는 것이다.

② **성공에 대한 염려**
과제를 성공적으로 수행할 것 같아 미룰 수도 있다. 여기에는 두 가지 이유가 있다. 하나는 성공하는 사람들은 소수이기 때문에 성공하지 못한 사람들의 질투와 따돌림에 따른 외로움의 염려가 있기 때문이다. 또 하나는 성공은 책임감과 선택을 야기하기 때문이다. 성공을 하게 되면 좋은 평판을 얻게 되고, 그에 따른 책임감을 갖게 되어 행동을 선택하는데 있어 신중해지게 된다. 어떤 사람들은 이 평판을 부담과 위협으로 여긴다. 대처 방법은 성공으

로부터 도피하는 것이 아니라 성공을 껴안는 것이다. 즉, 성공은 좋은 것이라 염려할 필요가 없다고 생각해야 한다.

③ 시간 부족

과제를 완수할 시간이 부족하다고 느끼고 지연할 수 있다. 대처방법은 시간을 관리하고 통제하는 것이다. 시간에 대한 통제감이 생기면 지체하지 않고 과제를 완수하는 일이 보다 쉬워진다. 앞에서 살펴 본 3단계 시간 계획(마스터 플랜, 주별 플랜, 일일 플랜)을 짜서 생활하는 것이 시간을 통제하는 좋은 방법이다.

④ 할 일에 대한 조직력 부족

사람들은 하루를 시작할 때 미뤄뒀던 일을 시작하겠다고 마음을 먹으나 저녁이 되면 그 의도와는 달리 실제로 일을 착수하지 못하는 경우를 경험하곤 한다. 이것은 할 일들을 긴급성이나 중요성의 수준에 따라 잘 조직하지 못하고 이것저것 하다가 나타나는 현상일 수 있다. 대처방법은 긴급성과 중요성의 수준에 따라 **할 일들의 순서를 잘 조직하는** 것이다. 그러면 일들을 미루지 않고 완수하는데 도움이 된다.

둘째, 공부 미루기를 예방하는 방법을 알고 실천한다.

공부 미루기가 왜 생기는지 이해했으면 그것을 예방하는 방법을 실천으로 옮겨야 한다. 다음 여덟까지 방법을 실천에 옮겨 공부 미루기를 예방한다.

① **과제 수행 계획을 외부로 드러내어 명시화** 한다.

일을 미루는 중요한 이유 중의 하나는 바로 **합리화**이다. 즉 자신은 공부나 일을 하기에 적절한 기분 상태나 마음의 준비가 되어 있지 않다고 생각하여 미루는 것이다. 이를 깨기 위해서는 수행해야 할 과제나 목표를 글로 적어 여러 사람이 볼 수 있도록 붙여놓거나, 친구들 또는 집안 식구들에게 자신의 과제 수행 의도를 알린다. 이렇게 자신의 과제 수행 의도를 공식화하면 실제로 과제 수행을 덜 미루게 된다. 그 이유는 미루는 습관은 자신을 속이는 습관인데, 이렇게 공식화하면 남까지는 속일 수 없게 되기 때문이다.

② **뒤로 물러서서 자신의 과제 수행 상황을 자주 점검**한다.

사람들이 일을 미루는 이유 중의 하나는 불필요하게 너무 일의 세세한 사항들에 얽혀 매달리기 때문이다. 주기적으로 뒤로 물러서서 일의 진행 상황을 점검하면 자신이 작은 일을 가지고 수렁에 빠져 불필요하게 헤매고 있는 것을 발견할 수 있다. 이런 상황을 발견하게 되면 그 수렁에서 벗어나 속도를 높여서 정해진 시간 내에 목표를 달성할 수 있게 된다.

③ **10분 공략 기법**을 사용한다.

오래 동안 지연시켰던 과제를 단 10분 동안만이라도 시작하는 것이다. "Successful Academic Coaching"의 Mary McKinney는 "The Tolerable 10"이라는 용어를 사용하며, 10분은 상대적으로 공부나 일을 하기에 고통이 적은 시간이라고 추천한다(Hansen & Hansen, 2008에서 재인용). 이 공략 기법이 효과적인 이유는 (a) 사람들은 처음에는 미루다가도 10분 정도 공부나 일을 하다보면, 자신이 잘 하고 있는 모습을 발견하고, 지속하고자 하는 동기가 생겨 10분만 하지 않고 지속하는 경우가 많기 때문이다. (b) 거의 모든 일에 있어 가장 어려운 부분은 시작하는 것인데, 이 처음 시작 부분의 고통을 완화시켜 주기 때문이다.

④ **탄력 가속도(모멘트)**를 이용한다.

끝내기를 원했던 과제를 성공적으로 수행하면 그것을 탄력 가속도로 삼아

지연시켰던 다른 과제를 수행하도록 한다. 이 가속도를 통해 생기는 초과 에너지는 싫어서 지체시켰던 과제의 가장 어려운 부분을 시작하는데 도움을 주고, 미뤘던 과제의 완수를 좀 더 수월하게 해 준다. 소위 내친 김에 미뤄두었던 것을 하는 전략이다.

⑤ **시계보다 타이머를 사용**한다.

시계를 자주 보면 집중력이 분산되어 일을 끝내는데 도움이 안 된다. 시계 대신 타이머를 사용하면 시계를 보지 않으면서 과제 완수에 집중하게 되어 스케줄 내에 끝내는데 도움이 된다. 핸드폰의 알람은 타이머로서 좋은 기능을 갖고 있어 어디서나 활용할 수 있다.

⑥ **과제를 잘 정의**한다.

과제 착수가 지연되는 이유 중의 하나는 과제 그 자체가 정확히 규명되지 않아 너무 크게 보이고 그에 따라 위압감과 스트레스를 느끼기 때문이기도 하다. 따라서 과제를 잘 정의하는 일이 필요하다. 예를 들어, "나는 기말 보고서 쓰기를 시작해야 하는데…"라고 걱정하기 보다는, 이 보고서의 특정 측면에 대해 과제들을 정의하고(예: 주제를 선정하기, 보고서 관련 참고 문헌 조사하기, 보고서 아웃라인 작성하기 등), 그것들부터 하나하나 시작하면 과제 시작이 보다 수월해지고 미루는 것을 막을 수 있게 된다.

⑦ **과제 지연 이유에 대한 변명을 말로 표현**한다.

사람들은 과제 착수 지연에 대한 변명들을 가지고 있고, 그 변명들이 논리적이라고 생각하는 경우가 있다. 그러나 이런 변명들을 글로 써 보거나 친구에게 설명해 보면 처음에 생각했던 것처럼 논리적이지도 않고 모순되는 경우가 많음을 알 수 있게 된다. 그 외 여러 고민이나 어려움도 마음에만 담아두지 않고 글로 써 보거나 남에게 이야기하면 훨씬 가벼워진다.

⑧ **수행해야 할 중요한 과제에 대해 세부 시간 관리 계획을 세운 후 바로 시작한다.**

기말고사 대비, 프로젝트 수행, 논술 쓰기 등과 같이 중요한 과제에 대해 세부 시간 계획을 세운 후 일을 수행하면서 세부 진행 사항들을 표시하고 기록하면 자신감과 통제감이 생겨 기분이 좋아진다. 지연은 할 일을 계속 뒤로 미루면서 시간을 낭비하는 행동이다. 미루기를 하지 않으려면 우선적으로 수행해야 할 중요한 과제들이 무엇인지 파악하여 목록화("To-Do" List)하고 핑계를 대지 말고 최우선 과제부터 수행해야 한다.

⑨ **성공 또는 과제 완수 상황을 상상한다.**

과제의 목표를 성공적으로 성취한 모습을 상상하면 지연을 줄일 수 있다. 성공한 모습을 상상하게 되면 ⓐ 마음속에 목표에 이르는 길이 생각나게 되고, ⓑ 그 길은 구체적인 계획을 작성하도록 도움을 주고, ⓒ 그 길을 따라갈 힘을 얻게 되고, ⓓ 일상이 즐겁고 행복해지게 된다. 사람은 행복하면 스트레스를 훨씬 덜 느끼게 되고, 몸이 아플 경우에도 빨리 회복하게 만들고, 난관에 부딪쳐 힘들 때에도 회복탄력성을 발휘하여 나쁜 길로 빠지지 않게 한다.

2) 보편적 스트레스를 제거하기

스트레스에는 미루기와 같이 개인적으로 느끼는 불필요한 스트레스 외에, 남들과 동일하게 느끼는 보편적 스트레스가 있다. 예를 들어, 학교 공부, 시험, 지하철을 타기 위해 줄 서서 기다리기 등은 다른 사람들도 느끼는 보편적 스트레스이다. 보편적 스트레스는 비켜가기 전략을 사용해야 하는데, 그 방법은 다음과 같다.

첫째, **30분 일찍 일어난다.**

늦게 일어나 아침을 거르거나 허둥지둥 먹고 학교에 가면 스트레스와 함께 하루를 시작하게 된다. 잠은 적절한 수준에서 충분히 자는 것이 중요하지만 남들 보다 30분 일찍 일어나는 것은 수면 습관에 그다지 부정적 영향을 끼치지 않으면서 아침 준비를 여유 있게 할 수 있어 스트레스를 피할 수 있는 좋은 방법이다.

둘째, **학교에 가는 시간을 충분히 마련**한다.

신경이 예민하고 여유가 없는 통학생들은 차가 많이 막히고 사람들로 가득한 대중교통을 이용하면서 답답함과 스트레스를 느낀다. 하루를 스트레스 받지 않고 생활하려면 여유를 갖고 주위를 둘러보며 즐겁게 학교에 가 수업 준비를 하도록 여유있게 등교 시간을 잡는다.

셋째, **빈손으로 대기하지 않는다.**

길게 줄을 서서 차례를 기다리거나 대중교통을 기다리는 시간은 지루함과 짜증을 느끼게 하여 스트레스로 작용할 수 있다. 이에 대처하려면 읽을 책을 가지고 다니거나 복습할 학습 카드들을 가지고 다니며 공부한다(3장 2절 시간 활용법 참조). 어떤 사람은 단순히 음악을 듣는 것만으로도 스트레스를 완화시킬 수 있지만 일반적으로 책을 읽거나 중요한 정보를 복습하는 것만큼의 만족감을 주지는 못한다.

넷째, **저녁을 일찍 먹는다.**

학교 식당이나 집에서 저녁 식사를 일찍 하면 저녁 잠자기 전까지의 저녁 시간을 좀 더 생산적으로 사용할 수 있다. 에너지 소비가 적은 저녁에 너무 많이 먹으면 위와 뇌에 부담을 주어 학습을 어렵게 함으로 적당히 먹는 게 좋다. 반면 에너지를 많이 쓰는 오전과 오후를 위해서는 아침과 점심을 든든히 챙겨 먹는 것이 중요하다.

다섯째, 잠자리까지 공부할 것을 가지고 가지 않는다.

잠자리는 휴식을 위해 있는 것이다. 잠자리에 공부할 것을 가지고 가면 침대를 공부하는 장소로 바꿈으로써 뇌를 혼란스럽게 만든다. 공부하는 자리와 잠자리를 구분하게 되면 공부하는 일이 좀 더 생산적이게 되고, 잠도 평안하게 잘 수 있게 된다.

여섯째, 줄을 설 때 조용하고 평온한 마음을 갖는다.

줄을 서서 기다릴 때는 스트레스를 느낄 수 있다. 자신과 기다리는 다른 사람들을 쳐다보되, 자신에게 "편한 마음을 갖자", "즐겁게 생각하자"라고 천천히 낮은 목소리로 말한다. 이러다 줄의 맨 앞에 서게 되면 마음이 한결 편해진다.

일곱째, 학교생활의 중대 시점에서 성공할 수 있도록 노력한다.

학교생활에는 첫 시간, 첫 날, 첫 주, 첫 학기, 첫 학년, 첫 수업, 첫 시험, 첫 방학, 첫 선생님과 같이 첫 번째 경험들이 많이 있다. 이것들은 학교생활의 이정표들(Milestones)로서 학교 공부에 중요한 계기를 마련해 주는 지점들이다. 이 때 당면한 과제들을 성공적으로 완수하여 통과해야 학교생활에 적응하는데 도움이 되고 학교 공부에 대한 자신감과 안정감을 가질 수 있게 된다.

여덟째, 스트레스를 주는 상황에서 벗어나 햇빛이 잘 드는 곳으로 이동한다.

사람들은 가끔 스트레스의 덫에서 빠져 나오지 못하고, 현재가 암울하게 보이고, 미래에 대한 비전이 좌절되는 듯한 때가 있다. 이럴 때는 과감하게 오후 시간을 투자하여 햇빛이 잘 드는 환한 곳에서 산책을 하며 사색을 하거나, 자전거를 타거나, 하이킹을 하거나, 애완견과 함께 놀이를 한다. 이렇게 스트레스가 주는 괴로움에서 잠시 벗어나면 활력을 찾고 스트레스를 이길 힘을 얻을 수 있다.

아홉째, **공부 스트레스를 인정**하고 친구들과 함께 해결책을 찾는다.

자녀들은 모두 나름대로 공부에 대한 스트레스를 가지고 있다. 친구들과 함께 공부 스트레스를 공유하고 해결책을 찾으면 공부에 대한 근심과 스트레스가 줄어든다. 친구들과 이런 유대 관계를 맺으면 자신감과 소속감을 갖고 공부 스트레스를 해소하는데 도움이 된다. 아울러 도움을 줄 수 있는 지원 서비스, 집단, 프로그램이 있는지 찾아본다. 도움을 요청하고 학습 집단, 토론 집단, 지원 집단에 들어가 근심과 스트레스를 해결한다.

열째, 삶이나 학업에서의 **작은 성공 또는 진보를 축하**한다.

한 주 공부에서의 진보, 시험 성적의 향상, 프로젝트의 완수, 계획했던 일의 수행, 친구와의 갈등 해결 등 작은 성공이라도 자신을 보상한다. 자신을 행복하게 만드는 일을 하여 자신의 수고를 축하하고 미래에도 축하할 일이 많이 생기기를 기대한다.

4. 삶의 태도를 바르게 증진시키기

삶의 전반적인 태도는 스트레스를 극복하는데 강력하게 영향을 미친다. 유명한 철학자이자 심리학자인 William James와 Carl Lange은 19세기 말에 "사람은 슬프기 때문에 우는 것이 아니고, 울기 때문에 슬퍼진다"라는 말을 했다. 이 말은 그 당시의 보편적 인과 관계에 대한 상식을 뒤엎는 말이었다(James-Lange 이론이라고 불림)(Pauk & Owens, 2011, p.98에서 재인용). 이 주장은 그 당시에는 받아들여지지 않았으나 현대에는 여러 연구들에 의해 지지되고 있다. 예를 들어, Ekman 등은 실험을 통해 사람들이 얼굴 근육을 움직여 특정 정서에 해당하는 표정을 짓는 것만으로도 6가지 정서(행복, 슬픔, 증오, 놀람, 분노, 공포)를 느낄 수 있다는 것을 밝혔다(Pauk & Owens, 2011에서 재인용). 예를 들어, 행복한 얼굴 표정만 지어도 행복해 질 수 있다는 것이다. 웃음 치료의 원리가 이에 기초하고 있다. 현대 과학자들도 인간의 정서는 외적으로 통제될 수 있고, 삶의 태도를 건전하게 증진시키면 정서를 통제하고 스트레스를 극복하며 삶을 발전시킬 수 있다고 본다.

구체적으로 삶의 태도를 바르게 증진시켜 공부 스트레스를 극복하는 방법은 다음과 같다(Cottrell, 2019; Hansen & Hansen, 2008; Hollins, 2021; Pauk & Owens, 2011; Vorderman, 2016).

첫째. **이완법**을 사용한다.

이완이란 근육의 긴장이 제거된 상태를 말한다(Charlesworth & Nathan, 1984). 긴장은 에너지를 낭비하고 근심과 스트레스를 야기한다. 공부를 효과적으로 잘 하려면 긴장을 푼 편안한 상태에서 해야 한다. 어린 아동들은 놀이를 즐길 때는 그 놀이에 완전히 매몰되어 행위의 결과를 인식하지 못할 정도의 상태에 이른다. 이것이 진정한 이완의 상태이다. 긴장을 느끼는 상황에서는 이완을 한 후 공부에 임한다.

이완은 다음 두 가지 기법으로 손쉽게 이루어질 수 있다.

① **깊은 숨을 쉬는 기법**

숨 쉬는 방법과 정서는 관계가 있다. 이완된 상태에서는 숨이 복부에서 나오기 때문에 길고 깊지만, 근심 상태에 있으면 숨은 흉부 상부에서 나와 짧고 얕다. 숨 쉬기와 정서는 서로 양방향으로 작동한다. 정서 상태가 숨 쉬는 방법에, 그리고 숨 쉬는 방법이 정서 상태에 영향을 미친다. 시험, 면접, 또는 치과 진료 전에, 땀이 나고 몸이 긴장하고, 숨이 가빠지면, 이완된 상태를 유도하기 위해 "셋까지 숫자 세며 숨쉬기"를 한다.

그 순서는 다음과 같다.

(a) 속으로 셋까지 숫자를 세면서 코로 숨을 천천히 들이 마신다.

(b) 속으로 셋까지 숫자를 세면서 숨을 멈춘다.

(c) 속으로 셋까지 숫자를 세며 숨을 천천히 내 뱉는다.

(d) 처음부터 다시 몇 번 반복한다(일단 리듬을 타게 되면, 숫자 세기를 할 필요는 없으나, 같은 타이밍과 같은 휴지를 유지한다).

② **점진적인 근육 이완 기법**

긴장된 마음은 긴장된 몸과 연계되어 있기 때문에, 주요 근육을 긴장시켰다 다시 이완시키면 스트레스를 줄일 수 있다.

그 순서는 다음과 같다.

(a) 편안하게 자리에 앉거나 누운 상태에서 눈을 감고 오른손 팔뚝과 주먹에 힘을 5초 동안 주면서 팔뚝과 손에서의 긴장을 느낀 후, 천천히 힘을 풀면서 긴장이 빠져 나가는 것을 느낀다.

(b) 같은 방법으로 왼손 팔뚝과 손을 가지고 한다.

(c) 이런 긴장과 이완을 어깨 근육, 목, 얼굴, 발과 발가락, 그리고는 각 다리, 복부와 가슴으로 이동하면서 반복하며 그 차이를 느낀다.

(d) 이완의 전반적인 느낌을 느끼며 천천히 눈을 뜨고 끝낸다.

둘째, **자긍심**을 높인다.

자긍심은 자신의 가치에 대한 개인적 평가를 말한다. 불행하게도 사람들은 자신에 대한 평가에 박한 경향이 있어, 자신의 긍정적인 측면은 간과하고 성공한 것들은 잊는 대신에, 단점을 강조하면서 자신에게 부정적이고 실망스러운 생각들은 조용히 그리고 지속적으로 쌓아두는 경향이 있다. 이것을 부정적인 **내면의 대화**(Inner Dialogue)라고 하는데, 이 내적 대화로부터 야기되는 스트레스는 외부의 비판보다 더 나쁘게 영향을 미친다. 자긍심을 건강한 수준으로 유지하는 것은 스트레스의 영향으로부터 자신을 보호하는 방법이 되고, 자긍심이 높은 사람은 스트레스를 잘 받지도 않는다.

다음과 같은 방법으로 자긍심을 높인다.

① 새로운 상황이나 어려운 도전에 직면하게 되면 사람들은 내적 대화로 잠시 걱정을 표현하는데, 이 때 내적 대화에 귀 기울이고 **부정적인 내면의 소리가 들려오면 긍정적인 것으로 바꾼다**.

예를 들어 "나는 할 수 없다.", "나는 쓸모없는 사람이다.", "나 외에 다른 사람들이 할 것이다."라는 부정적이고 소극적인 내면의 소리를 "나는 할 수 있다.", "나는 유용한 사람이다.", "나는 다른 사람들을 리드할 것이다."는 등의 긍정적이고 적극적인 소리로 바꾼다. 생각은 자신의 것이기 때문에 자신이 통제할 수 있다. 긍정적인 생각은 마음의 문을 열고 받아들이며 부정적인 생각은 밖으로 내보낸다. 이 때 다음과 같은 기법들이 도움이 된다.

(a) **"멈춰(STOP)"** 라고 자신에게 말한다. 부정적인 생각이 나면 이 기법을 반복적으로 사용하여 그 생각이 사라지게 한다.

(b) **100까지 세며 숨을 천천히 쉰다.**

(c) **웃음을 짓는다.** 부정적인 생각 때문에 웃음을 짓는 일이 어려울지라도

억지로라도 웃음을 지으면, 두뇌는 행복 호르몬을 분비하게 된다.

(d) **손을 뻗었다가 힘을 풀고 이완시킨다.**

(e) **손을 움켜쥐고 발로 굳게 선 다음 이완시킨다.**

그리고 자신의 사고방식에 대해 다음과 같은 질문을 던지며 바로 잡는다.

(a) 이것에 대해 달리 생각할 수는 없는 것인가?

(b) 나는 너무 완벽주의자가 아닌가?

(c) 나는 현재 상황에서 내 자신이나 다른 사람들에게 너무 많은 것을 기대하고 있는 것은 아닌가?

(d) 나는 너무 분에 넘치게 일을 하려고 하는 것은 아닌가?

(e) 나의 이런 태도는 나에게 어떤 영향을 미치는가?

(f) 나는 이룰 수 없는 일로 내 자신을 너무 비난하고 있는 것은 아닌가?

(g) 이 문제를 잘 해결하기 위해 내가 무엇을 할 수 있는가?

② **과거에 자신이 성공했던 경험을 떠올린다.**

사람은 적어도 한두 번 이상의 성공 경험을 가지고 있다. 자긍심이 떨어질 때 예전의 성공 경험, 이를테면 자랑스럽게 일을 처리했을 때, 어려움을 극복했을 때, 잘 나가던 때 등을 떠올려본다. 이는 다시 한 번 자긍심을 높이고 '성공'을 향해 재도약하게 함으로써 다시 성공할 기회를 높여준다.

③ **자신을 잘 대접한다.**

먼저 목욕을 자주 한다. 시간을 갖고 천천히 목욕을 하되, 촛불도 은은하게 켜고, 아로마테라피 오일을 사용하여 긴장을 풀고, 즐거운 마음으로 쉬면서 조용한 시간을 갖도록 한다. 그리고 매일 별도로 시간을 정하여 정규적으로 좋아하는 활동을 한다.

셋째, **자신의 삶을 통제**한다.

자신의 삶에 대한 통제감은 건강을 유지하는 핵심적 요인으로 공부 스트레스도 극복하도록 도움을 준다. 자신의 **삶을 통제하는 능력을** 기르기 위해 **필요한 것은 다음 두 가지**이다.

① **통제하는 일의 중요성을 아는 것**이다.

다른 사람들이 원하는 것과 또 그들의 변덕에 순응하지 않고, 나름대로의 삶을 건강하고 의미 있게 통제하며 사는 것이 중요하다. 아울러 위기에 처하게 될 수 있는 상황을 피하는 것도 자신의 삶을 통제하는 일이 된다. 자신의 삶을 통제하는 일은 쉽지 않다. 통제에 성공할 경우 그 성공을 기념하며 자신을 격려한다. 그러면 두뇌는 행복 호르몬을 분비하여 기분을 상쾌하게 만들고 걱정스러운 일도 해결할 수 있다는 자신감을 갖게 한다.

삶에 대한 통제력 부족은 신체와 정신에 부정적인 영향을 미친다. 무력감, 신경 쇠약, 근육 긴장, 스트레스에 대한 과민 반응, 면역시스템 파괴에 처하게 되고 순종적 행동 또는 과잉 행동을 하게 한다. 이런 과잉 행동이 외부로 향하게 되면 분노로, 내부로 향하면 공포, 근심, 낙심 등으로 나타난다.

② **통제 불가능한 상황에 대처하는 방법을 알고 실천**하는 것이다.

살다보면 예상하지 않았던 통제 불가능한 상황들이 초래될 수 있는데, 이런 상황에서도, 사람들은 어느 정도의 통제력을 행사할 수 있다. **대처 전략을 여러 개 마련하여 상황에 적응하는 것이 좋은 방법**이다. 예를 들어, 선생님이 곧 다가올 중간고사가 논술형인지 선다형인지 말해주지 않았고, 또 그것에 대한 선택권이 없는 경우, 두 가지 유형에 모두 대비함으로써 대처 방안을 마련해두면 통제감을 가지게 된다. 또 하나의 예로 은행이나 대형 마트에서 정산을 하는 코너에 사람들이 길게 줄을 서고 있는 경우, 그 줄이 없어지거나 빨리 줄어들 수 있도록 할 수가 없다. 이 경우, 기다리면서 책을 읽거나 학습 카드를 공부함으로써 이 상황을 통제할 수 있다. 이것은 작은 수준의 통제 방법이지만 행하기 쉬우며, 공부도 하고 스트레스를 줄이는 일석이조의 방법이다. 하나의 대안만 있는 사람은 융통성이 없어 스트레스를 많이 받는다.

5. 건강한 루틴을 설정하고 지키기

사람들은 삶에서 루틴이라는 것을 가지고 있다. 루틴이란 매일 매일의 삶에서 반복적으로 행하는 활동을 말한다. 건강한 루틴을 가진 사람들은 ① 스트레스에 처하게 될 기회를 줄이고, ② 스트레스에 대한 저항력도 높일 수 있다. **건강한 루틴을 가지려면 세 가지 노력이 필요**하다.

첫째. 좋은 식사 습관을 갖는다.

좋은 식사 습관은 면역체계를 회복시키고 스트레스 대처 능력을 강화시켜 준다. 이와는 반대로 나쁜 식사 습관은 스트레스와 악순환적 관계를 가지고 있다. 나쁜 식사 습관을 갖게 되면 몸에 나쁜 영향을 미치고 그에 따라 스트레스의 공격에 보다 취약해 지는 동시에, 스트레스는 그 부산물로 식욕을 떨어뜨려 나쁜 식사 습관을 갖도록 함에 따라 악순환의 고리를 만든다. **뇌는 신체 에너지의 20%를 사용**하기 때문에 좋은 식사를 통해 좋은 영양을 섭취해야 뇌가 최적의 기능을 하게 된다(Vorderman, 2016). 영양 결핍에 걸린 학생들은 사회적 기능이 떨어지고 기대되는 수준만큼의 학업 성취를 올리지 못한다(Jyoti et al., 2005).

다음은 좋은 식사 습관을 갖는 방법이다.

① **아침을 잘 챙겨 먹는다.**

아침 식사는 신체라는 화덕에 불을 지피는 것으로 하루 생활을 위해 태울 에너지를 얻는 일이다. 뇌의 작동은 당을 주원료로 사용하기 때문에 당과 인지적 기능은 상관이 있다(Donohoe & Benton, 2000). 아침을 거르는 학생들은 당이 부족하여 인지적 효율성이 떨어지는데, 특히 기억을 요하는 학습 과제에서 그러한 것으로 나타났다(Pollitt & Mathews, 1998).

② **식사하면서 공부하지 않는다.**

공부에 따른 스트레스를 줄이려면 휴식이 필요한데, 식사하면서 공부를 하면 휴식이 아니라 일을 하는 것으로 인식되어 식사를 하기 전보다 더 많은 스트레스를 느끼게 된다.

③ **식사를 급하게 하지 않는다.**

급하게 식사를 하면 소화 불량과 스트레스를 겪는다. 그러면 식사 후 공부나 일의 효과가 떨어진다.

④ **금식과 과식을 피한다.**

금식과 과식은 혈당 혼란을 초래하여, 몸의 에너지 수준과 학습 동기를 일정하게 유지하는데 방해가 된다.

⑤ **과도한 설탕 섭취를 피한다.**

과당은 오히려 피로와 무기력을 야기한다.

⑥ **비타민 B, D, 요오드를 포함한 종합비타민을 섭취**한다.

이것이 부족하면 집중력이 떨어진다. 개발 도상 국가들의 경우, 요오드 결핍이 있는 아이들이 많고 그들의 뇌 발달은 부정적인 영향을 받고 있는 것으로 보고되고 있다(Kretchmer et al., 1996).

⑦ **바른 음식을 먹는다.**

소위 '정크' 푸드'를 피하고 영양적으로 균형 잡힌 식사를 한다. 뇌는 빠른 열량을 내는 정크 푸드가 아니라 서서히 열량을 내는 음식(예: 오트밀)을 선호한다. 사람들은 지방은 나쁘고 탄수화물은 좋다고 생각하나, 이것은 부분적으로만 사실이다. 모든 지방이 나쁘고, 모든 탄수화물이 좋은 것도 아니다. 영양소가 균형 잡힌 식사를 하는 일이 중요하다.

⑧ **칼로리 섭취를 활동에 맞추어 조절**한다.

살을 찌게 하는 것은 지방이 아니라 칼로리다. 그러나 사람들은 지방이 살을 찌개 한다고 생각한다. 이것은 지방이 단백질이나 탄수화물에 비해 그램당 칼로리가 높기 때문에 생긴 오해이다. 이런 오해로 어떤 사람들은 지방을 극단적으로 피하면서 그 대신 단백질과 탄수화물에서 칼로리를 축적해서 살을 찌우는 잘못된 행위를 하곤 한다. 일을 통해 소비한 칼로리가 섭취한 칼로리보다 적으면 몸무게가 늘지만, 그 반대면 몸무게가 줄어든다. 사람은 체중이 평균보다 높거나 낮으면 몸에 추가적으로 스트레스를 받게 된다. 따라서 칼로리를 조절하여 몸무게를 통제하는 일이 필요하다.

⑨ **불포화 지방과 통곡물을 섭취**한다.

고도 불포화 지방(아마 씨와 일부 물고기에서 발견)과 **단순 불포화 지방**(견과류, 올리브 오일, 기타 식물성 기름에서 발견)은 건강에 좋고 심장병 발병 위험을 줄인다. 통곡물(현미, 통밀 등)은 정제된 탄수화물보다 분해가 느리고 당 수치의 상승을 줄이는 동시에, 정제 과정을 통해 사라질 수 있는 비타민과 기타 영양소들을 제공한다. 좋지 않은 지방은 포화지방인데(버터와 붉은 고기에서 많이 발견) '나쁜 콜레스테롤'로 알려져 있고 심장에 좋지 않다. 정제된 탄수화물(예: 백미, 흰 빵 등)은 나쁜 콜레스테롤과 간접적으로 연계되어 있고, 빠르게 분해되어 당 수치를 빠르게 높여 심장 질환을 유발할 수 있다.

⑩ **과일과 채소, 생선을 자주 섭취**한다.

섬유질과 비타민이 풍부한 과일과 채소가 몸에 이로운 식품이라는 데에 영양학자들 사이에 이견이 없다. 뇌 세포는 오메가 3와 6를 포함한 **다가불포화지방산**(Poly-Saturated Fatty Acids)이라고 알려진 지방 종류를 필요로 하는데, 가공식품에서는 섭취할 수 없다. 오메가 3는 생선에 많은데, 연어가 영양가가 높은 생선으로 알려져 있는 이유 중의 하나이다. 그 외 오메가 3와 6는 채소, 모유에 많이 있다. 그러나 분유에는 없는 경우가 있다. 따라서 모유를 먹이는 것이 분유를 먹이는 것보다 아이들의 뇌 발달에 더 좋다고 하는 이유가 여기에 있다(Horwood & Ferguson, 1998).

⑪ **물을 충분히 마신다.**

우리 몸은 주로 물로 이루어져 있다. 우리 신체는 물을 통해 신체 내부의 생리적 작용을 매개하고, 독을 밖으로 배출해 낸다. 커피, 티, 술, 탄산음료 종류의 액체를 마신다고 물의 효과를 대체할 수 있는 것은 아니다. 오히려 이것들은 해로운 요소들을 가지고 있어 순수한 물의 효과를 상쇄하거나 저해한다. 즉 맑고, 시원하고, 신선한 물이 최고이다. 특히 탄산음료는 가장 해로움에도 불구하고, IBISWorld에 따르면 2025년 미국의 1인당 탄산음료 연간 소비량은 약 42.2갤런으로 추정되어 미국인의 건강에 많은 문제를 초래하고 있다(IBISWorld, 2025). 한국의 경우도, 2023년도 기준 한국인 하루 평균 섭취량이 48.9그램에 달할 정도로 모든 음료 중 탄산 음료를 두 번째로 많이 섭취하는 것으로 나타났다(질병관리청, 2025).

둘째, 좋은 수면 습관을 갖는다.

수면 부족은 인지 기능과 집중력을 약화시킨다. 잠을 제대로 자지 못하면 45분에 할 일이 1시간으로 지연된다(Pauk & Owens, 2011). 그리고 수면 부족을 극복하고자 하는 몸부림은 스트레스를 유발하게 된다. 이에 따라 조그마한 불쾌함에도 화를 내게 된다. 수면 부족과 스트레스는 악순환의 고리를 갖고 있다. 수면이 부족하면 스트레스가 쌓이고, 쌓인 스트레스는 좋은 수면을 방해한다. 좋은 잠은 낮에 정신을 맑게 하고, 에너지를 주어 열정적으로 공부하게 한다. 그리고 좋은 잠은 인간의 수명을 연장시킨다는 보고도 있다.

좋은 수면 습관을 갖는 방법은 다음과 같다(Pauk & Owens, 2011).

① **적당량의 잠을 잔다.**

수면 부족의 효과는 누적되기 때문에, 월요일에 피곤함을 느꼈다면 금요일에는 더 피곤함을 느끼게 된다. 수면 부족의 효과는 누적되지만, 수면은 그렇지 않다. 주말에 잠을 많이 자 둔다고 해서 주중에 덜 잘 수 있는 것이 아니다. 오히려 주중의 수면 리듬을 망가뜨리고 스트레스를 받게 한다. 따라서 일주일에 일곱 번 모두 잠을 충분히 자야 한다.

② **정해진 시간에 잠을 잔다.**

저녁 적절한 시간에 잠을 자는 습관을 기른다. 잠자리에 들기 전 1시간 동안 몸의 긴장을 풀고 잔다. 그리고 잠자기 전의 루틴을 매일 동일하게 수행한다. 세수를 하고, 잠옷을 갈아입고, 공부하던 책상을 잘 정리하고, 다음 날 학교 갈 준비를 해 두고, 커튼을 친다. 이것은 뇌에게 잠을 잘 시간이라는 신호를 주어 잠을 잘 자도록 해 준다. 하루 주기 리듬에 맞게 자는 습관을 기르는 것이 중요하다. 두뇌가 아침에는 본능적으로 잠을 깨우고 저녁에는 필요한 잠을 자도록 하는 리듬을 갖고 있는데, 이 리듬에 맞게 정해진 시간에 잠을 자는 습관을 길러야 한다. 주말에 늦게 자고 그 시간도 규칙적이지 않으면 하루 주기 리듬이 망가지게 되어, 깨어 있어야 할 때 졸리고 잠을 자야 할 때 각성 수준이 높아지게 된다. 깨진 하루 주기 리듬을 회복하려면 저녁에 잠자는 시간이 다르더라도 아침에 일어나는 시간을 일정하게 해야 하고, 이렇게 아침 기상 시간을 굳건히 지키면 늦게까지 깨어 있는 것이 어렵게 되어 일찍 잠자리에 들게 된다.

③ **낮잠을 자지 않는다.**

낮잠에는 여러가지 문제가 있다. (a) 실효성이 없다. 학교 일과 중에 낮잠을 자는 일은 어렵다. (b) 학습에 역기능적이다. (c) 좋은 잠을 손상시키고, 자고 깨는 수면 사이클을 손상시킨다. 낮잠은 잠의 두 가지 중요한 요소인 렘(REM) 수면(이 수면기에 꿈이 나타난다)과 델타(Delta) 수면(깊은 수면)을 제거한다. 낮잠은 잠의 양을 늘리지만 신체가 필요로 하는 꿈이나 깊은 잠이 없기 때문에, 몸이 매우 피곤한 경우를 제외하곤 낮잠을 자지 않는 것이 좋다.

④ **불을 끄고 잔다.**

불을 끄고 잠을 자야 깊은 잠이 든다. 깊은 잠을 자야 멜라토닌의 분비가 활성화된다. 멜라토닌은 수면에 도움을 주는 동시에 암을 유발하는 화학 물질인 강산화성 물질을 파괴하도록 신체 조직을 자극함에 따라 종양 예방에 도움을 준다. 또한 이렇게 좋은 환경에서 뇌하수체는 성장호르몬을 혈액으로 대량 방출하여 신체를 돌아다니면서 신체 조직을 회생하고 재생산하여 성장에 도움을 준다. "잠을 잘 자야 잘 큰다"는 어른들의 말씀은 과학적으로 증명된다.

⑤ **오후 4시 이후엔 카페인 음료를 금지한다.**

커피, 차, 탄산음료, 초콜릿 및 일부 약품에 들어있는 카페인은 불면증을 유발하여 자고 깨는 리듬을 흩뜨려 놓는다. 특히 잠자기 전에 섭취하면 뇌가 잠을 자며 쉬어야 할 시간에 깨어 있게 만들어 학습할 때 필요한 뇌의 기능을 떨어뜨린다. 더 나아가 하루 200-500 밀리그램의 카페인은 두통, 신경과민, 소화 장애, 스트레스를 촉발시키거나 가중시킬 수 있다. 갈증이 생기면 대신 물을 마신다.

⑥ **침대에서는 잠만 잔다.**

침대에서 먹고, 숙제를 하고, 심지어는 근심 걱정에 사로잡히면 뇌로 하여금 맥락적 단서들을 혼동하게 만들어 잠잘 시간에 잠들기 어렵게 만든다. 침대 옆에 근심 상자를 만들고 연필과 종이를 배치하여 어떤 근심으로 잠이 들기 어려우면, 그 근심을 쪽지에 적어 근심 상자 안에 넣는다. 근심을 일단 글로 써서 근심 상자에 넣으면 그 기록은 머리에서 그 근심을 일시적으로 지워 버리게 하는 효과가 있어 잠들기 쉽게 한다(Mcmurray, 2011). 나중에 근심 상자를 열어 근심 쪽지들을 점검한 후 해결한다. 심리학자 Robert L. Leahy가 "근심 걱정으로 생길 수 있는 부정적인 일의 85%는 실제로 생기지 않는다."고 주장했듯이(Vorderman, 2016, p.210에서 재인용), 대개의 경우 그 근심들은 별것이 아니거나 기우였음을 확인하게 된다.

셋째, 좋은 운동 습관을 갖는다.

"건강한 신체가 건강한 마음을 증진시킨다."는 말이 있는데, 운동은 뇌의 기능을 보호하는 중요한 역할을 한다(Kramer et al., 2004). 뇌도 신체의 한 부분이다. 규칙적으로 운동하고 신체적 건강을 유지해야 뇌를 건강하게 하고 학습에 지원을 받을 수 있다(Medina, 2008). 운동은 심장과 폐의 효율성을 증진시키고, 근육을 튼튼히 하고, 엔도르핀을 생산시켜 불안을 줄이고 자긍심을 가져다주기도 하며, 하루 주기 리듬을 강화한다(Vorderman, 2016). 하루 20분 이상의 에어로빅 운동은 낮 시간에 각성 수준을 높이고 밤에는 수면의 질을 증진시킨다. 에어로빅 운동은 나이가 들면서 발생하는 뇌 기능의 약화에 반작용적으로 영향을 준다. 55세 이상의 성인들을 대상으로 한 연구에서 에어로빅 운동은 뇌 세포의 밀도를 보호하는데 긍정적인 영향을 주는 것으로 나타났다(Colcombe, et al., 2003).

운동을 규칙적으로 하는 사람들은 운동을 하지 않는 사람들보다 더 깊은 잠을 즐길 수 있다. 주 3-4회의 정기적인 운동은 정신적, 신체적 배터리를 충전시키는 효과를 갖기 때문에 스트레스를 줄이고 전반적으로 컨디션을 증진시킨다. 운동은 반드시 힘들고 혹독한 것일 필요는 없고 가벼운 요가나 산책도 충분하다. 운동이 뇌의 건강과 효율성에 긍정적으로 기여하는 생리적 기재는 두 가지이다.

① **운동은 뇌혈관에 좋은 영향을 끼치기 때문**이다.

뇌세포는 신체의 다른 평균 세포에 비해 좀 더 많은 에너지를 사용한다. 운동을 하면 뇌혈관이 확대되고, 뇌는 혈액, 당, 기타 영양분을 충분히 수용하게 된다.

② **뉴로트로핀**(Neurotrophins, 신경세포를 살리기 위해 신경계로 분비되는 단백질)**의 분비를 촉진시켜 신경세포와 뇌혈관의 생성을 돕기 때문이다.**

사람은 나이가 들면서 뉴로트로핀의 수치가 크게 떨어지는데, 인지적 활동과 운동이 이 수치를 증진시킬 수 있다(Cotman & Neeper, 1996).

다음 점검표를 통해 공부 스트레스를 잘 관리하고 있는지 점검해 보자.

공부 스트레스 관리 점검표

공부 지연을 극복하는 전략	점검 상황
과제 수행 계획을 외부로 드러내어 알리는가?	
뒤로 물러서서 자신의 과제 수행 상황을 점검하는가?	
지체한 과제에 5-10분 공략 기법을 사용하는가?	
과제 수행의 탄력 가속도를 이용하는가?	
시계보다 타이머를 사용하고 있는가?	
과제를 잘 정의하고 공략하는가?	
과제 지연 이유에 대한 변명을 말이나 글로 표현하는가?	
과제 성공 또는 과제 완수 상황을 상상하는가?	

보편적 스트레스를 극복하는 전략	점검 상황
남들 보다 30분 먼저 일어나 하루를 준비하는가?	
학교에 가는 시간을 충분히 마련하고 있는가?	
줄을 서서 대기할 때 학습 카드를 가지고 공부하는가?	
저녁을 일찍 먹는가?	
잠자리에는 공부거리를 가지고 가지 않는가?	
줄을 설 때 자신에게 평온한 말을 하며 기다리는가?	
삶의 태도를 증진시키는 전략	**점검 상황**
스트레스 상황에서 깊이 숨쉬기를 하는가?	
스트레스 상황에서 근육 이완법을 실시하는가?	
스트레스 상황에서 "나는 할 수 있다."는 긍정적인 내적 대화를 하는가?	
어려운 상황에서 과거 성공했던 경험을 떠 올리는가?	
내가 내 삶을 통제하는 일이 왜 중요한지 알고 있는가?	
어려운 상황에 여러 가지 대처방법을 갖고 대처하는가?	
건강한 루틴을 설정하는 전략	**점검 상황**
아침을 잘 챙겨 먹고 있는가?	
식사를 할 때 공부하지 않는가?	
바른 음식을 먹고 있는가?	
칼로리 섭취를 활동에 맞추어 조절하고 있는가?	
불포화 지방과 통곡물을 섭취하고 있는가?	
과일과 채소를 많이 섭취하고 있는가?	
물을 충분히 마시고 있는가?	
적당량의(7-8시간) 잠을 자고 있는가?	
정해진 시간에 잠을 자고 있는가?	
낮잠을 자지 않는가?	

불을 끄고 자는가?	
오후 4시 이후엔 카페인 음료를 마시지 않고 있는가?	
침대에서는 잠만 자는가?	
주 3-4회 운동을 하고 있는가	

제4절
학습 공간 관리 기술

공부는 장시간 한다고 해서 반드시 좋은 성취를 보장하지 않는다. 학습시간이 짧더라도 조용히 집중해서 공부할 수 있는 학습 공간이 필요하다. 집에 자신만의 공부방이 있으면 매우 좋고, 학습실과 같이 여러 사람들과 공유하는 공간이라도 자신만의 학습 공간이 있어야 한다. 왜냐하면 공부는 늘 같은 장소에서 하는 것이 효과적이기 때문이다(Smith & Smith, 1990). 공부를 할 때마다 새로운 장소를 찾느라 시간을 낭비하지 않고, 같은 장소의 책상 및 학습 자료 배치 상황은 "공부=공부방"이라는 연합을 뇌에 형성하여 자리에 앉자마자 자동적으로 공부에 임하도록 해 주기 때문이다. 따라서 도서관이나 학습실과 같은 공공장소라도 되도록 같은 책상에서 공부하는 노력을 할 필요가 있다.

1. 공부방 꾸미기

조용히 방해받지 않으면서 공부한 후, 공부 자료를 그대로 두었다가 나중에 다시 돌아와 공부할 수 있는 자신만의 공부방이 있으면 학습에 효과적이다. 공부방은 공부에 집중하기 좋고 편안하고 안정된 곳으로 꾸며 언제든지 다시 돌아오고 싶은 곳으로 만든다.

이를 위해 **공부방에 다음과 같은 환경을 갖출 수 있도록 꾸민다**(Hollins, 2021; Luckie & Smethurst, 1998; Smith & Smith, 1990; Vorderman, 2016).

첫째, **조용하고 햇빛이 잘 드는 곳을 공부방**으로 선택한다.

낮에는 햇빛이 훌륭한 빛의 원천이 된다. 창문을 뒤로 등져 햇빛이 뒤에서 들어오도록 한다. 저녁에는 환한 빛을 내도록 전등을 천장과 책상 위에 설치한다. 천장과 책상 두 곳에서 빛이 나올 때 보다 환하고 눈에 피로감을 덜 준다. 좋은 빛은 학습에 좋은 영향을 끼치고, 나쁜 빛은 눈에 긴장감을 주고, 두통과 졸음을 야기하여 집중을 어렵게 한다. 전등 빛은 다음 몇 가지 조건을 만족시켜야 한다.

① 밝아야 한다. 적어도 2,500 루멘(Lumens)을 필요로 한다.
2개의 100와트짜리 백열등(각 1,750 루멘)이면 어느 정도 적절하다.
② 골고루 퍼져야 한다.
③ 흔들림이 없어야 한다. 빛이 흔들리면 집중하기 어렵다.

만약 좋은 빛 아래에서 공부를 함에도 불구하고 눈이 불편하다면, 병원을 찾아 눈 검사를 해야 한다. 환하고 편안한 시야는 공부에 필요한 집중력과 심리적 안정감 유지에 필수적이다.

둘째, 학습 자료를 보관하고 열람할 수 있는 **책장, 캐비닛, 파일함** 등을 **구비**한다.

그리고 인체공학적으로 불편함을 주지 않는 의자와 책상이 필요하다. 등을 곧게 펼 수 있고 편안한 의자를 선택한다. 딱딱한 의자보다 편안하고 쿠션이 있는 의자를 사용하는 것이 오래 동안 공부에 집중할 수 있도록 해 준다. 편안하고 쿠션이 있는 의자에서 공부하면 자녀가 쉽게 졸음을 느낄 수 있다고 염려하는 부모들이 있으나, 이것은 사실이 아니다. 책상은 넓은 것으로 선택하고 컴퓨터, 사전, 책, 계산기, 달력, 종이, 클립, 고무 밴드, 시계, 노트, 필기도구, 참고서 등 학습에 필요한 것만 배치한다. **책상 위에는 독서대를 설치**한다. 독서대를 사용하면 학자가 되는 것 같은 느낌을 주어 공부 준비도를 올린다. 또한 책을 읽기 좋게 비스듬히 놓을 수 있고 손으로 붙잡지 않아도 책 페이지들을 고정시킬 수 있어, 신체적으로 자유를 줌에 따라 손으로 노트를 하는 등 여러 가지 학습 활동들을 하도록 해 주고, 뒤로 몸을 뉘이고 팔짱을 끼고 읽는 내용에 대해 깊이 생각해 볼 수 있는 여유를 준다. 그리고 공부는 책상 앞 의자에 앉아 공부하도록 한다. 낮잠을 자려면 침대에서 자도록 한다. 하버드 대학의 The Division of Sleep Medicine은 침대에서 공부하게 되면 잠과 공부 간에 불필요한 연합이 이루어져 잠과 공부를 둘 다 제대로 하지 못하게 만든다고 보고했다(Hollins, 2021). 책상에서 낮잠이나 몽상을 하면 책상은 낮잠이나 몽상을 하는 단서로 역할을 하고, 공부를 하면 책상은 공부하도록 하는 단서로 역할을 한다.

셋째, 공부 집중을 방해할 수 있는 **시각적, 청각적 자극들을(예: 친구의 사진, 기념품, 상장, TV, 음악 등) 제거**하는 것이 좋다.

일반적으로 음악은 마음을 달래주는 효과가 있기는 하지만 정신을 집중시키는 데는 도움이 되지 않는다. 그리고 적절하게 공부방의 온도를 유지하는 것도 집중에 도움이 된다. Cornell 대학 Olli Seppänen 교수의 연구에 의하면 섭씨 22-25도 정도의 온도가 공부하기에 최적이다(Hollins, 2021). 그리고 SNS 사용과 인터넷 서핑도 정해진 시간에만 하고 공부할 때는 금지한다. 가족에게도 지정된 학습 시간에는 공부를 방해하지 않도록 부탁한다. 목적이 분명할수록 일을 좀 더 잘 수행해 낼 수 있기 때문에, 공부 목적을 분명히 하고 다른 일들은 삼가야 한다는 것을 명심하도록 한다.

넷째, 학습 자료들을 풍부히 준비하여 배치한다.

교과서와 참고서, 문학작품, 전문 잡지, 컴퓨터 인터넷 등 지적 자극을 풍부히 제공할 수 있는 학습 환경을 마련한다. 왜냐하면 지적 자극을 충분히 제공하는 환경 속에서 자녀들이 얻는 경험은 뇌 발달에 긍정적인 변화를 가져오기 때문이다. Greenough(1976)의 유명한 실험이 있다. 그는 실험용 쥐들을 두 종류의 환경에서 키웠다. 한 집단은 표준적인 실험적 조건(단순하고 비자극적인 우리) 속에서 살게 하였고, 다른 집단은 복잡하고 자극적인 환경에서 탐색하며 살도록 하였다. 나중에 학습과제를 풀 기회를 제공하고 쥐들의 행동을 관찰한 결과, 복잡하고 자극적인 환경에서 자란 쥐들은 단조롭고 비자극적인 환경에서 자란 쥐들에 비해 학습 속도가 더 빨랐고 실수도 훨씬 더 적게 하는 것으로 나타나, 지적으로 자극적이고 풍요로운 환경에서 자란 쥐들이 더 '영리해진' 것이었다. Turner & Greenough(1985)는 같은 실험을 반복하고 두 환경의 쥐들의 뇌를 해부 한 결과, 지적으로 자극적이고 풍요로운 환경에서 자란 쥐들이 시각 피질부에서 각 뉴론당 시냅스의 밀도가 20-25% 정도 더 높은 것으로 나타났다. 이 실험은 인간도 지적으로 자극적이고 풍요로운 환경 속에서 성장하면 뇌의 시냅스 수가 늘어나고 지적으로 명석해진다는 점을 시사한다(Kandel, 2006).

2. 학습 자료 관리 시스템 구축하기

학습 자료를 잘 정리하여 체계적으로 기록하는 일은 흐트러진 마음을 정리하여 공부에 심기일전하는 자세를 대변한다. 학습 자료가 잘 정돈된 책상은 잘 정돈된 공부 마음을 의미한다. 실제로 두뇌는 필요한 모든 학습 자료들이 손 가까운 곳에 잘 정돈되어 있을 때 불필요한 자료들에 마음을 분산시키지 않고 더 잘 기능한다. 이와는 반대로 엉망으로 학습 자료들이 흩어져 있는 공부방은 정신을 산란케 하며 공부 집중을 방해한다(Vorderman, 2016). 따라서 학습 자료들을 잘 배치하여 쉽게 접근 가능하도록 조직해 놓고 공부해야 학습이 효과적이게 된다. 이를 위해 학습 자료들을 융통적으로 관리하며 시간을 낭비하지 않는 학습 자료 관리 시스템이 필요하다.

공부방의 학습 자료들을 잘 조직하고 정렬하는 일은 다음 세 가지 조치를 필요로 한다.

첫째, **효율적인 주변 정리 시스템**을 만든다. 공부방이 정해지면 다음 세 가지 원리를 따라 학습 자료들을 정리한다.

① **모든 자료를 배치할 장소를 마련한다.**

"A place for everything and everything in its place"(모든 것에 대한 자리를 마련하고, 모든 것은 그 자리에 있도록 한다)라는 격언이 있듯이, 모든 자료들을 보관할 장소를 마련해 두는 것이 좋다. 예를 들어, 책은 책장에, 공책들은 책상 서랍에, 보고서들은 파일 박스에, 우편물은 바구니에, 연필과 펜들은 연필통에 놓아둔다. 그런 후 그 장소를 더욱 세분화하여 자료들을 놓아둔다. 예를 들어, 과학과 수학책들은 책장의 첫 번째 선반에(이과 코너), 역사와 영어책들은 두 번째 선반에(문과 코너)두는 식으로 순서를 정한다.

② **자료를 합리적으로 정리한다.**

어떤 사람들은 작업장 근처에 여러 가지 물건들을 어지럽게 쌓아 놓음으로써 필요한 때 필요한 물건을 찾는데 어려움을 느끼곤 한다. 작업 공간 주변에 물건들을 잘 정렬해 놓음으로써 필요한 때 필요한 것을 쉽게 찾을 수 있도록 하는 것이 필요하다. 미국 중앙정보부인 CIA의 경우, 자료들을 세 가지로 분류하여 쉽게 찾을 수 있도록 하고 있다고 한다(Pauk & Owens, 2011). (a) "현행" 자료의 경우는 현재 사용하고 있는 자료들로서 책상 바로 위나 근처에 배치시켜 쉽게 찾을 수 있도록 배치한다. (b) "긴급" 자료인 경우는 현재 사용하고 있지는 않으나 곧 사용할 자료들로서 근처 책장이나 책상 서랍에 배치한다. (c) "보관" 자료의 경우는 과거에 사용한 자료들로서 먼 곳의 책장이나 캐비닛 또는 박스에 보관한다. 이런 원리와 유사하게 학습 자료들을 조직하여 배치한다. 예를 들어, 이번 학기에 사용하는 책들은 책장에 접근성이 가장 좋은 곳에 두고, 지난 학기에 사용한 책들은 그 다음으로 접근성이 좋은 곳에 두는 순서로 놓아둔다.

③ **라벨링(Labeling)을 논리적으로 한다.**
책장에 모든 책들이 표지 반대로 꽂혀 있다면 원하는 책을 바로 찾기 어려울 것이다. 그 이유는 책들의 라벨을 볼 수 없기 때문이다. 라벨링을 하면 찾고자 하는 사물을 빨리 인지하고 발견할 수 있게 해주고, 그것을 보다 쉽고 체계적으로 조직(알파벳 순 또는 기타 다른 체제로)할 수 있게 해 준다. 라벨링을 하는데 드는 시간은 1분도 걸리지 않으나 학습 자료를 찾는데 드는 불필요한 시간을 많이 절약해 준다.

라벨링을 하는데 도움이 되는 좋은 전략은 다음과 같다.

(a) 코스 또는 교과의 제목(예: 거시경제학 개론)보다는 코스번호(예: 경제학102)를 사용한다. 초·중등학교 자녀들은 학기 별로 수업 제목(예: 고 1-1 국어)을 사용하는 것이 좋다.

(b) 한 수업의 상이한 부분들이 한 공책에 기록되어 있으면 견출지, 별도의 폴더나 칸막이들로 라벨링을 하여 구분한다.

(c) 각 노트 페이지 또는 파일에 충분한 정보를 기입하여 (예: 고 1-1 국어, 노트한 날짜, 페이지 번호 등) 그 자체로 의미 있게 존재하도록 한다.

(d) 자료를 파일 캐비닛에 보관할 경우, 파일 폴더들의 이름을 알파벳 또는 한글 가나다순으로 색인 목록을 만들어 캐비닛 앞에 붙여, 캐비닛 서랍을 열기 전에도 그 안에 들어 있는 자료들로 어떤 것들이 있는지 알아볼 수 있도록 한다.

둘째, 공책을 효과적으로 관리한다. 공책을 효과적으로 관리하는 전략으로 두 가지가 있다.

① 종이를 뺐다 끼웠다 할 수 있는 바인더 공책을 사용한다.
나선 모양의 철사로 종이들이 함께 묶여 있는 스프링 공책은 사용하지 않는 것이 좋다. 노트는 묶여 있는 어떤 공책 한 권의 부분으로 기록하는 것보다 별도의 개별적인 종이에 기록하는 것이 시험이나 보고서 작성 시 분류하여 참고 자료로 사용하는데 훨씬 편리하다. 기록한 종이들을 펀치를 사용하여 구멍을 세 군데 뚫은 후, 종이를 뺐다 끼웠다 할 수 있는 바인더 공책에 보관한다.

② 공책은 교과 수업별로 작성하여 사용한다.
한 공책에 여러 교과 수업의 내용들이 함께 들어가도록 하지 않고 교과 수업별로 공책을 마련하면 시험 대비나 보고서 작성 시 정보를 융통성 있게 관리할 수 있어서 좋다. 그러나 공책 대신 뺐다 끼웠다 할 수 있는 종이와 바인더 공책을 사용하고 찾기표를 붙이거나 색깔이 다른 디바이더(Divider)로 구분하여 관리하면 더 좋다.

셋째, 학습 후 정리 정돈하고 다음날 학습 자료를 준비해 놓는다.
한 과제를 끝내고 다음 과제로 이동하는 경우, 하던 과제의 학습 자료들을 그대로 작업 공간에 놔두지 않고, 몇 분의 시간을 투자하여 정리 정돈을 하여 다음 과제에 바로 임할 수 있도록 한다. 이전에 학습하던 자료들을 그대로 놔두고 자리를 뜨면 작업 공간에는 자료들이 무더기로 쌓이게 되어 다른 과제를 할 공간도 부족하게 된다. 따라서 이전 작업 관련 자료들을 정리 정돈하고 다음 과제의 학습 자료들을 준비해 놓는데 드는 시간은 오히려 장기적으로 볼 때 자료를 찾거나 공부에 임하기까지의 시간을 상당히 절약시켜 준다. 다음 날의 학습에 대한 준비를 마치고 잠자리에 들 때의 이점들은 다음과 같다. ① 그 다음 날 허둥대다 잊어버리는 자료들이 줄어들게 된다. ② 다음 날의 학습 활동에 대해 생각하게 되고 학습에 대해 마음의 준비를 하는 심리적 효과가 생긴다. ③ 생길 수 있는 학습에 대한 귀찮음이나 지연 현상을 극복할 수 있다. 다음 날 아침에 일어나 학습 준비가 다 된 상황에 임하게 되면 공부방이나 학교에 가서 바로 공부해야 하는 귀찮음이나 지연 현상을 극복하는데 도움이 된다.

다음은 학습 공간을 정돈하여 시간을 절약하고 공부에 도움이 되도록 하는 점검표이다.

* 학습 공간을 정돈하고 자료를 관리하는 전략을 잘 사용하고 있는지 점검해 보자.

학습 공간 관리 전략	점검 상황
모든 자료를 배치할 장소를 마련했는가?	
필요할 때 필요한 것을 쉽게 찾을 수 있도록 자료를 합리적으로 배치했는가?	
자료에 라벨링을 했는가?	
종이를 뺐다 끼웠다 할 수 있는 바인더 공책을 사용하는가?	
수업별로 공책을 달리 마련하여 사용하는가?	
학습 후 정리 정돈하고 다음날 학습 자료를 준비해 놓는가?	

3. 컴퓨터 사용으로부터 건강 지키기

현대에는 컴퓨터 없이 공부하기 어렵다. 따라서 자녀들은 공부방 책상 위에 컴퓨터를 설치하고 사용할 수밖에 없는 상황에 처해 있다. 문제는 컴퓨터 사용은 전자파를 발생시켜 건강에 해를 끼친다는 것이다. 따라서 컴퓨터를 사용할 때 컴퓨터가 건강에 끼칠 해를 최소화하는 것이 중요하다.

Cottrell(2019)은 다음과 같이 컴퓨터를 사용할 것을 제안한다.

첫째, 바른 자세로 컴퓨터를 사용한다.

① 컴퓨터 스크린으로부터 34cm-60cm 정도 떨어져 앉아, 눈이 15-20도 각도로 내려다 볼 수 있도록 하여 머리가 편안한 각도를 유지하도록 한다.
② 팔꿈치는 책상과 90도 각도를 유지하도록 한다.
③ 양 발을 방바닥 또는 발 얹는 대에 평평하게 위치키고, 다리를 뻗는데 방해가 되는 물건들은 제거한다.
④ 다섯 개의 지지 바퀴가 달린 좋은 컴퓨터 의자를 구입한다.
⑤ 의자의 등 받침이 어깨 부분에 위치하도록 조정한다.
⑥ 등을 곧바로 세워 몸이 편안하도록 한다.
⑦ 의자의 높이를 조절하여 팔뚝이 책상과 수평이 되도록 한다.
⑧ 허벅지 아랫부분과 무릎의 뒷부분에 과도한 압력이 가해지는 것을 피한다.
⑨ 키보드나 마우스를 사용할 때 손목을 똑바로 유지하되, 마우스는 꼭 붙잡지 않고, 손을 약간만 뻗어도 잡을 수 있도록 손과 가까운 곳에 위치시킨다.
⑩ 팔뚝을 책상 위에 편안히 얹을 수 있도록 공간을 마련하고 손목 지지대를 사용하면 더 좋다.

다음 그림은 위 10가지 컴퓨터 사용의 바른 자세를 보여 준다(Cottrell, p.141).

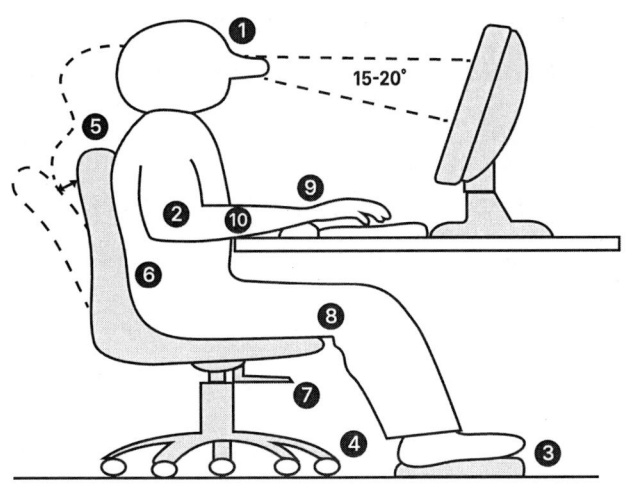

둘째, 컴퓨터 스크린을 볼 때는 다음과 같은 점에 유의한다.

① 컴퓨터 화면이 광원과 직각이 되도록 위치시킨다.
　이렇게 했을 때 컴퓨터 스크린에서 나타날 수 있는 눈부심과 반사를 예방할 수 있다.

② 스크린을 장시간 노려보지 않는다.
　쉬는 시간을 가지며 여러 번 나누어 보고, 장시간 내용을 볼 필요가 있으면 종이로 인쇄해서 보도록 한다.

③ 콘택트렌즈를 사용하는 사람은 컴퓨터 모니터의 열기로 인해 렌즈가 건조해

질 수 있으므로, 안경을 대신 사용하거나, 인공눈물을 넣고 의식적으로 눈을 자주 깜빡여서 눈이 건조해지는 것을 예방한다.

④ 나쁜 자세 또는 스트레스를 받는 상황에서 컴퓨터를 오래 사용하면 상복부에 고통이 올 수 있으므로, 휴식을 자주 갖고, 손목 지지대를 사용하고, 빠르게 클릭하거나 장시간 자판을 조작하는 일을 피한다.

어떤 사람들은 컴퓨터 사용 시 두통을 호소하기도 하는데, 이때는 부적절한 자세, 너무 작은 글씨의 텍스트 읽기, 휴식 없이 장시간 작업하기, 스트레스, 스크린의 섬광, 좋지 않은 조명 등의 조건이 존재하는지 점검할 필요가 있다.

제5절
시험을 준비하고 치르는 기술

시험은 학급에서 치르는 쪽지 시험에서부터, 학교에서 치르는 중간 및 기말 고사, 또는 수학능력 시험, 공무원 시험, 승진 시험, 각종 자격시험 등과 같이 다양하다. 시험을 치르는 사람들도 초·중등학교 자녀들뿐만 아니라 대학생 및 일반 성인들에게까지 다양하다. 자녀들은 시험을 싫어하고 시험일이 다가오면 걱정과 근심으로 스트레스를 느끼지만, 시험은 자녀들의 학창시절부터 성인기 직장 생활에 이르기까지 삶에서 피할 수 없는 영역이다. 그러나 시험에는 긍정적인 측면도 있어 자신의 실력을 점검하고 발전시키는 수단이 되기도 한다. 자녀가 시험에서 좋은 성적을 얻기 위해서는 시험 스트레스를 이해하고, 철저한 시험 준비로 시험 걱정을 극복하고, 체계적으로 답하는 기술, 시험 문제 유형을 이해하고 대처하는 기술, 그리고 시험을 통해 배우는 기술을 필요로 한다.

1. 시험 스트레스 발생의 3 단계

사람들은 시험일이 다가오면 시험에 대한 근심과 걱정으로 스트레스를 느낀다. 스트레스(Stress)라는 말은 걱정(Distress)이라는 말에서 기원했듯이(Longman & Atkinson, 1988), 걱정은 스트레스의 주요 원인이다. 걱정이란 외적인 사건이 잠시 동안 야기하는 정서적 또는 신체적 긴장을 말하고, 시험 걱정은 시험이라는 특수한 상황에서 느끼는 정서적 또는 신체적 긴장을 말한다. 다른 스트레스와 마찬가지로 시험 걱정도 긍정적인 측면이 있다. 약간의 시험 걱정은 시험 준비를 하고자 하는 동기를 증진시키고, 시험을 치를 때도 좀 더 집중하도록 하여 좋은 성적을 얻도록 해 준다. 그러나 과도한 시험 걱정으로 인해 스트레스 수준이 높아지면, 아드레날린이 분비되고, 많은 양의 산소가 두뇌가 아니라 팔과 다리로 몰려 "도피 아니면 싸움"("Flight or Fight")의 반응을 하도록 만든다(Luckie & Smethurst, 1998). 그리고 혈액에 당이 분비되는 신진 대사가 빨리 일어나, 소변이 자주 마렵게 된다 (Spielberger et al., 1979). 이에 따라 학생들은 '생존'에만 관심을 기울이게 되고, 이성적 사고가 잘 작동하지 못하게 되어, 시험을 잘 치르기 어렵게 된다. 시험 불안이 높은 학생들은 같은 지적 능력을 가지고 있더라도 시험 불안이 덜한 학생들보다 낮은 시험 성적, 높은 소진율(Attrition Rates), 낮은 자긍심, 불행감, 자기 비난의 성향을 보인다(Spielberger, 1962; Spielberger & Katzenmeyer, 1959).

시험 스트레스는 3 단계를 거쳐 발생한다(Longman & Atkinson, 1988, pp.217-9).

첫째, **경계 단계**(Alarm Stage)이다.

걱정으로 인한 스트레스에 대처하기 위해 에너지를 집중시키는 단계이다. 입이 마르며, 땀이 흐르지만 집중력은 그대로 존재한다. 경계 단계는 스트레스를 다룰 첫 번째 기회로서, 이때 스트레스를 잘 통제하면 좀 더 명료한 사고로 장시간 집중해서 활동하도록 해 준다. 배우, 운동선수, 대중 연설자들은 경계 단계 스트레스의 이런 효과를 잘 활용하여 탁월한 성과를 내기도 한다. 이들은 이 단계의 스트레스를 자극제 삼아 더 높은 수준의 기량과 능력을 발휘한다.

둘째, **공포 단계**(Fear Stage)이다.
불안감이 증대되고 근심이 공포감으로 발전한다. 알 수 없는 상황, 실패 염려, 낙심, 경쟁감 등으로 인해 공포가 성공에 대한 개인적 의심을 야기한다. 공포 단계에서는 경계 단계의 증상에 더해 가쁜 숨, 빠른 심장 박동, 근육 긴장, 좌절감, 집중력 약화 등이 나타난다. 이 단계에서는 스트레스에 대한 통제가 훨씬 어렵지만 그렇다고 불가능한 것은 아니다. 이 단계에서 스트레스가 적절히 통제되지 않으면 신체와 정서는 스트레스에 급격히 압도당하게 된다.

셋째, **공황 단계**(Panic Stage)이다.
근심과 걱정이 매우 강하게 나타난다. 공포 단계의 증상 외에, 손 떨림, 식욕 저하, 수면 방해, 메스꺼움과 구토, 생각의 붕괴로 부주의한 오류와 기억 상실이 일어난다. 이 단계에서는 스트레스를 스스로 통제하고 제대로 사고하는 것이 어렵게 된다. 통제 불가능한 스트레스로 인해 내면이 무질서와 혼돈을 겪게 되어 시험 결과를 받아 보면 자신이 질문을 잘못 읽었고, 알고 있던 정보도 망각했다는 사실을 알게 된다. 이 단계에서는 체계적 둔감법(Systematic Desensitization), 개인 및 집단 상담, 합리-정서 치료, 공부 기술 훈련 등 보다 전문적인 치료와 훈련을 필요로 한다.

2. 시험 스트레스 극복을 위해 준비하기

시험 스트레스를 느끼면 이를 극복하기 위해 다음 두 가지 방법을 동원한다. 하나는 학업적으로 준비하는 것이고 또 하나는 심리적으로 준비하는 것이다. 학업적으로 준비하는 것은 시험에 대비하여 공부함으로써 시험을 치를 준비를 철저히 하는 것이다. 그리고 심리적으로 준비하는 것은 시험에 대비하여 마음 상태를 긍정적으로 유지하기 위해 필요한 조치들을 취하는 것이다.

1) 학업적으로 준비하기

시험 스트레스를 줄이는 최선의 방법은 시험에 대비하여 학업적으로 잘 준비하는 것이다. 시험을 준비하고자 하는 동기를 느끼지 못하면 그 이유를 곰곰이 생각해 보고 대처 방안을 생각해 내야 한다. 시험에 대한 긍정적인 태도를 향상시키고, 억지로라도 시험 준비를 해야 한다. 혼자서 하기 어려우면 2-3명의 친구들과 함께 시험 준비를 한다. 친구들과 함께 교사와 학생의 입장에서 서로 질문하고 답을 하면 없었던 시험 준비 동기가 생길 수 있다.

학업적으로 시험을 준비하는 구체적 전략들은 다음과 같다.

첫째, **학기가 시작되자마자 시험 준비 계획을 세워 실천한다**(Cottrell, 2009, 2019; Pauk & Owens, 2011). 학기 초에는 시험 준비를 위해 충분한 시간을 가질 수 있고, 시험 대비 전략들에 대한 선택의 폭이 넓기 때문이다. 학기 초에 시험에 대해 정보를 수집한다.

① 어떤 시험들이 있는가?
② 어떤 형식의 시험들인가?

③ 몇 문제에 주어진 시간은 얼마나 되는가?
④ 채점은 어떤 방식으로 이루어지는가?
⑤ 시험 준비에 도움을 주는 곳이 있는가?
⑥ 모의시험이 제공되는가?
⑦ 이전에 출제되었던 시험 문제들을 얻을 수 있는가?

이런 시험 정보들을 시험에 너무 임박해 알게 되면 준비가 어려울 뿐더러, 스트레스를 느껴 시험을 망칠 수 있다.

시험에 대한 정보를 수집했으면, 달력에 시험 날짜를 표시하고, 시험 준비에 필요한 시간도 역산하여 표시한다. 이 후 달력을 보며 시험 날짜를 상기하고 준비 상황을 체크해 나가며 시각적 단서로 사용한다. 앞에서 살펴본 3단계 시간 스케줄에 시험 준비 활동이 포함되도록 하여 실천에 옮긴다. 자신의 강점과 약점을 고려하여 복습할 교과목들의 우선순위 번호를 1에서 5까지 매긴다. 1은 잘하는 교과목이어서 복습할 필요가 적은 것이고, 5는 잘 몰라서 많은 복습이 필요한 것이다. 이런 우선순위 번호에 따라 교과목별로 복습할 시간을 다르게 설정한다(Vorderman, 2016).

학기 초에는 교과서를 미리 훑어보며 개관한다. 교사가 나눠주는 수업 계획서를 교과서와 함께 살펴보며, 앞으로 배우게 될 수업의 내용이 무엇인지 개략적으로 파악한다. 이런 개관의 과정은 시험 준비를 훨씬 수월하게 해 준다. 그리고 개관 후에는 세세한 내용을 살펴본다. 즉, '**숲을 보고 나무를 보는 순서**'로 시험 준비를 한다.

학습한 내용의 전체 조직과 의미를 파악하여 **시험에 대비하려면 노트 필기한 모든 내용을 검토하는 것이 기본**이다. 그리고 그 외에 다음과 같은 방법들을 사용한다(Luckie & Smethurst, 1998).

① **시험에 나올 수 있는 학습 내용에 대해 다른 사람에게 이야기**한다.

다른 사람에게 학습 내용에 대해 이야기하려면 주요 아이디어들을 잘 이해하려고 노력해야 하는데, 그 과정이 하나의 시험 준비가 된다. 어떤 자녀들에게는 이 방법이 학습 내용에 대해 큰 그림을 얻는 최선의 방법이 되기도 한다.

② **그림(다이어그램, 마인드 맵 등)을 사용**하여 학습 내용을 하나의 구조로 조직한다.

이 구조는 학습 내용에 대해 큰 그림을 형성하도록 도움을 준다.

③ 그림으로 학습 내용을 조직하기 어려운 경우는 **아웃라인(개요)**을 만든다.

이 또한 학습 내용에 대한 큰 그림을 얻도록 해 준다.

이런 식으로 큰 그림을 얻은 후에는 특정한 세부 내용들을 학습 카드로 만들어 질문에 답하고 정확성을 점검하는 연습을 하는 것이 효과적이다(Anderson, 1979). 학습 카드 앞면에는 질문을, 뒷면에는 정답을 기록한다. 앞면의 질문을 보고 답을 한 후 뒷면의 정답을 보고 확인하는 식으로 평소에 매일 조금씩 암기한다. 녹음기를 이용하여 질문과 답 사이에 본인이 답을 할 시간 여유를 두고 녹음한 후 암송 연습을 할 수도 있다. 이런 식으로 숲도 보고 나무도 볼 수 있으면 시험 준비를 잘 한 것으로, 시험 걱정 없이 자신감을 갖고 시험에 집중할 수 있게 된다.

시험 준비에 있어 또 다른 중요한 점 중 하나는 시험을 보기 24시간 전에는 새로운 것을 학습하려는 시도를 하지 말아야 한다는 것이다. 이것을 "**시험의 24시간 황금률**"(Golden 24-Hour Rule of Exam)이라고 한다(Luckie & Smethurst, 1998, p.92). 이 시간에는 평소 학습한 내용을 복습하고, 종합하고, 조직하고, 회생하는 연습을 하여 기억을 공고히 하는 것이 최선의 시험 준비 전략이다.

둘째, 시험 준비로 **검토할 자료들을 조직하고 공부**한다.
세 가지 단계를 거친다(Pauk & Owens, 2011; Fry, 2011).

① 수강하고 있는 교과에서 사용했던 모든 자료들(책, 워크북, 핸드아웃, 노트, 숙제, 기출 시험 문제와 리포트 등)을 수집한다.

그동안 교사가 수업에서 강조했거나 노트 필기하라고 지시했던 것들을 유의해서 수집한다. 그리고 기존에 출제되었던 문제지(쪽지 시험, 중간고사 및 기말고사지)와 돌려받은 답안지에 교사가 평가하고 지적한 내용을 수집한다. 이 활동은 미래 시험에 어떤 문제가 나올 것인지 예상하는 데 도움을 주기 때문이다. 종종 유사한 문제가 나오기도 하고, 말만 바꾼 같은 문제가 나오기도 한다. 기존에 나왔던 문제들 중 반복적으로 출제된 문제, 본인이 중요하다고 생각했었는데 기존에 출제되었던 문제, 본인이 미처 예상하지 못했던 문제들을 점검하고 그 답을 준비한다(Cottrell, 2009; Vorderman, 2016). 아울러 지난 학기에 강좌를 들었던 선배 학생들을 만나 자문, 팁, 힌트, 주의 사항들을 듣고 기록한다.

② 검토할 자료들을 선정한다.

시험에 출제될 내용들에 비추어 자료들을 선정한다. 이때 "이번 시험에 대비해서 내가 검토해야 할 것은 정확히 무엇인가?"라는 질문을 하면 선정 작업에 도움이 된다. 선정 작업을 통해 방대한 자료들이 압축되면 이것만으로도 심리적 안도감을 줄 수 있다. 이는 시험에 대비해 충분한 시간과 에너지를 가지고 있는 것처럼 느껴져 안도감을 가지고 시험 준비에 임할 수 있게 해준다. 평소에 교사가 반복해서 이야기했거나, 강조했거나, 노트 필기하라고 요구했던 내용은 시험에 나올 확률이 높기 때문에 이에 주목해서 선정한다.

③ 다음과 같이 **시험 대비 검토 자료 점검표**를 만들어, 주제, 자료, 검토 완료 여부를 기록한다.

주제	자료	검토 완료 여부

검토 자료가 수집되면 **주제별로 내용을 검토한다. 별도의 종이에 마인드 맵 또는 요약표 등으로 내용을 구조화**한 뒤, 쭉 훑어본다. 그리고 검토한 내용을 가지고 스스로 **예상 시험 문제를 만들고 답을 하는 연습**을 한다. 시험 예상 문제를 만드는 일은 시험에 대비하는 매우 효과적인 전략인데, 숲과 나무를 볼 수 있는 수준에까지 학습하게 되면 그 적중률이 높아진다(Luckie & Smethurst, 1998). 수업을 듣거나 참고서를 보고 노트한 것, 이전에 출제된 문제, 교사가 수업에서 강조한 내용들을 검토해 보고, 친구들과 함께 서로 예상 문제를 만들어 질문하고 답을 하는 게임을 해보는 것도 굉장히 유익한 활동이다. 이런 게임은 재미있을 뿐 아니라 자신이 알고 있었던 내용에 대한 기억은 더 살려주고, 몰랐던 내용에 대해서는 즐겁게 알아내게 함으로써 시험에 효과적으로 대비할 수 있도록 도와준다. 시험 문제를 많이 만들 수 있다는 것은 실제로 시험 준비가 잘 되었다는 것을 스스로에게 증명하는 것이고, 이를 통해 실제 시험에 당면했을 때 좀 더 자신감을 갖게 된다.

셋째, 스케줄에 따라 시간을 조직한다.

앞에서 설명한바, 마스터 플랜(학기 플랜), 주별 플랜, 일일 플랜을 사용하여 쪽지 시험 또는 다가올 중간 고사, 기말 고사에 대비하여 공부할 시간을 미리 미리 설정한다. 그리고 시험일이 가까워지면 두 가지 **특별 시간 관**

리 계획을 세운다.

① **시험 1주 전 특별 스케줄**이다.

시험 1주 전에 시험 대비에 초점을 두고 '스퍼트'를 낼 수 있는 특별한 시간 관리 계획을 마련한다. 이것을 **"결승점 앞 스케줄"**이라고 한다. 결승점을 바로 앞에 두고 스퍼트를 내듯 아래 표를 사용하여 막바지 시험 준비를 위해 특별한 시간 관리 계획을 세운다.

시험 1 주전 특별 스케줄

	월	화	수	목	금	토	일
7:00							
8:00							
9:00							
10:00							
11:00							
12:00							
13:00							
14:00							
15:00							
16:00							
17:00							
18:00							
19:00							
20:00							
21:00							
22:00							
23:00							

시험 1 주전 특별 스케줄을 계획할 때 유의 사항은 다음과 같다.

(a) 식사, 수면, 레크리에이션, 아르바이트 시간을 기록한다. 시험 대비 특별 스케줄이라고 하여 공부 시간만 계획하는 것이 아니다. 삶에 필요한 활동들도 포함시킨다.
(b) 학교 수업 시간을 기록한다.
(c) 학기말까지 제출할 과제를 끝낼 시간을 기록한다.
(d) 주말은 시험을 대비하는 공부 시간으로 기록하되 교과와 공부할 시간을 명시적으로 기록한다(예: "시험 준비"라는 말 대신에 "사회과 1단원에서 5단원" 식으로 명시한다).

② **시험 주간 특별 스케줄**이다.
시험이 실시되는 주에도 시험 1 주전 특별 스케줄과 동일한 특별 시간계획표를 사용한다. 시간 계획 시 유의 사항은 다음과 같다.

(a) 시험을 보는 교과의 시간을 기록한다.
(b) 식사, 휴식, 수면, 운동 시간도 기록한다(시험에 대비하여 신체적으로나 정신적으로 최상의 조건을 마련하는 활동이기 때문이다).
(c) 시험을 볼 교과에서 중요한 내용을 복습할 시간을 그 교과 시험 바로 전에 배당한다. 기억 회생율은 시험 바로 전에 복습할 때 가장 높기 때문이다. 침착하고 신중하게 복습하여 그 마음가짐을 그대로 시험장에 가져갈 수 있도록 한다.

넷째, 노트한 내용을 암송한다.
시험 전에 노트한 내용을 기억하는 최선의 방법은 **일련의 요약표를 만들**

어 높은 강도로 **농축시키고 암송**하는 것이다. 학습 카드를 사용할 수도 있으나, 암송할 내용이 길고 복잡한 경우, 코넬 노트 체제를 사용하여 교과서를 읽고 노트한 내용과 수업에서 노트한 내용 중에서 중요한 아이디어만 추출하여 요약표 몇 장으로 기록한다. 그리고 오른쪽 답란은 가리고 왼쪽 질문란만 보고 암송한 후 정답을 했는지 확인하는 활동을 한다(2장 5절 노트 필기법 참조).

 다음장은 사회과에서 배운 19세기와 20세기 가족에 대한 내용을 시험에 대비하여 코넬 노트 체제로 요약한 예이다.

시험 대비 코넬 노트 정리 예시

	일반 사회 (김말구 선생님)	
	19세기　　VS　　20세기	
· 가족의 의사결정 방식은?	1. 가부장적: 아버지가 가정을 이끎	1. 개인주의적: 민주적
· 안정성의 차이는?	2. 안정적인 가정	2. 덜 안정적인 가정
· 가족의 구성은?	3. 다수의 자녀와 친척들로 구성됨: 대가족	3. 부모와 자녀 두 세대로만 구성됨: 핵가족
· 주거 이동 변화는?	4. 이동성이 거의 없음 대대로 이어지는 가옥	4. 이동성이 증가되고 거주지가 종종 변화
· 여성과 일 사이의 관계는?	5. 여성이 가사와 양육을 전담	5. 맞벌이 증가로 부부 공동으로 가사와 양육 부담
· 성에 대한 관점은?	6. 엄격한 금욕주의	6. 자유주의 증대
· 가족유형의 다양성은?	7. 지역사회내 가족 유형이 대체로 동일	7. 가족 유형의 다양성 증대
· 가족의 기능은?	8. 다중적 기능: 정치적, 종교적, 경제적	8. 자녀 생산과 사회화 기능

다섯째, 벼락치기 시험 준비라도 체계적으로 한다.

벼락치기(Cramming)는 시험 준비에 매우 비효과적이다. 많은 양의 학습 내용을 짧은 시간에 복습하는 것은 매우 어려운 일이고 효과적이지 못하다. 이것은 매일 굶다가 주말에 가서 일주일 치의 음식을 다 먹으려는 것과 같은 것으로 어리석은 일이다. 무엇보다 벼락치기로 공부한 내용은 쉽게 망각된다. 그 이유는 기억을 공고히 할 시간이 부족하고, 이해의 깊이가 낮기 때문이다(Luckie & Smethurst, 1988). 그러나 부득이한 사정으로(예: 병원 입원 치료) 벼락치기를 할 수 밖에 없는 상황이라면 다음 팁을 참고하여 체계적으로 한다.

다음은 **벼락치기 시험 준비를 위한 팁**이다(Hansen & Hansen, 2008; Luckie & Smethurst, 1988).

① **벼락치기로 준비할 수 있는 범위에 대해 현실적인 자세를 취한다.**

하루 밤에 한 학기의 내용을 모두 검토할 수 없는 것이 현실이다. 따라서 너무 많은 정보를 벼락치기로 머릿속에 저장하려고 하는 것은 비현실적일 뿐더러 오히려 효과가 떨어진다는 것을 인식한다.

② **선택적으로 학습할 내용을 선정하고 깊이 공부한다.**

시험에 출제될 가능성이 높다고 판단되는 내용들만 선택하여 깊이 공부한다. 벼락치기에서는 **많은 것을 얕게 아는 것보다 적은 것을 깊이 아는 것이 효과적인** 전략이 된다. 세세한 내용에 매몰되지 않고 교과서 뒤에 나와 있는 요약과 주요 개념, 아이디어, 핵심 공식 등을 공부한다.

③ **기억술을 사용하여 단기 기억에의 저장을 극대화한다.**

여러 가지 기억술을 사용하여(2장 7절 기억술 내용 참조) 학습한 내용이 단기 기억에 잘 저장되도록 함으로써 시험에서 기억 회생이 잘 되도록 한다.

④ 심야의 벼락치기보다 이른 새벽의 벼락치기가 더 효과적이다.

저녁 늦게까지 벼락치기 해서 아침에 지쳐서 일어나는 것보다 저녁에 일찍 자고 아침에 일찍 일어나 벼락치기 하는 것이 시험에 효과적이다. 따라서 벼락치기는 '종달새' 스타일의 아침형 학습 패턴을 가진 자녀들에게 유리하다.

⑤ 시험지를 받은 후 벼락치기 한 주요 내용을 먼저 시험지 여백에 적는 시간을 몇 분 가진 후 시험에 임한다.

벼락치기한 내용은 쉽게 잊을 수 있기 때문이다.

⑥ 밤에 벼락치기를 할 경우, 카페인이나 설탕 섭취를 금한다.

잠을 자는데 방해가 되기 때문이다. 잠을 자야 뇌가 재충전될 수 있다. 시험 당일에는 알람을 설정한다. 수면 부족으로 인해 첫 번째 알람으로 깨지 못할 것을 대비하여 2-3번 알람을 설정한다. 그리고 시험에 임하기 전에 한 번 더 공부한 것을 검토할 시간을 갖는다. 그리고 아침 식사를 든든히 하고 시험에 임한다.

여섯째, 시험 보는 기술을 습득한다.

시험 유형별로 답하는 기술을 익히고 시험 문제를 보고 난이도에 따라 상중하로 나눈 후 난이도가 낮은 문제부터 공략하며 시간을 조절하는 기술이 필요하다(5장 5절 시험 유형별로 답하는 기술 참조).

2) 심리적으로 준비하기

시험 스트레스를 줄이기 위해 학업적으로 준비하는 일은 기본이다. 이에 더해 다음 세 가지 전략을 동원하여 심리적으로도 준비한다.

첫째, 시험에 대해 사전에 조사한다.

미지의 것에 대한 공포는 걱정의 원인이 될 수 있으니, 미지의 것을 사전에 알면 공포를 줄일 수 있다. 기존의 시험 문제를 참고하여 다음과 같은 질문에 가능한 많이 답할 수 있도록 정보를 수집하여 시험 걱정을 줄인다(Fry, 2011, pp.174-5).

① 시험에 어떤 내용들이 출제되는가?
② 총점이 얼마인가?
③ 이 시험이 무엇에 중요한 것인가?
④ 시험 시간은 얼마나 걸리는가?
⑤ 시험은 어디서 치르는가?
⑥ 어떤 유형의 문제들이 출제되는가?(진위형, 선다형, 단답형, 논술형 등)
⑦ 각 유형의 문제들은 몇 문항씩 나오는가?
⑧ 각 질문에 몇 점씩 주어지는가?
⑨ 시험에 가중점이 주어지는 부분이 있는가?
⑩ 오픈 북 시험인가?
⑪ 시험장에 무엇을 소지하고 갈 수 있는가?(계산기, 사탕, 물, 간식 등)
⑫ 오답에 벌점 가중이 있는가?

둘째, 시험 장소에 대해 사전에 조사한다.

평소 공부하던 학교에서 시험을 보는지, 친숙하지 않은 장소에서 시험을 보는지에 대하여 사전에 알아본다. Smith(1986)는 학생들이 평소 학습하던 학급과 같은 곳에서 시험을 볼 때 다른 곳에서 시험을 볼 때의 경우보다 기억 수행이 높다는 것을 발견했다. 만약 전혀 새로운 장소에서 시험을 보아야 할 경우(예: 수능 시험), 시험 1-2주 전에 그와 유사한 장소에서 공부를 함으로써 시험을 볼 장소와 시험실에 대한 친숙도를 높인다. 평소에 공부하던 방과 시험실의 분위기가 유사하면 환경에 대한 통제감을 주어 시험 걱정을 줄일 수 있고, 기억력을 증진시킨다. 이것을 **기억의 상황 의존성 원리**(Principle of State-Dependent Memory)(Schramke & Bauer, 1997; Godden & Baddeley, 1975), 또는 **부호화 특이성의 원리**(Principle of Encoding Specificity)라고도 한다(Zeelenberg, 2005). 이 원리는 **학습할 때의 상황적 배경과 기억 회생이 필요한 전이 상황에서의 상황적 배경이 비슷할수록 기억이 잘 된다는** 원리이다.

이 원리는 장소뿐만 아니라 학습할 때의 정서 상태에도 적용된다. 기쁜 정서 상태에서 학습한 내용은 기쁜 상태에서 떠올리면 더 잘 기억나고, 슬픈 정서 상태에서 학습한 내용은 슬픈 상태에서 떠올리면 더 잘 기억난다. 이렇듯 정서와 기억은 연계되어 있다. 이것은 부호화 특이성 원리의 특별한 형태로서 **정서 일치 처리의 원리**(Principle of Mood-Congruent Processing) (Bower & Cohen, 1982), 또는 **정서 의존 기억의 원리**(Principle of Mood Dependent Memory)라고도 한다(Bower & Forgas, 2001; Eich, 1995). 특히 긍정적 정서는 이 연계를 더 잘 형성하도록 해주고 기억과 이해를 더 깊게 한다(Bower, 1994). 따라서 자녀들은 되도록 **평소에 공부를 할 때 즐겁고 안정된 마음을 가지고 임하고, 시험 장소에 가서도 같은 마음을 유지해야** 기억이 잘 나서 성공적으로 시험을 칠 수 있다.

셋째, 식사를 잘하고, 정기적으로 휴식 시간을 갖고, 운동을 한다.

평소에 영양을 잘 섭취하고, 휴식을 취하고, 운동을 통해 건강한 신체를 유지하면서 시험 스트레스에 대한 저항력을 키운다. **시험을 보기 1주일 전부터 매일 물을 충분히 마셔** 탈수 증세를 겪지 않도록 한다. 시험 스트레스가 매우 강력할 경우에는 좀 더 긴 시간의 휴식을 갖고 운동을 한다. 휴식과 운동은 시험 스트레스로 인한 아드레날린 분비를 감소시키고, 정신을 맑게 하고, 집중력을 높여 좀 더 생산적으로 시험 준비를 하게 한다. 휴식과 운동에도 불구하고 약간이나마 시험 스트레스를 느끼면, 그 정도의 긴장과 걱정은 오히려 시험에 도움이 되는 것이니 걱정하지 않는다(Cottrell, 2009).

넷째, 시험일에 가까워질 때, **주변에 시험에 대해 과도하게 자만심을 갖고 있는 친구나 너무 공포를 느끼는 친구가 있으면 피한다**(Cottrell, 2009).

왜냐하면 과도한 자만심이나 시험 공포는 본인의 심리 상태나 페이스를 유지하는데 방해가 되기 때문이다. 시험 전날에는 조용히 공부한 것을 최종적으로 검토한다. 저녁은 간단한 식사로 대신하고, 온수 목욕을 한 다음, 시험에 필요한 도구들을 챙기고, 시험 당일 입고 갈 복장을 준비해 놓고 숙면을 취한다. 시험 시작 시간보다 30-40분 일찍 시험장에 도착한 후 조용히 명상을 하거나 이완 기법을 사용하여 몸과 마음의 긴장을 풀고 학습 카드들을 복습한다. 친구들과 잡담을 하거나 놀면 시험에 대비하는 적절한 마음 상태가 잘 형성되지 않는다. 주변의 학생들이 소란스러우면, 자리를 벗어나 조용히 걸으면서 맑은 정신을 유지하도록 한다. 화장실을 다녀와 시험 시간에 화장실에 갈 염려를 줄이고, 시험에 필요한 도구들을 책상 위에 배치한다. **수학 능력 시험과 같이 시험이 생소한 장소에서 열리면 하루 전날 시험장을 방문**하여 시험 장소에 친숙해짐으로써 안정감을 갖도록 한다. 상의 맨 위 단추를 풀어 갑갑함을 해소하고, 실내가 너무 더운 경우 겉옷을 벗어 신체 온도를 적절하게 유지한다.

다섯째, **스트레스를 관리하는 다음과 같은 보편적인 전략을** 사용하여 시험에 대해 긍정적인 마음가짐을 유지한다(Pauk & Owens, 2011).

① 시험 스트레스는 누구에게나 나타날 수 있는 자연스러운 현상임을 인정하고

근육을 이완시키고 심호흡을 한다.

　의자에 앉아 뒤로 등을 기대어 근육을 이완시키고 세 번 깊게 호흡을 한다. 시험 스트레스는 숨을 가쁘게 쉬도록 만들어 몸이 평소보다 이산화탄소를 많이 배출하도록 만든다. 심호흡은 혈류와 신체 기능에 좋은 영향을 주고 근심 수준을 낮춘다.

　② 잠시 마음을 어떤 것 하나에 초점을 두고(예를 들어, 칠판, 벽, 무작위 단어, 자기 이름, 존경하는 인물 등), **눈을 지그시 감고 명상**을 한다.

　③ **긍정적인 자기 대화**를 한다.

　시험 실패 걱정을 하는 대신 "나는 할 수 있다!", "그 동안 충분히 준비했으니 성공할 수 있다!"는 긍정적인 자기 대화를 한다. 그리고 긍정적인 메시지를 그림과 표어로 만들어 책상에 올려놓거나 핸드폰 화면에 만들어 놓은 후, 수시로 보면서 자신의 생각을 모니터링 한다. 시험을 치고 난 후 좋은 성적을 얻어 본인이나 부모님이 기뻐하는 모습을 상상하고, 시험이 끝난 후 즐거운 일을 할 계획을 세우고 기대하는 등 자신감을 고취시킬 자기 대화를 한다.

　이와 같은 활동들은 앞에서 언급했던 시험 스트레스가 발생하는 1~2 단계에서 하면 효과적이다.

　여섯째, 시험 스트레스를 느끼는 원인을 찾아 사실 점검(Fact-Checking)을 하고 생각을 통제한다. 철학자 William James는 "스트레스에 대항하는 최대의 무기는 생각을 선택하는 능력이다."(Pauk & Owens, 2011, p.194에서 재인용)라고 했다. 다음은 네 가지 대표적인 시험 스트레스의 원인과 대처법이다. (Vorderman, 2016, p.193).

① **실패에 대한 공포가** 원인이 될 수 있다.

이때는 "나는 정말 실패하기를 원하는가? 이전 시험들에서는 나는 거의 성공했다. 그렇다면 이번 시험도 다를 이유가 있는가?"라고 사실 점검을 하고, "나는 이번 시험에 준비를 많이 했다. 따라서, 이전 시험들처럼 이번에도 성공할 수 있을 것이다."라는 생각을 갖고 대처한다.

② **압박을 너무 많이 느끼는 것이** 원인이 될 수 있다.

이때는 "내가 압박을 느낄 정도로 준비가 부족했는가? 시험에 대한 기대가 너무 높은가? A보다는 B를 목표로 하면 내 기분이 좀 나아질까?" 등의 사실 점검을 하고, "나는 최선을 다해 시험 준비를 해 왔다. 시험을 끝내고 좋은 성적을 얻은 후 즐겁게 나를 보상할 계획도 세웠다. 시험은 어쨌든 곧 끝날 것이다."라는 생각을 갖고 대처한다.

③ **모든 것을 공부할 시간을 충분히 갖지 못한 것이** 원인이 될 수 있다.

이때는 "나의 시간 관리는 훌륭했는가? 복습 계획을 세웠는가? 어떤 학습 주제들은 건너 뛸 수 있는가? 친구들과 같이 공부하자고 요청할 수 있는가? 친구들과 서로 다른 학습 주제를 가지고 공부해서 서로 가르치기도 하고, 학습 자료를 공유함으로써 시간을 절약할 수는 없는가?" 등을 자문해보도록 한다. "나는 복습할 내용들의 우선순위 목록을 만들고 모든 학습 주제를 검토했다. 시험 내용들은 새로운 것은 아니고 이미 이전에 배운 것들이다. 나는 이미 배운 것들을 잘 기억하면 된다."라는 생각을 갖고 대처한다.

④ 시험에서 **세세한 내용들을 기억해 내지 못할까 걱정하는 것이** 원인이 될 수 있다.

이때는 "이런 걱정들은 이전에도 있지 않았나? 세세한 부분을 조금 망각했다고 해서 내가 시험에 실패한 적이 있었는가? 아니다! 나는 기억술을 쓸 수 있지 않은가?"라고 사실 점검을 하고, "나는 이미 세세한 내용을 많이 알고 있다. 일일이 기억해내기 어려운 세세한 내용은 얼마 되지 않는다. 세세한 내용을 기억해야 하는 문제가 나오면 기억술을 사용하면 된다."라는 생각을 갖고 대처한다.

일곱째, 시험을 치기 전날 밤에 긴장을 풀고 **10시 정도에 자도록 한다.**
피곤하면 단순한 실수를 하게 되고, 심지어는 시험 시간에 늦을 수도 있다. 숙면을 취하면 시험 수행 능력을 높이기 때문에 **적어도 8-9시간을 자야** 한다. **시험을 치는 날 아침에는 식사를 든든히 한다.** 초콜렛과 같은 설탕이 많이 든 음식과 고열량 드링크는 피한다. 이런 종류의 음식은 1시간 정도 초과 에너지를 줄 수 있으나, 그 효과는 빠르게 떨어져 피로를 유도한다. 따라서 에너지를 서서히 방출하는 음식, 예를 들어, 오트밀, 달걀, 생선, 바나나 등을 먹는다. 시험장에 물을 가지고 간다. 사람은 시험으로 긴장하게 되면, 땀을 흘리게 되는데 이는 탈수상태로 이어지게 되고 뇌 기능을 떨어뜨린다. 뇌는 **수화상태**(Hydrated), 즉 몸에 수분이 충분할 때 가장 잘 기능한다(Vorderman, 2016). **시험을 치기 전 시간이 된다면, 가벼운 운동을 한다.** 활성화된 신체는 활성화된 정신을 유지하는데 도움이 된다. 20분 정도의 운동은 혈액 순환을 활발하게 하여 적어도 2시간 동안 두뇌를 최적의 상태로 유지해 준다. 시험지를 받아 들면 마음을 긍정적으로 가다듬는다. 그동안 학습한 것을 보여줄 수 있는 좋은 기회라고 생각하고 심호흡을 하고 학습해 왔던 것을 생각하는데 집중한다.

3. 체계적으로 시험에 임하기

시험지를 받아 들면 바로 첫 번째 문제부터 빠르게 답을 써 내려가는 학생들이 있는데, 시험 시간이 제한되어 있는 경우 이는 언뜻 보기에 타당한 행동처럼 보이나 사실은 효과적인 전략이 되지 못한다. 몇 분의 시간을 할애하여 체계적으로 문제를 풀 계획을 세우는 것이 효율적이고 효과적인 시험 전략이 된다.

다음과 같이 **체계적으로 시험에 임한다**(Cottrell, 2009, 2019; Fry, 2011; Hansen & Hansen, 2008; Longman & Atkinson, 1988; Luckie & Smethurst, 1998; Mcmurray, 2011; Smith & Smith, 1990; Vorderman, 2016).

첫째, 긍정적이고 침착한 자세로 마음을 집중시켜 시험 감독관의 지시에 귀를 기울여 따르고, 시험지의 지시문을 읽는다. **시험에서 지시문은 답을 하는 방식에 대해 이야기해 주기 때문에 답을 하기 전에 반드시 두 번 정도 잘 읽어야** 한다. 답의 분량(예: 한 단락, 300 단어, 2 페이지 등), 답을 하는 방식(예: 비교하라, 설명하라, 예를 들어라, 이유를 대라 등), 답을 해야 할 문제의 수(예: 10문제 중 5문제에 답하라 등), 제한 시간 등이 지시문에 나타나 있다. 따라서 지시문을 읽지 않으면 답을 정확하게 할 수 없고, 시간을 낭비하고, 부주의해서 시험을 망칠 수 있다. 지시문에서 주요 지시 사항들은 밑줄을 그으며 주의를 기울인다.

둘째, **시험 문제 전체를 살펴보고 난이도에 따라 문제를 상중하로 나누어 표시한다**. 어떤 문제에 어떤 내용의 답으로 어느 정도의 시간을 들여 공략할지에 대해 시험지에 적으면서 잠깐 시간 계획을 세운다. 시험 시간 종료 2-3분 전에 답안이 제대로 기입되었는지 점검하는 시간도 계획한다. 시간 제약이 있는 시험에서 문제 전체를 읽고 이런 계획을 세우는 일이 어리석게 보일 수 있으나, 사실은 다르다. 시험을 끝내는 전체 과정을 효율적으로 만드는 좋은 전략이 된다.

그리고 문제별로 답을 할 시간을 배당한다. 문제별로 배점이 동일하면, 시험 시간을 문제의 수로 나누어 각 문제에 대략적으로 얼마만큼의 시간을 배당할지를 계산해 보고, 이 시간 계획을 지키도록 노력한다. **문제에 따라**

배점이 다른 경우, **높은 배점이 부여된 문제를 우선적으로 공략**한다. 높은 배점이 부여된 문제는 낮은 배점이 부여된 문제보다 답을 하는데 좀 더 많은 시간이 걸리기 때문에, 나중에 공략하기보다는 처음에 공략하는 것이 보다 효과적이다. 그러나 **모든 문제의 배점이 같은 경우는 가장 쉬운 문제부터 공략**한다. 쉬운 문제는 답을 하는 데 드는 시간이 적기 때문에 먼저 공략하고, 어려운 문제는 좀 더 많은 시간을 할당하여 집중적으로 공략한다. 쉬운 문제는 정답을 맞출 확률이 높은 문제이므로, 쉬운 문제들을 성공적으로 공략함으로써 자신감을 얻어 이 자신감을 바탕으로 좀 더 어려운 문제를 공략할 수 있다. 쉬운 문제들을 먼저 체크(✓) 한다. 이 중에서 가장 쉽고 자신 있는 문제에 두 번 체크 마크를 한다. 그리고 두 번 체크 마크한 문제들부터 답을 하기 시작한다.

셋째, **시험 시간을 융통성 있게 사용**한다. 시험 시간 사용 계획을 세우고 지키려고 노력하되, 너무 엄격하게 적용하지 말고, 남은 시간과 부족한 시간을 잘 관리한다. **어떤 문제에서 막히면, 다른 문제에 답한 후 다시 돌아와 공략**한다. 나중에 다시 돌아오면 답이 생각나는 경우가 있다. 논술 문제의 경우, 시간이 부족하면 쓰고자 하는 핵심적 사항들을 개요화하여 제시한다. 시간이 남으면 답을 다시 점검하되, 특별히 정답에 자신이 없는 문제를 살펴보고, 논술 문제의 경우에는 맞춤법이나 문법적 오류가 없는지 살펴본다. 그리고 필요한 경우, 진술을 좀 더 명확히 해줄 수 있는 단어, 문장, 예시들을 추가로 삽입한다.

넷째, **표시와 메모를 한다.** 잊기 쉬운 어려운 공식이나 **개념과 원리들이 있으면 시험지 여백에 미리 적어 놓아 기억의 부담을 줄인다.** 답을 하면서 시험지에 필요한 표시를 하고, 시험지 여백이나 뒷면에 메모를 하여 답을 할 때 참고하도록 한다. 시험이 임박하면 누구나 공부한 내용을 잊지 말아야 한다는 강박에 시달리기 마련인데, 시험지를 받아 뒷면에 공부한 내용을 먼저 간단히 적어놓으면 이런 마음의 부담을 덜 수 있어 한결 더 편한 마음으로 시험에 임할 수 있게 된다. 그러나 이 활동에 1분 이상의 시간을 사용하지 않도록 한다.

다섯째, **수학이나 과학 시험 문제의 경우, 답을 도출하는 과정을 보여주는 것이 중요**하다는 것을 인지한다. 설사 답이 틀리더라도 문제를 해결하는 과정에 대해 이해하고 있다는 것을 보여줄 때 부분 점수라도 얻을 수 있다. 시간이 부족할 경우 답하고자 하는 내용의 개요라도 적는다. 예를 들어, 짧은 논술형 문제로 두 문제가 남았고, 남은 시간으로는 한 문제만 충분히 서술할 수밖에 없는 경우, 두 문제 모두에 네모꼴이나 다이아몬드꼴 또는 원을 사용하여 표시하면서 개요의 형태로 답을 한다. 대개의 경우, 평가자들은 이런 개요의 형태로 제시된 내용의 경우에도 점수를 부여한다. 시간이 남은 경우 일찍 시험장을 나오지 않고 답한 것들을 검토한다. 오답이나 실수, 불명료한 서술을 교정하여 좀 더 그 질을 향상시킬 수 있기 때문에 추가로 점수를 얻을 수 있다. **짧은 시간이라도 검토 시간을 가지면 시험 결과에 큰 차이를 줄 수 있다.**

여섯째, 시험 문제에 답을 하는 도중 **긴장이 고조되면, 몸과 마음을 이완**시킨다. 심호흡을 하거나, 팔과 다리를 스트레칭하거나, 의자에 앉는 위치를 조금 조정한다든지 한다. 물을 마시거나, 초콜릿을 먹어 뇌가 필요로 하는 당분을 섭취하고, 카페인 음료를 마셔 뇌를 맑게 한다. 그러나 카페인 음료는 이뇨작용을 일으키기 때문에 많이 마시지는 않는다.

4. 시험 문제 유형을 이해하고 대처하기

시험은 여러 가지 종류가 있고 형식과 구조에서 서로 다르다. 어떤 시험은 답을 직접 쓸 것을 요구하고, 또 어떤 시험은 답을 고르도록 요구하기도 하고, 또 어떤 시험은 직접 수행할 것을 요구하기도 한다. 시험을 보다 잘 치르려면 시험의 문제 유형별로 대처하는 방법을 알고 준비를 하는 것이 필요하다.

다음은 다섯 가지 시험의 문제 유형과 그에 대처하는 방법에 대한 것이다.

1) 진위형 문제

진위형 문제는 하나의 진술을 보고 참인지, 거짓인지를 결정하는 유형의 문제이다. 진위형 문제에서는 100% 참인 진술은 100% 참이어야지, 부분적으로 참인 것(예: 55% 또는 99% 참)은 참이 아니고 거짓이다.

진위형 문제 풀이에서 유의할 점은 다음과 같다(Fry, 2011; Luckie & Smethurst, 1998; Pauk & Owens, 2011).

첫째, 문항 진술에 "모든(all), 항상(always), 결코 --- 아닌(never), 누구도 --- 아닌(none), 가장 좋은(best), 가장 나쁜(worst), 가장 큰(largest), 가장 작은(smallest)" 등과 같은 절대적 일반성과 최상급을 시사하는 단어들이 들어가 있으면 그것에 밑줄을 긋거나 원으로 둘러치면서 특별히 주목해야 한다. "모든 사람은 죽는다."와 같이 사실인 경우도 있으나, 이런 단어들을 포함한 진술들은 참인 경우가 드물다는 점에 유의한다. 이런 수식어가 진술에 추가되면, 참인 진술을 거짓으로, 거짓인 진술을 참으로 바꿀 수 있다. 이런 수식어가 들어 있는 문항이 참인지 거짓인지 확신이 들지 않으면, ① 수식어를 무시하거나 빼고 진술을 다시 읽거나, ② 다른 수식어로 바꾸어 다시 읽은 후, 양자 간의 유사점과 차이점을 살펴보면 그 문항이 참인지 오류인지가 좀 더 분명해진다. 그리고 이중 부정문은 긍정이라는 것에 유의한다. 예를 들어, "흔하지 않은 것은 아니다"라는 말은 "흔하다"라는 말과 같은 뜻이라는 것에 유의한다.

둘째, 문항 진술에 들어 있는 형용사나 부사에 유의하여 주목한다. 형용사나 부사는 진술의 전체 의미를 변화시킬 수 있기 때문이다. 형용사나 부사를 제거하고 진술을 읽었을 때 진술의 의미가 바뀌는지 점검한다. 형용사나 부사는 종종 참인 진술을 선택하는 열쇠가 된다.

셋째, 문항 진술에 들어 있는 주어와 동사에 유의하여 주목한다. 참인 진술은 주어와 동사가 서로 어울려야 한다.

넷째, 한 문장의 진술을 읽는데 너무 많은 시간을 사용하지 않는다. 일반적으로 어떤 주제에 대해 깊이 알고 있을수록, 그 주제에 대한 진술이 참인지 거짓인지를 파악하는데 더 적게 시간을 사용하게 된다. 그러나 대부분의 진술들은 완전히 참이거나 완전히 거짓인 경우가 드물다. 이에 따라 아이러니하게도 지식을 폭넓게 많이 가지고 있으면 진술이 참인지 거짓인지 파악하는 것이 더 어려울 수 있다. 진술의 여러 측면들을 다중적으로 깊이 생각하기 때문이다. 따라서 진위형 문제는 많이 아는 사람에게 불리한 측면도 있다.

다섯째, 진술이 거짓임을 증명하려고 노력한다. 진술이 참인지 증명하는 것보다 진술이 거짓인지 증명하는 것이 더 쉽기 때문이다. 한 진술이 참이기 위해서는 진술의 모든 요소들이 참이어야 한다. 진술의 한 요소라도 거짓이면 그 진술은 거짓이다. 한편, 문항의 부분들이 참이거나 적어도 참일 수 있으나 전체 진술이 거짓이 되는 경우도 있다. 예를 들어, "많은 새들은 날 수 있기 때문에, 새들은 돌을 사용하여 먹이를 으깬다"라는 진술의 경우, 많은 새들은 날고 또 돌을 삼켜 음식을 으깨는 것은 사실이나, 인과적 관계 진술이 전체 문장을 거짓으로 만들고 있다. 그러나 부분이나 전체 진술에서 오류를 발견하지 못하면 그 진술을 증명하려고 노력하지 않고 참으로 수용한다. 이 방법은 한 진술을 읽고 판단하는데 드는 시간을 줄일 수 있다.

여섯째, 답을 몰라 추측을 해야만 하는 경우, "참"을 선택한다. 왜냐하면 교사들은 학생들에게 참인 정보를 심어 주기를 원하기 때문에 거짓인 진술보다 참인 진술을 더 많이 출제하는 경향이 있기 때문이다. 따라서 추측을 해야만 하는 경우에는 그 진술을 "참"으로 선택하는 것이 정답 확률을 보다 높이게 된다.

일곱째, 불필요하게 긴 진술문은 일단 거짓으로 의심한다. 진위형 진술문이 참이려면 100% 참이어야 한다. 따라서, 진술문에 단어를 추가하면 할수록 거짓일 확률이 높아진다. 종종 그 추가된 단어 하나 때문에 진술문이 거짓이 되곤 한다. 그러나 문제에 구체적이고 상세한 진술이 포함되어 있으면 참인 경우가 많다. 예를 들어, "성인의 신체에는 206개의 뼈가 있다"는 문항은 구체적이고 상세한 정보를 담고 있어 참일 가능성이 높다.

2) 선다형 문제

전형적인 선다형 문제에서는 다음 예와 같이 미완성 진술이나 질문이 제시되고(줄기라고 함), 4-5개의 선택지(옵션이라고 함)가 제시되며, 미완성

진술을 참인 것으로 만들거나 질문에 맞는 답을 선택지에서 고르는 유형을 취한다.

> Q. 1787년, 미국 의회가 헌법을 비준하던 해,
>
> 1) 조지 워싱턴이 미국의 초대 대통령이 되었다.
> 2) 워싱턴 D.C.가 미국의 수도가 되었다.
> 3) 뉴멕시코 주가 미국 연방에 합류하였다.
> 4) 미국은 아직 공식적인 수도가 없었다.

선다형 문제 풀이에서 유의할 점은 다음과 같다(Cottrell, 2019; Fry, 2011; Hollins, 2021; Luckie & Smethurst, 1998; Mcmurray, 2011; Pauk & Owens, 2011; Sotiriou, 1989; Vorderman, 2016).

첫째, 문제 읽기 단계에서 유의할 것은 다음과 같다.

① 지시문을 잘 읽어서 몇 개의 질문에 답을 해야 하는지 살펴본다.
오답의 경우 감점이 있는지 확인하고, 감점이 없으면 모든 질문에 대해 답을 하고, 감점이 있는 경우는 확신이 서지 않는 질문에 대한 답은 하지 않는 것이 좋다. 어떤 경우에는 하나 이상의 답을 고르라고 요구하기도 하고, 또 어떤 경우에는 틀린 것을 고르라고 요구하는 경우도 있기 때문에, 지시문을 잘 읽는다.

② 문제를 잘 읽고 출제자가 요구하는 것이 무엇인지 이해한 후 정답을 선택한다.

특히 (a) 부정적인 단어에 유의한다. 예를 들어, "바르지 않은 것은?", "해당되지 않는 것은?" 등에 유의한다. (b) 동사 부분에 유의하여 주목한다. 동사는 무엇을 해야 할지를 지시하기 때문이다. 어려운 질문의 경우에는 한 번 읽어서는 이해하기 어렵고 혼란스러운 경우가 있다. 이때는 (a) 핵심어와 용어에 밑줄을 긋고, (b) 문제를 자신의 말로 재진술하고, (c) 문제를 여러 각도에서 보고, (d) 그림으로 재구성하면 그 문제를 이해할 확률이 높아진다.

③ 문제를 읽고 선택지를 보지 않아도 답을 알 수 있는지 생각하고, 답을 알 수 있으면 선택지에서 그것을 정답으로 선택한다.

선택지들은 서로 비슷한 경우가 많아, 먼저 정답을 생각해 낸 후 선택하지 않으면 틀린 선택지를 고를 수 있다. 그러나 정답을 생각해 내었더라도 선택지 전체를 조심스럽게 읽고 정답지라는 것을 재확인한다. 혹시나 시험 출제자의 출제 패턴이나 속임수가 존재하는지 파악하려고 문제와 답지들을 자세히 살펴보는 데는 시간을 투자하지 않는다. 시험지에는 출제 패턴이나 속임수 같은 것이 없기 때문이다. 이런 것에 신경 쓰지 말고 그럴 시간을 정답지를 찾는데 사용하며 자신의 실력으로 대응한다.

④ 부적절하다고 판단되거나 미혹하게 하는 선택지를 찾아 먼저 제거한다.

⑤ "---이 아닌", "---을 제외하고"(not, except, but)라는 단어가 줄기 또는 질문에 포함되어 있으면, 이 단어들이 질문의 의미를 완전히 바꿔 놓을 수 있다. 따라서 이 단어들을 건너뛰고 읽으면 정답을 알고 있었음에도 불구하고 오답을 선택할 수 있어, 조심스럽게 살펴보아야 한다.

둘째, 정답지를 선택하는 단계에서 유의할 것은 다음과 같다.

① 모든 선택지들을 읽고 곱씹어 본 후 고른다.

선다형 문제에서 가장 위험한 것은 각 선택지의 가치를 살펴보지 않고 그럴듯해 보이는 것을 고르는 것이다. 특히 부분적으로만 참인 선택지를 고르는 실수에 유의한다. 부분적으로만 참인 것은 거짓은 아닐 수 있지만 최선의 답은 아니기 때문이다. 선택지를 다 읽은 후, 첫 번째로 답이라고 생각이 드는 경우, 그것이 오답이라고 확신이 서지 않는 한 정답으로 선택한다. 아울러 시험 출제자들 중에는 첫 번째 선택지를 오답임에도 불구하고 정답일 것 같은 미끼 답으로 올려놓는 경우가 있다. 따라서 답지 전체를 읽어야, 그 첫 번째 선택지를 잘못 선택할 가능성이 줄어들게 된다.

② 선택지들을 읽고 분명하게 오답이라고 생각되는 것은 X 표를 하며 제거한다.

단, 선택지의 모든 단어들의 의미를 이해하기 전까지는 그 선택지를 오답으로 치부하고 함부로 제거하는 일은 하지 않는다. 오답을 가려내어 제거하면 시간을 절약하며 정답을 선택할 확률이 높아진다. 선택지 중에서 '어리석거나 우스꽝스러운' 것부터 우선적으로 제거하고 남은 것들 중에서 하나를 고른다. 종종 질문에 답할 지식이 없어도 질문과 답과의 논리에서의 차이만 가지고 선택지들을 제거하는 것이 가능하다.

③ 선택지들 가운데 참으로 선택할 수 있는 것이 최종적으로 두 개가 있으면 질문을 다시 읽고 출제자의 의도가 무엇인지 생각해 본 후 최선의 선택을 한다.

제비뽑기 식이 아니라 최선의 합리적 추측으로 답을 선택해야 오답을 선택할 확률을 줄인다.

④ 절대어와 최상급어가 선택지에 들어가 있으면 그 선택지는 오답일 확률이 높다.

선다형 문제는 진위형 문제가 여러 개 모여 있는 것이기 때문에 진위형 문제에서 유의점으로 제시된 것이 동일하게 적용된다. 아울러 선택지에 "가끔"(sometimes), "아마도"(probably), "어떤"(some) 등의 단어가 포함되어 있으면 정답일 확률이 높다. 단 대개의 경우 그렇다는 것이지 반드시 정답이라는 것은 아니다.

⑤ 쉬운 문제부터 먼저 답하고 어려운 문제는 나중에 돌아와 다시 공략한다.

이것은 쉬운 문제에서 정답으로 확보될 수 있는 것부터 공략하기 때문에 점수를 극대화하는 전략이다. 아울러 쉬운 것부터 공략하게 되면 빨리 그런 문제들을 해결하게 되고, 그에 따라 시험에 자신감을 갖게 되고, 남은 시간은 어려운 문제에 배당하여 깊이 생각할 수 있게 해 준다. 다만 이 전략을 사용하려면 먼저 문제 전체를 읽고 쉬운 문제를 표시해 두어야 한다. 그리고 어려운 문제는 일단 넘어간 후 다시 돌아와 공략하면 그 동안에 무의식이 그 문제를 공략하여, 좀 더 자신감 있게 답을 하게 되는 경우도 있다. 다시 돌아와 공략할 문제들은 그 순서를 표시한다. 예를 들어, *, **, ***로 별표의 숫자를 달리하여 표시한다. ***를 표시한 문제는 가장 먼저 돌아와 공략해야 하는 문제로 표시한다.

⑥ 정답지의 패턴을 찾으려고 하지 말고 자신의 지식을 믿고 정답을 찾는다.

예를 들어, 세 개의 문제에서 정답이 "3번" 선택지로 세 번 연속 나타났다고 해서, 네 번째 문제는 "3번" 선택지가 정답이 아닐 거라고 예측하지 않는다.

⑦ 선택지 중에 길이도 길고 복잡하게 진술된 것이 종종 정답일 경우가 많다는 점을 기억한다.

시험 출제자들은 정답이 분명하고 완전하게 진술되도록 수식 어구를 추가하는 경향이 있기 때문이다. 한편 두 살짜리 어린아이들에게도 정답지로 분명해 보이는 선택지는 의심한다. 출제자들은 이런 식은 죽 먹기의 정답지는 거의 내지 않는다.

⑧ 정답을 모르고 또 오답에 대한 감점이 없다면 추측을 해서라도 답지를 선택한다. 답을 몰라 추측을 해야만 할 경우 다음 두 가지 전략을 동원한다.

(a) 처음과 마지막 선택지를 빼고 중간에 있는 선택지를 택한다.

왜냐하면 문제 출제자들은 대개 가운데에 정답지를 위치시키는 경향이 있기 때문이다.

(b) 선택지 중에 마지막에 "모두 옳음"(All of the above.)이라는 선택지가 있다면 이것을 선택한다.

왜냐하면 교사들은 수업뿐만 아니라 시험을 통해서도 학생들이 지식을 습득하기를 원하는데, "위의 모든 것"이라는 선택지를 통해 학생들이 하나가 아니라 여러 가지 사실들을 알기 원하기 때문이다. 다만 "모두 옳음"이라는 선택지를 택할 때, 나머지 세 선택지 중 앞 선택지(4지 선다형일 경우), 적어도 두 개는 옳고 나머지 하나도 반드시 틀린 것은 아닐 경우에 "모두 옳음"이 종종 정답일 경우가 많다.

(c) 선택지 중 마지막에 "모두 틀림"(None of the above.)이 있는 경우는 나머지 선택지들 모두가 절대적으로 틀렸다는 것을 확인하기 전 까지는 정답이 아닐 경우가 많다.

따라서 "모두 틀림"은 "모두 옳음"보다 정답이 될 확률이 적다.

셋째, 검토하기 단계에서는

① 모든 답을 제대로 했는지 다시 한번 문제와 답 전체를 검토한다.
② 그러나 검토에 너무 많은 시간과 에너지를 사용하지 않도록 한다.
③ 맹목적인 믿음이나 육감으로 정답을 변경하지 않는다.

④ 기록하는 답안지가 시험지와 별도로 있는 경우, 문제 번호에 맞게 답을 했는지 점검한다.

문제 번호가 다른 곳에 답을 하는 실수를 하지 않도록 유의한다.

3) 연결형 문제

왼쪽과 오른쪽 줄에 정보를 무작위로 나열하고 서로 연결 짓도록 하는 유형을 취한다. 예를 들어, 역사적 인물과 그의 업적을 연결하도록 하기 위해 왼쪽에는 인물명을, 오른쪽에는 업적들을 나열하고 연결하도록 한다. 이에 따라 연결형 문제는 줄기와 옵션이 여러 가지인 선다형 문제라고 볼 수 있다(선다형은 줄기가 하나이고 옵션이 여러 개라는 점이 다르다). 다음이 연결형 문제의 예이다.

Q. 다음 인물들이 남긴 업적을 줄로 연결하시오.

인물	업적
1. 세종대왕 •	• a. 조선 창건
2. 이성계 •	• b. 측우기 발명
3. 왕건 •	• c. 한글 창제
4. 장영실 •	• d. 고려 창건

연결형 문제 풀이에서 유의할 점은 다음과 같다(Pauk & Owens, 2011; Sotiriou, 1989).

첫째, 연결형 문제는 추측을 통해 정답을 하기에 가장 어렵다. 연결형 문제에서는 하나를 잘못 선택하여 오류가 생기면 오류가 연쇄적으로 발생할 수 있기 때문이다. 좌우 칼럼의 내용을 연결하기 전에 양쪽 모두의 내용을 읽고, 확실하다고 생각하는 항목부터 연결한 후 그 다음 항목으로 이동해야 한다.

둘째, 이미 선택한 항목들은 X 표로 표시하거나 밑줄을 그어 제거한 후 더 이상 보지 않는다. 그래야 나머지 항목들로 이동하여 읽을 항목의 수를 더 적게 만들 수 있다. 이렇게 했을 때 선택한 것과 선택하지 않은 것에 대해 혼란을 느낄 시간을 아끼게 되어 정답을 찾을 확률이 보다 높아지게 된다.

셋째, 긴 문항의 칼럼을 먼저 읽은 후, 짧은 문항의 칼럼에서 연결할 것을 찾는다. 연결형 문제는 한 칼럼의 문항들은 짧고, 다른 칼럼의 문항들은 길 수 있다. 예를 들어, 좌측에는 짧은 용어들을, 우측에는 긴 정의들을 나열한 문제들로 연결형 문제를 구성할 수 있다. 이런 경우, 시험 시간을 아끼기 위해 긴 문항 칼럼들을 읽고 짧은 문항 칼럼에서 연결할 것을 찾는다. 그래야 긴 문항 칼럼들을 반복적으로 읽는데 들어가는 시간을 줄일 수 있다.

4) 완성형 문제

문제를 부분적으로만 진술하여 미완성의 형태로 제시한 후, 빈 칸을 하나 또는 두 개를 제시하여, 학생이 그 빈칸을 채움으로써 완성하도록 하는 유형을 말한다. 예를 들어, "대한민국의 수도는 (   )이다."라는 문제가 완성형이다. 짧은 단답형 문제인 완성형 문제는 진위형, 선다형, 연결형 문제보다 어렵다. 그 이유는 후자의 문제 유형들은 답을 하기 위해 기억 인지(Recognition)를 요구하나, 전자의 완성형 문제는 기억 회생(Recall)을 요구하기 때문이다. 기억 회생이 기억 인지보다 어렵다는 증거는 **설단현상**(Tip of the Tongue Phenomenon), 즉 어떤 사실을 알고 있기는 하지만 혀끝에서 빙빙 맴돌기만 할 뿐 말로 표현되지 않는 현상에서 찾을 수 있다. 이것은 정보가 장기기억에 있다는 것은 알지만 단기기억으로 회생해 내지 못해 나타나는 현상이다. McDougall(1904)에 의하면 기억 인지와 기억 회생은 기억 속에 있는 정보 강도의 문지방(Threshold)에 의존한다. 정보가 인지되거나 회생되려면 어떤 수준의 특정한 기억 강도를 지니고 있어야 하는데 그것을 기억의 문지방이라고 한다. 그런데 기억 회생은 기억 인지의 경우보다 넘어야 할 기억의 문지방이 높다. 즉 어떤 정보가 회생되려면 인지될 경우보다 더 높은 수준의 기억 강도를 지니고 있어야 한다. 이에 따라 기억 회생을 요구하는 완성형 문제는 기억 인지를 요구하는 진위형, 선다형, 연결형 문제보다 기억의 문지방이 더 높기 때문에 더 어렵다.

완성형 문제 풀이에서 다음을 유의한다.

① 먼저 자신이 있는 문제에 답하고, 좀 더 깊이 생각해서 답을 해야 할 어려운 문제로 이동한다.

② 빈 칸의 길이에 신경 쓰지 않는다.
완성형 문제에서 빈 칸의 길이는 대개 의미가 없다. 따라서 빈 칸을 채울 때는 진술된 문제의 문맥을 단서로 사용하고, 빈 칸의 길이는 무시한다.

5) 논술형 문제

질문에 대해 자신의 의견을 진술하는 유형이다. 논술형 문제는 짧은 논술(Short Essay)과 확장된 논술(Extended Essay)로 나뉜다(Sotiriou, 1989; Vorderman, 2016). 각 유형의 논술 문제에 답하는 특정 전략과 이 두 유형의 논술 문제에 공통적으로 적용되는 전략은 다음과 같다.

(1) 짧은 논술형 문제에 답하는 전략

 짧은 논술은 출제자가 요구하는 답의 핵심 내용에 대해 진술하는 것으로 학생이 핵심적인 용어와 구, 이름, 날짜, 사실, 이론, 개념, 공식 등을 알고 있는지 점검하기 위함이다. 대개 답은 몇 개의 문장들로 구성된다. 한 시간의 논술 시험의 경우, 5-10개의 문제가 제시되곤 한다.
 Fry(2011)는 짧은 논술형 문제에 답하는 전략을 다음과 같이 제시한다.

 첫째, 각 논술 문제에 답을 할 시간을 배정하되 실제 작성시간을 그 배정 시간보다 약간 짧게 한다. 예를 들어, 50분 동안 5개의 논술을 쓰는 경우, 각 문제 당 10분씩 배당하되, 실제 작성 시간은 7-8분 정도로 한다. 그래야 10-15분 정도의 시간을 쓴 내용을 검토하고, 추가하거나 삭제하는 등 수정 시간으로 사용할 수 있다. 점수 비중이 문항마다 다를 경우, 그것에 적절하도록 시간 배정을 다르게 한다.

 둘째, 각 문제에 배당된 시간을 거의 다 사용하게 되면, 쓰던 답을 빨리 마무리하고 그 다음 문제에 대한 답을 작성한다. 나중에 검토 시간을 사용하여 쓴 내용을 보완하거나 삭제하는 등 수정 작업을 한다.

 셋째, 모든 문항에 답하도록 노력한다. 교사들은 비록 불완전하더라도 모든 문항에 답을 한 경우에 전반적으로 더 좋은 점수를 준다. 그러나 시간이 부족한 경우, 빈칸으로 남기지 말고 쓰고자 했던 주요 내용을 아웃라인으로라도 제시하면 부분 점수 또는 상당한 점수를 얻을 수도 있다.

넷째, 길게 많이 쓰는 것보다 잘 조직해서 특정한 답을 정확하게 진술하는데 초점을 맞춘다. 길게 많이 쓴다고 좋은 점수를 받는 것은 아니다.

(2) 확장된 논술형 문제에 답하는 전략

확장된 논술은 서론-본론-결론의 세 가지 구조 형식을 취한다. 서론에서는 쓰고자 하는 내용을 짧게 소개하고, 본론에서는 쓰고자 하는 내용을 논리적 흐름에 맞게 쓰고, 결론에서는 짧게 마무리한다. 한 시간 논술 시험의 경우, 대개 1 문제가 제시된다. 여기서도 양보다 질이 중요하다.

Mcmurray(2011)는 각 구조별로 진술하는 전략을 다음과 같이 제시한다.

첫째, 서론을 도입(Introduction) 부분으로 진술한다.

본문의 내용을 전개할 도약판이자 토대가 된다. 문제 출제자가 처음으로 읽을 부분이라서 채점에 영향을 미친다. 1-2 문장으로 다음과 같이 진술한다. ① 문제에서 진술된 특정 단어들을 사용하여, 그 특정 단어들이 의미하는 바에 대해 진술한다. 예를 들어, "문제에서 진술된 '보수당의 성공'은 보수당이 성공적이었다는 주장을 상정하는데, 이 주장에 대해 다음과 같이 검토될 수 있다."라고 진술한다(Mcmurray, p.88). ② 문제가 왜 중요하거나 흥미로운지 진술한다. 예를 들어, "이 문제는 Baldwin 본인의 인격이 보수당의 성공을 이끌었는지 아니면 보다 큰 다른 요인이 있었는지에 대해 흥미로운 이슈를 던져준다."라고 진술한다(Mcmurray, p.88).

둘째, 본론(Body)을 진술한다.

질문에 돌려 답하지 않고 직접적으로 답한다. 논술 시험은 시를 창작하는 것과는 다르다. 돌려 답하는 진술들은 문제 출제자로 하여금 읽는데 지루함을 느끼게 한다. 본문은 소수의 단락으로 구성하고, 각 단락은 6줄에서 12줄 정도로 진술한다. 각 단락의 첫 번째 문장에서는 문제에서 사용된 단어들을 언급한다. 이런 언급은 문제 출제자에게 수험생이 문제에서 벗어나지 않고 직접적으로 답을 하고 있다는 것을 알려 주어 채점에 긍정적인 영향을 준다.

셋째, 결론(Conclusion)을 진술한다.

여기서도 문제에서 사용된 단어들을 사용하여 진술함으로써 채점자에게 질문에 대해 돌려 답하지 않고 직접적으로 답하고 있다는 것을 보여 준다. 결론의 처음 문장에서 "이 논술에서는 ...를 언급했다"는 구절을 사용하여 특정 이슈들에 대한 본문에서의 토론을 종합해서 진술한다. 본문에서는 단순하고 간결하게 진술하는 것이 좋으나, 결론에서는 좀 더 거리낌 없고 화려한 언어를 사용하는 것이 좋다. 그 이유는 채점자에게 기억할 만한 인상을 남겨주기 때문이다. 결론의 마지막 문장들은 다음과 같은 접근으로 진술한다.

① 주요 주장을 재진술하고 중요한 부분은 밑줄을 친다.

이런 문장들을 사용하면 자신의 생각을 명료하게 드러낼 수 있다.

② "내 의견에는..."이라는 구절을 사용하여 개인적 관점을 진술한다.

서론이나 본문에서는 이 구절을 사용하지 않지만, 결론 부분에서는 사용이 가능하다. 결론 부분에서의 "내 의견"이라는 구절은 수험자가 자신의 힘으로 문제에 대해 깊이 생각했다는 인상을 주어 채점에 긍정적인 영향을 미칠 수 있다.

(3) 논술형 문제에 답하는 공통된 전략

짧은 논술형 문제와 확장된 논술형 문제에 답하는데 있어 공통적으로 필요한 전략들은 다음과 같다(Fry, 2011; Hollins, 2021; Mcmurray, 2011; Vorderman, 2016)

첫째, 문제에서 사용되고 있는 지시 단어를 유의하여 살핀다.

출제자는 지시 단어를 통해 원하는 답의 진술 방향을 제시하기 때문이다. 지시 단어에 밑줄을 그어 유념하면서 그 지시에 적절한 답을 직접적으로 진술한다. 질문이나 지시에 적절하지 않은 진술로 시작하는 것은 사족이 되기 때문에 하지 않는다. 논술형 문제에서 학생들이 저지르는 대표적 실수는 질문에 맞는 답을 하지 못하고 자신이 이야기하고 싶은 것을 쓰는 것이다. 지시 단어는 동사에 나타나 있으며, 그 동사의 성격에 대한 이해에 기초하여 그에 맞는 답을 진술해야 한다. 따라서, 논술형 문제에서 자주 사용되는 키워드 동사들이 무엇이고, 그 동사가 요구하는 진술의 내용이 무엇인지를 알아야 한다. 다음은 논술형 문제의 키워드 동사와 그에 적절한 답의 성격이다.

키워드 동사	진술해야 할 답의 성격
원리를 적용하라	원리가 어떻게 적용되는지 예를 통해 보여준다.
논평하라	짧게 토론한다.
비교하라	유사점을 주로 이야기하되 차이점도 제시한다.
대조하라	차이점만 제시한다.
비평하라	장점과 단점을 증거로 제시하며 판단한다.
정의하라	의미를 설명한다.

증명하라	의견, 평가, 또는 판단을 진술하고 증명한다.
기술하라	어떤 점을 상세하게 진술한다.
도해하라	명칭을 붙여 가며 그림으로 보여준다.
구별하라	어떤 두 가지 항목이 다른 점을 설명한다.
토론하라	찬성과 반대의 이유를 상세하게 제시한다.
열거하라	요점들을 열거한다.
평가하라	이익과 불이익에 대한 의견을 제시한다.
설명하라	어떤 사건이나 상황이 발생한 이유를 제시한다.
해석하라	자신의 판단으로 의미를 단순한 용어로 진술한다.
정당화하라	증명하거나 이유를 댄다.
개요를 말하라	제목과 부제목들을 붙이며 짧게 요약한다.
관계 지어라	사물이나 사건들이 상호 어떻게 연결되는지 설명한다.
해결하라	주어진 사실들이나 자신의 지식을 기초로 해결책을 제시한다.
진술하라	요점들을 열거하되 너무 상세하게는 하지 않는다.
요약하라	요점들만 조직해서 제시한다.
지지하라	어떤 진술을 사실과 증거를 가지고 지지하는 진술을 한다.

둘째, 자신이 쓰고자 하는 것을 분명히 이해하고, 간단하고 명료하게 진술한다.

이를 위해 짧은 문장들을 사용하고 장황한 문장, 알맹이가 없는 문장, 허세를 부리며 아는 체 하는 문장, 긴 문장의 사용을 피한다. 왜냐하면 이런 문장들은 종종 의미가 불명료하여 점수를 얻기 어렵고, 시간만 낭비할 수 있다. 그러나 정교한 단어들은 다르다. 정교한 단어들을 사용하면 채점자에게 긍정적인 인상을 줄 수 있다. 쓸 내용을 잘 조직하고, 자신의 의견을 지지하면서 말끔하게 써야 한다. 주어진 시간에 맞게 답을 쓸 계획을 세운 후 써 나가는 것이 중요하다. 별도의 용지에 논술 답에 포함시킬 사실, 아이디어, 개념 등을 기록한다. 별도의 용지가 허락되지 않으면 논술 시험지 뒷면이나 여백에 기록한다. 논술 준비가 잘 안 된 학생들은 이것저것 잡다하게 많은 말들을 써 가면서 글을 길게 쓰는데, 이것은 자신의 무지를 숨기려는 작전이지만 성공하는 경우가 거의 없다.

셋째, 채점자가 답을 쉽게 따라가며 읽을 수 있도록 진술한다.

논술을 채점하는 사람들은 많은 수험생들의 논술을 채점해야 하기 때문에 복잡하게 엉킨 진술을 해독해서 읽을 시간과 인내를 갖고 있지 않다. 서론에서는 본론에서 제시할 주요 요점들을 요약하고 소개한다. 이 부분이 우수한 논술과 그렇지 않은 논술을 구별하는 시작점이다. 본론에서는 이러저리 왔다 갔다 구불구불하게 진술하지 않고 곧바로 요점으로 들어간다. 그리고 주요 내용들을 논술의 어디에 위치시킬지 번호를 매겨 가며 계획한다. 채점자가 인지할만한 조직 패턴으로 제시하고, 전환 표시어(예: 첫째, 둘째, 마지막으로, 결론적으로 등)를 사용한다. 한 단락에 하나의 요점을 제시하는 식으로 일관된 구조를 취한다. 예를 들어, 각 단락에 중심 문장을 제시하고, 증거 또는 세부사항을 진술하고, 단락의 마지막 부분에는 다음 단락으로 연계하거나 전이하는 진술을 포함시킨다. 이때 단락들 사이에 여백을 충분히 두며 진술한다. 나중에 한 두 문장을 사이에 끼어 넣을 수 있기 때문이다. 결론 부분은 요약과 종합적인 진술로 마무리한다.

논술 문제에 대한 답을 계획하고 써 내려가는데 있어 생각이 막히는 경우, 서문을 나중에 쓰는 것도 효과적이다. 이 전략은 언뜻 듣기에 이상할 지 모르나, 서문은 단지 토픽에 대해 소개하는 것으로서 답의 내용과 방향이 좀 더 분명해질 때 쓰는 것이 효과적일 수 있기 때문이다. 다시 말해 논술의 본론에 해당하는 내용을 먼저 쓰고 서론과 결론은 나중에 쓰는 것이 논술을 완성하는데 더 용이할 수 있다.

넷째, 맞춤법에 유의하고 문법적으로 바르게 글을 쓴다.

여기서 오류가 있으면 채점자는 내용이 아무리 좋아도 수험자의 능력이 낮다고 생각한다. 그리고 글씨체가 난해하여 그 내용을 읽기 어려우면 좋은 점수를 받기 어려울 수 있다는 것을 인식한다.

다음은 바람직한 답 진술의 예이다(Pauk & Owens, 2011, p.320)

> Q. 심리학자들이 망각에 대해 제시한 세 가지 이론을 진술하시오.
>
> A. 심리학자들이 망각이 어떻게 일어나는지를 설명하기 위해 제시한 세 가지 이론은 소멸이론, 회복이론, 반응적 방해 이론이다. 첫째, 소멸이론은 기억을 뇌에서의 통로 또는 흔적으로 정의하고 있다. 이 이론에 따르면, 이 통로 또는 흔적들이 정기적으로 사용되지 않으면 소멸되다가 종국에는 사라진다. 둘째, 회복이론은 기억이 실제로 사라지지 않는다고 주장한다. 단지 잘못 등록되거나 행방불명은 기억이 실제로 사라지지 않는다고 주장한다. 단지 잘못 등록되거나 행방불명 될 뿐이라고 본다. 셋째, 반응적 방해 이론은 사람의 태도나 정서가 기억을 방해한다고 주장한다. 정보에 지치거나 싫증을 느끼게 되면 그 정보를 망각할 확률이 높아진다. <u>이 세 가지 이론은 지지하는 사례들이 있어, 모두 망각이론으로 수용될 수 있다. 그러나 이것들은 단지 이론일 뿐이고, 어느 것도 결론으로 증명될 수는 없다.</u> (밑줄을 치며 요약으로 잘 마무리하고 있음에 주목).

다섯째, 글을 작성한 후에는 바로 제출하지 않고, 논술 전체를 다시 읽고 빠진 요점들을 추가하거나, 틀린 맞춤법과 문법을 바르게 고친다. 특히 논술에 심각한 영향을 미칠 정도의 중요한 내용을 빠뜨렸는지 검토하고 혹여 진술이 본인의 의견과 상반되는 방향으로 전개 되었는지를 점검한다.

6) 오픈 북 문제

책, 기록물, 핸드아웃, 논문 등 시험에 필요한 자료를 열람하며 답을 하도록 하는 시험이다. 다른 시험 유형과는 달리 학생의 정보 기억 능력을 측정하는 것이 아니라 이해의 수준을 측정하는 문제 유형이다. 구체적으로 필요한 정보를 찾아 회생하는 능력, 정보를 분석하고 명료하고 일관된 방식으로 제시하는 능력을 측정한다. 오픈 북 시험은 대개의 경우 학생들이 생각하는 것과는 달리 어려운 경우가 많다. 오픈북 시험도 다른 시험과 마찬가지로 철저한 대비와 전략이 필요하다(Fry, 2011; Hansen & Hansen, 2008; Vorderman, 2016).

오픈 북 시험에 대비하는 전략은 다음과 같다.

①시험에 필요한 모든 자료들을 가지고 간다.
아울러 책의 중요한 내용(차트, 표, 요약, 삽화 등)이 있는 페이지는 귀퉁이를 접어놓거나, 인덱스 스티커를 붙여 놓음으로써 바로 찾을 수 있도록 한다.

② 접어놓은 책의 페이지에 대한 색인을 별도의 종이에 만들어 특정한 차트, 그래프, 표 등을 즉시 찾을 수 있도록 한다.

③ 중요한 사실, 개념, 공식 등도 별도의 종이에 요약해 놓는다.
개념 차트를 만들거나 중요한 부분은 책이나 노트에 하이라이트 해 놓는

다. 책이 없이 보는 보통의 시험과 마찬가지로 시험 볼 문제의 내용을 미리 조직해서 친숙해지도록 한다.

④ 공책을 사용할 수 있도록 허용이 되면, 공책에 대해서도 색인표를 만들어 적절한 정보를 어디서 찾을 수 있는지 쉽게 알 수 있도록 한다.

오픈 북 시험에서 답하는 전략은 다음과 같다.

① 책을 참고하지 않아도 되는 문제들에 먼저 답하고, 책을 참고해야만 하는 문제들은 나중에 공략한다.

② 책의 내용을 그대로 사용하는 일을 남발하지 않는다.
대신 자신의 말로 바꾸어 쓰거나, 사례도 책에 있는 사례를 그대로 인용하는 대신 자신이 스스로 만들어 제시한다. 이렇게 했을 때 시험 내용에 대한 이해 수준을 채점자에게 드러내 보일 수 있다.

③ 집에서 과제로 하는 시험(Take-Home Test)은 오픈 북 시험의 한 형태로서 하루 또는 그 이상이 걸릴 정도로 어렵다.
책과 공책에 기록된 내용을 초월하여 깊은 수준으로 문제에 답을 한다.

7) 구두시험

교과에 대한 지식 습득과 이해 수준 및 구두를 통한 의사소통과 프레젠테이션 능력을 평가한다. 학생은 아무것도 손에 지니지 않고 평가자 또는 청중이 있는 자리에서 답을 하기도 하고, 컴퓨터나 프로젝터를 사용하여 프레젠테이션 하기도 한다. 구두시험도 오픈 북 시험과 마찬가지로 사전에 준비를 잘하여야 한다.

다음은 구두시험에서 효과적으로 답하는 전략이다(Cottrell, 2019; Vorderman, 2016).

첫째, 평가자가 묻는 질문을 잘 듣고 무엇을 답으로 요구하는지를 이해한다. 만약 질문을 잘 이해하지 못했으면, 본인 마음대로 질문의 의미를 추측해서 답하지 말고, 다시 질문해 줄 것을 요청한다. 구두시험에서 중요한 것은 잘 듣는 청자가 됨과 동시에 좋은 화자가 되는 것이다.

둘째, 자신감 있게 말한다. 구두시험 전에 거울을 보고 연습을 하여 언제 자신이 중얼거리고, 알아들을 수 없을 정도로 빨리 말하는지를 점검하고 자신감 있게 말하도록 수정하는 연습을 한다.

셋째, 정답을 모를 경우에도 "모른다"고 답을 하는 등 소극적인 자세를 취하지 말고, 가능한 최선의 답을 제시하려는 긍정적인 자세를 갖는다.

넷째, 평가자 또는 청중의 질문에 "아니오"라는 답보다는 "네"라는 답을 더 많이 한다. 그랬을 때, 평가자나 청중들이 좀 더 즐거운 마음을 갖고 호의적인 태도를 보이게 된다.

다섯째, 빠르게 답하려고 하지 말고, 답을 하는 도중 잠깐 침묵하는 것을 두려워하지 않는다. 성급하게 답을 내려고 달려들어 오답을 하는 것 보다는 잠깐 멈추고 생각할 시간을 갖는다. 그러면 최선의 답을 낼 가능성이 높아진다. 이 잠깐 멈춘 시간에, "내가 바르게 답을 하고 있는가?" "명료하게 말하고 있는가?" 등에 대해 생각해 본다.

여섯째, 부득이한 경우를 제외하곤 같은 내용의 말을 반복하지 않는다. 답을 한 후에는 다른 단어들을 사용해서라도 같은 말을 반복하는 일이 없도록 한다.

일곱째, 시험관에게 구두 시험을 즐기는 것처럼 보이게 한다. 실제로 즐기지 않더라도 즐기는 것처럼 행동하며 전문가처럼 행동하고 집중한다. 이런 태도는 평가자들을 편안하게 만들고 발표자에게 좋은 인상을 갖도록 해 준다.

여덟째, 주어진 시간 내에 모든 답을 할 수 있도록 시간 조절을 한다.

아홉째, 구두 답이 끝나거나 프레젠테이션이 끝난 후에는 "들어 주셔서 감사합니다!"라는 말로 끝을 맺는다. 이런 말은 평가자들에게 '예의 바르다'라는 인상을 갖도록 해 준다.

5. 시험을 통해 배우기

시험은 단지 점수를 얻기 위한 것만은 아니다. 시험은 다양한 교과와 문제 유형에 대한 자신의 학습 성과를 보여주는 기록과 같다. 시험은 끝이 아니라 추후 학습을 위한 것이기 때문에, 시험을 본 후 반성과 복습의 기회를 갖는 것이 중요하다. 시험에서 답한 내용을 분석하고 미래 시험에 대비해 시험 전략을 조정하는 것이 시험을 통해 배우는 중요한 일이다.

다음은 **시험을 통해 배우는 전략들**이다(Hollins, 2021; Luckie & Smethurst, 1998; Vorderman, 2016).

첫째, **실패에 대해 긍정적인 생각을 갖는다.**

시험 성적이 원했던 수준에 못 미치더라도 너무 실망하지 않는다. 경험을 통해 배운다는 긍정적인 마음으로 다음에는 더 잘할 수 있다는 마음을 갖는다. 그러나 사람들은 종종 실패에 대해 그릇된 관점을 갖는다. 많은 사람들은 실패는 부끄러운 것이나 잊어버려야 할 실수, 두리뭉실하게 넘어가야 할 부담스러운 것으로 생각한다. 그러나 실패를 나의 학습을 한 단계 발전시키는데 필요한 단계이자 통로로 재인식하는 관점이 필요하다. **실패는 다루어 교정해야 할 오류일 뿐이며 성장과 발전을 위해 꼭 필요한 디딤돌이라는 생각을 갖도록 한다.**

둘째, 어떤 유형의 오류를 저지르는지 살펴보고 교정하는 노력을 한다.
5가지의 오류 유형이 있다(Hollins, 2021, pp.176-190).

① **생략의 오류**(Errors of Omission)

중요한 내용을 빠뜨리는 오류이다. 예를 들어, 논술시험에서 이런 오류를 범했을 경우, 이 오류가 왜 생겼는지 자신에게 다음과 같은 질문들을 하고 답을 얻어야 한다. (a) 논술이 요구하는 답의 범위를 오해했는지? (b) 수업에 참여하지 못해서 듣지 못했는지? (c) 검토할 때 계획이 잘못되었거나 시간이 부족하여 살펴보지 못했는지? (d) 시험 주제의 전체적 맥락을 파악하는데 실패했던 것인지? 등을 점검한다.

② **부주의의 오류**(Errors of Carelessness)

자신의 부주의로 인해 생기는 오류이다. 이 오류가 왜 생겼는지 자신에게 다음과 같은 질문들을 하고 해결책을 얻어야 한다. (a) 질문이나 답지를 잘못 읽었는지? (b) 시험지 뒷면에도 문제가 있었던 것을 파악하지 못했는지? (c) 시험 시간에 제한이 있었는데 그것을 인지하지 못했는지? (d) 마음이 산만하고 근심이 있었던 상태였는지? 등을 점검한다.

③ 우선순위의 오류(Errors of Priorities)

시험에 나올 법한 중요한 내용과 중요하지 않은 내용을 잘 구분하지 못함에 따라 시험 준비에 필요한 시간 투자를 잘못해서 생기는 오류이다. 이 오류가 왜 생겼는지 자신에게 다음과 같은 질문들을 하고 해결책을 얻어야 한다. (a) 시험 내용의 구성 부분들이 갖는 전체적 관계를 파악했는지? (b) 계속적으로 반복되는 개념과 원리들을 파악했는지? (c) 중요한 내용과 덜 중요한 내용을 구분했는지? 등을 점검한다.

④ 적용의 오류(Errors of Application)

시험에 나올 내용을 암기는 했는데 그것들을 적용하는 데 있어 어려움을 느끼거나 잘못을 저지르는 오류이다. 이 오류가 왜 생겼는지 자신에게 다음과 같은 질문을 하고 해결책을 얻어야 한다. (a) 시험 내용을 암기하는데 그치지 않고, 그 내용들을 제대로 분석하고, 나의 언어로 재진술 해보고, 이미 알고 있던 다른 지식들과 접목 또는 종합해보았는지? (b) 각 내용과 관계되는 개념 또는 아이디어를 찾아냈는지? (c) 실생활에 적용해 보는 연습을 했는지? 등을 점검한다.

⑤ 통달의 오류(Errors of Mastery)

시험에 나올 내용을 부분적으로만 습득함에 따라 이해에 있어서 간극이 있고 완전한 정복에 이르지 못한 오류이다. 이 오류가 왜 생겼는지 자신에게 다음과 같은 질문들을 하고 해결책을 얻어야 한다. (a) 이해가 안 된 부분이 무엇인지? (b) 학습 내용의 이해도에 대해 만족하는지? (c) 학습 내용에 대해 작성한 개념/아이디어 차트에서 빠진 것은 없는지? 등을 점검한다.

셋째, **정답과 오답을 분석**한다.

정답을 분석함으로써 자신의 강점 패턴을 알 수 있다. 어떤 내용 분야에 강한지, 또 문제 유형으로 진위형 문제보다 선다형 문제에 강한지, 객관식 문제보다 논술형 문제에 강한지, 세세한 사실보다 개념에 강한지 등을 알 수 있게 해준다. 그리고 오답을 분석하고 정답으로 고치는 과정을 통해 반성적 사고를 증진시키게 된다. 이 반성적 사고는 정답을 오래 기억할 수 있도록 하여, 다음 시험에 좋은 성적을 얻도록 도움을 준다. 또한, 오답 분석표를 만들어 어떤 교과에서 어떤 유형의 오류를 저질렀고 해결책은 무엇인지 기록하며 반성한다.

넷째, **채점자의 코멘트에 주의를 기울인다.**

시험지에 채점자가 기록한 코멘트를 보고(특히 논술형 문제의 경우에) 잘못된 부분을 이해한다. 채점자의 코멘트를 통해 다음 시험에는 바른 답을 할 수 있도록 숙고하는 시간을 갖는다.

다음의 시험 대비 전략, 대처 전략, 반성 전략 점검표를 사용하여 시험에 실제로 활용해 보자.

*시험에 대비하고, 대처하고, 반성하는 전략을 잘 실천하고 있는지 점검해 보자.

시험에 대비하는 전략	점검 상황
새 학기가 되면 교과서를 전체적으로 개관하는가?	
마스터 플랜, 주별 플랜, 일일 플랜을 사용하여 시험 대비 공부 시간을 설정하고 있는가?	
시험 1주전 시험 대비 특별 스케줄을 세웠는가?	
시험 주간 특별 스케줄을 세웠는가?	
시험에 대비하여 주제 내용별로 검토 자료 표를 만들고, 검토 내용을 요약표로 만들어 구조화했는가?	
시험에 대해 사전에 조사했는가?	
시험에 대처하는 전략	점검 상황
시험의 지시문을 읽었는가?	
시험 문제 별로 답할 시간을 배당했는가?	
시험 시간을 융통성있게 사용했는가?	
시험지에 표시와 메모를 하며 시험을 치렀는가?	
즐겁고 안정된 마음으로 시험을 치렀는가?	
시험 문제 유형별 대처 전략을 알고 있는가?	
시험을 통해 배우는 전략	점검 상황
시험을 본 후 오답과 정답을 분석했는가?	
시험을 본 후 채점자의 코멘트를 살펴 보았는가?	

제6절
학습 동기 증진 기술

자녀들은 학습에 싫증을 느끼거나 좋은 성적을 얻지 못할까 걱정하곤 하는데, 이럴 때 동기(Motivation)의 재무장이 필요하다. "동기란 목표 지향적 행동을 시작하고 유지하도록 하는 내적 상태"이다(Mayer, 2003, p.460). 동기의 영어 표현 "motivation"은 "움직이다"(move)를 뜻하는 라틴어에 기원을 두고 있어 동기는 기본적으로 역동적인 성격을 띠고 있다.

좀 더 구체적으로 동기는 네 가지의 성격을 지닌다(Mayer, 2003).

① 개인적이다(Personal) - 동기는 개인 내에서 발생한다.
② 지향적이다(Directed) - 어떤 목표를 추구하도록 해준다.
③ 활성적이다(Activating) - 행동을 촉진시킨다.
④ 에너지를 제공한다(Energizing) - 지속성과 강도를 제공한다.

동기의 이런 성격으로 인해, 자녀들은 학습에 대한 동기가 유발되면 학습에 열심을 내고. 과제에 훨씬 오래 임하고, 방해와 실패에도 불구하고 학습을 향해 인내심을 발휘하여 끝까지 집중하는 모습을 보이게 된다. (Ladd & Dinella, 2009; Larson, 2000; Maehr & Meyer, 1997; Pintrich et al., 1993; Pugh & Bergin, 2006). 종합하면 동기는 목표 추구를 위해 개인적 역량의 투자와 인지적, 정서적, 행동적 참여를 증진시킨다. 그 결과 자녀의 학업 성취 수준이 높아지고, 자신에 대해 긍정적 감정을 갖게 되며, 이 감정이 다시 학습 동기를 유발하는 선순환의 사이클이 형성된다(McGuire & McGuire, 2015). 이런 측면에서 볼 때, **부모가 자녀에게 해줄 수 있는 일 중 자녀의 학습 동기를 증진시키는 것만큼 중요한 것도 없다.** 그러나 "말을 냇가로 끌고 갈 수는 있어도 물을 억지로 먹일 수는 없다"는 말이 있듯이, 학습 동기가 없는 자녀를 공부시키는 일은 매우 어렵다. 이와 반대로 자녀가 학습 동기를 가지고 있다면 부모가 시키지 않아도 자녀는 스스로 공부에 임하게 된다.

학습 동기는 매일 여러 가지 내적, 외적 조건들로 인해 변한다. 따라서 학습 동기는 항상 높거나 항상 낮지 않다. 만약 자녀가 학습에 흥미를 잃고, 공부를 위해 자리에 앉아 있는 것을 힘들어하고, 공부하지 않기 위해 변명을 늘어놓거나, 쉽게 산만해지거나, 무언가를 빠르게 포기하는 모습을 자주 보인다면 학습 동기가 약해지고 있다는 신호로 볼 수 있다. 이럴 때는 **다음과 같은 전략들을 동원하여 학습 동기를 진작시킨다**(Cottrell, 2009, 2019; Horsley, 2016; Longman & Atkinson, 1988; McGuire & McGuire, 2015; Vorderman, 2016; Whimbey & Lochhead, 1980).

1. 꿈의 상기와 학습 목적의 명료화

우리가 앞에서 이차적 기술의 첫 번째로 "꿈을 갖고 공부하기"에 대해 살펴보았듯이 꿈은 공부하다가 부딪히는 수많은 난관을 뚫고 나가도록 하는 동기의 원천이다. 꿈을 실현하기 위해 장기, 중기, 단기 목표를 크게 써서 방 안 잘 보이는 곳에 붙여 놓고 비전 보드를 만들어 늘 자신에게 상기시키면 학습 동기가 저하될 때 이를 다시 고취시키는 힘을 얻을 수 있다. 왜냐하면 **꿈은 공부를 하는 목적을 분명히 인식시켜 주기 때문**이다. 더 나아가 지금 하고 있는 **공부가 내가 설정한 꿈과 목표들을 성취하는데 도움이 되는 직·간접적인 이유를 글로 써** 보면 학습 동기를 진작시키는데 효과적이다.

또한, 다음과 같이 공부하는 목적 점검표를 사용하여 반성하면 학습 동기 진작에 효과가 있다(Cottrell, 2019, p.116).

공부하는 목적 점검표

나는 공부를 통해 무엇을 얻기 원하는가? 아래의 잠재적 목표 각각이 나에게 얼마나 중요한지 숫자에 체크를 해 보자. 그리고 이 중에서 자신에게 가장 중요하다고 판단되는 두 성취 목표를 선택해 아래 하단에 적어 보자. 기타 성취하고자 하는 다른 목표도 적어 보자. 자신의 목표와 학습 동기가 변화하는지 가끔 점검해 보자.

아울러 **학습 동기 차트**를 만들어 공부방이나 기타 공간에서 항상 잘 볼 수 있는 곳에 붙여 놓고 학습 동기를 고취시킨다. 큰 종이를 마련하여 ① 공부를 해야 하는 이유들을 적고, ② 공부하는 목적을 상기시켜 줄 존경하는 인물들의 사진과 활동 모습, 그들이 남긴 명언, 성공 사례를 보도한 신문 기사, 기타 자료들을 붙인 후, 잘 보이는 곳에 붙여 놓는다. 그리고 앞서 "꿈을 갖고 공부하기"에서 언급한 3단계 목표 피라미드도 작성해서 학습 동기 차트 옆에 붙여 놓고, 단기 목표들을 성취할 때마다 자신을 보상한다,

원하는 성취 목표	중요성의 정도 (1: 매우 낮음, 9: 매우 높음)
개인적 발달	
나는 능력 있는 사람이라는 것을 증명하기를 원한다.	① ② ③ ④ ⑤ ⑥ ⑦ ⑧ ⑨
나는 교육받은 교양인이라는 것을 느끼기를 원한다.	① ② ③ ④ ⑤ ⑥ ⑦ ⑧ ⑨
나는 높은 수준의 지적·인성적 능력을 습득하기를 원한다.	① ② ③ ④ ⑤ ⑥ ⑦ ⑧ ⑨
학교 공부	
나는 흥미 있는 교과에 대해 좀 더 알기를 원한다.	① ② ③ ④ ⑤ ⑥ ⑦ ⑧ ⑨
나는 어느 한 영역의 전문성을 개발하기 원한다.	① ② ③ ④ ⑤ ⑥ ⑦ ⑧ ⑨
나는 계속 공부할 기회를 갖기 원한다.	① ② ③ ④ ⑤ ⑥ ⑦ ⑧ ⑨
나는 좋은 성적을 받고 싶다.	① ② ③ ④ ⑤ ⑥ ⑦ ⑧ ⑨
나는 내 전문 영역에서 공인 자격증을 받고 싶다.	① ② ③ ④ ⑤ ⑥ ⑦ ⑧ ⑨
나는 공부의 난관을 극복하고 싶다.	① ② ③ ④ ⑤ ⑥ ⑦ ⑧ ⑨
삶과 직장 생활	
나는 판에 박힌 삶에서 벗어나고 싶다.	① ② ③ ④ ⑤ ⑥ ⑦ ⑧ ⑨
나는 취업 기회를 보다 높이고 싶다.	① ② ③ ④ ⑤ ⑥ ⑦ ⑧ ⑨
나는 직장 생활에서 전문적 경력을 높이 쌓고 싶다.	① ② ③ ④ ⑤ ⑥ ⑦ ⑧ ⑨
나는 직장 생활에서 높은 연봉을 받고 싶다.	① ② ③ ④ ⑤ ⑥ ⑦ ⑧ ⑨
기타 목표	
나는 가족 및 친구들과 좋은 관계를 유지하고 싶다.	① ② ③ ④ ⑤ ⑥ ⑦ ⑧ ⑨
나는 이전에 부족했던 영역의 공부를 보충하고 싶다.	① ② ③ ④ ⑤ ⑥ ⑦ ⑧ ⑨
나는 결혼하면 내 자식들에게 롤 모델이 되고 싶다.	① ② ③ ④ ⑤ ⑥ ⑦ ⑧ ⑨
내게 가장 중요한 성취 목표 두 가지 1. 2. 기타목표:	

2. 학업 성공의 자신감 기르기

성공학 분야의 대가인 Richard Bandler는 "신념(Beliefs)은 진리(Truth)에 대한 것이 아니고 믿음(Believing)에 대한 것이다. **신념은 사람의 행동을 안내한다.**"라고 말했다. 미국 성형외과 의사이자 *Psycho-Cybernetics*의 저자인 Maxwell Maltz는 사람은 자기 이미지를 향상시켜 더 성공적이고 만족스러운 삶을 영위 할 수 있다고 주장한다. 그는, "타고난 재능이나 능력이 부족하여 성공할 수 없다는 생각은 단 1분이라도 허용하면 안 된다."며 신념의 중요성에 대해 단언한다(Horsley, 2016, p.12에서 재인용). 사람들은 자신들이 믿는 것을 옹호하고 그 방향으로 행동하게 되어 있다. **공부도 성공할 수 있다는 믿음을 가지면 그 믿음에 부응하여 공부에 성공하는 방향으로 행동하게 된다.**

"나는 할 수 있다."는 신념의 창조는 선택의 문제이다. 신념 변화는 80%가 왜 변화하기를 원하느냐에 대한 것이고, 20%가 변화하는 방법에 대한 것이다(Horsley, 2016). "나는 할 수 없다."는 부정적인 신념은 바꾸어야 한다. 신념은 사실이라고 믿는 자신에 대한 이야기이기 때문에, 그 이야기를 바꿀 것을 결정하면 신념은 바뀌게 된다. Spenser Lord는 "신념은 문신이 아니고 의복과 같다. 의지로 신념은 의복처럼 입을 수도 있고 벗을 수도 있다."고 말한다(Horsley, 2016, p.12에서 재인용). 부정적 신념을 바꾸기 위해서는 먼저 부정적 신념에 대한 인식 변화를 필요로 한다.

이를 위해 다음과 같은 질문에 대한 답을 얻도록 친구나 교사 및 부모와 토론하도록 한다.

① 나의 부정적 신념을 계속 고수해야 하는가?
② 나의 부정적 신념은 사실일까?
③ 그것이 100% 사실이라고 확신하는가?

④ 나의 부정적 신념을 계속 고수한다면 어떤 대가를 치러야 하는가?

이런 토론 후에는 새로운 신념이 사실이라는 경험 사례와 증거들을 생각해 보도록 한다. 아울러 긍정적 사고와 신념에 대한 명언들을 수집하고 늘 자신에게 되뇌면서, 자신에게 자신감을 고취시키는 자기 대화(Self-Talk)를 한다. 그리고 그 새로운 신념을 일상생활과 공부에 적용하고 성공을 경험하며 "나는 할 수 있다!"는 자신에 대한 믿음이 자신의 정체성의 일부가 되도록 한다.

자녀들의 학업 성공 자신감과 학습 동기를 진작시키기 위해서는 교사나 부모와 같은 어른들의 역할이 중요하다. Hobson(2001)은 학생들의 동기에 미치는 교사들의 영향을 조사했는데, ① 교사의 태도는 학생이 긍정적인 동기를 갖도록 하는데 27%, 부정적인 동기를 갖도록 하는데 32%의 영향력을 미치고, ② 교사의 수업 구조화는 학생이 긍정적인 동기를 갖도록 하는데 23%, 부정적인 동기를 갖도록 하는데 26%의 영향력을 미치고, ③ 교사가 성적을 중간고사와 기말고사에 의존하면 학생들은 부정적인 동기를 갖게 되고, 숙제, 실험, 퀴즈 등 여러 가지 활동을 통해 성적을 얻을 기회를 많이 제공하면 긍정적인 동기를 갖게 된다는 것을 밝혔다. 교사는 이 점에 유의하여 학생들의 학습 동기 증진에 긍정적인 영향을 미치도록 자신의 교수 행위를 점검하도록 한다.

또한, 부모는 가정에서 자녀들의 학업적 성공 자신감을 키워주기 위해 다음과 같은 조치를 취해야 한다.

① **완벽주의를 강조하지 않는다.**

"완벽주의는 귀한 성향이기는 하지만, 통제하기 어렵고, 성취하기 어려운 욕망으로 쉽게 변질되어, 공부와 인간 삶의 즐거움을 심각하게 저해한다"(Fry, 2011, p.27). 완벽주의는 자녀에게 큰 부담으로 작용하여 도전적인 과제를 선택해서 성취감을 맛볼 기회를 상실하게 만든다. 아울러 실수는 용납할 수 없는 것이라고 생각하게 만들어, 실수를 통해 배울 기회도 상실하게 만든다(Vorderman, 2016).

② 사람은 머리가 좋고 나쁨과 상관없이 모두 창의성을 지니고 있고, "할 수 있다."는 자신감을 갖고 노력하면 학업에 성공할 수 있다는 신념을 지속적으로 심어 주어야 한다.

③ 학습에 대한 긍정적 피드백을 제공함으로써 자녀가 학습에 대한 동기를 지속적으로 유지하도록 해야 한다.

긍정적인 피드백은 칭찬과 함께 건설적인 비평을 균형 있게 제공하는 것이다. 이것을 Vorderman(2016, p.14)은 "샌드위치 접근"이라고 불렀는데, 먼저, 샌드위치의 밑면으로 잘한 점을 칭찬하고, 샌드위치 가운데에는 보완할 것을 구체적인 비평으로 지적하여 채우고, 샌드위치 윗면은 다시 노력에 대한 칭찬과 격려로 덮는 것이다. 비평은 건설적이라고 하더라도 길게 제공하면 자녀에게 거부감을 일으킬 수 있으니 짧게 특정적으로 제공한다. 이 샌드위치 접근을 말이 아니라 종이에 기록해서 제공하면 자녀가 자주 볼 수 있어 보다 효과적이다.

3. 공부 시간을 정하고 지키기

공부할 시간을 수첩에 적거나 핸드폰 알람으로 맞춰 놓고, 공부 시간이 되면 지체 없이 자리에 앉아 공부에 임한다. 공부 시간을 타인과의 약속처럼 꼭 지켜야 할 것으로 여기고 반드시 지킨다. 가능한 매일 같은 시간에 같은 장소에서 공부하도록 한다. 공부를 시작할 때는 그 시간에 성취할 것들을 종이에 쓴 후 공부에 임한다. 이것은 공부 시간 중에 쉽게 산만함에 빠지는 자녀들에게 학습 동기를 유지하도록 하는 전략이 된다. 자녀가 공부 시간에 성취 목표로 삼았던 것을 성취했을 경우 자신을 보상하도록 지원한다.

그러나 공부 시간이 와도 진득이 자리에 앉아 공부를 시작하는 것이 어려울 때가 있다. Cottrell(2019, p.148)은 자리에 앉아 집중하여 공부를 시작하기 위한 전략들을 다음과 같이 제시한다.

① 공부하는 목적을 명료하게 재인식한다.

② 집중이 안되면 하던 공부를 멈추고 몇 분간 마음을 집중하는 명상을 하거나 몸 풀기로 긴장을 완화한 후 공부를 시작한다.

③ 긴 학습 시간을 여러 블록으로 나눈다. 학습 과제에 따라 서로 다른 분량으로 학습 시간을 블록화 한다.

④ 각 학습 시간 블록별로 특정한 도전 목표들을 설정한다. 주어진 시간 블록을 거의 다 사용하여 도전 목표를 달성하도록 하고, 낭비되는 시간이 없도록 한다.

⑤ 전체 학습 시간 동안 다양한 학습 과제들을 하도록 한다.

한 가지 학습 과제를 긴 시간 동안 하면 피곤함을 느낄 수 있기 때문에, 읽기, 노트하기, 쓰기, 듣기, 생각하기, 조사하기, 문제 풀기 등 학습 활동을 다양화하면 학습에 대한 흥미를 지속적으로 유지하는데 도움을 준다.

⑥ 질문을 생성하며 공부한다.

질문을 하고 답을 얻기 위해 공부하면 보다 집중하게 된다.

⑦ 학습 주제와 관련하여 논쟁이 있으면 살펴본다.

논쟁은 흥미를 일으켜 집중하게 하고, 자신의 관점에 영향을 주어 기억에 오래 남는다.

⑧ 가끔은 친구들과도 함께 공부한다.

4. 공부 지루함에 대처하기

누구나 계속 공부하다 보면 지루함을 느낄 수 있다. 특히 공부 습관이 형성되지 않은 자녀들은 공부에 쉽게 지루함을 느끼고 금방 포기하곤 한다. Solomon(1980)의 **대립 과정 이론**(Opponent Process Theory)에 따르면, 공부를 비롯하여 습관은 두 가지 대립적 과정을 거쳐 형성된다. 하나는 자극에 대한 초기 반응 과정이고(A-Process라고 함), 또 하나는 초기 반응 후 발생하는 대립 과정이다(B-Process). 예를 들어, 뜨거운 사우나 목욕을 싫어하는 사람은 처음에 사우나실에 들어가면 몸이 타는 것 같은 감각과 함께 고통을 느낀다(A-Process). 그러나 사우나실에 몇 번 들어가는 경험을 하면 고통은 감소하고 오히려 상쾌함 마저 느끼게 된다(B-Process). 그 결과 그 상쾌함을 느끼기 위해 사우나 목욕을 즐기는 습관을 형성하게 된다. 공부에 지루함을 느끼는 자녀가 공부 습관을 들이는 것도 같은 과정을 겪는다. 처음에는 공부에 임해서 지루함과 짜증을 느끼나(A-Process), 몇 번의 공부로 인해 성취감을 맛보거나 부모의 지원 및 보상이 있게 되면 즐거움을 느끼게 되고(B-Process), 그 결과 공부 습관을 들일 수 있다. 따라서 공부 습관은 공부하면서 느낄 수 있는 초기의 부정적 정서를 참아내는 인내와, 즐거움을 맛볼 수 있는 보상의 기회 제공 모두를 필요로 한다.

다음은 공부에 지루함을 느낄 때 대처하는 실용적인 전략이다.

① 학습과제가 왜 나에게 중요한지 생각한다.

② 학습과제를 완수하여 무엇을 얻을 수 있는지를 정확하게 확인한다.

③ 학습과제의 내용에서 그리고 학습을 설계하는 방식에서 흥미로운 점을 능동적으로 찾는다.

④ 과제에 따라 학습 시간을 적절히 나누고 주의를 집중할 수 있는 학습 전략들을 사용한다(3장 7절 집중력 증진 기술 참조).

⑤ 공부에 긍정적으로 영향을 미치는 자극들을(Triggers)을 설치한다.

자리에 앉아 집중해서 공부하는데 도움을 주는 조건들을 기록하고 그 조건들이 책상 주변에 조성되도록 한다. 조용하고 잘 정돈된 학습 환경이 공부에 도움을 주면 그런 환경을 조성하고, 친구들과 함께 공부하는 것이 도움이 되면 학습 집단을 꾸민다.

⑥ 공부에 부정적으로 영향을 미치는 자극들은 피하거나 제거한다.

공부에 방해가 되는 친구들이 있으면 그들과 떨어져서 공부하고, 거실의 TV 소리가 방해되면 공부방의 문을 닫아 조용한 상태를 만들고, 근심과 걱정이 있어 방해가 되면, 그것들을 노트에 기록하여 일단은 잊어버리고 공부에 집중하도록 한다.

⑦ 공부에 도움을 주는 친구들에게 협조를 당부한다.

친구들에게 다음과 같은 일들을 상기시켜 달라고 당부한다.

(a) 자신의 학습 동기가 약해질 때 공부하는 이유에 대해 상기시켜 주고,
　　(b) 필요한 공부 기술들을 사용하는 데 있어 부족한 점을 지적해 달라고 부탁한다.

⑧ 하기 싫은 공부를 할 때는 의미 있는 보상을 부여할 계획을 세운다.

예를 들어, 하기 싫은 공부를 할 때 일정 부분을 완수한 후 음악을 듣거나, 영화를 한 편 감상하거나, 기타 쉬면서 즐거운 일을 할 시간을 계획한다. 세운 계획이 효과적인지 점검하고, 비효과적인 경우는 보상 계획을 수정한다.

⑨ **종결감**(Feeling of Closure)을 가지며 공부한다.

종결감이란 과제를 마쳤을 때 느끼는 긍정적인 정서 상태를 말한다. 종결감이 없으면 끝내지 못한 수많은 과제들로 둘러싸여 근심과 공포감을 느끼고, 학습의 진행에 대한 자신감이 떨어지고 지루함을 느끼게 된다.

종결감을 가지려면

　　(a) 큰 과제를 다룰 수 있을 정도의 작은 과제들로 나누어 열거한 다음, 하나씩 종결할 때마다 목록에서 제거하는 표시를 한다.
　　(b) 한 과제를 마치지 못한 상태에서 다른 과제로 이동하지 않는다.

과제가 미완결인 상태에서 다른 과제로 자주 이동하면 시간을 낭비하고, 학습 동기를 잃게 된다. 또한 정신적 꾸물거림(Lingering)이 생겨 새 과제에 집중하기 어렵고, 다시 이전 과제로 돌아왔을 때 어디까지 공부를 했었는지, 또 어떤 단계들이 남아 있는지 다시 검토하느라 시간을 거듭 낭비하게 된다.

⑩ 공부에 지루함을 느낄 때 가끔은 공부 장소를 바꿔본다.

날씨가 화창하면 밖에 나가 벤치에 앉아 읽거나 조용한 카페에 가서 공부하면 상쾌한 마음을 갖게 되어 흥미롭지 않은 주제를 학습할 새로운 에너지를 얻을 수 있다. Harry Potter 시리즈를 저술한 J. K. Rowling은 집에서 하는 집필이 지루하면 조용한 카페에 나가서 작업을 계속했다고 한다.

5. 성취를 기록하고 정점을 추구하기

공부는 자녀 본인의 책임이 가장 중요함을 인식하고, 학습 일지를 만들어 그 동안의 학습 진행 상황 및 성취 결과를 기록하도록 한다. 자신이 잘한 것을 확인하고 자신의 노력을 보상하도록 지원한다. 또래들과 성취 결과를 상대적으로 비교하지 말고 자녀가 자신의 이전 수행과 비교하여 얼마나 발전했는지를 점검하도록 한다. 즉 과제 완수에 초점을 맞추도록 한다. 이것을 **과제 지향적 자세**(Task-Oriented Attitude)라고 한다. Nicholls(1984)는 학생들이 과제 지향적 자세를 취하면 좀 더 내적 동기를 증진시킬 수 있고, 이런 내적 동기는 학생들이 성인이 되어서도 탁월한 창의적 업적을 성취하는데 중요한 역할을 한다는 것을 밝혔다.

아울러 이전에 이룩한 성취를 넘어 새로운 정점에 이르도록 비전을 재설정하고 자신의 한계를 넓히도록 한다. **사람은 자신이 설정한 비전보다 더 큰 성취를 올릴 수 없다.** 따라서 보다 나은 성취를 위해서는 비전을 좀 더 높게 재설정해야 한계를 넓힐 수 있다. 이를 위해 좀 더 도전적인 일련의 목표를 다시 설정하고 그 목표를 성취하여 역량을 좀 더 증진시킬 수 있도록 노력해야 한다. 사람들은 공부를 포함하여 자신이 속한 환경을 이해하고 통제를 가하고자 하는 동기를 지니고 있다. White(1959)는 이를 **역량 동기**(Competence Motivation)라고 불렀다. 자녀들은 학업에서 역량 동기를 발휘하고 싶어 한다. 부모는 ① 자녀가 과제 지향적 자세로 공부하고 자신의 역량 동기를 충족시키도록 지원하고, ② 자녀의 흥미와 학업에 대한 자신감을 고취시킬 멘토를 찾아 자녀의 목표와 포부에 대해 자문을 구하도록 하고, ③ 학습 동기를 꾸준히 유지하도록 도움을 주어야 한다.

6. 학습과 성취에 대한 내적 동기 진작시키기

자녀들이 외적 동기보다 내적 동기로 학습에 임하면 좀 더 생산적이고, 의미 있고, 즐겁게 학습 활동에 참여할 수 있다. 그러나 자녀들이 학습 상황에서 항상 내적 동기를 스스로 불러일으키는 것은 아니다. 아울러 불행하게도 자녀들의 내적 동기는 학년이 올라갈수록 감소하는데, 특히 초등학교에서 중학교로 입학하게 되면 내적 동기의 감소 현상이 두드러지게 나타나는 경향이 있다(Anderman & Mueller, 2010; Gottfried et al., 2001; Lepper et al., 2005).

부모는 자녀에게 **내적 동기를 진작시키기 위한 전략**들을 동원하여 도움을 주어야 한다.

첫째, 평소에, 특히 자녀가 학습에 임할 때 외적 동기보다는 **내적 동기가 중요함을 말해** 준다(Amabile & Hennessey, 1992; Graham & Weiner, 1996; Urdan & Turner, 2005). 예를 들어, "공부를 해서 좋은 점수를 얻는 것은 좋은 일이다. 그러나 공부하는 내용에 대해 이해하고 즐기는 것이 더 중요하다"고 말해 준다. 우리나라의 전 축구 국가 대표 선수 이영표는 기자와의 인터뷰에서 "축구를 잘 하려면 타고난 능력보다 노력이 중요하고, 노력보다 중요한 것은 즐기는 것이다."라는 말을 한 적이 있는데, 이 또한 내적 동기의 중요성을 지적한 것이다.

둘째, 부모 스스로가 자신의 일에 열정을 보임으로써 **내적 동기를 모델링**(Modeling)하여 자녀가 그 내적 동기를 관찰하고 배우도록 한다(Radel et all., 2010). 사람의 행동에 영향을 주는 많은 단서(사고 패턴, 가치, 태도 등) 중에서 다른 사람의 행동만큼 영향력이 큰 것도 없다(Bandura, 1986). 모델링은 타인의 행동과 비슷하게 행동하도록 하는 사회적 단서로 기능한다. 모델의 역할을 할 수 있는 것은 부모, 교사, 또래와 같이 살아있는 모델(Live Model)이 할 수도 있고, 매스미디어에서 보여주는 상징적 모델이 할 수도 있다. 아울러 내적 동기의 중요성을 적은 언어적 진술도 모델링의 역할을 할 수 있다.

셋째, 자녀가 학습하는 내용을 자신의 삶, 경험, 요구, 정서와 연계하여 자녀가 그 내용에 대해 **개인적으로 유의미성과 적절성을 느끼도록** 해준다(Kaplan & Flum, 2009; Roth, 2011; Urdan & Turner, 2005; Wang & Holcombe, 2010). 이런 느낌은 학습의 내적 동기 증진에 긍정적으로 영향을 미친다.

넷째, 적절한 도전 수준의 과제로 공부에서 성공할 수 있다는 자신감을 불어넣어 준다. 자녀의 능력 수준보다 약간 어려운 도전적인 학습 과제에 성공하도록 하면 역량감이 형성되고 내적 동기가 증진된다(Deci & Ryan, 1987; Dweck, 2000; Urdan & Turner, 2005). 자녀의 능력 수준에 비해 너무 쉬운 과제는 성공 확률이 너무 높고, 너무 어려운 과제는 성공 확률이 너무 낮기 때문에 오히려 내적 동기를 떨어뜨린다.

다섯째, **학습에 자율성을 부여**한다. 자녀가 자율성을 발휘하여 학습에 임하도록 하는 것은 자녀의 내적 동기를 증진시키는데 긍정적으로 영향을 미친다. 부모는 학습 활동에서 자녀에게 자율성을 부여하는 배려를 할 수 있다. 예를 들어, 자녀가 혼자서 또는 소집단을 꾸려 공부하도록 선택하거나, 공부 시간과 학습 자료를 스스로 정하도록 하거나, 컴퓨터를 사용하여 학습하도록 하는 등의 선택권을 부여할 수 있다. 아울러 자신의 학습 진행이나 활동 상황을 보여주기 위해 체크리스트, 자기 점검표, 기타 자녀가 원하는 방식을 선택하도록 한다. 그리고 학습 목표를 성취했을 때의 보상도 선택하도록 한다(Belland et al., 2013; Paris & Ayres, 1994).

여섯째, **외적 동기를 점차 줄이거나 사회적인 것으로 바꾸면서 내적 동기를 강조한다**(Covington, 1992; Lepper, 1981; Stipek, 2002). 내적 동기는 하룻밤 만에 갑자기 생성되는 것이 아니다. 처음에는 외적 동기에 기반하여 학습하다가 이것이 천천히 내적 동기로 바뀐다. 그러나 자녀가 해야 할 과제가 지루하거나, 어렵거나, 실망스러운 결과를 가져올 가능성이 많은 경우, 외적 동기 외에는 대안이 없다(Cameron, 2001; Hidi & Harackiewicz, 2000). 그럼에도 불구하고 외적 동기는 그 동기가 떨어지면 효력을 상실하기 때문에 점진적으로 외적 동기를 내적 동기로 바꾸어야 한다. 그 방법은 외적 동기 중 일차적인 것(예: 음식이나 돈과 같은 물질적 보상)에서 사회적인 것(예: 미소나 인정과 같은 사회적인 보상)으로 점진적으로 바꾸면서, 학습 그 자체에서 성공과 기쁨을 느끼도록 내적 동기를 강화한다.

일곱째, **피드백을 제공하여 자녀의 자기 가치감, 자기 효능감, 자존감을 증진시킨다**(Reeve, 2006; Sedikies & Gregg, 2008). 피드백은 자녀가 얼마나 발전했고 또 얼마나 발전할 수 있는지에 대한 정보를 주는 것으로, 자녀가 자신의 자기 가치감을 확인하는 범위에서 학업성취를 증진시키도록 해 준다. 피드백은 잘한 점을 지적해 주는 긍정적 피드백과 못한 점을 지적해 주는 부정적 피드백이 있다. 피드백은 자녀의 역량감, 가치감, 자율성을 증진시키는 내용을 담고 있어야 내적 동기를 증진시킨다. 이에 따라 부정적 피드백의 경우에도 잘못된 점만 지적하는 것이 아니라 그 부족한 점을 미래에 어떻게 증진시킬 수 있는지에 대한 내용을 담고 있어야 한다.

여덟째, **비학업적 욕구도 만족시켜야** 내적 동기가 증진된다(Brophy, 2004; Fredricks et al, 2004). 배고픔, 목마름, 피곤 등을 해결하고자 하는 생리적 욕구와 소속, 안전감, 관계성, 사랑과 존경, 공감, 자기 가치감 등과 같은 심리·사회적 욕구가 기본적으로 만족되어야 학습에 대한 내적 동기가 생길 수 있다.

아홉째, 평가를 현재의 능력을 판단하는 수단을 넘어 **미래 성취를 증진시키는 수단으로 사용**하면 학습에 대한 내적 동기가 증진된다(MacIver et al., 1995; Maehr & Anderman 1993). 학습의 과정과 결과를 평가하고 추후 학업성취의 증진을 위해 귀중한 정보로 사용하도록 한다.

제7절
집중력 증진 기술

    탁월한 성취를 남긴 사람들은 집중의 중요성을 언급한다. 미국의 유명한 시인이자 수필가인 Ralph Waldo Emerson은 "집중은 힘의 비밀이다.", 유명한 경영 컨설턴트인 Peter Drucker는 "집중은 어떤 인간 기업에서나 성공의 비밀이다.", 전설적인 책 편집자인 Michael Korda는 "집중은 성취로 이어지는 문을 여는 마법과 같은 열쇠다."라고 이야기했다(Pauk & Owens, 2011, p.58에서 재인용). 또한, 전화기를 발명한 Alexander Graham Bell은 "과제에 모든 생각을 집중시켜라. 햇빛도 초점으로 모이지 않으면 아무것도 태울 수 없다."라고 이야기했다(Vorderman, p.15에서 재인용).

    이 말들이 시사하는 것은 훌륭한 성취는 결코 산만한 노력으로는 이루어지지 않으며, 집중하는 시간과 상관이 있다는 것이다. 공부도 마찬가지다. 효과적인 공부는 공부에 투자한 시간보다는 그 시간을 얼마나 잘 사용했느냐에 달려 있다(Vorderman, 2016). 즉 집중하지 못한 상태에서 장시간 공부하는 것보다 짧은 시간이라도 집중해서 하는 것이 공부에 더 효과적이라는 것이다. 사람들은 집중력을 타고나거나 또는 타고나지 않는 것으로 생각하는 경향이 있으나, 집중력은 삶의 여느 것처럼 연습을 통해 습득될 수 있다.

다음은 공부할 때 집중력을 증진시키는 전략들이다(Fry, 2011; Hollins, 2021; Horsley, 2016; Luckie & Smethurst, 1998; Mcmurray, 2011; Pauk & Ownes, 2011; Vorderman, 2016).

1. 집중하기 좋은 공부 환경을 마련하기

공부는 조용하고 햇빛이 잘 드는 곳을 선택하여 책상에 앉아서 해야 한다. 밤에는 밝고, 고르고, 흔들림이 없는 좋은 전등 빛을 받으며 공부한다. 나쁜 빛은 눈에 긴장감을 주고, 두통, 졸음을 야기하여 집중을 어렵게 한다. 편안하고 쿠션이 있는 좋은 의자에 앉아 책은 독서대에 올려놓고 공부한다. 방안의 온도도 적정 수준으로 맞춘다. 책상 위에는 혼란스러움을 야기할 수 있는 잡동사니를 제거하고, 휴대폰을 끄거나 벨소리를 진동 모드로 설정하고 공부에 임한다. 자녀가 공부를 시작할 때는 집안 식구들에게 자신의 공부를 방해하지 말아달라고 부탁을 하도록 한다. 그러나 사정상 주변의 소음 속에서 공부를 해야 한다면 잔잔한 음악이나 백색소음(White Noise, 예: 조용한 빗소리)을 틀어 놓고 공부하거나 귀마개를 하도록 한다.

2. 평정심을 유지하기

학습 활동에 임할 때 어떤 정서 상태에 있는지에 따라 학습은 영향을 받는다(Linnenbrink & Pintrich, 2004). 정서는 두 가지 요소로 구성된다. 하나는 일련의 생리적 변화이고 또 하나는 주관적인 경험 또는 '감정'(Feeling)이다(Wallace et al., 1990). 정서는 9가지가 대표적이다. 흥미, 즐거움, 놀람, 공포, 분노, 고통, 부끄러움, 멸시, 혐오이다(Tomkins, 1981). 각 정서는 얼굴 표정, 목소리 패턴, 근육의 변화, 뇌 활동의 형태에서 나름대로의 고유한 생물학적 징후를 동반한다. 그 징후들은 보편적이어서 서로 다른 문화권에 사는 사람들도 서로 간의 정서를 정확하게 파악한다.

정서는 기억, 생각, 행동에 영향을 미친다(Bower, 1981; Berkowitz, 1983). 공부와 관련하여 중요한 정서의 두 가지 차원은 즐거움과 각성 강도이다. 공부를 할 때는 ① 즐겁고 편안한 마음으로, ② 흥미와 도전감을 느끼면서 적절한 수준의 각성 강도를 유지하고 학습에 임하는 것이 중요하다. 그래야 공부 과정에 좀 더 능동적으로 참여하고, 성공 확률도 높아진다. 그러나 반대로 지루함이나 근심 상태에서 학습하면 공부 과정이 어렵게 느껴지고 실패 확률도 높아진다. 사람은 마음이 즐겁고 평화로운 상태에서 평정심을 갖고 학습하면 학습 자체를 즐기게 되고, 마치 레이저빔을 쏘는 것처럼 마음의 집중력이 높아진다(Kuhbander et al., 2011; Phelps et al., 2006).

마음의 평화와 집중은 같은 성격의 것이기 때문에, 집중을 위해 마음을 평화롭게 만들어야 한다. 이를 위해

① **내면의 소리(Inner Voice)를 통제한다.**
부정적이고 패배주의적인 내면의 소리는 자기 증오와 갈등을 야기하기 때문에 긍정적이고 희망적인 내면의 소리로 바꾼다.

② **몽상이 떠오르면 그때마다 종이에 체크 표시를 한다.**
이 기법은 몽상이 '힘을 얻고 활개를 치기' 전에 경고를 보내 막는 것이다. 단순해 보이는 행동이지만 다시 원래 공부로 돌아가게 하는 효과가 있다. 집중력이 약하고 몽상을 자주 하는 학생들에게 이 기법을 사용하면 교과서 한 페이지를 읽는데 처음에는 20개 정도의 체크 표시를 하지만, 1-2주 정도 지나면 1-2개 정도로 줄어든다(Pauk & Ownes, 2011).

③ 공부할 때 근심거리가 생기면 그 근심을 종이에 적어 둔다.

이것은 근심을 마음의 내부에서 외부로 꺼내 두는 것으로 근심에서 벗어나게 하고 공부에 집중하도록 해준다. 이렇게 했는데도 불구하고 자꾸 근심이 생각나면, 자신에게 크게 "멈춰! 내가 공부가 끝난 후에 처리할께!"라고 말한다.

④ 무작위적으로 떠오르는 잡다한 생각이나 정보 (예: 약속 날짜, 막 시작하려고 계획한 활동 등)도 마음에 담아두지 말고, 종이에 적어 놓는다.

이렇게 생각이나 정보를 종이에 적어 목록화하면 잘 잊어버리지도 않을뿐더러, 마음이 한결 자유로워져 공부에 더 집중할 수 있게 된다. 그리고 필요시 일일 스케줄에 포함시켜 해결한다.

⑤ 공부에 집중한 시간을 꾸준히 기록한다.

집중력이 약한 사람들은 집중 시간이 매우 짧은 것을 발견하고 실망할 수 있으나, 꾸준히 시간을 기록하고 차트화하면서 집중 시간을 늘리는 연습을 하면 집중력이 증진된다.

⑥ 심호흡을 천천히 그리고 여러 번 하며 명상을 한다.

Trinity College Institute of Neuroscience의 연구에 의하면 깊은 숨은 신체에 노르아드레날린이라는 신경 전달물질을 생산해 내고, 적절한 수준의 노르아드레날린은 마음을 차분하게 하고 집중력을 높일 수 있도록 해 준다(Hollins, 2021).

3. PIC 절차 밟기

Horsley(2016)가 제안한 PIC란 Purpose, Interest, Curiosity의 약자이다.

첫째, 공부 목적(Purpose)을 명료화하는 것이다.

유명한 생산성 컨설턴트인 David Allen은 "어떤 것을 왜 하는지를 인식하지 못하면, 그 일을 결코 충분히 잘해 낼 수 없다."고 주장했다(Horsley, p.18에서 재인용). 공부도 공부의 목적을 명료화하면 집중, 이해, 기억을 증진시킬 뿐만 아니라 생각을 구조화하도록 도와준다. 공부를 통해 얻고자 하는 것을 확실히 인식하고 공부에 임하면 좀 더 집중해서 공부의 생산성을 높일 수 있다(3장 1절 꿈을 갖고 공부하기 참조).

둘째, 공부에 흥미(Interest)를 느끼는 것이다.

흥미는 집중의 방향과 수준을 설정한다. 흥미를 갖지 않고 글을 읽으면 읽은 내용을 기억하는 것이 어렵다. 집중력 부족은 대개 흥미의 결핍으로 인해 일어난다. 공부에 흥미를 증진시키면 마음이 흥미를 따라가게 되고, 집중력을 잃고 방황하는 일은 발생하지 않는다. 그러나 학습에 항상 흥미를 증진시키는 일, 특히 지루한 정보를 담고 있는 공부 내용에 흥미를 갖는 것은 쉽지 않다. 이 경우 **공부 내용이 자신의 학업성취와 삶에 유용하다고 생각을 다잡으면 흥미가 증진**될 수 있다.

셋째, 공부에 호기심(Curiosity)을 갖는 것이다.

*Unlimited Power*의 저자 Anthony Robbins는 "지루함을 없애려면, 호기심을 가져라. 호기심을 갖게 되면 허드렛일은 존재하지 않는다. 자연스럽게 공부하기를 원하게 된다. 호기심을 육성하면 삶은 끝없이 즐거운 학습이 된다."고 지적했다(Horsley, p.21에서 재인용). 호기심 또한 집중의 방향과 수준

을 설정한다. 호기심을 증진시키려면 질문을 하는 것이 필요하다. 글을 읽거나 학습을 하기 전에 자신에게 다음과 같은 질문들을 하면 호기심을 증진시킬 수 있다.

① 이 내용이 내 삶에 적절하고 적용 가능한가?
② 이 내용이 내가 원하는 목표를 성취하는데 도움이 되는가?
③ 이 내용이 과제를 해결하는데 도움이 되는가?
④ 이 내용이 내가 지녔던 질문에 답을 주는가?

자기 질문은 집중력을 높여 능동적으로 인지 과정에 임하도록 해 주고(Chi, et al., 1994), 특히 학업성취가 낮은 학생들의 이해력을 높이는데 효과가 있다(King, 1992; King et al., 1998). 골프 챔피언이었던 Arnold Palmer의 "집중력은 자신감과 배고픔의 조합이다."이라는 말처럼(Vorderman, 2016, p.41에서 재인용), 이런 질문들의 답에 대한 배고픔이 있을 때 집중력을 높일 수 있다.

4. 멀티태스킹 하지 않기

멀티태스킹(Multitasking)이란 한 번에 여러 가지 일을 동시에 수행하는 것이다. 예를 들어, 책을 읽으며 음악을 듣고 핸드폰으로 채팅하는 것이다. 신경과학자 Marilee Springer는 "멀티태스킹은 일 수행을 50% 느리게 하고, 실수를 50% 더 많이 발생시킨다."고 보고한다(Horsley, 2016, p.22에서 재인용). 휴대폰으로 전화 통화를 하면서 운전을 하면 브레이크를 밟는 시간이 0.5초 느려진다. 시간 당 70마일(약 113킬로미터)로 달리다 브레이크를 0.5초 늦게 밟으면 50피트(약 15미터) 정도를 더 달린 후에 멈추게 되어, 교통사고를 낼 확률이 9배나 높아지게 된다(Horsley, 2016). 앞에서 살펴보았듯이 단기기억(활동기억)에 있어서의 인간의 주의 능력은 선택적이어서, 한 번에 한 가지 이상의 일에 동시에 집중할 수 없게 되어 있다. 공부도 마찬가지이다. 멀티태스킹은 공부 집중을 방해하여 기억력을 저하시키고 생산성을 떨어트린다. 또한 실수나 오류를 더 많이 저지르게 하고, 스트레스와 피로도를 증가시킨다. 따라서 공부할 때 여러 가지 일을 동시에 처리하려고 하지 말고 **한 번에 하나씩 집중하여 일을 처리**하는 것이 효과적이다. 시간이 많이 걸리는 과제의 경우, 집중력이 흐트러질 수 있으므로, 그 시간을 작은 시간 단위로 나누어 집중해서 공부하는 것이 효과적이다. 또한 해야 할 과제가 많아 심적으로 압도감을 느끼면 우선순위에 따라 해야 할 목록(To-Do-List)를 만들어 순서대로 수행한다. 장기 과제인 경우는 하위 과제들로 나누고 각 하위 과제를 끝내고 다음 과제로 이동하는 식으로 하면 멀티태스킹을 줄일 수 있다.

5. 5 대 1로 공부와 휴식 패턴 갖기

어떤 사람들은 일을 할 때 일에서 잠시도 떠나지 않고 끝날 때까지 매달리는데, 이런 일 전략은 주의 집중을 방해하고 사람을 소진시키는 원인이 된다. 휴식은 일 그 자체만큼이나 중요하다. 신체적, 정신적 휴식은 배고픔을 느끼는 것과 같이 기본적인 본능이다. 사람이 본능을 억압하는 행위를 하면 결코 본능을 이길 수 없고, 오히려 그 본능이 사람을 이겨 온통 그것에만 사로잡히게 된다. 예를 들어, 배고픔이라는 본능을 만족시키지 않고 억압하면 배고픔을 절대 극복할 수 없고, 오히려 배고픔에 지게 되어 온종일 먹는 일에만 사로잡히게 된다. 휴식도 마찬가지이다. 휴식을 가져야 공부로 다시 돌아올 수 있고 집중력을 높이게 된다.

그러나 휴식도 때론 남용되기 쉽다. Pauk와 Owens(2011)는 다음과 같은 조치가 필요하다고 제안한다.

① 공부가 잘 진행되고 있는 경우, 휴식 시간을 너무 길게 잡지 않는다. 공부 모멘텀을 잃게 되기 때문이다.

② 공부가 잘 안되는 경우, 휴식을 공부 탈출의 핑계로 삼아서는 안 된다. 휴식은 신체적, 심리적으로 재무장하여 다시 공부를 잘 하게 하기 위한 전략적 과정이다.

③ 일반적으로 공부와 휴식의 비율은 5 대 1 정도가 적당하다. 50분 공부하면 10분 쉬고, 25분 공부하면 5분 쉬는 것이 적당하다.

아울러, 아침이든 저녁이든 자신에게 가장 집중이 잘 되는 시간대에 공부할 계획을 세우는 것이 중요하다. 아침에 집중이 잘 되는 종달새 유형의 자녀는 아침에 공부하고, 저녁에 집중이 잘 되는 올빼미 유형의 자녀는 저녁에 공부한다. 그러나 저명한 인지심리학자 Art Markman에 의하면, 일반적으로 밤늦게까지 공부하는 것은 비효과적이어서, 밤늦게까지 공부하는 학생들은 저녁에 적절한 시간 동안 공부하는 학생들보다 성적이 떨어지는 것으로 나타난다(Vorderman, 2016).

6. 과제와 능력 간의 균형을 맞추기

모든 과제는 인지적 부담(Cognitive Load)을 요구한다. 인지적 부담이란 과제를 성공적으로 수행하기 위해 필요한 정보의 양을 말한다(Ormrod, 2016). 인지적 부담이 너무 적거나 너무 크면 과제에 집중하기 어렵다. 공부 과제의 난이도와 자신이 현재 소유한 능력 사이에 균형을 유지하는 것이 인지적 부담을 최적화하는 것이다. 이런 인지적 부담이 최적 수준일 때 공부 집중도가 가장 높아진다. 과제의 난이도가 능력 수준을 넘으면 집중 대신 근심이, 과제의 난이도가 능력 수준보다 낮으면 지루함이, 과제의 난이도와 능력 수준이 모두 낮으면 무관심과 냉담함이 생기게 된다. 이런 경우에 대한 해결책은 다음 표와 같다(Pauk & Owens, 2011, p.70).

상황	증상	해결책
난이도와 능력 수준 낮음	무관심	소집단 학습, 튜터링
능력이 난이도보다 높음	지루함	소집단 학습, 대안적 시험 (같은 주제에 대한 다른 유형 검사)
난이도가 능력보다 높음	근심	튜터링, 목표의 재설정
난이도와 능력의 균형	집중	해결책 필요 없음

7. 과제에 따라 근심 수준을 조절하기

근심(Anxiety)이란 어떤 상황에 대해 불안과 염려를 느끼는 정서 상태를 말한다(Ormrod, 2016). 근심은 걱정(Worry)과 감동성(Emotionality)이라는 두 요소를 포함하고 있다(Carter et al., 2008). 걱정이란 근심의 인지적 측면으로 어떤 상황을 다룰 자신의 능력에 대한 생각과 염려를 말한다. 감동성이란 근심의 정서적 측면으로 근육 긴장, 심장박동 수 증가, 호흡의 빨라짐, 안절부절 못함 등의 생리적 반응을 말한다. 근심은 생리학적으로는 뇌의 소뇌편도(Amygdala)가, 특히 변연계의 정서적 기능이 비정상적으로 활성화된 상태인 반면에 전두엽의 이성적 기능이 비정상적으로 침체된 상태를 말한다(Sharot et al., 2007). 근심은 상황적 근심(State Anxiety)과 기질적 근심(Trait Anxiety)으로 구분된다. 상황적 근심이란 특정 자극에 의해 야기된 일시적 근심을 말한다. 예를 들어 어려운 시험이 다가옴에 따라 일시적으로 느끼는 근심이다. 기질적 근심이란 성격적으로 어떤 상황들에 당면해서 보이는 만성적 근심이다(Ormrod, 2016).

일반적으로 근심이 야기하는 각성 수준(Arousal Level)이 개인에게 너무 약하거나 너무 높지 않고 적절한 수준이면 최적의 학습이 일어난다. 이것을 Yerkes & Dodson의 법칙이라고 한다(Yerkes & Dodson, 1908). 이 법칙은 각성 상태와 과제 수행 능력 사이에는 "역 U자 형태(∩)"의 관계가 성립한다는 것이다. 즉 일정 수준까지 각성이 증가할수록 인간의 수행 능력은 향상하지만, 각성이 너무 높아지면 오히려 수행 능력이 다시 떨어진다는 것이다. 즉 너무 낮지도 않고 너무 높지도 않은 중간 수준의 각성이 최고의 수행을 가져온다는 것이다. 그 이유는 이 각성 수준에서의 학습이 활동기억에서의 정보 처리 집중력을 극대화해 주기 때문이다(Broadhurst. 1959; Siegel, 2012). 이렇게 최고의 성과를 내는 중간 수준의 각성을 "최적의 각성 수준"이라고 부른다.

하지만 모든 과제에서 최고의 성과를 내기 위해 항상 동일한 수준의 각성만 필요한 것은 아니다. 근심으로 야기되는 **각성 수준과 과제의 난이도는 상호작용**하며 최고의 성과에 영향을 미친다(Beilock & Carr, 2001; Cassady, 2010, Kirkland, 1971; Spielberger, 1966). 좀 더 구체적으로 살펴보면, **과제가 쉬울 경우에는 높은 수준의 각성이 필요하고, 과제가 어려울 경우에는 오히려 낮거나 보통 수준의 각성이 최고의 성과를 가져온다**는 것이다. 잘 학습되어 난이도가 낮은 행동들은 높은 근심 수준이 동반되어야 수행이 극대화된다. 이를 **근심의 촉진 효과**(Facilitating Anxiety Effect)라고 한다. 예를 들어, 프로야구 선수들에게 공을 치거나 받는 행동은 잘 학습되어 자동화 수준에 이른 쉬운 행동이고, 달리기 선수들에게 있어 달리기 또한 그런 행동이다. 그러나 프로야구 선수가 좋은 안타를 치기 위해서나 달리기 선수가 최고의 속도로 달리기 위해서는 근심 수준이 높아야 한다. 한편 도전적이고 어려운 행동의 경우, 오히려 높은 근심 수준이 동반되면 그 수행이 부정적인 영향을 입게 되는데 이를 **근심의 저해 효과**(Debilitating Anxiety Effect)라고 한다. 예를 들어, 일반인들이 골프와 같이 복잡한 신체적 기술을 수행하거나 어려운 시험을 치를 때는 높은 근심 수준이 오히려 역효과를 낸다. 따라서 어려운 과제는 낮거나 보통 수준의 근심이어야 최적의 효과를 낼 수 있다.

근심의 촉진 효과 및 억제 효과와 관련된 개념이 위협(Threat)과 도전(Challenge)이다(Cassady, 2010; Cobb et al., 1989; Perry et al., 2006; Thomson & Thompson, 1989). 위협은 학습자가 성공할 확률이 거의 없다고 믿는 상황이다. 즉 실패가 거의 필연적인 결과라고 믿는 상황이고, 도전은 학습자가 열심히 노력하면 성공할 수 있다고 믿는 상황이다. **학습자에게 위협은 근심의 저해 효과를** 가져 오지만, **도전은 근심의 촉진 효과를** 가져온다. **도전감은** 학습 내용이 자신의 능력 수준보다 너무 높거나 낮으면 생성되지 않고 **자신의 능력 수준보다 약간 높은 수준의 것일 때 최적으로 생성**된다. 따라서 학습 내용을 선택할 때는 도전이 되는 수준의 내용을 선택하는 것이 근심의 촉진 효과를 잘 이용하는 학습이 된다.

제8절

수업을 통해 최대의 학습 효과를 얻는 기술

자녀들은 학교에서든 학원에서든 상당한 시간을 수업을 듣는데 사용하고 있다. 교사의 수업은 중요한 지식과 기술을 전해 주기 때문에 수업을 통해 최대의 학습 효과를 얻는 일은 학업성취의 중요한 기반이 된다. 수업을 통해 최대의 학습 효과를 얻기 위해서는 단순히 수업에 참여하는 것을 넘어 수업 전, 수업 도중, 수업 후의 3단계에 걸친 전략이 필요하다.

1. 수업 전 준비 전략

수업을 들을 준비를 하는 것은 시간 낭비라고 생각하기 쉬우나, 실상은 그 반대이다. 수업 준비를 통해 어느 정도 알게 되는 내용을 수업을 통해 듣게 되면, 그 내용을 보다 잘 이해하고 오래 기억하게 되기 때문이다. 수업 내용에 대해 어느 정도 친숙한 상태에서 수업을 듣는 것과, 그렇지 않은 경우는 천지 차이이다.

다음은 **수업에 들어가기 전 취해야 할 전략**들이다.

첫째, 예습을 한다.

요즘에는 이것을 **플립핑**(Flipping) 또는 **플립 러닝**(Flip Learning)이라고 부르기도 한다. 새롭게 학습할 내용을 수업 시간에 접하기 전에 미리 어느 정도 학습해 봄으로써 본 수업의 학습 효과를 극대화하는 것이다. 플립 러닝을 해야 하는 이유는 수업 중 교사의 설명을 보다 효과적으로 이해하기 위함이다. 플립 러닝이 이것을 가능하게 하는 이유는 수업 활동들이 사전에 미리 예습한 내용에 기초하여 이루어지기 때문이다.

플립 러닝의 구체적인 효과는 다음과 같다(Cottrell, 2019).

① 수업의 주제에 대해 전반적인 이해를 갖게 하여 수업에서 다룰 내용에 대해 인지도를 높여 준다.
② 수업의 내용 흐름을 좀 더 수월하게 따라가게 해 준다.
③ 수업에서 무엇에 집중해서 들어야 할지 인식시켜 준다.
④ 학습을 안내하고 주의를 집중할 수 있는 질문들을 생성하고 그 답을 찾는 일을 수월하게 해 준다.
⑤ 노트해야 할 것과 하지 않을 것에 대해 구별이 잘 되어 노트 필기가 쉬워진다.
⑥ 수업의 핵심적인 내용들을 수업이 끝난 후에도 보다 잘 기억하게 해 준다.
⑦ 수업 활동에 참여할 때 좀 더 자신감을 갖게 해 준다.

플립 러닝의 구체적인 방법은 다음과 같다(Cottrell, 2019; Mcmurray, 2011).

① 수업 주제에 대한 텍스트를 읽거나 대충 훑어봄으로써, 어느 정도 수업 주제에 대해 친밀감을 형성한다. 수업 주제와 관련하여 교과서나 참고서 텍스트를 읽

거나 온라인 탐색을 통해 수업 주제에 대한 개관을 얻는다. 교과서나 참고서의 관련 제목들, 텍스트의 처음 단락과 마지막 단락을 읽고, 핵심 주제와 이슈 및 논쟁을 살펴본다.

② 수업 내용을 개요 진술로 아웃라이닝을 하고 자신의 의견과 질문들을 적는다. 그리고 교사의 수업을 들으며 그 의견이 바뀌거나 질문에 대한 답을 얻을 수 있는지 살펴본다. 특히 이슈나 논쟁거리에 대한 나의 생각이 수업 전, 도중, 또는 후에 바뀌는지 점검한다.

③ 이전 수업까지의 수업 노트들을 훑어보고, 본 수업과의 연관성을 살펴보고, 다음 시간에 학습할 내용과의 연계점도 찾는다.

④ 전문 용어들을 점검한다. 새로운 전문 용어 또는 기술적인 용어들을 살펴본다. 이 용어들을 나만의 용어 풀이 사전(Glossary)에 담아 쉽게 점검하고 배울 수 있도록 정리한다.

⑤ 개념과 접근 방법, 인물들을 점검한다. 새롭게 느껴지는 아이디어, 개념, 이론, 접근 방법들을 살펴본다. 누가 언제 무엇을 왜 개발했고 왜 중요한지를 노트에 기록한다. 반복적으로 등장하는 학자들과 기타 주목할 만한 인물들을 인터넷을 통해 알아본다.

둘째, 수업을 하는 교사에 대해 알아보고 친하게 지낸다.
수업을 하는 교사의 배경, 전문성을 알아보면 교사에게 친밀감을 느끼게 된다. 그리고 교사와 친하게 지내면 수업 도중이나 수업 후에도 교사의 주의를 얻게 되고 도움이 필요할 때 보다 쉽게 도움을 얻을 수 있다. 수업 중 마음에 든 내용을 교사에게 알려 주면, 교사도 인간인지라 그런 긍정적인 피드백에 호의적으로 반응할 수 있다.

2. 수업 중 참여 전략

수업을 통해 최대의 학습 효과를 얻기 위해서는 능동적으로 수업에 참여해야 한다. 단순히 출석하여 수동적으로 듣기만 해서는 안 된다. 이것은 **"가짜 공부"**(Fake Study)이다(Mcmurray, 2011, p.33). 가짜 공부란 쉬는 것도 아니고 공부를 하는 것도 아닌 중간 상태에 있는 것을 말한다. 다른 사람들이 보기에 공부를 하고 있는 것처럼 보이나, 실제로는 시간만 낭비할 뿐 공부는 비효과적이게 된다. 수업에 능동적으로 참여하든지 아니면 쉬며 놀기를 하든지 일도양단의 자세를 취해야 한다.

능동적으로 수업에 참여하기 위한 전략들은 다음과 같다(Fry, 2011; Mcmurray, 2011; Wallace, 2005).

첫째, 수업의 첫 부분과 마지막 부분에 특별히 주의를 기울인다.
교사는 수업의 첫 부분에서는 수업 내용의 배경과 구조를 이야기하고, 마지막 부분에서는 수업 내용 전반에 대한 요약이나 결론을 제공하기 때문이다.

둘째, 교사가 중요한 내용을 제시할 때의 단서에 유의하여 집중한다.
교사는 수업 중 중요한 내용을 말할 때 잠깐 멈추곤 한다. 이때 나오는 내용이 중요하기 때문에 노트한 후 별표(*)를 첨가한다. 그리고 교사는 중요한 내용을 시사하는 담화 표시들(Discourse Markers)을 사용한다는 것에 유의한다. 예를 들어, "나는 이것을 강조하고 싶다.", "여러분이 기억해야 할 것은 ...", "중요한 것은...", "다음과 같은 점이 내 주장이다." 등의 언어적 단서에 유의한다. 아울러 교사는 중요한 점을 말할 때 반복해서 말하거나, 칠판에 적기도 하고, 얼굴 표정이나 제스처에 변화를 주기도 한다. 교사의 이런 말과 행동에 유의하여 제시하는 내용에 집중한다.

셋째, 교사의 **강의 내용과 연관된 질문이나 도전하는 아이디어**를 떠올리며 수업을 듣는다.

예를 들어, "---이 항상 그럴까?", "---이 왜 그런가?", "---에 대한 교사의 설명에 동의하는가?" 등이다. 이런 질문과 도전은 교사의 수업에 보다 집중할 수 있도록 해 준다. 강의 도중에 갖게 되는 새로운 질문들을 기록하고 형광펜으로 표시한 후 나중에 되돌아와 그 답을 생각하도록 한다.

넷째, **수업의 구조**에 유의하여 코넬식 노트 필기를 한다.

수업은 도입-전개-정리의 구조를 지닌다. 도입에서는 수업 주제와 관련하여 목표를 제시하고 학생들의 흥미와 관심을 모으는 활동을 하고, 전개 부분에서 수업 주제에 대한 설명, 관련 실험이나 조작 활동, 조사 활동, 토론 등을 하고, 정리 부분에서는 수업의 내용을 종합하여 요약하고, 추후 학습을 안내하거나 과제를 부여한다. 이런 수업의 구조적 흐름에 맞추어 코넬식 노트 필기를 한다(2장 5절 노트 필기법 참조). 이때 강의 내용을 상세하게 노트하려고 노력하지 않는다. 상세한 내용은 교과서에 잘 소개되어 있으므로, 교사 수업의 핵심 단어들과 아이디어를 중심으로 노트하되, 완전한 문장으로 기록할 필요도 없다. 그 이유는 완전한 문장으로 노트하다 보면 교사의 강의를 따라갈 시간이 부족해지기 때문이다. 완전한 문장으로의 보완은 수업 후에 한다.

3. 수업 후 복습 전략

수업 후 복습도 중요하다. 망각은 수업이 끝난 직후에 가장 빠르게 일어나므로, 수업 후 복습을 통해 기억을 공고히 하여 망각을 더디게 해야 한다.

다음과 같은 복습 전략들이 필요하다(Cottrell, 2009; Fry, 2011; Mayer, 2003).

첫째, 수업 중 노트한 것과 교사가 나누어 준 유인물을 읽고 세세한 부분은 교과서나 기타 참고 문헌을 통해 보완·기록한다. 수업 중 노트한 것과 유인물에 라벨을 붙이고 파일로 보관한다.

둘째, 앞의 시험 준비 기술에서 제시한 바와 같이, 코넬식 노트 체제를 사용하여 수업에서 노트한 것과 교재의 텍스트를 읽고 노트한 것을 비교·종합하여 학습 카드를 만들면 중간고사나 기말고사 대비에 효과적이다.

셋째, 학습 지원 네트워크(Study Support Networks)를 꾸민다.
대표적인 예로 소집단을 꾸려 자녀들 상호 간의 학습을 지원하는 것이다. 학습 지원 소집단을 꾸밀 때 유의할 점은 다음과 같다(Fry, 2011).

① 4-6 명 정도 같은 반 학생들로 꾸민다.

② 구성원들은 가장 친한 친구들일 필요는 없으나, 서로 사이가 좋지 않은 학생들은 피하도록 한다. 상호 간의 학습 향상에 의지와 헌신할 마음을 가지고 있는 학생들이면 된다.
학습 지원 소집단은 전화, 이메일, SNS, 또는 면대면 상호작용을 활용하는데, 다음과 같은 일을 하도록 한다.

① 수업의 내용을 함께 토론하고, 질문하고 답하는 퀴즈 게임을 하고, 노트에 보완할 부분을 기록한다.

② 함께 해결할 과제를 공유하고 해결하는데 참여한다.

③ 소집단 운영 규칙을 정하고 실천에 옮긴다(3장 10절 협동학습 기술 참조).

제9절
자기 조절 학습 기술

 자기 조절(Self-Regulation)이란 자신의 적절하거나 부적절한 행동에 대해 스스로 생각하고 행동하는 것을 말한다(Bandura, 2008). 이런 자기 조절을 학습 상황에 적용할 때 **자기 조절 학습**(Self-Regulated Learning)이라고 한다. 자기 조절 학습은 "학습자가 학습 과정에서 과제와 관련한 자신의 학업적 기능에 변화를 가하는 자기 주도적 과정이다"(Zimmerman, 2001, p.1). 즉 자기 조절 학습은 학습자가 자신의 학습 방법이나 전략의 효과성을 모니터하고, 자신의 지각, 주의집중, 정서, 동기 수준에 대한 암시적 변화에서부터 학습 전략을 대체하는 명시적 변화에 이르기까지 다양한 방식으로 자신의 학습에 대해 피드백을 가하고 조절하는 순환적 과정이다. 자기 조절 학습은 사회적으로 고립된 상태에서 혼자 학습하는 것을 의미하는 것이 아니라, 학습자가 자신의 학습을 주도하고, 어려움에 봉착해도 인내심을 갖고 적응적 기술을 발휘하여 효과적으로 학습을 이끌어가는 지적이고 의지적인 고등 수준의 행위이다(Zimmerman, 2001). 자기 조절 학습은 **자기 주도적 자녀**, 즉 공부를 포함하여 "**해야 할 일을 알고 자기 스스로 실천에 옮기**

는 자녀"로 성장하는데 핵심적인 역할을 한다(Meichenbaum & Biemiller, 1992, p.9). 따라서 자기 조절 학습은 자기 주도 학습이라고도 한다.

1. 자기 조절 학습의 중요성

학생들의 공부는 어른들의 도움을 필요로 하지만 근본적으로 학생 본인이 주도하여 이루는 것이다. 학습의 자기 주도성은 학습이라는 긍정적인 자기표현을 통해 타인의 인정을 받고 자기 발전을 이루고자 하는 욕구에 그 원천을 두고 있다(Paris et al., 2001). 인정 또는 승인 욕구란 다른 사람들로부터 수용과 긍정적인 판단을 얻고자 하는 욕구이다(Boyatzis, 1973; Crowne & Marlowe, 1964; Rudolph et al., 2005).

Bandura(1977)에 따르면 자기 조절 또는 자기 주도 학습 능력을 가진 자녀들은 ① 스스로 학습의 목표를 설정하고 그것을 추구하는 목표 지향적 행동을 하고, ② 자기 만족과 자기 효능감을 증진시키는 활동을 선택하고, 자기 처벌에 이르는 활동은 피하며, ③ 학습의 결과를 자신이 설정한 기준에 비추어 평가한 후 필요시 기준을 조정한다. 기준이 너무 높게 설정되면 자기 비하, 자기 비판, 좌절감, 낙심 등의 결과로 이어지고, 기준이 너무 낮게 설정되면 타인에게 거부되는 결과를 가져오기 때문에 기준 설정을 적절하게 조정한다.

자기 조절 학습은 학습의 과정과 결과를 점검하고 향상시키기 위해 자녀가 스스로 발휘하는 노력이기 때문에 학업성취에 긍정적인 영향을 미친다(McCaslin & Hickey, 2001).

좀 더 구체적으로 자기 조절 학습을 하는 학생들은 다음과 같은 특징을 가지고 있다(Ormord, 2016).

① 학습의 성취 목표를 스스로 설정한다.

② 목표를 성취하기 위해 전략과 시간 투자 계획을 세운다.

③ 목표 성취를 위해 노력하고자 하는 동기를 스스로 유발한다.

④ 주의를 분산시키는 생각과 정서를 통제하여 학습에 주의를 집중한다.

⑤ 학습 과제 성취에 필요한 학습 전략들을 동원한다.

⑥ 목표 성취를 위해 나아가고 있는 자신의 학습 상황을 점검하고, 필요시 특정 학습 전략이나 목표를 수정한다.

⑦ 자신이 학습을 주도하되 전문가들의 도움이 필요할 때는 적절하게 도움을 요청한다.

⑧ 동원했던 학습 전략들이 전반적으로 성공적이고 효율적이었는지 평가하고, 만족스럽지 못한 경우 미래의 학습을 위해 대안적인 전략들을 구상하는 활동을 한다.

자기 조절 학습의 이런 특징으로 인해 자기 주도적으로 학습을 할 수 있는 인지적 전략을 습득한 자녀들은 교사에게만 의존하는 자녀들보다 학업 성취가 높고 자기 효능감도 높다(Paris et al., 2001; Vorderman, 2016). Gagné(1974)는 자기 조절 학습의 중요성을 다음과 같이 강조하고 있다.

> 자신의 주의, 학습, 사고 과정을 통제하는 자기 경영 기술들을 습득하고 훈련함으로써 학생은 점진적으로 능숙하고 독립적인 학습자이자 사고자로 성장한다. 교육의 목표로서 인지적 전략은 종종 교육철학자들에 의해 최고의 우선순위를 가진 목표로 간주되고 있다. (p.4)

2. 자기 조절 학습 역량의 발달 상황과 증진 전략

자기 조절 학습 능력은 초등학교 시기에 발달한다. 그보다 어린 영·

유아들은 자기 조절 학습 능력을 발달시키기 어려운데, 그 이유는 영·유아들은 자기중심성이 강하고, 메타인지 기능이 부족한 동시에(Flavell, 1979), 자기 조절을 내적으로 안내할 언어 능력이 아직 부족하기 때문이다(Vygotsky, 1966). 그러나 자기 조절 능력을 습득한 학생들이라도 실제 학습에서는 자기 조절을 잘하지 못하는 경우가 많은데 그 이유는 다음과 같다(Zimmerman, 2001). 첫째, ① 자기 조절 과정이 실제 학습상황에서 필요하고, 더 좋고, 효과적이라는 것을 믿지 않기 때문이다. 또한, ② 자기 조절 과정을 성공적으로 수행할 수 있다고 믿지 않기 때문이다. 마지막으로, ③ 특정 학습 목표나 결과를 성취하기 위해 자기 조절 과정을 사용할 만큼 동기 유발되지 못하기 때문이다.

자기 조절 학습 능력은 다음 **네 단계를 거쳐 발달**한다(Schunk & Zimmerman, 1997; Zimmerman, 2000).

첫째, **관찰 단계**(Observational Phase)이다.
또래, 교사, 부모와 같은 모델이 되는 사람들이 보여주는 자기 조절 기능들의 주요 특징들을 관찰하나 그 기능들을 발달시키기 위해서는 타인의 피드백을 동반한 연습을 필요로 하는 단계이다.

둘째, **모방 단계**(Emulative Phase)이다.
모델이 자기 조절하는 행위를 보고 따라하는 노력을 하는 단계이다. 자녀는 모델의 행동을 그대로 복사하는 것이 아니라 모델의 자기 조절 패턴이나 양식을 따라하려고 노력한다. 관찰 단계와 다른 점은 관찰 단계에서는 자녀가 자기 조절 기능의 이해에 초점을 두지만, 모방 단계에서는 자기 조절 기능을 수행하는 능력에 초점을 둔다는 것이다.

셋째, **자기 통제 단계**(Self-Controlled Phase)이다.

자기 조절 기능과 전략들을 독립적으로 사용하는 단계이다. 자기 조절 기능과 전략들을 내면화하기 시작하는데 그 내면적 표상은 모델의 행동에 따라 패턴화된다. 자녀는 아직 독립적으로 그리고 완전하게 자기 조절 기능을 표상하지는 못하지만, 자신이 효과적이라고 믿는 것에 기초하여 모델의 수행을 보고 자신의 행동을 내적으로 수정하기 시작한다.

넷째, **자기 조절 단계**(Self-Regulated Phase)이다.

개인적 조건과 상황적 조건의 변화에 따라 자기 조절 기능과 전략들을 체계적으로 적용시키는 단계이다. 학생은 자기 조절 기능과 전략들을 주도할 수 있고, 그것들을 상황에 맞게 통합하고, 개인의 목표를 성취할 수 있다는 자기 효능감을 통해 수행 동기를 유지한다.

1-2 단계에서는 자기 조절 기능의 습득을 주로 사회적 자원(성인이나 또래 모델링, 과제 구조화, 외부의 격려 등)에 의존하다가, 3-4 단계에 와서야 자기 자원(Self-Sources)을 바탕으로 자기를 조절하는 것으로 변화한다. 1-2 단계에서 자기 조절 기능의 내면화(Internalization)가 시작되나, 3-4 단계에 가서 자기 조절 기능의 내면화와 수행 능력이 본격적으로 발달하기 시작한다.

자녀가 자기 조절 학습 능력을 습득하여 **자기 주도적인 학습자로 성장하는 것을 돕기 위한 전략들은** 다음과 같다.

첫째, 자기 조절 학습 능력은 갑자기 습득되는 것이 아니라는 것을 인식하고, 다음과 같이 **순차적으로 자기 조절 학습 능력을 길러 준다.**

① 부모나 또래들이 자기 주도적으로 학습활동에 임하는 모습을 자녀가 관찰하도록 한다.

② 2-3명이 모여 함께 하는 **협동적 자기 조절 학습**(Co-Regulated Learning) 기회를 제공한다. 집단의 공통 목표를 성취하기 위해 상호 노력하고 피드백을 주고받는 기회를 가지도록 한다.

③ 자녀가 스스로 자신의 자기 주도적 학습 활동을 되돌아볼 기회를 갖도록 한다(Zimmerman, 2001).

둘째, **많은** 내용보다는 적은 내용이라도 깊이 다루도록 한다.

'많은 것이 좋다'(The more, the better.)는 관점에 기초한 지도는 진도 나가기(Content Coverage)에 급급하게 되고, 자녀가 자기 주도적인 학습자가 되는 것을 방해한다. 따라서, 부모는 자녀의 **학습 내용 선택권을 확대**해야 한다. 자녀의 학습 내용 선택은 심층적 학습을 유도하는 전략이 된다. 공부 기술을 사용하여 선택한 적은 양의 내용을 깊이 탐구하도록 함으로써, 학습 내용을 자신이 가지고 있던 기존 지식과 통합하여 더욱 깊게 이해하고, 다른 영역에 적용하는 등의 심층적 학습을 하게 한다. 정보화 시대의 교육에서는 '**적은 것이 좋다**'(The less, the better.)는 개념에 기초하여 공부 기술을 적극적으로 사용하여 자기 주도적이고 심층적인 학습을 할 수 있는 능력을 길러 주는 것이 중요하다.

셋째, 과정 중심의 성장 지향적인 평가를 중시한다.

우리 속담에 '모로 가도 서울만 가면 된다.'는 말이 있는데, 이것은 결과를 중시하는 말로서 과정을 중시하는 자기 주도적 학습에는 부정적인 영향을 미친다. 자기 주도적 학습에서는 '서울로 가더라도 어떻게 가느냐'가 중요하다. 자기 주도적 학습의 증진을 위해서는 학습의 과정을 중시하는 평가 체제가 필요하다. 이것을 **과정 중심 평가**라고 하는데, 이 평가 체제는 기록을 중시하며 학생의 학습과정을 기록하는 포트폴리오식 평가 방식을 가장 선호한다. 평가와 학습을 별개의 것으로 보지 않고 서로 연계하여 상호보완적으로 영향을 미치도록 지도한다.

넷째, 자기 주도적 학습 능력의 증진을 위해서는 다른 학생들과의 비교 우위를 따지는 상대 평가(규준지향 평가)를 지양한다.

상대평가는 학생으로 하여금 자신이 다른 사람들보다 능력이 높다는 자기 이미지 보전에 관심을 두도록 하기 때문에, 적은 노력으로 남보다 우수한 성적을 거두는 데만 신경을 쓰게 만든다. 이는 자기 주도적인 학습을 어렵게 만든다. 그러므로 자녀를 친구와 경쟁하도록 만드는 상대평가가 아니라 **학습 목표와 싸우게끔 하는 절대 평가(준거지향 평가)** 체제를 지향해야 한다. 절대평가 체제는 학생들의 강점과 약점을 인정하는 다양성 개념에 기초하여 인간의 성취는 서로 다를 수 있음을 인정한다. 그리고 상대적 우위 비교가 아니라 목표의 성취가 관건이 되기 때문에 자기 주도적인 학습을 하도록 격려하게 된다. 우리나라 중등학교의 평가는 아직 상대적 평가 체제를 벗어나지 못했기 때문에, 앞으로 이 평가 체제의 개혁이 큰 과제로 남아 있다.

다섯째, **행동 관찰 기록** 방법을 지도한다.

기록은 그 자체만으로 바른 학습 행위는 강화하고 바르지 못한 학습 행위는 약화시키는 힘을 갖고 있다. 아울러 **기록을 통한 자기 점검**은 부모의 강제적인 평가보다 강화나 교정의 힘이 강하다. 다음과 같은 기록 방법 중에서 변화시키고자 하는 행동의 성격과 자녀의 학년 수준을 고려하여 어느 하나의 방법을 선택하거나 몇 가지를 종합하여 사용하도록 지도한다(Mace et al., 2001).

① 서술 기록(Narrations)

어떤 표적 행동(변화시키거나 통제하고자 하는 행동)과 그 행동이 나타나게 된 배경을 글로 기술하는 것이다. 자유롭게 개방형으로 서술할 수도 있고 약간의 구조를 갖고 기술할 수도 있다. 예를 들어 표적 행동이 주의 산만함이면, 공부에 주의를 집중하지 못하는 상황이 오면 그러한 상황이 형성되기 전에 있었던 선행적 상황(Antecedents)과 그 결과를 6하 원칙에 따라 서술한다.

② 빈도 기록

관찰 시간 내에(예: 10분) 표적 행동이 발생한 회수를 기록한다. 예를 들어, 10분 동안 성공적으로 해결한 수학 계산 문제의 수를 계수하여 누가 기록하거나, 맞춤법에 맞게 쓴 단어의 수를 기록하거나, 자리를 이탈하거나 주의를 집중하지 못하고 딴 생각을 할 때마다 표시를 한 후 합산하여 기록한다.

③ 시간 기록

목표 행동을 수행한 시간을 기록한다. 예를 들어, 공부한 시간 혹은 주의를 집중한 시간을 기록한다.

이런 기록을 일회성이 아니라 장기간에 걸쳐 지속하면 표적 행동의 발달 상황을 알 수 있게 해 주어 중요한 피드백 정보를 얻을 수 있고, 그에 기초하여 자기 조절 행위를 촉진시키는데 도움을 얻을 수 있다.

여섯째, 자기 교수(Self-Instruction)의 방법을 지도한다.

자기 교수란 표적 행동에 통제나 변화를 가하기 위해 스스로를 지시하는 것이다. 언어적 또는 비언어적 상기물(Reminder)을 사용하여 자신에게 지시한다. 예를 들어, 주의 산만함을 보이거나 딴 생각을 할 때, 자신을 향하여 "철수야, 정신 차리자!"라고 말을 하거나, 그 말을 글로 써서 자신의 책상 앞에 붙여 놓고 자신을 통제하거나, 그것을 상기시키는 어떤 그림이나 물건을 올려놓고 자신에게 지시하는 것이다. 또 다른 예로, 학교에서 필요한 준비물을 사거나 숙제를 하는 것을 잊지 않기 위해 수첩에 기록하거나 핸드폰에 알람이 울리도록 하는 것이다.

Belfiore와 Hornyak(1998)은 숙제를 잘 하지 않는 학생들에게 다음과 같은 체크리스트를 만들어 자기 교수를 하도록 한 결과 효과적이었음을 보고하였다.

숙제 체크리스트

- ☐ 1. 어제의 숙제를 제출했는가?
- ☐ 2. 공책에 오늘 숙제를 적었는가?
- ☐ 3. 숙제를 완수할 모든 자료가 나에게 있는가?
- ☐ 4. 숙제를 시작했는가?
- ☐ 5. 모든 숙제를 끝냈는가?
- ☐ 6. 누가 내 숙제를 점검하고 완수했는지를 확인해 주는가?
- ☐ 7. 점검 후에 모든 숙제를 숙제 폴더(Folder)에 넣어 두었는가?
- ☐ 8. 선생님에게 숙제를 제출했는가?

Grskovic과 Belfiore(1996)는 철자법(Spelling) 능력을 향상시키기 위해 화이트 보드를 사용하여 다음과 같은 체크리스트로 자기 교수를 하도록 한 결과 효과적이었음을 보고하였다.

철자법 공부 체크리스트

☐ 1. 교과서를 녹음한 내용을 듣고 화이트 보드에 옮겨 쓰기
☐ 2. 자신이 쓴 글을 교과서의 글과 비교해 보기
☐ 3. 자기가 쓴 글에서 오류가 난 부분만 지우기
☐ 4. 교과서의 글을 보고 틀린 부분을 다시 쓰기

이런 계선(Sequence)의 각 단계는 후속하는 단계로 이어지고, 각 단계의 수행은 그 다음 단계를 수행할 기회를 부여함으로써 강화된다(Baer, 1984; Catania, 1992). 따라서, 각 단계를 순차적으로 수행함으로써 자녀는 자신의 행동을 조절하여 임무 완수에 따른 강화의 가능성을 극대화하게 된다.

자녀가 자기 교수를 통해 표적 행동을 바르게 하도록 스스로에게 지시하는 방법을 습득하려면 다음과 같은 자기 교수의 5단계를 거치는 것이 효과적이다. 이 단계의 핵심은 부모가 자기 교수와 과제 수행 행동을 모델링하다가 점진적으로 자녀가 주도하는 것으로 바꾸는 것이다(Meichenbaum, 1977).

① **1 단계: 인지적 모델링(Cognitive Modeling)**
부모가 자신의 행동을 안내하는 지시를 말로 표현하면서(생각 보고법) 과제를 자기 지시적으로 수행하는 행동을 모델링한다.

② **2 단계: 명시적 안내(Overt Guidance)**
부모의 지시에 따라 자녀가 과제를 수행하도록 안내한다.

③ 3 단계: **명시적 자기 안내**(Overt Self-Guidance)

자녀가 부모의 지시를 자신의 말로 외부로 소리내어(생각 보고법) 반복하면서 과제를 수행한다.

④ 4 단계: **명시적 자기 안내의 약화**(Fading Overt Self-Guidance)

자녀가 부모의 지시를 자신에게 조용히 속삭이며 과제를 수행한다.

⑤ 5 단계: **암시적 자기 교수**(Covert Self-Instruction)

자녀가 부모의 지시를 속으로만 생각하면서 과제를 수행한다.

제10절
협동학습 기술

집단이란 구성원들이 자신들에게 공통적으로 의미 있는 어떤 것을 공유하고 상호작용하는 둘 이상의 사람들을 함께 지칭하는 말이다(Wallace et al., 1990). 집단 내에서의 협동은 인간이 생존하고 번영해 온 중요 기술 중의 하나이다. Slavin(1983)은 이 점을 다음과 같이 진술한다.

협동은 가장 중요한 인간 활동 중의 하나이다. 코끼리는 크기로 인해 생존했고, 치타는 속도로 인해 생존했고, 인간은 집단의 이익을 위해 협동하는 능력으로 인해 생존했다. 현대 사회의 삶에서 공동의 목적을 성취하기 위해 집단 내에서 조직의 일원으로 협동할 수 있는 사람들은 어떤 분야에서도 성공할 확률이 높다. (p.5)

학습에 있어서도 집단 내 협동은 매우 중요하다. Vygotsky(1977)에 따르면 인간의 인지발달은 먼저, 사회적 수준에서 나타나고 그 다음에 심리적 수준에서 나타난다. 즉, 인간은 먼저 사회적 수준에서 집단 내 타인들과의 상호작용을 통해 사회에 적응하는데 필요한 언어와 상징적 도구들을 습득하고, 그 후에는 그 도구들을 사용하여 자신의 고등 정신 기능의 발달을 도모하는데 사용한다는 것이다. 이를 **발생적 발달의 일반 법칙**(General Law of Genetic Development)이라고 하는데 Vygotsky(1977)는 이를 다음과 같이 설명하고 있다.

> *아동의 문화적 발달에 있어 모든 기능은 두 단계에, 두 측면에 걸쳐 나타나는 것으로 보인다. 첫째는 사회적으로, 그 다음에는 심리적으로 나타난다. [즉] 정신 간(intermental) 유목으로서 사람들 사이에서 나타나다가, 정신 내(intramental) 유목으로서 아동 내에서 나타난다. (p.106)*

따라서 Vygotsky의 입장에서 볼 때 협동학습은 인간의 지적 발달의 원천이 된다. 협동학습의 중요성은 지식이 고도로 전문화되어 가는 현대에서 더욱 부각되고 있다. 기업을 비롯한 많은 조직에서 집단을 이루어 상호간에 협동적으로 학습하고 공동의 문제를 해결하는 일은 점점 더 보편화되어 가고 있다. 협동학습은 사회적 맥락 속에서 집단 역동성, 다른 사람들의 생각과 감정, 동기의 유형, 팀워크의 기술을 활용하여 학습, 일, 그리고 삶에서 필요하고 가치 있는 기능과 능력을 습득할 기회를 갖도록 한다. 따라서 정보화 사회에서 혼자서 독립적으로 공부하는 능력도 중요하지만 다른 사람들과 함께 협동적으로 문제를 해결하는 능력도 중요해졌다.

1. 협동학습 집단 구성과 구조

협동학습이 효과를 발휘하려면 집단 구성에서 만족시켜야 할 조건들이 있다(Slavin, 1983).

첫째, 협동학습 집단은 **능력, 직위, 전문성, 성별, 연령, 인종별로 이질적**

이어야 한다. 그래야 집단 구성원들의 이질적 다양성을 통해 구성원들은 상호 간에 배우며 반성할 수 있는 기회가 극대화되기 때문이다. 실제로 협동학습은 많은 연구들을 통해 구성원 모두의 학습에 효과가 높은 것으로 보고되고 있다. Johnson과 Johnson(1990)은 협동학습 방법을 사용한 323개의 연구물을 검토하고 협동학습은 개별학습이나 경쟁학습보다 평균 학업 성취에서 더 효과가 크다는 것을 발견하였다.

둘째, 협동학습 집단에는 두 가지 구조가 동시에 존재해야 한다(Slavin, 1983). 하나는 **협동적 과제 구조**(Cooperative Task Structure)로, 구성원 모두가 집단의 공통 과제를 인지하고 그 과제를 해결하기 위해 어떤 역할이라도 해야 한다는 인식이다. 또 하나는 **협동적 인센티브 구조**(Cooperative Incentive Structure)로, 구성원 각자의 기여가 개별적으로 평가 받고 그것들의 합으로 집단의 점수가 계산되어 집단이 보상을 받는 구조이다. 즉 개인의 기여를 기초로 집단의 성취를 보상하는 구조이다. 이 구조가 필요한 이유는 개별적 기여를 반영하지 않고 집단의 결과만 반영할 경우 사회적 빈둥거림(Social Loafing)이나 무임승차(Free-Riding)를 하는 구성원을 발생시켜 학습이 전혀 일어나지 않는 상황을 초래할 수 있기 때문이다. Slavin(1983)은 보상이 개인 또는 집단, 그리고 개인과 집단 모두에게 주어지는 세 가지 경우에 각각 그 효과가 얼마나 다른지 연구한 결과, 개인과 집단의 기여 모두에 보상이 주어지는 경우가 가장 우수하다는 것을 밝히고, 다음과 같이 결론을 내렸다.

학생들이 단지 함께 모여 공부하는 것은 학업성취에 거의 기여하지 못한다. 개인의 기여에 대한 개별 평가와 집단적 산물에 대한 집단 평가 모두에 기초한 보상 구조가 제공되지 않으면 단지 함께 모여 공부한다는 사실만으로 학습 효과를 낼 수 없다. 아울러 학생들이 개별적으로 공부하고 개별적으로만 보상받거나 집단

적 산물에 기초하여 집단적으로만 보상 받는 두 가지 경우도 모두 구성원들의 학업 성취를 효과적으로 증진시키지 못한다. (p.439)

2. 협동학습 집단 내 상호작용 기술

협동학습은 학생들이 의견 교환을 통해 서로의 학습을 돕고, 의사소통 및 대인간 상호작용 기술을 학습할 수 있는 좋은 방법이다. 이런 의사소통 및 대인간 상호작용 기술은 성인이 되어 어떤 직업을 갖던 간에 꼭 필요한 기술이다. 아울러 자녀가 혼자 공부하면 외로움을 느끼고 공부에 집중하기 어려울 수 있지만, 또래들과 공부하면 아이디어를 공유하고 상호 간에 공부에 대한 지원을 받을 수 있다(Vorderman, 2016).

그러나 집단을 꾸려 효과적으로 학습하는 일은 쉽지 않다. 협동학습이 효과적으로 운영되기 위해서는 다음과 같이 구성원들 간의 상호작용 기술에 대한 지도가 필요하다(Cottrell, 2019; Hansen & Hansen, 2008; Lockhead, 1985; Pauk & Owens, 2011; Vorderman, 2016).

1) 상호지원적인 집단 분위기 창조하기

협동학습은 집단을 통해 이루어지는 사회적 학습이기 때문에, 집단 내 구성원들의 상호작용의 질이 중요하고, 이것은 지원적인 집단의 분위기 창조 전략들을 필요로 한다. 구체적으로 다음과 같은 것들이 필요하다.

첫째, **구성원들이 느끼는 상호 간의 감정을 인식한다.**

구성원들은 집단에서 비평을 받거나 능력이 부족하다고 인식되는 것을 걱정한다. 따라서 구성원들 간에 느끼는 감정을 인지하고 배려하는 일이 중요하다. 특히 불공평으로 인해 발생할 수 있는 부정적 감정에 유의한다. 학습 집단에서의 불공평은 다음과 같은 경우에 나타날 수 있다.

① 집단 내에서 역할을 할 기회가 주어지지 않을 때,
② 듣거나 말할 기회가 주어지지 않을 때,
③ 집단에 기여한 것이 무시되거나 인정되지 않을 때,
④ 외모, 나이, 장애, 인종 등과 같은 이유로 차별을 경험할 때이다.

학습 집단이 구성원들에게 공평하지 않는 방식으로 운영되면 다음과 같은 일들이 발생하게 된다.

① 집단이 팀으로서 가지고 있는 잠재력을 최대로 발휘하지 못하게 된다.
② 구성원들은 스트레스와 불편함을 느끼고 집단 학습에 기여하고자 하는 마음이 줄어든다.
③ 구성원들 모두가 효과적인 학습에 실패하게 된다.

집단 내 불공평은 부주의, 서투름, 불공평 이슈에 대한 인식 부족 등과 같이 의도하지 않은 행동으로 인해 발생할 수 있으므로 세심한 지도가 필요하다.

둘째, 집단 구성원들이 느끼는 어려움, 근심, 걱정에 직접적으로 대처한다.
먼저, 집단 구성원들이 협동학습에 대해 느끼는 점을 점검하는 시간을 갖고, 걱정, 근심, 염려를 서로 얼마나 느끼는지 파악한다. 이런 감정들은 누구나 느낄 수 있다는 것을 인식하고, 집단에서 이런 감정들을 좋은 방향으로 바꾸어 학습에 도움을 줄 수 있도록 토론한다. 다음은 집단 내에서 발생하는 어려움이나 근심 및 걱정을 해결하기 위해 토론을 해 나가는 방법에 대한 일반적인 팁이다.

① 한 사람에게 5분 동안 느끼는 어려움에 대해 이야기하도록 하고, 다른 사람들은 끼어들지 않고 가만히 듣기만 한다.

② 집단 구성원 모두는 10분간 제기된 어려움의 이슈를 명료화하고 문제를 해결하기 위해 브레인스토밍을 한다.

③ 이 때 어려움을 이야기한 사람은 집단 구성원들이 제안한 내용들 중 좋은 아이디어를 선택하여 행동으로 옮길 계획을 세우고, 시간표를 만들어 실행하면서, 집단의 도움을 받는다.

④ 어려움을 느끼는 다른 집단 구성원들도 각자 순서대로 돌아가면서 이 과정을 반복한다.

⑤ 다음 만남에서 문제를 해결하기 위해 노력했던 과정과 결과를 검토한다.

셋째, **집단을 운영하는 기본 규칙**을 만들고 시행한다.
특히 학습 과제나 집단 프로젝트를 수행할 때 필요하다. **기본 규칙으로 만들어야 할 내용**은 다음과 같다.

① 출석, 시간 엄수, 집단 기여에 관한 것

② 하지 말아야 할 행동과 언사

③ 한 사람이 집단 활동을 지배하거나 규칙을 무시하는 행동을 할 때 그것을 제재하는 방법에 관한 것

④ 집단 내에서 발생하는 근심과 염려를 해소하는 방법에 관한 것

토론을 통해 집단 구성원들은 서로를 지원하기 위해 집단이 해야 할 일과 하지 말아야 할 일에 대한 경계선을 명료하게 설정한다. 서로 지원하고 격려하되 다른 사람의 개인적 어려움에 너무 깊이 관여하거나 '구하려는' 시도를 하지 않고, 적절한 지원 서비스를 하도록 한다.

⑤ 협동학습을 할 때 발생할 수 있는 잠재적 문제들이 나타나지 않도록 예방하기 위한 계획을 세운다.

협동학습을 일정 기간 동안 운영하려면 협동학습으로 얻을 수 있는 것과 협동학습이 잘못된 방향으로 나갈 수 있음을 생각해야 한다. 그 다음, 협동학습의 이점, 발생할 수 있는 어려움, 이런 문제들에 대처할 방법에 대해 서로의 생각들을 토론하고 기록한다.

학습 집단에서 발생하는 문제들은 대개 **부정적 감정에서 비롯**되는데, 다음과 같이 **그 발생 이유를 이해하고, 예방할 수 있는 규칙**을 만들고 시행한다.

첫째, 구성원들이 느끼는 부정적 감정은 **강한 의견 제시로 인해 발생**할 수 있다. 한 구성원의 의견에 대한 다른 구성원의 강한 공격은 스트레스를 유발하고, 이로 인해 문제가 발생할 수 있다. 사람은 자신의 관점과 자신을 동일시하기 때문에, 다른 사람이 자신의 의견을 공격하면, 그에 대해 강한 거부감을 갖게 된다. 의견은 도전받을 수 있지만 그 의견을 낸 사람의 존재와 인격에 대해서는 도전을 해서는 안 된다는 기본 규칙을 정해야 한다.

둘째, 부정적 감정은 **집단이 효과적으로 운영되지 못할 때** 발생할 수 있다. 따라서, 구성원들이 문제를 진단하고, 해결 방안을 찾아 실행에 옮길 계획을 세운다.

셋째, 부정적 감정은 **구성원들이 일상 생활의 문제들을 집단 내로 가지고 들어올 때** 발생할 수 있다. 이때 구성원들은 한 구성원의 강한 감정 폭발이 어디서 비롯된 것인지 정확히 알지 못하여 스트레스를 느끼게 된다. 이때, 다음과 같은 예방 조치가 필요하다. 첫째, ① 만날 때 마다, 구성원들 모두 1-2분 정도 그간 어떻게 지냈는지 이야기하도록 한다. 다음, ② 수용하기 어려운 감정 표현이 있을 때 그것을 어떻게 다룰 것인지에 대해 토론한다. 마지막으로, ③ 스트레스를 느끼는 구성원에게 조용히 혼자 있을 수 있는 시간과 공간을 제공하여 진정할 수 있도록 한다.

2) 협동학습의 목적과 어젠다 설정하기

학습을 할 때 집단을 이루어 학습하는 이유와 목적을 명료하게 설정한다. 집단 구성원들이 의견을 교환하여 협동학습을 통해 성취하고자 하는 것을 명료하게 설정하고 공유한다. 다음과 같은 것들이 협동학습 집단의 목적으로 설정될 수 있다.

① 특정 과제를 해결하거나 그와 관련한 산출물 또는 결과(예: 리포트, 프로젝트 등)를 도출하기
② 대인간 기술들을 습득하기
③ 개인적으로 통찰을 얻기
④ 또래 간 지원과 단결을 성취하기

⑤ 사회적 상호작용하기

아울러 협동학습의 어젠다를 명료히 설정한다. 다음과 같은 어젠다들이 분명하게 설정되어야 한다.

① 매회 집단 학습의 목적
② 매회 집단의 활동 항목들과 항목별 할당 시간
③ 학습 장소
④ 집단 학습의 시간

3) 구성원의 역할과 책무성(Accountability) 증진시키기

사람들은 개인으로 활동할 때와 집단에서 활동할 때 그 행동이 달라진다(Shaw, 1976). 개인으로서는 하지 않던 행동을 집단 속에서 하게 되는 경우가 많은데, 이것을 **사회적 촉진**(Social Facilitation)현상이라고 부른다. 반대로 개인으로서는 하던 행동을 집단 속에서는 하지 않기도 한다. 이것을 **사회적 억제**(Social Inhibition)현상이라고 부른다. 어떤 이들은 평소에 혼자 있을 때는 신경질을 부리거나 독단적인 행동을 하다가도 집단에서는 그런 행동을 하지 않는다. 아울러 집단 속에서는 개인이 하던 것보다 좀 더 도전적인 의사결정을 하게 되는 경향이 높아진다. 이것을 **모험적 전환**(Risky Shift)이라고 부른다(Fraser et al., 1971).

자녀들이 협동학습 집단을 꾸려 학습을 하게 될 때 일어나는 큰 행동 변화 중의 하나는 책임을 지는 행동의 증진이다. 협동학습 집단에서는 집단 구성원 각자가 책무성을 갖지 않으면 학습이 효과적으로 이루어지기 어렵기 때문이다. 협동학습 집단에서는 구성원들이 해결하고자 하는 학습 과제를 협동적으로 완수할 것을 다짐하고 서로 격려한다. 비록 어떤 문제가 한 사람의 과오로 발생한 것일지라도, 구성원 모두가 책무성을 느끼고 그 문제를 함께 해결함으로써, 집단이 제대로 기능하도록 해야 한다.

이를 위해 집단 구성원들이 가지고 있는 능력을 조사한다. 즉 집단 구성원들 각자가 가지고 있는 기능과 경험의 범위를 확인한다. 그리고 누가 조직하는 것을, 누가 회의를 진행시키는 것을, 누가 기록하는 것을 잘하고 선호하는지 조사하여 역할을 맡긴다. 여러 사람이 같은 일을 선호하면, 그 역할을 돌아가면서 맡게 하거나 함께 하도록 한다. 구성원 모두가 각자 맡은 역할이 있고 또 능동적으로 수행하도록 한다. 주요 역할은 다음과 같다.

① 의장(Chairperson)

집단의 어젠다를 설정하고, 그것을 해결하기 위해 구성원들을 집중시키고, 모든 사람들이 말하고 들을 기회를 제공하고, 집단 활동의 과정과 결과를 요약한다.

② 시간 관리자(Time Keeper)

시간 스케줄에 따라 집단 활동이 이루어지도록 하고, 각 사람에게 기여할 시간을 부여한다.

③ 기록자(Record-Keeper)

집단 구성원 누가 언제 무엇을 해야 할 것인지와 결정된 일들을 기록한다.

④ 프로젝트 매니저(Project Manager)

구성원 모두가 수행하기로 합의한 프로젝트가 제대로 이루어지고 있는지 점검한다.

구성원 중 어느 한 사람이 맡은 바 역할을 수행하지 못한 경우, 역할을 재배정하는 등 집단 토론을 통해 해결 방안을 도출한다. 집단 프로젝트는 규모와 소요 시간에 따라 상이하나, 대개의 경우 다음과 같은 일들이 필요하다.

① 선택한 주제에 대해 조사를 한다.
② 조사 방법을 선택한다.
③ 역할을 분담하여 주제에 대한 정보와 데이터를 수집하고 통합한다.
④ 주제에 대해 발견한 내용들을 공유한다.
⑤ 집단으로 프로젝트의 결과를 보고한다.
⑥ 프로젝트의 세세한 사항들을 기록하여 보관한다.

집단 구성원들이 책임감 있게 과제를 성공적으로 수행한 후에는 온라인 채팅방을 만들어 함께 축하하고, 그간의 노고에 대해 서로 칭찬하고 격려한다.

4) 협동학습의 진보를 점검하기

협동학습이 얼마나 효과적인지를 점검하고, 비효과적인 경우 그 문제를 직접적으로 다룬다. 집단 구성원 모두는 다음과 같은 것들을 토론한다.

① 구성원들의 단합을 위해 단체 활동을 하는 게 좋은가? 모임시간에 좀 더 일찍 만나 교제하는 게 좋은가?
② 각자가 맡은 과제 분담이 공정하게 되었는가?
③ 어느 한 사람이 집단 활동을 지배하고 있지는 않은가?

④ 구성원들이 서로 느끼는 감정과 생각을 충분히 존중하고 있는가?
⑤ 구성원에게 부정적인 비난이나 불쾌한 행동을 하고 있지는 않은가?

집단에서 학습의 진보가 잘 이루어지지 않는 경우는 대개 다음 두 가지가 원인일 수 있음에 유의한다.

첫째, 구성원들 중 일부 또는 전부가 침묵으로 일관하며 집단 활동에 참여하지 않을 때 나타난다. 이에 대한 대처 방법은 다음과 같다.

① 협동학습 과제를 작은 부분들로 나눈다.
② 구성원들이 두 명씩 짝을 지어 15-20분간 상이한 각도에서 활동하도록 한 후 전체 집단이 모여 함께 공유한다.
③ 구성원들이 모두 볼 수 있도록 이슈들을 집단 차원에서 차트로 만들거나 도해화 한다.
④ 아이디어 브레인스토밍을 하여 문제를 어떻게 해결할 수 있는지 토론한다.

둘째, 집단 상호작용의 불균형으로 인해 나타난다. 좀 더 구체적으로 다음과 같을 때 집단 토론이 쉽게 불균형 상태에 이를 수 있다.

① 한두 사람이 토론을 지배할 때,
② 두 사람의 의견 교환이 연쇄 반응 속에 갇히게 될 때,
③ 평소 조용한 사람들이 토론에 참여할 기회가 없을 때이다.

집단 구성원들은 이런 불균형을 다음과 같이 직접적으로 해소한다.

① 토론을 지배한 한두 사람에게 감사하고 다른 사람들의 의견을 듣는 것도 좋을 것이라는 점을 시사한다.

② 토론에 참여하지 않는 사람들에게 이야기하도록 격려한다.

③ 불균형을 지적하고 집단이 그 불균형 문제를 해결할 방법에 대해 토론한다.

5) 효과적으로 집단 토론에 참여하기

토론은 집단 학습의 '꽃'이다. 집단 토론이 활발히 이루어지기 위해서는 토론 전, 도중, 후에 다음과 같은 일들이 이루어져야 한다.

첫째, 토론 전에 구성원들은 다음과 같은 일들을 해야 한다.

① 구성원들 각자가 집단에서 자신이 맡은 과제를 한다.
② 토론 주제에 대해 이야기할 내용을 준비한다.
③ 집단 구성원들로부터 답을 얻기 위해 필요한 질문들을 생각한다.

둘째, 토론 도중에 다음과 같은 일들이 이루어져야 한다.

① 구성원들은 서로 보고 들을 수 있도록 자리에 앉는다.
② 서로의 이야기를 잘 듣기 위해 열린 마음을 갖는다.
③ 유용한 정보를 기록한다.
④ 질문을 하고, 이해하지 못한 것이 있으면 다시 질문한다.
⑤ 들은 것을 이미 알고 있던 것과 연계한다.
⑥ 토론 활동에 기여한다.

셋째, 토론 후 이루어져야 할 활동은 다음과 같다.

① 기록한 내용들을 검토하고 요약한 후, 세부 내용과 생각을 추가한다.
② 맡은 과제를 언제까지 해야 할지 정하고 수행한다.

그 외에 집단 구성원들 모두가 효과적인 토론에 참여하기 위해 필요한 전략들은 다음과 같다.

① 구성원 모두의 발표를 격려한다.
② 특정 사람이 아니라 구성원 모두를 보고 이야기한다.
③ 다른 사람의 말에 귀 기울인다.
④ 신체 언어를 사용한다.
⑤ 동의할 때 의사 표시를 한다.
⑥ 동의하지 않을 때는, 상대방을 비난하지 않고 의견의 배경을 묻는다.
⑦ 토론을 혼자서 지배하거나 전혀 참여하지 않는 것을 삼간다.
⑧ 질문을 하되 너무 많이 하지 않는다.
⑨ 어떤 한 사람에게 모든 것을 의지하지 않고 책임을 공유한다.
⑩ 실수를 했을 때 인정하고 사과한다.
⑪ 다른 사람의 아이디어에 자신의 아이디어를 추가하고 제안한다.
⑫ 토론을 통해 나온 이야기를 요약한다.

6) 건설적으로 비평을 제공하고 수용하기

집단 학습에서 가장 어려운 일 중 하나는 다른 구성원의 생각이나 기여에 대해 건설적인 비평을 주고받는 일이다.

비평을 건설적으로 제공하는 전략은 다음과 같다.

첫째, 적절할 때 비평을 제공한다. 다음과 같은 때가 비평을 제공하기에 적절하다.

① 다른 구성원이 비평을 해 주기를 요청할 때,
② 비평을 하도록 규칙이 정해져 있을 때,
③ 다른 구성원이 비평을 들을 자세가 되어 있고 또 들을 수 있을 때이다.

둘째, 건설적으로 비평한다. 그 방법은 다음과 같다.

① 사람의 인격이 아니라 그의 행동, 산출물, 학습 결과에 대해 비평한다.
② 과거에 이루어진 일이 아니라 현재 진행되고 있는 일에 대해 비평한다.
③ 좋은 점과 증진될 수 있는 점을 균형있게 비평한다. 비평을 받는 사람이 발전할 수 있도록 그가 잘한 점과 좀 더 발전할 수 있는 점을 알 수 있도록 하는 게 중요하다.
④ 비평하는 사람은 자신이 믿지 않는 것을 말하지 않는다. 본인의 생각에 비평을 받는 사람에게 도움이 될 수 있을 것이라고 믿는 점을 정직하게 그리고 구체적으로 말한다.
⑤ 먼저 긍정적인 점을 칭찬한 후 비평한다. 비평을 받는 사람이 칭찬 후에 나올 부정적인 점에 대한 지적을 좀 더 열린 자세로 받아들일 수 있게 되기 때문이다.

⑥ 발전을 위해 꼭 필요한 점 한두 가지만 선택해서 비평한다.

⑦ 실제적인 발전으로 이어질 수 있도록 예를 분명하게 제시한다.

⑧ 성취할 수 있는 변화만 제안한다.

⑨ 비평을 받는 사람이 비평을 수용할 수 있도록 예의 바른 태도와 목소리를 사용한다.

아울러 구성원들이 비평을 건설적으로 수용하는 것도 중요하다. 그 방법은 다음과 같다.

① 비평자의 말을 듣고 배우고자 하는 열린 마음과 자세를 갖는다.

② 비평자가 자신을 위해 좋은 마음을 갖고 건설적으로 비평을 한다고 가정한다. 비록 그렇게 느끼지 못하더라도 그렇게 가정하는 자세를 갖는다.

③ 비평 내용에 대해 생각하고 비평 속에 있는 진실을 찾는다.

④ 비평자가 자신의 의도에 대해 바르게 이해했는지에 대해 의심하지 않고, 비평자가 제시하는 핵심 내용이 무엇인지 찾는다.

⑤ 비평자의 말 중 이해하지 못한 부분이 있으면 질문을 하거나 명료하게 예를 제시해 줄 것을 요청한다.

⑥ 비평자에게 비평 제시에 대해 감사의 말을 할 기회를 갖는다.

3. 협동학습 기여도 평정척(Rating Scale)

집단 내에서 구성원들이 협동학습에 얼마나 기여했는지 점검하고 서로 반성하는 일은 추후 협동학습을 효과적으로 운영하는데 도움이 된다. 다음은 Cottrell(2019, p.186)이 제시하는 협동학습 기여도 평정척이다.

나는 얼마나 협동학습에 기여했는가? 1-4의 평정척(1-저조, 2-보통, 3-

우수, 4-매우 우수)을 사용하여 평가하고, 그 옆에는 발전을 위해 반성한 내용을 기록한다.

평가항목	평정	나는 어떻게 더 발전할 수 있을까?
나는 학습 주제를 미리 공부하고 협동학습에 참여한다.	① ② ③ ④	
나는 다른 사람들이 참여하도록 격려한다.	① ② ③ ④	
나는 다른 사람들이 말하는 것에 귀를 기울인다.	① ② ③ ④	
나는 토론과 회의에 적극적으로 참여한다.	① ② ③ ④	
나는 과도하거나 너무 조용하지도 않게, 적절한 시간 동안 말한다.	① ② ③ ④	
나는 적어도 한 번은 질문을 한다.	① ② ③ ④	
나의 질문이나 발언은 학습 주제에 적절하다.	① ② ③ ④	
나는 다른 사람들이 제기한 내용을 깊이 생각한다.	① ② ③ ④	
나는 다른 사람들을 배려하고 인격을 존중한다.	① ② ③ ④	
나는 협동학습에 주의를 집중하여 참여한다.	① ② ③ ④	
나는 내 옆 사람을 넘어 구성원 전체를 생각하고 행동한다.	① ② ③ ④	
나는 협동학습이 끝나면 구성원들에게 감사의 말을 전한다.	① ② ③ ④	

4장
메타인지 기술

  성공적인 학습자가 되려면 일차적 기술과 이차적 기술에 대한 지식뿐만 아니라 이 기술들을 필요할 때, 필요한 곳에 사용하고, 그 과정과 결과를 점검하며 반성하는 능력이 필요하다. 이 능력은 학습 과제를 해결할 때 일차적 기술과 이차적 기술을 계획하고, 실행하고, 모니터하고, 수정하는 집행적 기술을 필요로 한다. 이 기술이 바로 메타인지 기술이다.

1 메타인지(Metacognition)의 정의와 구성요소

성공적인 학습자가 되려면 일차적 기술과 이차적 기술에 대한 지식뿐만 아니라 이 기술들을 필요할 때, 필요한 곳에 사용하고, 그 과정과 결과를 점검하며 반성하는 능력이 필요하다. 이 능력은 학습 과제를 해결할 때 일차적 기술과 이차적 기술을 계획하고, 실행하고, 모니터하고, 수정하는 집행적 기술을 필요로 한다. 이 기술은 '사고에 대한 사고'(Thinking of Thinking) 기술로서 메타인지 기술(Metacognitive Skills)이라고 부른다.

메타인지는 자신의 학습을 관리하는 매니저 또는 코치라고 할 수 있다(Schoenfeld, 1983). 메타인지는 자기 조절 학습을 가능하게 해 주는 핵심적인 능력이다. 메타인지 능력이 부족하면 문제해결 과정은 느려지고 어려워진다(Carr, 2010). 메타인지는 기존에 가지고 있던 지식을 변화시킴으로써 지식을 지속적으로 정교화하고 확장시키는 일에도 중요한 역할을 한다(Dole & Sinatra, 1998). 자신이 참이라고 생각했던 개념과 상충되는 새로운 개념에 직면했을 때 인지적 갈등을 느끼면서 양쪽 개념을 잘 조정하여 통합하는 일에 있어 메타인지가 중요한 역할을 한다.

메타인지는 다른 말로 "아는 것(Knowing)"과 "안다는 것에 대해 아는 것(Knowing about Knowing)"을 구별하는 능력이라고 할 수 있다(Brown, 1978). 자신이 얼마나 알고 있는지에 대해 아는 메타인지는 학습의 과정과 결과를 조절하고 수정을 가하도록 해 줌에 따라 학업성취에 긍정적인 영향을 미친다. 유치원 학생들을 대상으로 메타인지와 지능이 수학 문제 해결에 미치는 영향을 비교한 결과, 메타인지는 지능보다 수학 문제 해결 능력에 더 많은 영향을 미치는 것으로 나타났다(Mevarech, 1995). 성인들 중에서도 전문가들과 성공적인 문제 해결자들은 메타인지 기능이 우수해 자신의 사고 과정과 결과를 잘 점검하고 필요 시 수정을 가하는 능력이 뛰어나다(Glaser & Chi, 1988). 학생들의 경우에도 학업성취가 높은 학생들은 메타인지가 높고 학업성취가 저조한 학생들은 메타인지가 부족하다. John Holt는

How children fail이라는 책에서 학업성취와 관련하여 메타인지의 중요성을 다음과 같이 진술하고 있다.

> 학업성취가 높은 학생이 되려면 자신의 마음과 자신의 이해 수준을 인식하는 것을 학습해야 한다. 학업성취가 높은 학생은 자신의 이해 수준을 지속적으로 점검한 후 자신은 아직 잘 이해하지 못하고 있다고 자주 말한다. 학업성취가 낮은 학생은 이해하려고 노력하는 모습을 보이지 못하고, 대부분의 시간동안 자신이 이해하고 있는지 아니면 이해하지 못하고 있는지 조차도 모른다. 따라서 학업성취가 낮은 학생들에게는 모르는 것을 어른들에게 물어 보라고 할 것이 아니라, 먼저 자신이 아는 것과 모르는 것의 차이를 구별하여 인식하도록 하는 것이 중요하다. (Nisbet & Schucksmith, 2018, p.35에서 재인용)

신경과학에서는 메타인지를 인지적 기능을 조절하고 통제하는 뇌의 전전두엽피질(Pre-Frontal Cortex)의 기능으로 보고 있고(Blakmore & Frith, 2000), 메타인지와 연계된 뇌 영역들은 정서를 조절하고 통제하는 것으로 보고 있다(Fernandez-Duque et al., 2000).

공부 기술 교수에서 메타인지에 대한 교육는 반드시 동반되어야 한다. 메타인지는 공부 기술 레퍼토리를 형성하는 중요한 인지적 기재이며, 공부 기술 교수에 메타인지 기술이 포함되지 않으면, 공부 기술을 여러 교과 및 학문 영역에 전이(적용)하기 어렵기 때문이다(Kuhn, 2000; Paris et al., 1982; Pressley et al., 1984). 유아들과 초등학교 3-4학년까지는 아이들의 삶에 친숙한 쉬운 내용을 가지고 메타인지를 증진시키는 교수를 할 수 있고(Waters & Kunnman, 2010), 교과와 같이 보다 형식적인 내용과 연계하여 메타인지를 지도하는 일은 초등학교 5-6학년 즈음되면 가능하다(Waters, 1982).

메타인지에 대한 철학적 논의는 Plato와 Aristotle에 그 기원을 둘 만큼 오래되었다(Brown, 1987). 그러나 과학적 연구로서 메타인지의 초기 개념은

Flavell(1971)의 메타기억(Metamemory)이라고 인정되고 있다. 메타기억은 자신의 기억 그 자체와, 기억이 어떻게 작동하는지, 어떤 요인들이 기억에 영향을 주는지, 또 어떤 전략들이 기억을 모니터하고 통제하는데 도움을 주는지에 대한 지식을 말한다. 최근 들어 메타기억에 대한 연구가 기존의 기억에 관한 지식을 넘어 자신의 인지적 기능에 대한 지식을 포함하는 것으로 확대됨에 따라, 메타기억이라는 용어는 메타인지(Metacognition, 초인지)라는 용어로 대체되었다. 이런 흐름에 따라 근래에 들어 메타인지는 "사고 그 자체에 대한 사고"(Thinking about Thinking Itself), "인지적 현상에 대한 지식과 인지"(Flavell, 1979, p.906), "자신의 학습, 기억, 사고를 관리하는데 필요한 능력"(Gredler, 2005, p.256), "자신의 사고를 모니터링하고 통제하는 의식적 사고"(Larkin, 2010, p.4) 등으로 정의되면서, 인지 전략들의 사용을 통제하는 고등 수준의 사고 과정을 일컫는 개념으로 사용되고 있다.

메타인지는 일반적으로 **두 가지 요소로 구성**되어 있는 것으로 알려져 있다(Brown, 1987; Jacobs & Paris, 1987; Nisbet & Schucksmith, 2018). 하나는 메타인지 지식(Metacognitive Knowledge)이고 또 하나는 메타인지 모니터링(Metacognitive Monitoring)이다.

첫째, **메타인지 지식**은 자신의 사고에 대한 지식으로 세 가지 요소로 구성되어 있다.

① 학습자로서 자신의 인지 상태와 어떤 요인들이 자신의 인지적 수행에 영향을 미치는가에 대한 지식이다.

이 지식은 **자신의 사고에 대한 선언적 지식**(Declarative Knowledge)으로 자기 인식에 기반하고 있다. 즉 자신의 능력, 한계, 기타 여러 가지 요인들이 자신의 사고에 어떻게 영향을 미치는지에 대한 지식을 말한다. 예를 들어, 자신의 기억력은 약하고 여러 가지 요인들에 의해 영향을 받는다는 것을 알고, 이 지식에 근거하여 학습을 할 때 집중할 수 있도록 여러 가지 외부 요인들을 통제하는 것이 메타인지 지식에 기반한 자기 조절 행위이다. 이런 자신의 인지에 대한 지식은 확대되어 자신과 타인은 사고하는 존재로서 생각과 신념이 다를 수 있으며, 과제에 따라 적용되는 사고의 우수함이 서로 다를 수 있다는 것을 인식하게 된다.

② 인지적 전략에 대한 지식이다.

사고에 대한 절차적 지식(Procedural Knowledge)이라고 한다. 예를 들면, 대부분의 성인들은 유용한 독해 전략들에 대한 레퍼토리를 소유하고 있다. 노트하기, 중요한 내용 부분에서는 천천히 읽기, 개관하기, 이미지 사용하기, 핵심 아이디어들을 요약하기, 주기적으로 자기 점검하기 등이다. 우리가 앞에서 살펴본 일차적 공부 기술과 이차적 공부 기술의 사용 절차에 대한 지식을 말한다.

③ 인지적 전략을 언제, 왜 사용하는지에 대한 지식이다.

사고에 대한 조건적 지식(Conditional Knowledge)이라고 한다. 즉 일차적 공부 기술과 이차적 공부 기술들이 언제, 왜 사용되어야 하는지에 대한 지식이다. 이 지식은 공부 기술을 여러 교과에 적용하는 전이 능력의 습득에 핵심적인 역할을 한다.

둘째, **메타인지 모니터링**이란 메타인지 지식을 자신의 인지적 과정을 조절하기 위해 사용하는 것이다. 세 가지 요소로 구성되어 있다.

① 계획하기(Planning)

문제를 해결하기 위해 적절한 전략들을 선택하고 자원을 할당하는 것이다. 목표 설정, 적절한 배경 지식의 활성화, 문제해결책 구안, 시간 할당 계획 설정 등이 이에 해당한다.

② 조절하기(Regulating)

문제를 해결하는데 필요한 기술들을 사용하면서 그 과정을 모니터하고 필요시 수정하거나 보완하는 것이다. 예를 들어, 단락의 중심문장과 보조 문장을 구분하는 전략을 사용하며 글을 읽다가 이해가 잘 되지 않으면 거꾸로 돌아가 다시 읽기를 하거나, 공부 스트레스를 느끼면 스트레스 해소 전략을 동원하는 것이다.

③ 평가하기(Evaluating)

문제해결 시 자기 조절 과정과 그 결과를 평가하는 것이다. 즉 문제해결의 전 과정과 결과를 반성하는 것이다. 그 반성을 토대로 필요시 설정했던 목표를 수정하거나 문제가 되었던 인지적 전략 사용 과정을 재조정하는 것이다.

대부분의 자녀들은 메타인지에 대한 지식을 거의 알지 못하고 학교에 입학하게 된다. 이런 현상이 발생하는 이유는 가정에서 학습에 기저가 되는 정신적 과정과 상태에 대해 이야기 나눌 기회가 거의 없기 때문이다. 특히 사회·경제적 수준이 낮은 가정의 자녀들은 메타인지에 대한 어휘와 선언적 지식이 낮고, 교과를 학습할 때 메타인지의 절차적 지식을 실행하는데 크게 어려움을 느낀다(Cardelle-Elawar, 1992). 이런 메타인지의 부족은 직접 교수(Direct Teaching)를 통해 극복될 수 있다 (3부 공부 기술 지도 부분 참조). 특히 메타인지 훈련은 활동 기억이 제한적인 어린 자녀들, 어휘력이 부족한 자녀들, 기타 학습 장애와 같은 인지적 결함을 가진 자녀들의 학업 증진에 효과적이다(Carr, 2010).

2. 메타인지의 성격

학자들의 연구를 통해 메타인지는 다음과 같은 성격을 지니고 있음이 밝혀지고 있다.

첫째, 메타인지는 지식(Knowledge)과 그 지식을 안다는 것(Understanding That Knowledge)을 구별하는 개념이라는 것이다(Brown, 1987). Brown 등(1981)은 지식을 세 가지 수준으로 나눈다. 하나는 내용 지식(Content Knowledge)으로 학문 또는 교과의 사실, 개념, 원리에 대한 지식이다. 또 하나는 전략적 지식(Strategic Knowledge)으로 내용 지식을 효과적으로 학습하는 방법에 대한 지식이다. 우리가 앞에서 살펴 본 일차적 공부 기술과 이차적 공부 기술과 같은 방법론적 지식을 말한다. 마지막으로 메타인지 지식(Metacognitive Knowledge)이다. 자신의 인지적 과정이 과제 해결의 요구 사항들을 만족시켜 주고 있는지에 대한 지식이다. 즉 일차적 공부 기술과 이차적 공부 기술의 집행을 계획하고, 집행 과정과 결과를 모니터하고, 필요시 변화시키는 기술이다. Larkin(2010)의 용어를 빌리면, 일차적 공부 기술과 이차적 공부 기술과 같은 인지적 전략들은 내용(Content) 또는 정보(Information)를 다루는 전략적 지식으로 **일차적 수준의 사고 기술**(First-Order Thinking Skill)에 해당하며, 메타인지 전략은 그 전략적 사고들에 대한 사고로 **이차적 수준의 사고 기술**(Second-Order Thinking Skill)에 해당한다.

그렇다면 이렇게 인간의 사고 수준을 구별하는 일은 무슨 의미가 있는 것인가? 그것은, 인간의 사고는 단순히 사고하는 것을 넘어 그 사고를 경영하는 수준까지 발전할 수 있다는 것을 의미한다(Brown, 1978). 즉, 인간은 자신의 학습, 기억, 사고를 의식적이고 의도적으로 경영하여 인간의 인지적 수행을 최상위로 끌어 올릴 수 있다는 것이다. 이런 이유로 Flavell(1963, p.202)은 "메타인지의 습득은 지적 발달의 최고봉에 해당하며, 영아기부터 시작하여 인간이 이룰 수 있는 지적 진화의 최종 평형 상태이다"라고 지적했고, 성인이라고 하여 모두 메타인지 사용의 최고봉에 도달하는 것은 아니라고 본다.

둘째, 메타인지는 **언어 능력이나 지능과는 별도로 학업성취에 영향**을 미친다는 것이다. Pressley와 Ghatala(1988)는 언어 능력이 상이한 대학생들을 대상으로 메타인지 모니터링 능력을 비교해 본 결과, 그 정확성에서 차이가 없다는 것을 발견했다. 또한 메타인지는 지능과는 다른 능력으로 지능과는 독립적으로 학업 성취에 영향을 미친다는 것도 발견되었다(Larkin, 2010). 이에 따라 언어 능력이나 지능이 떨어지는 학생들도 메타인지 기술을 사용하는 훈련을 통해 학업성취를 올릴 수 있다는 것이다.

메타인지의 이런 성격이 교육에 주는 시사점은 지능은 유전적 성격이 강해 그 계발이 어려운데 반해, 메타인지는 훈련이 가능하고 학업성취에 긍정적인 영향을 미친다는 것이다. 특별히 메타인지 훈련은 학습에 어려움을 겪는 학생들에게도 지도 가능하고 효과가 있다는 점이 고무적이다(Gaultney, 1998; Togerson & Houck, 1980). Lucangeli 등(1998)은 학습장애를 지닌 자녀들과 수학 실력이 평균인 자녀들에게 메타인지를 직접적으로 지도한 결과, 수학 성취를 크게 증진시킬 수 있었다. Montague(1992)도 수학에 학습장애를 가진 중학생들을 대상으로 자기 교수, 자기 모니터링, 자기 질문의 형태로 메타인지를 직접적으로 지도한 결과, 문장제 수학 문제 해결 능력을 크게 향상시킬 수 있었다. Cardelle-Elawar(1992)도 학업성취도가 낮은 6학년 자녀들을 대상으로 메타인지를 지도하여, 자신의 인지 과정에 대한 지식을 습득하게 하고, 문제 해결시 자신의 사고에 대해 반추하게 하며, 학습 과정에 대한 이해를 증진시킨 결과 수학에서의 학업성취와 학습 동기를 향상시키는데 효과가 있었음을 보고하고 있다. 이렇게 메타인지는 지식의 습득, 보유, 회생이라는 학습의 세 가지 주요 단계를 모니터링하고 통제함에 따라 학생들의 언어 능력 수준이나 지능 수준에 관계없이 학업성취에 긍정적인 영향을 미친다(Nelson & Narens, 1990).

셋째, 메타인지는 학업성취 외에도 **사회적 삶을 살아가는데 중요**하다는 것이다(Larkin, 2010). 메타인지는 용어 그 자체로 인해 신비해 보이나 메타인지 현상은 삶에서 흔하게 나타나는 현상이다. 다음은 몇 가지 예이다 (Bruning et al., 2011; Dunlosky & Metcalfe, 2009).

① 사람들은 분명히 어떤 사람의 이름을 알고 있다는 것을 알고 있으나, 그 이름이 혀끝에만 맴돌 뿐 기억해 내는데 실패하곤 한다. 이것을 설단현상(舌端現象, Tip of the Tongue)이라고 하는데 나이가 들면서 그 빈도가 증가한다. 이는 메타인지 현상이다. 그 이유는 사고(그 사람의 이름이 내 기억 속에 있다는 생각)에 대한 사고(나는 그 사람의 이름을 안다고 확신은 하지만 지금 기억이 나지 않고 있다는 생각)가 이루어지고 있기 때문이다.

② 장을 보러 가서 구입할 것들을 빠뜨리지 않기 위해 목록을 작성하는 것도 메타인지 현상이다. 그 이유는 사고(사람의 기억은 한계가 있어 구입할 상품들을 잊을 염려가 있다는 생각)에 대한 사고의 통제(그 염려를 극복할 효과적인 방법이 목록이라는 외적인 보조 도구를 사용하는 것이라는 생각)가 이루어지고 있기 때문이다.

③ 자동차 운전 중 도로가 복잡할 때, 핸드폰을 끄는 것도 메타인지 현상이다. 그 이유는 사고(도로가 복잡할 때에는 정신을 집중하지 않으면 교통사고가 발생할 수 있다는 생각)에 대한 사고(핸드폰은 정신 집중을 흩트리기 때문에 끄는 것이 교통사고를 예방하는 수단이라는 생각)에 기초한 통제이기 때문이다.

④ 학생들의 이름을 기억하는 능력이 부족하다는 것을 아는 교사가 학년 초에 며칠 동안 학생들이 이름표를 달고 다니도록 조치하는 것도 메타인지 현상이다. 그 이유는 사고(자신은 기억력이 부족하다는 생각)에 대한 사고(이름표를 달게 하면 기억력 부족을 보완할 수 있다는 생각)이기 때문이다.

이렇게 자신의 사고에 대한 인식과 그에 기초하여 자신의 말과 행동을 통제하는 일은 사회적 삶을 살아가고 발전시키는데 중요하다. 이런 인식은 고대에도 있었다. Aristotle의 프로네시스(Phronesis) 개념이다(Larkin, 2010). 프로네시스는 사람이 스스로의 의지나 행위를 어느 방향으로 향하게 하고 어떻게 살아가는가에 관한 실천적인 지혜를 말한다. 프로네시스는 공정한 세상을 창조하기 위해 삶에서 행동을 어떻게 해야 하는가에 관한 것인데, 문제를 해결하고 좋은 판단을 하는 기술인 동시에 그런 판단을 한 방식과 결과에 대해 반성하는 능력이다. 이렇게 볼 때 메타인지는 그 기원이 지혜(Wisdom)라는 오래된 개념과 상통한다고 할 수 있다. 높은 지능이 반드시 삶에서 현명한 결정을 내리도록 하는 것은 아니기 때문에, 지혜를 기르는 것이 중요하다. 그 방법의 근간은 무엇을 생각할지를 지도하는 것을 넘어 어떻게 생각할 것인가를 지도하는 것이다. 좀 더 구체적으로, ① 현명한 사람들이 생각하고 결정을 내리는 방법을 이해하고, ② 비판적 사고를 격려하고, ③ 교과에서 배운 지식에 선한 가치를 통합시키며, ④ 다양한 관점에서 이슈를 보도록 하고, ⑤ 자신의 사고 과정을 모니터하고 통제하도록 지도하는 것이다(Larkin, 2010).

넷째, 메타인지는 내용을 **잘 아는 영역보다는 잘 모르는 내용 영역**에 **대해 더 큰 역할을 한다**는 것이다. 예를 들어, 생물학 교수는 산성비가 환경에 미치는 영향에 대한 글을 읽을 때, 독해 모니터링 전략을 쓸 필요가 거의 없으나, 상대적으로 많은 지식을 가지고 있지 못한 르네상스 시대의 예술 영역에 대한 글을 읽을 때는 그 전략이 중요한 역할을 한다는 것이다(Gredler, 2005). 같은 맥락에서 Winne와 Hadwin(1998)도 축구 문외한들 중에서 메타인지 지식을 많이 가지고 있는 사람들은 메타인지 지식이 부족한 사람들보다 축구에 대한 글을 읽은 후, 읽은 내용을 훨씬 더 많이 기억해 낼 수 있었다고 보고하고 있다.

다섯째, 메타인지는 **성취 목표를 어떻게 정하는가에 따라 그 사용 빈도 및 효과가 달라진다**는 것이다(Gredler, 2005). 성취 목표를 숙달 목표(Mastery Goal), 즉 새로운 지식과 기능을 습득하여 자신의 능력을 발달시키고자 하는 목표로 설정하고 공부하는 사람들은 공부할 때 정교한 메타인지 전략들을 계발하고 사용한다. 그러나 성취 목표를 수행 목표(Performance Goal), 즉 다른 사람들과의 상대적 비교에서 우위를 점하고자 하는 목표로 설정하고 공부하는 사람들은 메타인지를 계발하지도 않고 사용하지도 않는 경향이 있다. 아울러, 성취 목표를 실패 회피 목표(Failure-Avoidance Goal)로 설정하는 사람들, 즉 다른 사람들에게 실패에 따른 자신의 이미지 손상을 보이지 않으려고 하는 동기가 강한 사람들도 공부할 때 메타인지를 거의 계발하지 않고 사용도 하지 않는다. 따라서 메타인지의 계발과 사용은 성취 목표가 숙달 목표로 설정되었을 경우 극대화된다.

여섯째, 메타인지는 학습자가 **자신의 능력에 대한 신념과 판단 능력이 높을 때** 자주 사용된다. 예를 들어, 자신의 읽기 능력에 대한 신념과 판단 능력이 높은 학습자들은 읽기에서 다음과 같은 초인지 전략들을 사용하는 것으로 나타났다(Pressley & Afflerbach, 1995; Wyatt et al., 1993). ① 텍스트를 읽기 전에 개관하고, ② 스스로 질문을 생성한 후 그 답을 기대하고 예상하며 읽고, ③ 답을 찾는데 주의를 집중하여 텍스트의 전후를 살피며 읽고, ④ 텍스트의 주요 요점들을 연계하여 텍스트를 전체로서 이해하려고 하고, ⑤ 텍스트에 주어져 있는 단서들을 이용하여 이해를 증진시키고, ⑥ 읽은 후 텍스트의 내용에 대해 반추하고, ⑦ 읽은 것을 넓게 점검하는 등의 메타인지 전략들을 사용한다.

일곱째, **유치원과 초등학교에 다니는 어린 자녀들도 메타인지에 대한 인식을 가지고 있고 모델링을 통해 메타인지 훈련이 가능하다**는 것이다(Larkin, 2010; Nisbet & Schucksmith, 2018). 전통적으로 학자들은 메타인지는 사고에 대한 사고, 즉 추상을 다루는 인지적 능력이기 때문에 Piaget의 형식적 조작기 이후(청소년기)에나 가능하다고 보았다. 그러나 현대 연구들은 일부 동물들도 메타인지를 가지고 있다고 보고하고 있다. Kornell 등(2007)은 원숭이들도 자신의 사고를 모니터하고 통제하는 능력이 있음을 보고하고 있다. 원숭이 외에도 침팬지들을 대상으로 한 연구(Call, 2005; Hampton, 2001; Premack & Woodruff, 1978), 돌고래를 대상으로 한 연구(Smith et al., 2003)들 모두 일부 동물들도 메타인지를 가지고 있다고 보고하고 있다. 이런 연구들은, 언어는 메타인지 발달의 선행 조건이 아니라는 것을 시사한다(Dunlosky & Metcalfe, 2009).

인간의 경우, 영·유아기 아동들은 **마음 이론**(Theory of Mind)에 눈을 뜨기 시작하여 자신과 타인의 생각, 신념, 감정, 동기, 의도 등과 같은 정신 상태를 인식하기 시작한다(Flavell, 2000). 그리고 유치원에서 초등학교 6학년 사이의 아동들은 자신의 이해 수준을 모니터하는 능력을 천천히 발달시킨다(Baker, 2002). Kreutzer 등(1975)은 초등학교 5학년 학생들을 인터뷰한 결과, 자신들의 기억이 어떻게 작동하는지, 어떤 요인들이 기억에 영향을 주는지, 어떤 전략들이 기억을 모니터하고 통제하는데 도움을 주는지에 대한 지식이 천천히 정교해진다는 것을 발견했다. 유치원 아동들도 기억 전략을 사용하여 이야기할 수 있고(DeLoache et al., 1985), 6세에서 11세 사이에 기억, 기억 전략에 대한 지식과 사용 능력이 발달한다(Lockl & Schneider, 2006; Schneider, 1985). 이런 발달은 단기 기억 및 메타인지와 관련한 신경학적 성숙과 경험 증진에 따라 나타나는 현상이다(Borkowski & Burke, 1996).

위 연구들은 다음과 같은 교육적 시사를 던져 준다.

① 메타인지는 유치원과 초등학교 시절을 거쳐 천천히 발달하는 능력이다.
② 언어와 지능이 메타인지 발달의 선행 조건은 아니다.
③ 언어적 능력이 부족하거나 학습에 어려움을 겪는 학생들도 모델링을 통해 메타인지 훈련이 가능하다.
④ 잘 모르는 영역의 학습을 할 때 메타인지는 큰 영향력을 발휘한다.

3. 메타인지 증진 전략

앞에서 메타인지는 학습에 어려움을 겪는 학생들을 포함하여 어린 학생들에게도 지도가 가능함을 살펴보았다. 메타인지의 발달을 촉진시키는 목적은 삶에서 훌륭한 결정을 내릴 능력을 키워주는 것이기 때문에, 학교의 형식교육이 제공하는 학습 환경과 학교 밖의 비형식적인 학습 환경 간에 일관성이 필요하다(Okagaki & Sternberg, 1990). 가정에서 적용할 수 있는 비형식적이고 초보적인 메타인지 증진 전략은 평소에 부모와 자녀가 학습 경험을 소재로 메타인지 요소들이 풍부히 담겨 있는 정교한 대화를 나누고 자녀가 스스로 자신의 학습 과정과 결과를 검토하고 반성하도록 하는 것이다.

이를 위해 먼저 자녀가 어떤 내용을 어떻게, 그리고 왜 학습했는지에 대해 설명을 하도록 한다. 이를 **자기설명**(Self-Explanation)이라고 한다(Neuman & Schwarz, 2000). 자기 설명은 언어적 도구를 통해 능동적이고 반성적으로 메타인지를 증진시키는 효과적인 방법이다. 자기설명 능력은 인간의 기본적 특성으로 기억, 문제해결, 개념적 이해, 메타인지를 포함하여 인지 활동의 많은 측면에 영향을 준다(Siegler & Lin, 2010). 학생들은 자기 설명을 통해 새로운 정보와 이전의 지식을 비교하고 표상함으로써 새로운 개념 변화를 이루는데 도움을 받고, 자신이 이해한 것을 설명하고 방어함으로써 지식의 이해 수준을 높여 학업성취를 올릴 수 있다(Chi, et al., 1994; Wong, et al., 2002). 학생의 자기 설명은 비록 완벽하지는 않더라도, 또래나 부모가 부족한 부분을 피드백해주고 보완해 주면 학습을 증진시키는데 기여한다(Schwartz & Martin, 2004). 자기 설명 생성 능력과 학업성취 간에는 정적 상관이 있어, 자기 설명의 양과 질이 높은 학생들은 자기 설명의 양과 질이 낮은 학생들보다 더 많이 그리고 더 잘 학습한다(Chi et al., 1994).

자기 설명이 끝난 후에는 또래 및 부모와 대화를 나눈다. 예를 들어, 문제를 어떻게 설정했는지, 문제를 해결하기 위해 어떤 전략들을 사용할 것인가에 대해 계획을 세웠는지, 왜 그런 전략들을 계획했는지, 해결 과정과 결과는 만족스러웠는지, 미래에 같은 문제 상황에 봉착하게 되면 보다 나은 과정과 결과를 도출해 내기 위해 과거 학습 경험으로부터 배울 점은 무엇인지에 대해 대화를 나누는 것이다. 이것을 Reese 등(1993)은 **메타인지를 위한 정교한 대화 양식**(Elaborative Conversation Mode for Metacognition)이라고 불렀다. 이런 메타인지 요소들이 풍부히 담겨 있는 대화의 목적은 자녀들이 점진적으로 읽기, 쓰기, 문제 해결 등 다양한 학습에 있어 자기 주도적으로 메타인지 계획과 집행 및 반성 능력을 갖추도록 하는데 있다(Brown & Reeve, 1987; Pressley & Harris, 2006; Pressley & Hilden, 2006).

메타인지는 명시적인 직접 교수법과 모델링을 통해 지도하는 것이 효과적이다(3부 공부 기술의 지도 참조). **메타인지를 지도하는 일반적인 조건으로 4가지가 제시되고 있다**(Graham et al., 1998; Pressley et al., 1998; Rohwer & Thomas, 1989).

첫째, 메타인지 전략의 필요성에 대한 명시적인 인식을 갖도록 한다. 이

훈련을 **이해에 근거한 훈련**(Informed Training)이라고 한다. 이와는 반대로 목적과 필요성에 대한 인식이 없이 그냥 사용하도록 지시하는 것을 암시적 훈련(Implicit Training) 또는 맹목적 훈련(Blind Training)이라고 한다. 일차적 기술 및 이차적 기술과 마찬가지로 메타인지 기술도 언제, 어디서, 왜 써야 하는지에 대한 명시적 안내와 이해가 필수적이다.

둘째, 단순히 수행의 결과만 평가하지 말고, 과정도 평가하여 메타인지 활동이 어떻게 적용되어 그런 결과가 나왔는지 점검한다. 학생의 생각 보고법을 통해 드러난 내용을 분석하는 것이 효과적으로 과정을 평가하는 방법이다.

셋째, 메타인지 사용이 필요한 과제를 제시한다. 그래야 자녀들의 입장에서 메타인지를 활용해야 하는 근거와 이유가 마련된다.

넷째, 다양한 상황에서 광범위하게 메타인지를 연습할 기회를 제공한다. 예를 들어, 메타인지를 동반하는 독해 전략(Reading Comprehension Strategy)은 전 교과에 걸쳐 그리고 전 학년도를 통해 훈련이 지속적으로 제공되어야 한다.

좀 더 구체적으로 메타인지의 지도는 문제 해결의 단계에 따라 이루어질 수 있다(Covington, 1985). Garofalo와 Lester(1985)는 George Pólya(1957)가 제시한 문제 이해, 문제 해결 계획, 실행, 평가라는 문제 해결의 4 단계에 따라 메타인지를 지도하였다.

① 문제의 친숙도와 난이도 평가하기
② 문제 해결의 목표와 하위 목표들을 확인하기

③ 문제 해결 과정을 모니터하기
④ 문제 해결의 과정과 결과를 평가하기

Mayer(1987)도 이와 비슷한 지도 단계를 제시한다

① 문제를 정의하기
② 문제의 여러 부분들을 통합하여 하나의 실행 가능한 해결책을 도출하기
③ 문제 해결 과정을 계획하고 모니터하기
④ 해결 절차를 정확하게 집행하기

문제해결 과정에 따라 학자들이 제시하는 **메타인지 지도의 구체적인 과정**은 다음과 같다(Gredler, 2005).

첫째, **문제를 형성하거나 재구성**한다.
이를 **문제 표상**(Problem Representation)이라고도 부른다. 성공적으로 문제를 해결하기 위해서는 ① 문제가 무엇인지, ② 문제 해결의 어려움을 줄이기 위해 어떻게 문제가 재구성될 수 있는지를 이해하는 것이다. 이것은 문제의 현재 상태와 성취해 내고자 하는 목표 상태를 확인해 내기 위함이다. 즉, ① 문제를 정의하고 ② 목표를 설정하고 ③ 현재 상태에서 목표 상태로 옮겨가는 큰 단계들로 어떤 것들이 있는지를 도출해 내기 위함이다.

둘째, **해결 전략을 선택하고 수행 계획**을 세운다.
즉, 문제를 해결할 계획을 세우는 것이다. 계획은 특정한 접근들이 가져올 결과들을 미리 예상하고 수행 과정에서 발생할 수 있는 중대한 실수들을

피하도록 하는데 도움을 준다. 2부 문제해결 기술 부분에서 살펴보았던 알고리즘 전략, 목표 상태로부터 거꾸로 작업하기 전략, 수단-목표 분석 전략, 유추적 문제해결 전략 및 기억술의 여러 전략들이 선택할 수 있는 후보들이 된다. 현명한 전략 선택은 ① 문제의 성격이나 학습 내용의 성격, ② 학습 내용이 추후 기억되거나 사용될 조건, ③ 학습 내용에 대한 친숙도, ④ 공부 기술들이 언제 어디서 왜 사용되는지에 대한 지식, ⑤ 현재 자신에게 가용한 자원의 한계에 의존한다.

셋째, **모니터링**(Monitoring)한다. 이는 메타인지의 핵심이다.

사람들이 문제 해결에 실패하는 이유는 종종 문제해결 과정과 결과를 점검하지 못하는 데에서 온다. 모니터링은 ① 계획에 따라 집행된 부분들과 수행되지 못한 부분들을 추적하고, ② 전략을 제대로 수행했는지를 조사하는 것으로 구성된다. 그 후 필요시 과제를 수행하거나 문제를 해결하고자 했던 전 과정과 결과에 수정을 가한다. 수정이란 문제를 인식하고 "고치는 전략"(Fix-It Strategies)을 동원하는 것인데, 과제 또는 문제를 다시 정의하거나, 목표를 재설정하거나, 전략 선택을 바꾸는 활동이 포함된다. 모니터링을 효과적으로 하기 위해서는 발전 과정을 꾸준히 기록하며 "내가 제대로 발전하고 있는가?"라는 자기 점검 질문을 지속적으로 해야 한다. 아울러 협동학습 집단을 꾸려 서로의 진보 상황에 대해 이야기를 나누고 어떤 수정이 필요한지에 대해 토론하는 것은 모니터링에 효과적이고 혼자 하는 자기 점검의 부정확성을 보완하도록 해 준다.

3부

공부 기술의 지도

5장
공부 기술의 지도

공부 기술은 인지적 기능으로서 골프나 운전을 배우는 것처럼 교사의 지도하에 습득할 수 있다. 공부 기술 연구 초기에는 공부 기술 지도는 아동기 후반부에 가서야 가능하다는 인식이 있었으나 현재에 와서는 공부 기술의 필요성을 느끼기 전, 즉 영·유아기부터 시작하는 것이 효과적이라는 주장들이 힘을 얻고 있다.

1. 직접 교수

공부 기술을 지도할 때는 직접 교수(Direct Teaching)를 펼치는 것이 효과적이다. **직접 교수는 분명한 목표 제시, 교사의 설명과 시범, 자녀의 단계별 연습 기회 제공 및 피드백, 전이를 통한 공부 기술 사용의 자동화를 도모하는 체계적이고 명시적인 교수이다.** 이런 이유로 직접 교수는 명시적 접근(Explicit Approach)이라고도 한다.

직접 교수를 통한 공부 기술 지도의 특징은 다음과 같이 요약될 수 있다(Jones et al., 1985; Kline et al., 1992; Meichenbaum, 1985; Polson & Jeffries, 1985; Scheneider et al, 2005; Swartz et al., 2008).

첫째, 자녀가 습득해야 할 특정 공부 기술을 목표로 설정하고 그 성취에 직접적으로 초점을 맞춘다.

둘째, 공부 기술의 명칭을 명시적으로 사용하며, 그 공부 기술을 언제, 어디서, 어떻게, 왜 사용해야 하는지에 대해 구체적으로 설명한다. 예를 들어, "기억술"이라는 용어를 명시적으로 사용하여 그것을 언제, 어디서, 왜, 어떻게 사용하는지에 대해 설명한다.

셋째, 공부 기술 수행 절차를 부모가 말을 하면서 시행하는 생각 보고법(Think-Aloud Method, 독백 기법이라고도 함)을 통해 **시범(모델링)을 보인 후**, 자녀들이 부모를 따라 하도록 한다. 생각 보고법은 두뇌에서 이루어지고 있는 인지적 수행 과정을 말을 통해 외부로 드러내는 기법이다. 부모가 공부 기술을 사용하는 절차를 생각 보고법을 통해 말로 드러내 자녀가 들을 수 있도록 하면, 자녀는 그 적용 방법에 대한 구체적인 정보를 얻을 수 있게 된다.

넷째, 자녀도 머릿속에서 이루어지고 있는 자신의 인지적 과정을 말로 소리 내어 외부로 드러내며(생각 보고법) 공부 기술을 연습하도록 하고, 부모는 그 수행 과정과 결과를 모니터하고 피드백을 해 주며 교정한다.

다섯째, 습득한 공부 기술을 여러 가지 학습 상황에 자기 주도적으로 전이할 기회를 제공하여 공부 기술의 사용이 몸에 배도록 한다.

2. 공부 기술 지도의 가이드라인

직접 교수에 기초하여 공부 기술을 지도하는 일반적 지침은 ① 지도할 공부 기술에 대한 정보를 명시적으로 제공하고, ② 그것을 수행으로 옮기도록 하는 것이다. 즉 **특정 공부 기술이 무엇이고 어디에 왜 필요하며, 어떻게 수행하는지에 대해 설명을 한 다음, 시범을 보이고, 자녀가 수행하도록 한 후, 그 수행 과정과 결과에 대해 피드백을 해 주는 것**이다(Butler & Winne, 1995; Chein & Schneider, 2012; Duffy, 2002; Mayer & Wittrock, 2006; O'Donnell, 2006; Pressley & Woloshyn, 1995). 야구에서 투수가 공을 던질 때의 투구 폼을 지도할 때와 비슷하다. 코치는 먼저 효과적인 투구 폼이 무엇이고 어떻게, 왜 수행되는지에 대한 정보를 제공하고, 코치의 시범과 함께 학습자가 그 절차 하나하나를 행동으로 옮기도록 한 후, 투구 폼에 대한 피드백을 제공하여 교정해 주는 것과 같은 방법을 동원하는 것이다.

좀 더 구체적으로 **직접 교수를 통한 공부 기술 지도의 가이드라인**은 다음과 같다(Hattie et al., 1996; Meltzer & Krishnan, 2007; Paris & Paris, 2001; Veenman, 2011).

첫째, 공부 기술들의 가치를 토론하고 설명한다.

① 공부 기술은 학업성취에 효과적이라는 것, ② 공부 기술은 학업적 자긍심과 성취 기대 수준을 높인다는 것을 자녀가 인식하는데 초점을 둔다.

즉 공부 기술의 유용성을 인식시킨다. 구체적으로 자녀는 현재 자신들이 학습하는 방법의 비효과성과 공부 기술의 효과성을 비교하여 그 차이를 인식하도록 한다. 그래야 공부 기술을 습득하고 사용하고자 하는 동기가 증진된다.

둘째, 공부 기술을 지도하기 전에 **학습할 내용에 대한 사전 지식을 형성**하도록 한다. 자녀가 지니고 있는 사전 지식은 공부 기술 습득과 사용에 영향을 준다. 예를 들어, 읽을 텍스트에 대한 사전 지식이 부족하면 읽기에서 중요한 부분과 그렇지 않은 부분을 구별해 내는 일차적 기술과 자신의 독해 수준을 점검하는 메타인지 기술을 효과적으로 사용하기 어렵다. 이런 일이 발생하는 이유는 사람들은 정보를 처리하는 활동기억의 용량이 제한되어 있기 때문에, 사전 지식이 부족하면 학습할 내용을 이해하는 데에만 활동기억이 과부하 되고, 공부 기술 그 자체를 습득하고 사용하는 데에는 활동기억을 사용할 여지가 없게 되기 때문이다(Demetriou & Kazi, 2001; Lehmann & Hasselhorn, 2007; Waters & Kunnmann, 2010). 따라서 공부 기술을 지도할 때는 다루는 학습 내용의 주요 개념과 용어들에 대한 사전 지식을 충분히 숙지하도록 한 후 공부 기술의 습득과 사용을 지도한다.

셋째, **한 번에 하나 또는 소수의 공부 기술을 소개**한다. 자녀가 당혹감을 갖지 않도록, 다양한 상황에서 공부 기술을 사용할 시간과 기회를 제공한다. 이를 위해 ① 10시간 정도로 하나의 공부 기술을 지도하며, ② 어떤 상황에서 어떻게, 왜 그 공부 기술을 사용하는지에 대해 지도한다. 또한, ③ 몇 주에 걸쳐 소수의 공부 기술들을 소개한다. 아울러, ④ 명시적 공부 기술과 암시적 공부 기술 모두를 지도한다. 노트필기 하기, 개념/아이디어 차트 만들기, 요약하기와 같이 외부로 드러나는 명시적 공부 기술 외에 추론하기, 독해 모니터링과 같이 외부로 드러나지 않는 암시적 공부 기술들도 중요함을 지도한다.

넷째, **장시간에 걸쳐 연습**을 시킨다. 대개 6-10주에 걸쳐 소수의 공부 기술을 연습할 기회를 갖게 한다. 그리고 자녀들의 해당 학년 뿐 아니라 상급 학년에까지 걸쳐 공부 기술에 대해 연계적이고 지속적인 지도가 이루어지도록 한다. 주기적인 피드백과 후속지도(Follow-Ups)를 통해 공부 기술의 숙련과 활용이 이루어지도록 한다.

다섯째, **부모가 공부 기술들을 자세히 설명하고 모델링**한다. 부모는 생각 보고법을 동원하며 모델링(시범)을 통해 자녀가 공부 기술을 효과적으로 사용하는 장면을 관찰할 기회를 제공한다. 모델링은 적어도 다음 두 가지 요소를 포함해야 한다.

① 다양한 학습목표들을 성취하기 위해 다양한 상황에서 어떤 공부 기술이 어떻게 사용되고 있는지 보여 준다(선언적 지식과 절차적 지식).
② 언제, 왜 공부 기술을 사용해야 하는지에 대해 알려 준다(조건적 지식).

아울러, 자녀들은 협동학습을 통해 효과적으로 공부 기술을 배울 수 있다. 협동학습 집단에서 구성원들끼리 자신의 공부 기술 사용에 대해 나누고 생각을 표현하게 하면 상호 간에 조사, 반성, 모델링을 촉진시킬 수 있다.

여섯째, 부모의 공부 기술 모델링이 끝나고 **자녀에게 연습을 시킨 후, 자녀가 '교사가 되어'** 실제로 자신이 사용하고 있는 공부 기술에 대해 또래와 **부모를 상대로 가르치도록** 한다. 소위 가르치는 것은 배우는 것을 완벽하게 한다는 **상호적 교수**(Reciprocal Teaching)의 원리를 적용하는 것이다. 부모는 자녀의 '가르침' 행위에 대해 코멘트, 피드백, 힌트를 제공한다(Palinscar & Brown, 1984). Scardamalia 등(1984)은 6학년 학생들을 대상으로 글쓰기 기술을 교사의 모델링을 통해 지도한 후, 학생들이 번갈아 가며 '교사의 역할'을 하며 또래들과 교사 앞에서 자신의 실제 글쓰기 과정을 예로 들어 가르치도록 하였다. 이를 바탕으로 또래와 교사의 비평과 코멘트, 토론 활동을 병행했고 그 결과, 학생들의 글쓰기 능력이 월등히 향상되었다고 보고하였다.

일곱째, **공부 기술을 전이(적용)할 기회**를 준다. 공부 기술을 다양한 교과 영역에 지속적으로 적용해야 한다. 하나의 특정 과제에만 공부 기술을 사용하면 다른 과제들에 적용하기 어렵기 때문이다. 그리고 공부 기술을 여러 가지 과제들에 지속적으로 적용해야 공부 기술의 유용성을 인식하게 된다. 다음과 같은 두 가지 지도가 필요하다. 먼저, ① 기존에 공부 기술이 사용되던 상황과 적용할 상황 간의 유사점을 발견하도록 한다. 또한, ② 기존에 사용했던 공부 기술을 같은 방식으로 적용하도록 한다. 이 두 가지 과정을 부모가 생각 보고법을 사용하며 모델링 해 준 후, 자녀도 여러 교과들에 공부 기술을 적용하도록 한다.

여덟째, **공부 기술 사용에 대해 돌아보도록 격려**한다. 정기적으로 시간을 갖고 소집단 토론, 학습 일지, 에세이 등을 통해 자녀가 자신의 공부 기술 사용에 대해 메타인지적으로 반성할 기회를 준다. 대학생들조차도 학습 과제를 수행할 때 메타인지를 항상 사용하는 것은 아니다. 자녀가 어떻게 학습과제를 수행했는지 설명하거나 글로 써 보고 더 잘 할 수 없었는지 반성하도록 하는 것은 메타인지 기술들을 외부로 노출시켜 검토할 수 있도록 해 준다.

3. 수업 단계별 교수 활동

공부 기술(Study Skills)도 사고 기술(Thinking Skills)과 같은 인지적 전략으로 다음과 같이 사고 기술 교수 모형을 적용할 수 있는데, 도입-전개-정리라는 수업의 3단계로 제시하면 다음과 같다(정지선, 정선미, 강충열, 2014, p.147). 어려운 공부기술의 경우 40-50분의 단위 수업들을 여러 개 적절히 묶어 블록 시간으로 만들어 지도한다.

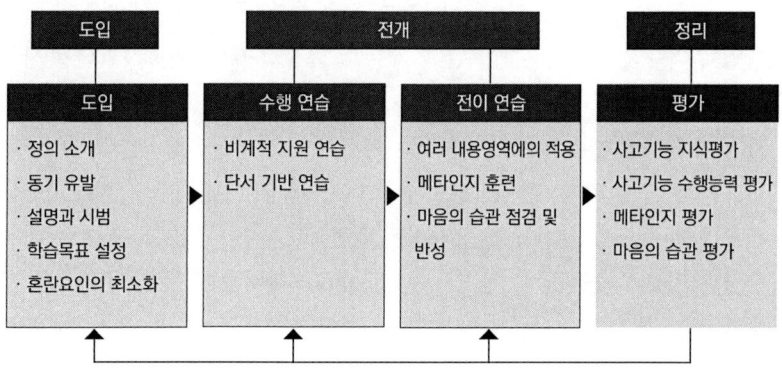

첫째, **도입 단계에는 다음과 같은 활동**을 한다.

① 지도할 특정 공부 기술을 정의해 주고, ② 그 공부 기술이 언제, 왜 필요한지 예를 들어 설명해 주어 그것이 지닌 유용성을 인식시키고, ③ 그 공부 기술을 수행하는 방법을 설명과 함께 시범 보인다. 시범 시 부모는 공부 기술을 수행하면서 생각 보고법을 사용함으로써 자녀가 부모의 공부 기술 수행 과정과 결과를 이해할 수 있도록 한다. 생각 보고법은 자기 대화(Self-Talk)라고도 한다. 시범과 함께 생각 보고법을 동시에 수행하는 이유는 **모델링은 언어화(Verbalization)와 조합을 이룰 경우 모델링만 이루어질 때 보다**

효과적이기 때문이다(Schunk, 1987). 특히 연령이 낮은 자녀들, 학업성취가 낮은 자녀들에게 공부 기술을 지도할 때 유용하다. 이들에게는 '모델링+짤막한 설명'은 충분치 못하다. '모델링+생각 보고법'이 필요하다(Brophy, 1988). 예를 들어, 책에 노트필기 하는 기술을 지도할 때, 부모는 필요한 단서는 찾고, 불필요한 단서는 무시하는 기술을 행동과 생각 보고를 병행하여 모델링 해야 효과적이다. ④ 아울러 기회가 된다면 또래 모델링을 통해 또래들이 공부 기술을 성공적으로 수행하는 모습을 생각 보고법과 함께 보여줌으로써 자녀에게 자신감을 불어넣어 준다. ⑤ 공부 기술 그 자체를 학습하는데 혼란 요인으로 작용할 가능성이 있는 것들, 예를 들어 어려운 교과 내용의 용어나 개념은 미리 설명해 주고, 교과와 관련된 부정적 정서(예: 수학에 대한 두려움) 등을 최소화한다.

둘째, 전개 단계에서는 공부 기술을 ① 수행하는 연습과 ② 전이하는 연습으로 나누어 지도한다. 자녀의 공부 기술 수행에 대한 안내와 피드백을 제공하는데, 그 안내의 구조화 정도가 수행 연습 초반부에는 강하고 후반부에는 약해진다. 그에 따라 초반부의 연습은 매우 구조적이고 집중적인 성격을 띠며, 후반부의 연습은 덜 구조적이고 간헐적인 성격을 띤다.

수행 연습의 초반부에서 이루어지는 구조화는 수행을 안내하는 체크리스트나 그래픽 오거나이저(Graphic Organizer)를 제시하여 자녀의 공부 기술 수행 절차를 안내하고, 수행에 대해 피드백을 구체적으로 제공하며 교정하거나 보완한다. 이를 **비계적 지원**(Scaffolding)이라고 부른다.

체크리스트는 공부 기술을 수행하는 절차를 질문이나 지시문으로 제시하고 학생들이 그 질문에 답을 하거나 지시에 따르도록 함으로써 사고를 자극하고 안내하도록 하는 지원 전략이다. 예를 들어, Swartz 등(2008, p. 13)은 다음과 같은 질문 목록을 통해 인과 관계를 파악하는 기술을 지도한다.

1. 어떤 일이 일어났는가? ____
2. 그 일이 일어나게 만든 원인들로 어떤 것들이 있을까? ____
3. 그것들이 원인이라고 생각하게 만드는 단서나 증거는 무엇인가? ____
4. 단서나 증거를 수집하고 난 후 발견한 것은 무엇인가? ____
5. 단서들이 보여주고 있는 것이 그 일이 일어나도록 한 것일까? ____

그래픽 오거나이저는 인지적 전략 사용 절차를 안내하는 그림이다. 도해는 학생들의 발달단계와 다루는 내용에 따라 여러 가지 형태를 취할 수 있는데 다음 그림은 비교-대조하기 기술을 연습하는데 사용할 수 있는 고학년과 저학년용 그래픽 오거나이저의 예이다(Swartz et al., 2008, p.57).

〈 저학년용 그래픽 오거나이저 예시 〉

〈 고학년용 그래픽 오거나이저 예시 〉

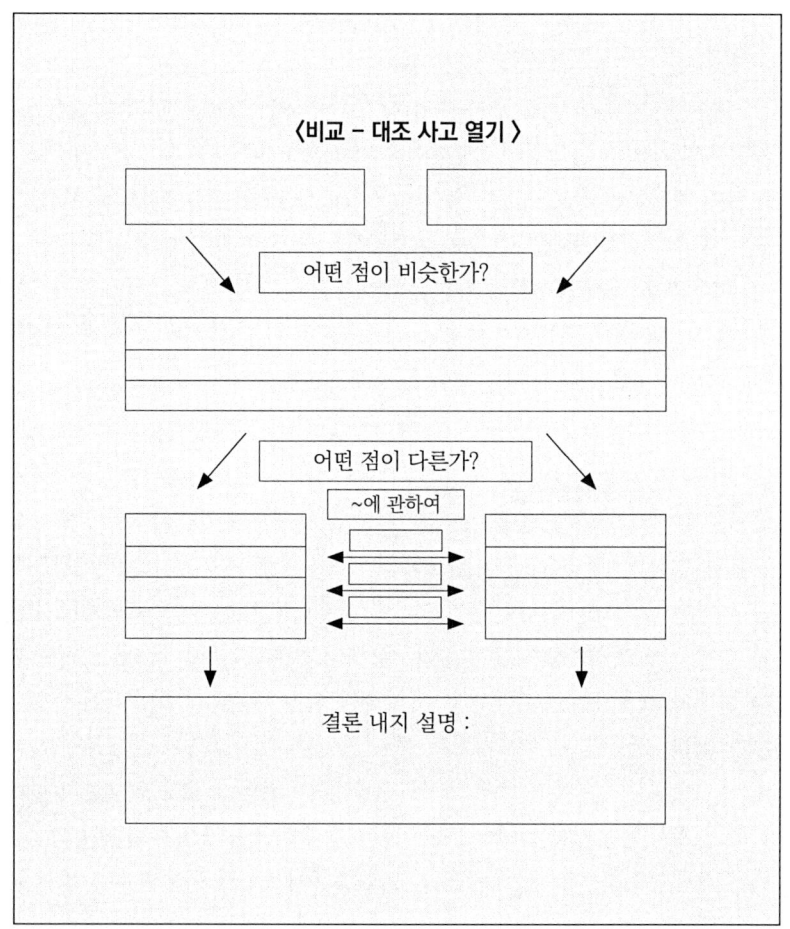

그리고 기회가 되면 자녀가 소집단 활동을 통해 또래들 상호간에 자신들의 공부 기술 수행 과정과 결과를 비교하고 반성하면서 교정하거나 보완하도록 한다.

수행 연습의 후반부에서의 구조화는 초반부와는 달리 부모의 직접적이고 집중적인 개입이 간접적이고 간헐적인 성격으로 바뀐다. 부모는 단서 또는 힌트만 제공하여 자녀가 보다 주도적으로 공부 기술을 수행하도록 하고, 부모는 중요한 포인트에만 피드백을 제공하는 정도로 그 관여의 수준을 낮춘다. 아울러 자녀가 지루함이나 어려움을 느끼고 그에 따른 부정적인 마음의 습관이 나타나면, 긍정적인 마음의 습관을 유도하고 강화한다. 이런 특징으로 인해 이 단계를 **단서 기반 연습 단계**라고 부른다.

전이하는 연습은 수행 연습 단계에서 익힌 공부 기술을 여러 교과 내용이나 삶에 적용하는 활동으로 구성한다. Tabberer와 Allman(1984)은 중등교육에서 공부 기술 프로그램을 검토한 후 공부 기술 지도에 두 가지 문제가 있음을 지적한다. 하나는 공부 기술이 탈맥락적으로 지도된다는 것이다. 즉, 공부 기술이 학생들이 대부분의 시간을 사용하고 있는 교과와 연계하지 못하고 별도의 교육과정으로 개설되어 운영되고 종료된다는 점이다. 이에 따라 별도의 교육과정으로 배운 공부 기술이 여러 교과들을 학습하는데 전이되지 않는다는 것이다. 또 하나는 공부 기술이 각 교과에서 별도로 지도된다는 것이다. 이에 따라 공부 기술을 교과 특수적인 것으로만 제한하여 전이의 범위가 좁아진다. 따라서 공부 기술은 학교 교육과정에 별도의 과목을 개설하여 집중적으로 지도하되 각 교과와 통합적으로 연계되어야 전이 문제가 해결된다는 것을 시사한다. 이를 위해서는 교사들의 공부 기술에 대한 학제간 교과 통합 노력과 학교 교육과정을 담당하고 있는 담당자들의 교육과정 리더십이 필요하다.

공부 기술의 전이는 두 단계로 구분된다.

첫째 단계는 학습한 **공부 기술을 자기 주도적으로 다양한 교과의 내용을 학습할 때 사용하도록** 하는 것이다. 이를 융합적 접근이라고 하는데, 전이 유도 질문과 프롬프트를 사용하여 다양한 내용 영역에 공부 기술을 적용하여 문제를 해결하도록 한다. 예를 들어 "개념 차트를 사용하여 사회과 단원의 내용을 요약하였는데, 과학과에도 사용해 볼까?"라고 전이 유도 질문을 하거나 전이를 하라는 약속된 프롬프트(신호 단서. 예를 들어, "개념 차트 사용하기"라는 글을 적거나 그림을 그린 카드)를 제시한다.

둘째 단계는 **공부 기술 전이의 과정과 결과를 평가하고 반성하는 것**이다. 이를 메타인지적 접근이라고 하는데, 부모나 또래들과의 토론, 학습일지 작성, 자기평가 점검표 등을 활용한다.

셋째, 정리 단계에서는 자녀의 **공부 기술 성취 수준을 평가**하는 활동을 한다. 공부 기술 그 자체에 대한 지식, 수행 및 전이 능력, 메타인지에 대한 평가로 구성한다. ① 공부 기술 그 자체에 대한 지식 평가는 선다형 지필 평가나 면접을 통해 이루어지고, ② 공부 기술을 수행으로 옮기는 능력에 대한 평가는 내용의 난이도를 통제하고(쉬운 난이도의 내용을 사용) 세 번 정도 수행 평가하며, ③ 공부 기술을 여러 내용 영역에 적용하는 전이 능력 평가는 선다형 지필 평가와 수행 평가의 형식을 취한다. ④ 메타인지 평가는 생각 보고법을 통해 나타난 프로토콜과 또래들과의 토론 내용을 분석함으로써 이루어질 수 있다. 마음의 습관 평가는 공부 기술 사용 시 공부에 유리하도록 정서 상태(집중력, 평정심, 협동, 호기심, 공감. 인내심 등)를 얼마나 잘 조절·통제했는지를 평가한다. 이런 평가를 통해 얻은 정보는 공부 기술 지도의 모든 단계에 피드백 정보로 사용한다.

공부 기술은 1회용 사건(Event)으로 습득되는 것이 아니라 습관(Habit)을 통해 형성된다(Hollins, 2021). 사건이란 한 번 일어나면 그 후에는 자주 일어나지 않는 일을 말한다. 공부는 사건이 아니기 때문에 어떤 일회성 행동이나 성취에 관한 것이 아니다. 공부는 반복적으로 일어나는 일관된 행위이자 그것이 축적된 결과를 말한다. 공부는 습관이다. 공부 습관을 들이는데 있어 가장 어려운 부분은 시작이고, 그 다음은 멈추지 않는 것이다. 공부 기술을 효율적이고 효과적으로 만들기 위해서는 공부 기술의 사용을 학교 공부와 일상 삶의 한 부분으로 만들어야 한다. 즉, 습관처럼 공부 기술의 사용을 자동화(Automatization)하고 공부 기술 사용에 대한 자신감을 갖도록 해야 한다.

⟨참고 문헌⟩

정지선, 정선미, 강충열. (2014). 사고력 교육의 명시적 교수 모델 개발. **통합교육과 정연구**, 8(1), 127-165.

질병관리청. (2025년 6월 9일). 국민 건강영양조사: 2023년 음료 섭취 현황 발표 [보도자료]. 질병관리청. https://www.kdca.go.kr/board/board.es?act=view&bid=0015&list_no=727936&mid=a20501010000.

한국심리학회. (2003). 현대심리학의 이해. 학문사.

Adams, M. J. (1990). Beginning to read: *Thinking and learning about print*. MIT Press.

Amabile, T. M. (1983). The social psychology of creativity: A componential conceptualization. *Journal of Personality and Social Psychology*, *45*, 357-376.

Amabile, T. M., & Hennessey, B. A. (1992). The motivation for creativity in children. In A. K. Boggiano & T. S. Pittman (Eds.), Achievement and motivation: *A social-developmental perspective* (pp. 54-74). Cambridge University Press.

Anderman, E. M., & Mueller, C. E. (2010). Middle school transitions and adolescent development: Disentangling psychological, social, and biological effects. In J. L. Meece & J. S. Eccles (Eds.), *Handbook of research on schools, schooling, and human development* (pp. 198-215). Routledge.

Anderson, T. H. (1979). Study skills and learning strategies. In H. F. O'Neil Jr., & C. D. Spielberger (Eds.), *Cognitive and affective learning strategies* (pp. 77-97). Academic Press.

Anderson, J. R. (2005). *Cognitive psychology and its implications*. Worth

Publishers.

Anderson, R. C., & Pearson, P. D. (1984). A schema-theoretic view of basic processes in reading comprehension. In P. D. Pearson (Ed.), *Handbook of reading research* (pp. 255-292). Longman.

Anderson, R. C., Reynolds, R. E., Schallert, D. L., & Goetz, E. T. (1977). Frameworks for comprehending discourse. *American Educational Research Journal*, *14*(4), 367-381.

Applebee, A. N., Langer, J. A., Jenkins, L. B., Mullis, I. V. S., & Foertsch, M. A. (1990). Learning to write in our nation's schools: *Instruction and achievement in 1988 at grades 4, 8, and 12*. (Report No. 19-W-02). National Assessment of Educational Process, Educational Testing Service. https://eric.ed.gov/?id=ED318038

Baddeley, A. D. (1986). *Working memory*. Oxford University Press.

Baer, D. M. (1984). Does research on self-control need more self-control? *Analysis and Intervention in Developmental Disabilities*, *4*(2), 211-218.

Baker, L. (2002). Metacognition in comprehension instruction. In C. C. Block & M. Pressley (Eds.), *Comprehension instruction: Research-based best practices* (pp. 77-95). Guilford Press.

Baker, L., & Anderson, R. I. (1982). Effects of inconsistent information on text processing: Evidence for comprehension monitoring. *Reading Research Quarterly*, *17*(2), 281-294.

Bales, R. F. (1950). *Interaction process in analysis: A method for the study of small groups*. Addison-Wesley Press.

Bandalos, D. L., Finney, S. J., & Geske, J. A. (2003). A model of statistics performance based on achievement goal theory. *Journal of*

Educational Psychology, 95(3), 604-616.

Bandura, A. (1977). *Social learning theory*. Prentice-Hall.

Bandura, A. (1986). *Social foundations of thought and action: A social cognitive theory*. Prentice-Hall.

Bandura, A. (Ed.). (1995). *Self-efficacy in changing societies*. Cambridge University Press.

Bandura, A. (2008). Self-regulation of motivation: A social cognitive perspective. In D. H. Schunk & B. J. Zimmerman (Eds.), *Handbook of self-regulation: Research, theory, and applications* (pp. 249-271). Guilford Press.

Barlett, E. J. (1982). Learning to revise: Some component processes. In M. Nystrand (Ed.), *What writers know: The language, process, and structure of written discourse* (pp. 345-363). Academic Press.

Barron, B. (2006). Interest and self-sustained learning as catalysts of development: A learning ecology perspective. *Human Development, 49*(4), 193-224.

Baumann, J. F. (2009). Vocabulary and reading comprehension: The nexus of meaning. In S. E. Israel & G. G. Duffy (Eds.), *Handbook of research on reading comprehension* (pp. 323-346). Routledge.

Beilock, S. L., & Carr, T. H. (2001). On the fragility of skilled performance: What governs choking under pressure? *Journal of Experimental Psychology: General, 130*(4), 701-725.

Belfiore, P. J., & Hornyak, R. S. (1998). Operant theory and application to self-monitoring in adolescents. In D. H. Schunk & B. J. Zimmerman (Eds.), *Self-regulated learning: From teaching to self-reflective practice* (pp. 184-202). Guilford Press.

Belland, B. R., Kim, C., & Hannafin, M. J. (2013). A framework for designing scaffolds that improve motivation and cognition. *Educational Psychologist*, *48*(4), 243-270.

Benton, S. L. (1997). Psychological foundations of elementary writing instruction. In G. D. Phye (Ed.), *Handbook of academic learning: Construction of knowledge* (pp. 236-264). Academic Press.

Bereiter, C., & Scardamalia, M. (1985). Cognitive coping strategies and the problem of "inert knowledge." In S. F. Chipman, J. W. Segal, & R. Glaser (Eds.) *Thinking and learning skills*: Vol. 2. *Research and open questions* (pp. 65-80). Lawrence Erlbaum Associations.

Berkowitz, L. (1983). Aversively stimulated aggression: Some parallels and differences in research with animals and humans. *American Psychologist*, *38*(11), 1135-1144.

Biemiller, A., & Boote, C. (2006). An effective method for building meaning vocabulary in primary grades. *Journal of Educational Psychology*, *98*(1), 44-62.

Blakmore, S. J., & Frith, U. (2000). *The implications of recent development in Neuroscience for research on teaching and learning*. Institute of Cognitive Neuroscience. https://prea2k30.scicog.fr/ressources/accesfichier/11.pdf

Boas, F. (1911). *Handbook of American Indian languages* (Bulletin no. 40, pt. 1). U.S. Government Print Office, Smithsonian Institution, Bureau of American Ethnology. https://library.si.edu/digital-library/book/bulletin4011911smit

Borkowski, J. G., & Burke, J. E. (1996). Theories, models, and measurements of executive functioning: An information processing perspective. In G. R. Lyon & N. A. Krasnegor (Eds.), *Attention, memory, and executive function* (pp. 235-261). Brookes Publishing.

Bower, G. H. (1970). Imagery as a relational organizer in associative learning. *Journal of Verbal Learning and Verbal Behavior, 9*(5), 529-533.

Bower, G. H. (1981). Mood and memory. *American Psychologist, 36*(2), 129-148.

Bower, G. H. (1994). Some relations between emotions and memory. In P. Ekman & R. J. Davidson (Eds.), *The nature of emotion: Fundamental questions* (pp. 303-305). Oxford University Press.

Bower, G. H., & Cohen, P. R. (1982). Emotional influences on memory and thinking: Data and theory. In M. S. Clark & S. T. Fiske (Eds.), *Affect and cognition: 17th annual Carnegie Mellon symposium on cognition* (pp. 291-331). Lawrence Erlbaum Association.

Bower, G. H., & Forgas, J. P. (2001). Mood and social memory. In J. P. Forgas (Ed.), *Handbook of affect and social cognition* (pp. 95-120). Lawrence Erlbaum Association.

Boyatzis, R. E. (1973). Affiliation motivation. In D. C. McClelland & R. S. Steele (Eds.), *Human motivation: A book of readings* (pp. 252-276). General Learning Press.

Brenner, M. E., Mayer, R. E., Moseley, B., Brar, T., Duran, R., Reed, B. S., & Webb. D. (1997). Learning by understanding: The role of multiple representations in learning algebra. *American Educational Research Journal, 34*(4), 663-689.

Britton, B. K., Gulgoz, S., & Glynn, S. (1993). Impact of good and poor writing on learners: Research and theory. In B. K. Britton, A. Woodward, & M. R. Binkley (Eds), *Learning from textbooks: Theory and practice* (pp. 1-46). Routledge.

Broadhurst. P. L. (1959). The interaction of task difficulty and motivation: The Yerkes-Dodson law revived. *Acta Psychologica, Amsterdam*, *16*, 321-338.

Brophy, J. E. (1988). Research linking teacher behavior to student achievement: Potential implications for instruction of Chapter 1 students. *Educational Psychologist*, *23*(3), 235-286.

Brophy, J. E. (2004). *Motivating students to learn* (2nd ed.). Lawrence Erlbaum Associates.

Brown, A. L. (1978). Knowing when, where, and how to remember: A problem of metacognition. In R. Glaser (Ed.), *Advances in instructional psychology* (Vol. 1, pp. 77-165). Lawrence Erlbaum Associates.

Brown, A. L. (1987). Metacognition, executive control, self-regulation and other more mysterious mechanisms. In F. E. Weinert & R. H. Kluwe (Eds.), *Metacognition, motivation, and understanding* (pp. 65-116). Lawrence Erlbaum Associates.

Brown, A. L., Bransford, J. D., Ferrara, R. A., & Campione, J. C. (1983). Learning, remembering, and understanding. In J. H. Flavell & E. M. Markman (Eds.), *Handbook of child psychology: Vol. 3. Cognitive development* (pp. 77-166). Wiley.

Brown, A. L., Campione, J. C., & Barclay, C. R. (1979). Training self-checking routines for estimating test readiness: Generalization from list learning to prose recall. *Child Development*, *50*(2), 501-

512.

Brown, A. L., Campione, J. C., & Day, J. D. (1981). Learning to learn: On training students to learn from texts. *Educational Researcher*, *10*(2), 14-21.

Brown, J. S., Collins, A., & Harris, G. (1978). Artificial intelligence and learning strategies. In H. F. O'Neil (Ed.). *Learning strategies* (pp. 107-139). Academic Press.

Brown, A. L., & Day, J. D. (1983). Macrorules for summarizing texts: The development of expertise. *Journal of Verbal Learning and Verbal Behavior*, *22*(1), 1-14.

Brown, A. L. & Reeve, R. A. (1987). Bandwidths of competence: The role of supportive contexts in learning and development. In L. S. Liben (Ed.), *Development and learning: Conflict or congruence?* (pp. 173-223). Lawrence Erlbaum Associates.

Brown, A. L., & Smiley, S. S. (1977). Rating the importance of structural units of prose passages: A problem of metacognitive development. *Child Development*, *48*(1), 1-8.

Bruner, J. S. (1973). *Beyond the information given: Studies in the psychology of knowing*. Norton.

Bruning, R. H., Schraw, G. J., & Norby, M. M. (2011). *Cognitive psychology and instruction* (5th ed.). Pearson.

Bryan, W. L., & Harter, N. (1897). Studies in the physiology and psychology of telegraphic language. *Psychological Review*, *4*(1), 27-53.

Bugelski, B. R. (1970). Words and things and images. *American Psychologist*, *25*(11), 1002-1012.

Butler, D. L., & Winne, P. H. (1995). Feedback and self-regulated learning:

A theoretical synthesis. *Review of Educational Research*, *65*(3), 245-281.

Calfee, R. (1981). Cognitive psychology and educational practice. *Review of Research in Education*, *9*(1) 3-73.

Call, J. (2005). The self and other: A missing link in comparative social cognition. In H. S. Terrace & J. Metcalfe (Eds.), *The missing link in cognition: Origins of self-reflective consciousness* (pp. 321-341). Oxford University Press.

Cameron, J. (2001). Negative effects of reward on intrinsic motivation-A limited phenomenon: Comment of Deci, Koestner, and Ryan (2001). *Review of Educational Research*, *71*(1), 29-42.

Cardelle-Elawar, M. (1992). Effects of teaching metacognitive skills to students with low mathematics ability. *Teaching and Teacher Education*, *8*(2), 109-121.

Carr, M. (2010). The importance of metacognition for conceptual change and strategy use in mathematics. In H. S. Waters & W. Schneider (Eds.), *Metacognition, strategy use, and instruction* (pp. 176-197). Guilford Press.

Carter, R., Williams, S., & Sliverman, W. K. (2008). Cognitive and emotional facets of test anxiety in African American school children. *Cognition and Emotion*, *22*(3), 539-551.

Cassady, J. C. (2010). Test anxiety: Contemporary theories and implications for learning. In J. C. Cassady (Ed.), *Anxiety in schools: The causes, consequences, and solutions for academic anxieties* (pp. 7-26). Peter Lang.

Catania, A. C. (1992). *Learning*. Prentice-Hall.

Chall,, J. S. (1967). *Learning to read: The great debate.* McGraw-Hill.

Chall,, J. S. (1979). The great debate: Ten years later, with a modest proposal for reading stages. In L. B. Resnick & P. A. Weaver (Eds.), *Theory and practice of early reading* (Vol. 1, pp. 29-55). Lawrence Erlbaum Associations.

Chambliss, M., & Calfee, R. (1998). *Textbook for learning: Nurturing children's minds.* Blackwell.

Charlesworth, E. A., & Nathan, R. G. (1984). *Stress management: A comprehensive guide to wellness.* Atheneum.

Chatham, K. M. (1982). *Employment practices with entry-level workers. Research Brief.* U.S. National Institute of Education, Far West Laboratory for Research and Education. https://files.eric.ed.gov/fulltext/ED226136.pdf

Chein, J. M., & Schneider, W. (2012). The brain's learning and control architecture. *Current Directions in Psychological Science, 21*(2), 78-84.

Chi, M. T. H., Bassok, M., Lewis, M. W., Reimann, P., & Glaser, R., (1989). Self-explanations: How students study and use examples in learning to solve problems. *Cognitive Science, 13*(2), 145-182.

Chi, M. T. H., de Leeuw, N., Chiu, M-H., & LaVancher, C. (1994). Eliciting self-explanations improves understanding. *Cognitive Science, 18*(3), 439-477.

Chi, M. T. H., & Glaser, R. (1985). Problem solving ability. In R. J. Sternberg (Ed.), *Human abilities: An information-processing approach* (pp. 227-257). W. H. Freeman.

Cobb, P., Yackel, E., & Wood, T. (1989). Young children's emotional acts while engaged in mathematical problem solving. In D. B. McLeod & V. M. Adams (Eds.), *Affect and mathematical problem solving: A new perspective* (pp. 117-148). Springer.

Colcombe, S. J., Erickson, K. I., Raz, N., Webb, A. G., Cohen, N. J., McAuley, E., & Kramer, A. F. (2003). Aerobic fitness reduces brain tissue loss in aging humans. *Journal of Gerontology: Series A, 58*(2), 176-180.

Cole, M., & Scribner, S. (1974). *Culture and thought: A psychological introduction.* Wiley.

Connell, J. D. (2005). *Brain based strategies to reach every learner: Moving beyond labels and achieving success for all students.* Scholastic.

Conry, R., & Plant, W. T. (1965). WAIS and group test prediction of an academic success criterion: High school and college. *Educational and Psychological Measurement, 25*(2), 493-500.

Cook, L. K., & Mayer, R. E. (1988). Teaching readers about the structure of scientific text. *Journal of Educational Psychology, 80*(4), 448-456.

Cotman, C. W., & Neeper, S. (1996). Activity-dependent plasticity and the aging brain. In E. L. Schneider, J. W. Rowe, T. E. Johnson, N. J. Holbrook, J. H. Morrison, & J. E. Birren (Eds.), *Handbook of the biology of aging* (4th ed., pp. 283-299). Academic Press.

Cottrell, S. (2009). *The study skills handbook* (3rd ed.). Palgrave.

Cottrell, S. (2019). *The study skills handbook* (5th ed.). Red Grove Press.

Covington, M. V. (1992). *Making the grade: A self-worth perspective on motivation and school reform.* Cambridge University Press.

Cowan, N. (1995). *Attention and memory: An integrated framework.*

Oxford University Press.

Craik, F. I., & Lockhart, R. S. (1972). Levels of processing: A framework for memory research. *Journal of Verbal Learning and Verbal Behavior*, *11*(6), 671-684.

Crowne, D. P., & Marlowe, D. (1964). *The approval motive: Studies in evaluative dependence*. Wiley.

Curwin, R. L., & Mendler, A. N. (2002). *Discipline with dignity*. Association for Supervision and Curriculum Development.

Dale, E. & O'Rourke, J. (1981). *The living word vocabulary: A national vocabulary inventory*. World Book-Childcraft International.

Dansereau, D. F. (1985). Learning strategy research. In J. W. Segal, S. F. Chipman, & R. Glaser (Eds.). *Thinking and learning skills: Vol. 1. Relating instruction to research* (pp. 209-239). Lawrence Erlbaum Associates.

Dansereau, D. F., Long, G. L., McDonald, B. A., & Atkinson, T. R. (1975). *Learning strategy inventory development and assessment* (AFHRL-TR-75-40). U.S. Air Force.

Deci, E. L., & Ryan, R. M. (1987). The support of autonomy and the control of behavior. *Journal of Personality and Social Psychology*, *53*(6), 1024-1037.

DeLoache, J. S., Cassidy, D. J., & Brown, A. L. (1985). Precursors of mnemonic strategies in very young children's memory. *Child Development*, *56*(1), 125-137.

Demetriou, A., & Kazi, S. (2001). *Unity and modularity in the mind and the self: Studies on the relationships between self-awareness, personality, and intellectual development from childhood to adolescence*. Routledge.

Dempster, F. N. (1991). Synthesis of research on review and tests. *Educational Leadership*, *48*(7), 71-76.

Doctorow, M., Wittrock, M. C., & Marks, C. (1978). Generative processes in reading comprehension. *Journal of Educational Psychology*, *70*(2), 109-118.

Dole, J. A., Duffy, G. G., Roehler, L. R., & Pearson, P. D. (1991). Moving from the old to the new: Research on reading comprehension instruction. *Review of Educational Research*, *61*(2), 239-264.

Dole, J. A., & Sinatra, G. M. (1998). Reconceptualizing change in the cognitive construction of knowledge. *Educational Psychologist*, *33*(2-3), 109-128.

Donaldson, M. C. (1978). *Children's minds*. Fontana.

Donohoe, R. T., & Benton, D. (2000). Glucose tolerance predicts performance on tests of memory and cognition. *Physiology and Behavior*, *71*(3-4), 395-401.

Duffy, G. (2002). The case for direct explanation of strategies. In C. C. Block & M. Pressley (Eds.), *Comprehension instruction: Research-based best practices* (pp. 28-41). Guilford Press.

Duncker, K. (1945). On problem solving. *Psychological Monographs*, *58*(5), i-113.

Dunlosky, J., & Metcalfe, J. (2009). *Metacognition*. Sage Publications.

Dweck, C. S. (2000). *Self-theories: Their role in motivation, personality, and development*. Psychology Press.

Edwards, C. H. (2008). *Classroom discipline and management*. Wiley.

Eich, E. (1995). Searching for mood-dependent memory. *Psychological Science*, *6*(2), 67-75.

Eysink, T. H. S., & de Jong, T. (2012). Does instructional approach matter? How elaboration plays a crucial role in multimedia learning. *Journal of the Learning Sciences*, *21*(4), 583-625.

Ferguson, E. L., & Hegarty, M. (1995). Learning with real machines or diagrams: Application of knowledge to real-world problems. *Cognition and Instruction*, *13*(1), 129-160.

Fernandez-Duque, D., Baird, J. A., & Posner, M. I. (2000). Executive attention and metacognitive regulation. *Consciousness and Cognition*, *9*(2), 288-307.

Feuerstein, R. (1980). *Instrumental enrichment: An intervention program for cognitive modifiability*. University Park Press.

Flanagan, K. (1997). *Maximum points, minimum panic: The essential guide to surviving exams*. Marino Books.

Flavell, J. H. (1963). *The developmental psychology of Jean Piaget*. D. Van Nostrand.

Flavell, J. H. (1971). First discussant's comments: What is memory development the development of? *Human Development*, *14*(4), 272-278.

Flavell, J. H. (1979). Metacognition and cognitive monitoring: A new area of cognitive-developmental inquiry. *American Psychologist*, *34*(10), 906-911.

Frankenstein, C. (1979). *They think again: Restoring cognitive abilities through teaching*. Van Nostrand Reinhold.

Fraser, C. (1999). *Reading fluency in a second language*. Bantam Books.

Fraser, S., Gouge, C., & Billig, M. (1971). Risky shifts, cautious shifts and group polarization. *European Journal of Social Psychology*, *1*(1), 7-30.

Fredricks, J. A., Blumenfeld, P. C., & Paris, A. H. (2004). School engagement: Potential of the concept, state of the evidence. *Review of Educational Research*, *74*(1), 59-109.

Frodl, T., & O'Keane, V. (2013). How does the brain deal with cumulative stress? A review with focus on developmental stress, HPA axis function and hippocampal structure in humans. *Neurobiology of Disease*, *52*, 24-37.

Fry, R. (2011). *How to study*. Cengage Learning PTR.

Gagné, R. M. (1974). Educational technology and the learning process. *Educational Researcher*, *3*(1), 3-8.

Garofalo, J., & Lester F. K., Jr. (1985). Metacognition, cognitive monitoring, and mathematical performance. *Journal for Research in Mathematics Education*, *16*(3), 163-176.

Gaultney, J. F. (1998). Utilization deficiencies among children with learning disabilities. *Learning and Individual Differences*, *10*(1), 13-28.

Gernsbacher, M. A. (Ed.) (1994). *Handbook of psycholinguistics*. Academic Press.

Getzels, J. W., & Csikszentmihalyi, M. (1976). *The creative vision: A longitudinal study of problem finding in art*. Wiley.

Gick, M. L., & Holyoak, K. J. (1980). Analogical problem solving. *Cognitive Psychology*, *12*(3), 306-355.

Ginott, H. G. (1972). *Teacher and child: A book for parents and teachers*.

Avon Books.

Gittins C. E. (1967). *Primary Education in Wales (The Gittens Report): A report of the Central Advisory Council for Education (Wales).* HMSO.

Glaser, E. M. (1984). *An experiment in the development of critical thinking.* Teachers' College, Columbia University.

Glaser, R., & Chi, M. T. H. (1988). Overview. In M. T. H. Chi., R. Glaser, & M. J. Farr (Eds.), *The nature of expertise* (pp. 15-28). Lawrence Erlbaum Associates.

Glenberg, A. M., Gutierrez, T., Levin, J. R., Japuntich, S., & Kaschak, M. P. (2004). Activity and imagined activity can enhance young children's reading comprehension. *Journal of Educational Psychology, 96*(3), 424-436.

Godden, D. R., & Baddeley, A. D. (1975). Context-dependent memory in two natural environments: On land and underwater. *British Journal of Psychology, 66*(3), 325-331.

Goleman, D. (1994). *Emotional intelligence: Why it can matter more than IQ.* Bantam Books.

Gordon, T. (1989). *Teaching children self-discipline… at home and at school: New ways for parents and teachers to build self-control, self-esteem, and self-reliance.* Times Books.

Gordon, T., & Burch, N. (1974). *T.E.T.: Teacher effectiveness training.* P. H. Wyden.

Gottfried, A. E., Fleming, J. S., & Gottfried, A. W. (2001). Continuity of academic intrinsic motivation from childhood through late adolescence: A longitudinal study. *Journal of Educational*

Psychology, 93(1), 3-13.

Gould, J. D. (1978). How experts dictate. *Journal of Experimental Psychology: Human Perception and Performance, 4*(4), 648-661.

Graesser, A. C. (2007). An introduction to strategic reading comprehension. In D. S. McNamara (Ed.), *Reading comprehension strategies: Theories, interventions, and technologies* (pp. 3-26). Lawrence Erlbaum Associates.

Graham, S., Harris, K. R., & Troia, G. A. (1998). Writing and self-regulation in the writing process. In D. H. Schunk & B. J. Zimmerman (Eds.), *Self-regulated learning: From teaching to self-reflective practice* (pp. 20-41). Guilford Press.

Graham, S., & Weiner, B. (1996). Theories and principles of motivation. In D. C. Berliner & R. C. Calfee (Eds.), *Handbook of educational psychology* (pp. 63-84). Macmillan Library Reference.

Gredler, M. E. (2005). *Learning and instruction: Theory into practice*. Pearson Prentice Hall.

Greenough, W. T. (1976). Enduring brain effects of differential experience and training. In M. R. Rosenzweig & E. L. Bennett (Eds.), *Neural mechanisms of learning and memory* (pp. 255-278). MIT Press.

Greenough, W. T., & Black, J. E. (1992). Induction of brain structure by experience: Substrates for cognitive development. In M. R. Gunnar & C. A. Nelson (Eds.), *Developmental behavior and neuroscience: The Minnesota symposia on child psychology* (pp. 155-200). Lawrence Erlbaum Associates.

Grskovic, J. A., & Belfiore, P. J. (1996). Improving the spelling performance of students with disabilities. *Journal of Behavioral Education*,

6(3), 343-354.

Hampton, R. R. (2001). Rhesus monkeys know when they remember. *Proceedings of the National Academy of Sciences of the United States of America, 98*(9), 5359-5362.

Hansen, R. S., & Hansen, K. (2008). *The complete idiot's guide to study skills*. Alpha.

Harris, K. R., & Graham, S. (1992). Self-regulated strategy development: A part of the writing process. In M. Pressley, & K. R. Harris, & J. T. Guthrie (Eds.), *Promoting academic competence and literacy in school* (pp. 277-309). Academic Press.

Hart, E. R., & Speece, D. L. (1998). Reciprocal teaching goes to college: Effects for post-secondary students at risk for academic failure. *Journal of Educational Psychology, 90*(4), 670-681.

Hattie, J., Biggs, J., & Purdie, N. (1996). Effects of learning skills interventions on student learning: A meta-analysis. *Review of Educational Research, 66*(2), 99-136.

Hayes, J. R. (1989). *The complete problem solver* (2nd ed.). Lawrence Erlbaum Associates.

Hegarty, M., Mayer, R. E., & Monk, C. A. (1995). Comprehension of arithmetic word problems: A comparison of successful and unsuccessful problem solvers. *Journal of Educational Psychology, 87*(1), 18-32.

Hidi, S., & Harackiewicz, J. M. (2000). Motivating the academically unmotivated: A critical issue for the 21st century. *Review of Educational Research, 70*(2), 151-179.

Hinsley, D. A., Hayes, J. R., & Simon, H. A. (1977). From words to equations: Meaning and representation in algebra word problems. In P. A. Carpenter & M. A. Just (Eds.), *Cognitive processes in comprehension* (pp. 89-106). Lawrence Erlbaum Associates.

Hobson, E. (2001). *Motivating students to learn in large classes*. [Unpublished manuscript]. Albany College of Pharmacy and Health Sciences.

Holley, C. D., & Dansereau, D. F. (1984). *Spatial learning strategies: Techniques, applications, and related issues*. Academic Press.

Hollins, P. (2021). *The study skills handbook: How to ace tests, get straight A's, and succeed in school*. PKCS Media.

Horsley, K. (2016). *Unlimited memory: How to use advanced learning strategies to learn faster, remember more and be more productive*. TCK Publishing.

Horwood, L. J., & Ferguson, D. M. (1998). Breast feeding and later cognitive and academic outcomes. *Pediatrics, 101*(1), 1-7.

Howe, M. J. (1970). Notetaking strategy, review and long-term relationships between note-taking variables and achievement measures. *Journal of Educational Research, 63*(6), 285.

Hunter, I. M. L. (1964). *Memory*. Penguin Books.

IBISWorld. (2025). *Per capita soft drink consumption in the US*. IBISWorld. https://www.ibisworld.com/united-states/bed/per-capita-soft-drink-consumption/1786/

Jacobs, J. E., & Paris, S. G. (1987). Children's metacognition about reading: Issues in definition, measurement, and instruction. *Educational Psychologist, 22*(3-4), 255-278.

Johnson, R. E. (1970). Recall of prose as a function of the structural importance of the linguistic units. *Journal of Verbal Learning and Verbal Behavior*, *9*(1), 12-20.

Johnson, D. W., & Johnson, R. T. (1990). Cooperative learning and achievement. In S. Sharan (Ed.), *Cooperative learning: Theory and research* (pp. 23-37). Praeger Publishers.

Jones, B. F., Amiran, M., & Katims, M. (1985). Teaching cognitive strategies and text structures within language arts programs. In J. W. Segal, S. F. Chipman, & R. Glaser (Eds.) *Thinking and learning skills: Vol. 1. Relating instruction to research* (pp. 259-290). Lawrence Erlbaum Associates.

Jyoti, D. F., Frongillo, E. A., & Jones, S. J. (2005). Food insecurity affects school children's academic performance, weight gain, and social skills. *The Journal of Nutrition*, *135*(12), 2831-2839.

Kandel, E. R. (1976). *The cellular basis of behavior: An introduction to behavioral neurobiology*. W.H. Freeman.

Kandel, E. R. (2006, March). Learning to find your way. *Natural History*, *115*(2), 32-38.

Kaplan, A., & Flum, H. (2009). Motivation and identity: The relations of action and development in educational contexts--An introduction to the special issue. *Educational Psychologist*, *44*(2), 73-77.

Kellogg, R. T. (1994). *The psychology of writing*. Oxford University Press.

King, A. (1992). Comparison of self-questioning, summarizing, and notetaking-review as strategies for learning from lectures. *American Educational Research Journal*, *29*(2), 303-323.

King, A., Staffieri, A., & Adelgais, A. (1998). Mutual peer tutoring: Effects of structuring tutorial interaction to scaffold peer learning. *Journal of Educational Psychology*, *90*(1), 134-152.

Kintsch, W. (1976). Memory for prose. In C. N. Cofer (Ed.), *The structure of human memory*. W. H. Freeman.

Kirkland, M. C. (1971). The effects of tests on students and schools. *Review of Educational Research*, *41*(4), 303-350.

Kline, F. M., Deshler, D. D., & Schumaker, J. B. (1992). Implementing learning strategy instruction in class settings: A research perspective. In M. Pressley, & K. R. Harris, & J. T. Guthrie (Eds.), *Promoting academic competence and literacy in school* (pp. 361-406). Academic Press.

Knoff, H. M. (2012). *School discipline, classroom management & student self-management: A PBS implementation guide*. Corwin Press.

Köhler, W. (1929). *Gestalt psychology*. Liveright.

Kornell, N., Son, L. K., & Terrace, H. S. (2007). Transfer of metacognitive skills and hint seeking in monkeys. *Psychological Science*, *18*(1), 64-71.

Kramer, A. F., Bherer, L., Colcombe, S. J., Dong, W., & Greenough, W. T. (2004). Environmental influences on cognitive and brain plasticity during aging. *Journal of Gerontology: Series A*, *59*(9), 940-957.

Kretchmer, N., Beard, J. L., & Carlson, S. (1996). The role of nutrition in the development of normal cognition. *American Journal of Clinical Nutrition*, *63*(6), 997S-1001S.

Kreutzer, M. A., Leonard, C., & Flavell, J. H. (1975). An interview study of children's knowledge about memory. *Monographs of the Society for Research in Child Development*, *40*(1), 1-60.

Kroger, J. (2007). *Identity development: Adolescence through adulthood* (2nd ed.). Sage Publications.

Kuhbander, C., Spitzer, B., & Pekrun, R. (2011). Read-out of emotional information from iconic memory: The longevity of threatening stimuli. *Psychological Science*, *22*(5), 695-700.

Kuhn, D. (2000). Does memory development belong to an endangered topic list? *Child Development*, *71*(1), 21-25.

Kuhn, D., & Pease, M. (2010). The dual components of developing strategy use: Production and inhibition. In H. S. Waters & W. Schneider (Eds.), *Metacognition, strategy use, and instruction* (pp. 135-159). Guilford Press.

Ladd, G. W., & Dinella, L. M. (2009). Continuity and change in early school engagement: Predictive of children's achievement trajectories from first to eighth grade? *Journal of Educational Psychology*, *101*(1), 190-206.

Larkin, J. H., McDermott, J., Simon, D. P., & Simon, H. A. (1980). Expert and novice performance in solving physics problems. *Science*, *208*(4450), 1335-1342.

Larkin, J. H., & Reif, F. (1979). Understanding and teaching problem solving in physics. *European Journal of Science Education*, *1*(2), 191-203.

Larkin, S. (2010). *Metacognition in young children*. Routledge.

Larson, R. W. (2000). Toward a psychology of positive youth development. *American Psychologists*, *55*(1), 170-183.

Lehmann, M., & Hasselhorn, M. (2007). Variable memory strategy use in children's adaptive intratask learning behavior: Developmental changes and working memory influences in free recall. *Child Development*, *78*(4), 1068-1082.

Lepper, M. R. (1981). Intrinsic and extrinsic motivation in children: Detrimental effects of superfluous social controls. In W. A. Collins (Ed.), *Aspects of development of competence: Minnesota symposia on child psychology* (Vol. 14, pp. 155-214). Lawrence Erlbaum Associations.

Lepper, M. R., Corpus, J. H., & Iyengar, S. S. (2005). Intrinsic and extrinsic motivational orientations in the classroom: Age differences and academic correlates. *Journal of Educational Psychology*, *97*(2), 184-196.

Lewis, A. B. (1989). Training students to represent arithmetic word problems. *Journal of Educational Psychology*, *81*(4), 521-531.

Linnenbrink, E. A., & Pintrich, P. R. (2004). Role of affect in cognitive processing in academic contexts. In D. Y. Dai & R. J. Sternberg (Eds.), *Motivation, emotion, and cognition: Integrative perspectives on intellectual functioning and development* (pp. 57-88). Lawrence Erlbaum Associates.

Lockhead, J. (1985). Teaching analytic reasoning skills through pair problem solving. In J. W. Segal, S. F. Chipman, & R. Glaser (Eds.) *Thinking and learning skills: Vol. 1. Relating instruction to research* (pp. 109-131). Lawrence Erlbaum Associates.

Lockl, K., & Schneider, W. (2006). Precursors of metamemory in young children: The role of theory of mind and metacognitive vocabulary. *Metacognition and Learning*, *1*(1), 15-31.

Loftus, E. F., & Suppes, P. (1972). Structural variables that determine problem-solving difficulty in computer assisted instruction. *Journal of Educational Psychology*, *63*(6), 531-542.

Longman, D. G., & Atkinson, R. H. (1988). *College learning and study skills*. West Publishing Company.

Lorch, R. F. (1989). Text-signaling devices and their effects on reading and memory processes. *Educational Psychology Review*, *1*(3), 209-234.

Lorch, R. F., Lorch, E. P., & Inman, W. E. (1993). Effects of signaling topic structure on text recall. *Journal of Educational Psychology*, *85*(2), 281-290.

Lucangeli, D., Cornoldi, C., & Tellarnini, M. (1998). Metacognition and learning disabilities in mathematics. In T. E. Scruggs & M. A. Mastropieri (Eds.), *Advances in learning and behavioral disabilities* (pp. 219-285). JAI Press.

Luchins, A. S., & Luchins, E. H. (1959). Rigidity of behavior: *A variational approach to the effects of Einstellung*. University of Oregon Books.

Luckie, W. R., & Smethurst, W. (1998). Study power: *Study skills to improve your learning and your grades*. Brookline Books.

Mace, F. C., & Belfiore, P. J., & Hutchinson, J. M. (2001). Operant theory and research on self-regulation, In B. J. Zimmerman & D. H. Schunk (Eds.), *Self-regulated learning and academic achievement: Theoretical perspectives* (2nd ed., pp. 39-65). Lawrence Erlbaum Associates.

MacIver, D. J., Reuman, D. A., & Main, S. R. (1995). Social structuring of the school: Studying what is, illuminating what could be. *Annual Review of Psychology, 46*, 375-400.

MacLeod, C. M. (1988). Forgotten but not gone: Savings for pictures and words in long-term memory. *Journal of Experimental Psychology: Learning, Memory, and Cognition, 14*(2), 195-212.

Maehr, M. L., & Anderman E. M. (1993). Reinventing schools for early adolescents: Emphasizing task goals. *Elementary School Journal, 93*(5), 593-610.

Maehr, M. L., & Meyer, H. A. (1997). Understanding motivation and schooling: Where we've been, where we are, and where we need to go. *Educational Psychology Review, 9*(4), 371-409.

Marcia, J. E. (1991). Identity and self-development. In R. M. Lerner, A. C. Petersen, & J. Brooks-Gunn (Eds.), *Encyclopedia of adolescence* (Vol. 1, pp. 529-533). Garland Pub.

Markman, E. M. (1985). Comprehension monitoring: Developmental and educational issues. In S. F. Chipman, J. W. Segal, & R. Glaser (Eds.), Thinking and learning skills: Vol. 2. *Research and open questions*. Lawrence Erlbaum Associations.

Martinez, M. E. (2010). *Learning and cognition: The design of the mind*. Pearson Education.

Maslow, A. H. (1943). A theory of human motivation. *Psychological Review, 50*, 370-396.

Masur, E. F., McIntyre, C. W., & Flavell, J. H. (1973). Developmental changes in apportionment of study time among items in multitrial free-recall task. *Journal of Experimental Child Psychology, 15*(2), 237-

246.

Matsuhashi, A. (1987). *Writing in real time: Modeling production processes*. Praeger Publishers.

Mayer, R. E. (1980). Elaboration techniques that increase the meaningfulness of technical text: An experimental test of the learning strategy hypothesis. *Journal of Educational Psychology*, *72*(6), 770-784.

Mayer, R. E. (1987). Guiding students' cognitive processing of scientific information in text. In M. Pressley, & K. R. Harris, & J. T. Guthrie (Eds.), *Promoting academic competence and literacy in school* (pp. 243-258). Academic Press.

Mayer, R. E. (2003). *Learning and instruction*. Pearson Prentice Hall.

Mayer, R. E., & Cook, L. K. (1981). Effects of shadowing on prose comprehension and problem solving. *Memory & Cognition*, *9*(1), 101-109.

Mayer, R. E., & Wittrock, M. C. (2006). Problem solving. In P. A. Alexander & P. H. Winne (Eds.), *Handbook of educational psychology* (pp. 287-303). Lawrence Erlbaum Associates.

McCaslin, M., & Hickey, D. T. (2001). Self-regulated learning and academic achievement: A Vygotskian view. In B. J. Zimmerman & D. H. Schunk (Eds.), *Self-regulated learning and academic achievement: Theoretical perspectives* (2nd ed., pp. 227-252). Lawrence Erlbaum Associates.

McDougall, W. (1904). *An introduction to social psychology*. Methuen.

McGee, A., & Johnson, H. (2003). The effect of inference training on skilled and less skilled comprehenders. *Educational Psychology*,

23(1), 49-59.

McGuire, S. Y., & McGuire, S. (2015). *Teach students how to learn: Strategies you can incorporate into any course to improve student metacognition, study skills, and motivation*. Routledge.

Mcmurray, P. (2011). *Study skills essentials: Oxford graduates reveal their study tactics, essay secrets and exam advice*. Effective Study Skills Publications.

Mednick, S. F. (1962). The associative basis of the creative process. *Psychological Review, 69*(3), 220-232.

Medina, J. (2008). *Brain rules: 12 principles of surviving and thriving at work, home and school*. Pear Press.

Meichenbaum, D. (1977). *Cognitive-behavior modification: An integrative approach*. Plenum.

Meichenbaum, D. (1985). Teaching thinking: A cognitive-behavioral perspective. In S. F. Chipman, J. W. Segal, & R. Glaser (Eds.) *Thinking and learning skills: Vol. 2. Research and open questions* (pp. 407-426). Lawrence Erlbaum Associates.

Meichenbaum, D., & Biemiller, A. (1992). In search of student expertise in the classroom: A metacognitive analysis. In M. Pressley, & K. R. Harris, & J. T. Guthrie (Eds.), *Promoting academic competence and literacy in school* (pp. 3-56). Academic Press.

Meltzer, L., & Krishnan, K. (2007). Executive function difficulties and learning disabilities: Understandings and misunderstandings. In L. Meltzer (Ed.), *Executive functions in education: From theory to practice* (pp. 77-105). Guilford Press.

Mevarech, Z. R. (1995). Metacognition, general ability, and mathematical understanding. *Early Education and Development*, *6*(2), 155-168.

Meyer, B. J. F. (1975). *The organization of prose and its effects on memory*. North-Holland Publishing.

Meyer, B. J. F. (1981). Basic research on prose comprehension: A critical review. In D. F. Fisher & C. W. Peters (Eds.), *Comprehension and the competent reader: Inter-specialty perspectives*. Praeger Publishers.

Meyer, B. J. F., Brandt, D. M., & Bluth, G. J. (1980). Use of top-level structure in text: Key for reading comprehension of ninth-grade students. *Reading Research Quarterly*, *16*(1), 72-103.

Meyer, B. J. F., & McConkie, G. W. (1973). What is recalled after hearing a passage? *Journal of Educational Psychology*, *65*(1), 109-117.

Miller, G. A. (1956). The magical number seven, plus-or-minus two: Some limits on our capacity for processing information. *Psychological Review*, *63*(2), 81-97.

Miller, G. R. (1967). *An evaluation of the effectiveness of mnemonic devices as aids to study* (Cooperative Research Project No. 8438). University of Texas at El Paso.

Mintzes, J. J., Wandersee, J. H., & Novak, J. D. (1997). Meaningful learning in science: The human constructivist perspective. In G. D. Phye (Ed.), *Handbook of academic learning: Construction of knowledge* (pp. 405-447). Academic Press.

Montague, M. (1992). The effects of cognitive and metacognitive strategy instruction on the mathematical problem solving of middle school students with learning disabilities. *Journal of Learning Disabilities*, *25*(4), 230-248.

Morris, P. E., & Stevens, R. (1974). Linking images and free recall. *Journal of Verbal Learning and Verbal Behavior*, *13*(3), 310-315.

Nagy, W. E., & Anderson, R. C. (1984). How many words are there in printed school English? *Reading Research Quarterly*, *19*(3), 304-330.

Nagy, W. E., & Herman, P. A. (1987). Breadth and depth of vocabulary knowledge: Implications for acquisition and instruction. In M. G. McKeown & M. E. Curtis (Eds.), *The nature of vocabulary acquisition* (pp. 19-35). Lawrence Erlbaum Associates.

Nagy, W. E., Herman, P. A., & Anderson, R. C. (1985). Learning words from context. *Reading Research Quarterly*, *20*(2), 233-253.

Neisser, U., & Kerr, N. H. (1973). Spatial and mnemonic properties of visual images. *Cognitive Psychology*, *5*(2), 138-150.

Nelson, T. O., & Narens, L. (1990). Metamemory: A theoretical framework and new findings. In G. H. Bower (Ed.), *The psychology of learning and motivation* (Vol. 26, pp. 125-173). Academic Press.

Nesbit, J. C., & Adesope, O. O. (2006). Learning with concept and knowledge maps: A meta-analysis. *Review of Educational Research*, *76*(3), 413-448.

Neuman, Y., & Schwarz, B. (2000). Substituting one mystery for another: The role of self-explanations in solving algebra word problems. *Learning and Instruction*, *10*(3), 203-220.

Newell, A., Shaw, J. C., & Simon, H. A. (1958). Elements of a theory of human problem solving. *Psychological Review*, *65*(3), 151-166.

Newell, A., & Simon, H. A. (1972). *Human problem solving*. Prentice-Hall.

Nicholls, J. G. (1984). Conception of ability and academic motivation. In

R. Ames & C. Ames (Eds.), *Research on motivation in education: Vol. 1. Student motivation* (pp. 39-73). Academic Press.

Nisbet, J., & Schucksmith, J. (2018). *Learning strategies*. Routledge.

Novak, J. D. (1998). *Learning, creating, and using knowledge: Concept maps as facilitative tools in schools and corporations*. Lawrence Erlbaum Associates.

Novick, L. R., & Bassok, M. (2005). Problem solving. In K. Holyoak & R. G. Morrison (Eds.), *The Cambridge handbook of thinking and reasoning* (pp. 321-349). Cambridge University Press.

Nystrand, M. (1981). *What writers know: The language, process, and structure of written discourse*. Academic Press.

O'Donnell, A. M. (2006). The role of peers and group learning. In P. A. Alexander & P. H. Winne (Eds.), *Handbook of educational psychology* (2nd ed., pp.781-802). Lawrence Erlbaum Associates.

Okagaki, L., & Sternberg, R. J. (1990). Teaching thinking skills: We're getting the context wrong. In D. Kuhn (Ed.), *Developmental perspectives on teaching and learning thinking skills* (Vol. 21, pp. 63-78). Karger.

Ormrod, J. E. (2016). *Human learning*. Pearson.

Palinscar, A. S., & Brown, A. L. (1984). Reciprocal reading of comprehension-fostering and comprehension-monitoring activities. *Cognition and Instruction*, *1*(2), 117-175.

Paris, S. G., & Ayres, L. R. (1994). *Becoming reflective students and teachers with portfolios and awareness revisited*. American Psychological Association.

Paris, S. G., Byrnes, J. P., & Paris, A. H. (2001). Constructing theories, identities, and actions of self-regulated learners. In B. J. Zimmerman & D. H. Schunk (Eds.), *Self-regulated learning and academic achievement: Theoretical perspectives* (2nd ed., pp. 253-287). Lawrence Erlbaum Associates.

Paris, S. G., & Lindauer, B. K. (1982). The development of cognitive skills during childhood. In B. Wolman (Ed.), *Handbook of developmental psychology* (pp. 333-349). Prentice-Hall.

Paris, S. G., Newman, R. S., & McVey, K. A. (1982). Learning the functional significance of mnemonic actions: A microgenetic study of strategy acquisition. *Journal of Experimental Child Psychology, 34*(3), 490-509.

Paris, S. G., & Paris, A. H. (2001). Classroom applications of research on self-regulated learning. *Educational Psychologist, 36*(2), 89-101.

Pauk, W., & Owens, R. J. Q. (2011). *How to study in college*. Cengage Learning.

Peper, R. J., & Mayer, R. E. (1978). Note taking as a generative activity. *Journal of Educational Psychology, 70*(4), 514-522.

Perfetti, C. A., & Hogaboam, T (1975). The relationship between single word decoding and reading comprehension skill. *Journal of Educational Psychology, 67*(4), 461-469.

Perkins, D. N. (1984). Creativity by design. *Educational Leadership, 42*(1), 18-25.

Perry, N. E., Turner, J. C., & Meyer, D. K. (2006). Classrooms as contexts for motivating learning. In P. A. Alexander & P. H. Winne (Eds.), *Handbook of educational psychology* (pp. 327-348). Lawrence Erlbaum Associates.

Phelps, E. A., Ling, S., & Carrasco, M. (2006). Emotion facilitates perception and potentiates the perceptual benefits of attention. *Psychological Science*, *17*(4), 292-299.

Pianko, S. (1979). A description of the composing processes of college freshman writers. *Research in the Teaching of English*, *13*(1), 5-22.

Pichert, J. W., & Anderson, R. C. (1977). Taking different perspectives on a story. *Journal of Educational Psychology*, *69*(4), 309-315.

Pintrich, P. R., Marx, R. W., & Boyle, R. A. (1993). Beyond cold conceptual change: The role of motivational beliefs and classroom contextual factors in the process of conceptual change. *Review of Educational Research*, *63*(2), 167-199.

Plowden, B. (1967). *Children and their primary schools (The Plowden Report): A report of the Central Advisory Council for Education (England)*. HMSO. https://education-uk.org/documents/plowden/plowden1967-1.html

Pollitt, E., & Mathews, R. (1998). Breakfast and cognition: An integrative summary. *American Journal of Clinical Nutrition*, *67*(4), 804S-813S.

Polson, P. G., & Jeffries, R. (1985). Instruction in general problem-solving skills: An analysis of four approaches. In J. W. Segal, S. F. Chipman, & R. Glaser (Eds.), *Thinking and learning skills: Vol. 1. Relating instruction to research* (pp. 417-455). Lawrence Erlbaum Associates.

Premack, D., & Woodruff, G. (1978). Does the chimpanzee have a theory of mind? *Behavioral and Brain Sciences*, *4*, 515-526.

Pressley, M., & Afflerbach, P. (1995). *Verbal protocols of reading: The nature of constuctively responsive reading*. Lawrence Erlbaum Associates.

Pressley, M., Borkowski, J. G., & Schneider, W. (1987). Cognitive strategies: Good strategy users coordinate metacognition and knowledge. *Annals of Child Development, 4*, 89-129

Pressley, M., El-Dinary, P. B., Wharten-McDonald, R., & Brown, R. (1998). Transactional instruction of comprehension strategies in the elementary grade. In D. H. Schunk & B. J. Zimmerman (Eds.), *Self-regulated learning: From teaching to self-reflective practice* (pp. 42-56). Guilford Press.

Pressley, M., & Ghatala, E. S. (1988). Delusions about performance on multiple-choice comprehension test items. *Reading Research Quarterly, 23*(4), 454-464.

Pressley, M., & Harris, K. R. (2006). Cognitive strategies instruction: From basic research to classroom instruction. In P. A. Alexander & P. H. Winne (Eds.), *Handbook of educational psychology* (pp. 265-286). Lawrence Erlbaum Associates.

Pressley, M., & Hilden, K. (2006). Cognitive strategies: Production deficiencies and successful strategy instruction everywhere. In W. Damon & R. M. Learner (Series Eds.), D. Kuhn & R. Siegler (Vol. Eds.), *Handbook of child psychology: Vol.2. Cognition, perception, and language* (6th ed.). Wiley.

Pressley, M., & Levin, J. R. (1987). Elaborative learning strategies for the inefficient learner. In S. J. Ceci (Ed.), *Handbook of cognitive, social, and neuropsychological aspects of learning disabilities* (pp.175-212). Lawrence Erlbaum Associates.

Pressley, M., Ross, K. A., Levin, J. R., & Ghatala, E. S. (1984). The role of strategy utility knowledge in children's strategy decision making. *Journal of Experimental Child Psychology*, *38*(3), 491-504.

Pressley, M., Symons, S., McDaniel, M. A., Snyder, B. L., & Turnure, J. E. (1988). Elaborative interrogation facilitates acquisition of confusing facts. *Journal of Educational Psychology*, *80*(3), 268-278.

Pressley, M., & Woloshyn, V. (1995). *Cognitive strategy instruction that really improves children's academic performance*. Brookline Books.

Pugh, K. J., & Bergin, D. A. (2006). The effect of schooling on students' out-of-school experience. *Educational Researcher*, *34*(9), 15-23.

Quilici, J. L., & Mayer, R. E. (1996). Role of examples in how students learn to categorize statistics word problems. *Journal of Educational Psychology*, *88*(1), 144-161.

Radel, R., Sarrazin, P., Legrain, P. & Wild, T. C. (2010). Social contagion of motivation between teacher and student: Analyzing underlying processes. *Journal of Educational Psychology*, *102*(3), 577-587.

Raphael, T. E., & Wonnacott, C. A. (1985). Heightening fourth-grade students' sensitivity to sources of information for answering comprehension questions. *Reading Research Quarterly*, *20*(3), 282-296.

Recht, D. R., & Leslie, L. (1988). Effect of prior knowledge on good and poor readers' memory of text. *Journal of Educational Psychology*, *80*(1), 16-20.

Reed, S. K., Dempster, A., & Ettinger, M. (1985). Usefulness of analogous solutions for solving algebra word problems. *Journal of Experimental Psychology: Learning, Memory, and Cognition*, *11*(1), 106-125.

Reese, E., Haden, C. A., & Fivush, R. (1993). Mother-child conversations about the past: Relationships of style and memory over time. *Cognitive Development*, *8*(4), 403-430.

Reeve, J. (2006). Extrinsic rewards and inner motivation. In C. M. Evertson & C. S. Weinstein (Eds.), *Handbook of classroom management: Research, practice, and contemporary issues* (pp. 645-664). Lawrence Erlbaum Associates.

Ritchhart, R., & Perkins, D. N. (2005). Learning to think: The challenges of teaching thinking. In K. J. Holyoak & R. G. Morrison (Eds.), *The Cambridge handbook of thinking and reasoning* (pp. 775-802). Cambridge University Press.

Rogers, C. R. (1961). *On becoming a person: A therapist's view of psychotherapy*. Houghton Mifflin.

Rohwer, W. D., & Thomas, J. W. (1989). Domain-specific knowledge, metacognition, and the promise of instructional reform. In C. B. McCormick. G. E. Miller, & M. Pressley (Eds.), *Cognitive strategy research: From basic research to educational applications* (pp. 104-132). Springer-Verlag.

Roth, W. M. (2011). Object/motives and emotion: A cultural-historical activity-theoretic approach to motivation in learning and work. In D. M. McInerney, R. A. Walker, & G. A. Liem (Eds.), *Sociocultural theories of learning and motivation: Looking back, looking forward* (pp. 43-63). Information Age Publishing.

Rudolph, K. D., Caldwell, M. S., & Conley, C. S. (2005). Need for approval and children's well-being. *Child Development, 76*(2), 309-323.

Saxe, G. B. (1981). Body parts as numerals: A developmental analysis of numeration among the Oksapmin in Papua New Guinea. *Child Development, 52*(1), 306-316.

Scardamalia, M., Bereiter, C. (1986). Written composition. In M. C. Wittrock (Ed.), *Handbook of research on teaching* (pp. 778-803). MacMillan.

Scardamalia, M., Bereiter, C., & Fillion, B. (1981). Writing for results: *A sourcebook of consequential composing activities*. Curriculum Series 44, The Ontario Institute for Studies in Education.

Scardamalia, M., Bereiter, C., & Goelman, H. (1982). The role of production factors in writing ability. In M. Nystrand (Ed.), *What writers know: The language, process, and structure of written discourse* (pp. 173-210). Academic Press.

Scardamalia, M., Bereiter, C., & Steinbach, R. (1984). Teachability of reflective processes in written composition. *Cognitive Science, 8*, 173-190.

Schneider, W. (1985). Developmental trends in the metamemory-memory behavior relationship: An integrative review. In D. L. Forrest-Pressley, G. E. MacKinnon, & T. G. Waller (Eds.), *Metacognition, cognition, and human performance* (Vol. 1, pp. 57-109). Academic Press.

Schneider, W., & Bjorklund, D. F. (1997). Memory. In W. Damon, D. Kuhn. & R. S. Siegler (Eds.), *Handbook of child psychology: Cognition, perception, and language* (pp. 467-521). Wiley.

Schneider, W., Lockl, K., & Fernandez, O. (2005). Interrelationships among theory of mind, executive control, language development, and working memory in young children: A longitudinal analysis. In W. Schneider, B. Sodian, & R. Schumann-Hengstler (Eds.), *Young children's cognitive development* (pp. 259-284). Lawrence Erlbaum Associates.

Schoenfeld, A. H. (1983). Beyond the purely cognitive: Belief systems, social cognitions, and metacognitions as driving forces in intellectual performance. *Cognitive Science*, *7*(4), 329-363.

Schramke, C. J., & Bauer, R. M. (1997). State-dependent learning in older and younger adults. *Psychology and Aging*, *12*(2), 255-263.

Schunk, D. H. (1987). Peer models and children's behavioral change. *Review of Educational Research*, *57*(2), 149-174.

Schunk, D. H., & Zimmerman, B. J. (1997). Social origins of self-regulatory competence. *Educational Psychologist*, *32*(4), 195-208.

Schunk, D. H., & Zimmerman, B. J. (1998). Self-regulated learning: From teaching to self-reflective practice. Guilford Press.

Schwartz, D. L., & Martin, T. (2004). Inventing to prepare for future learning: The hidden efficiency of encouraging original student production in statistics instruction. *Cognition and Instruction*, *22*(2), 129-184.

Schwab, E. C., & Nusbaum, H. C. (1986). *Pattern recognition by humans and machines: Vol 1. Speech perception*. Academic Press.

Sedikies, C., & Gregg, A. F. (2008). Self-enhancement: food for thought. *Perspectives on Psychological Science*, *3*(2), 102-116.

Selye, H. (1974). *Stress without distress*. Lippincott.

Sharot, T., Martorella, E. A., Delgado, M. R., & Phelps, E. A. (2007). How personal experience modulates the neural circuitry of memories of September 11. *Proceedings of the National Academy of Science, USA, 104*(1), 389-394.

Shaw, M. E. (1976). *Groups and social behavior*. Prentice Hall.

Siegel, D. J. (2012). *The developing mind: How relationships and the brain interact to shape who we are*. Guilford Press.

Siegler, R. S., & Lin, X. D. (2010). Self-explanations promote children's learning. In H. S. Waters & W. Schneider (Eds.), *Metacognition, strategy use, and instruction* (pp. 85-113). Guilford Press.

Simon, H. A. (1980). Problem solving and education. In D. T. Tuma & F. Reif (Eds.), *Problem solving and education: Issues in teaching and research* (2nd ed., pp. 81-96). Lawrence Erlbaum Associates.

Sinai, M., Kaplan, A., & Flum, H. (2012). Promoting identity exploration within the school curriculum: A design-based study in junior high literature lesson in Israel. *Contemporary Educational Psychology, 37*(3), 195-205.

Singer, H. (1981). Teaching the acquisition phase of reading development: An historical perspective. In O. J. L. Tzeng & H. Singer (Eds.), *Perception of print*. Lawrence Erlbaum Associates.

Slavin, R. E, (1983). *Cooperative learning*. Longman.

Slotte, V., & Lonka, K. (1999). Review and process effects of spontaneous note-taking on text comprehension. *Contemporary Educational Psychology, 24*(1), 1-20.

Smiley, S. S., Oakley, D. D. Worthen, D., Campione, J. C., & Brown, A.

L. (1977). Recall of thematically relevant material by adolescent good and poor readers as a function of written versus oral presentation. *Journal of Educational Psychology*, *69*(4), 381-387.

Smith, J. D., Shields, W. E., & Washburn, D. A. (2003). The comparative psychology of uncertainty monitoring and metacognition. *Behavioral and Brain Sciences*. *26*(3), 317-373.

Smith, M., & Smith, G. (1990). *A study skills handbook*. Oxford University Press.

Smith, S. M. (1986). Environmental context-dependent recognition memory using a short-term memory task for input. *Memory and Cognition*, *14*(4), 347-354.

Solomon, R. L. (1980). The opponent-process theory of acquired motivation. *American Psychologist*, *35*(8), 691-712.

Sotiriou, P. E. (1989). *Integrating college study skills: Reasoning in reading, listening, and writing*. Wadsworth Publishing.

Spencer, E. (1983). *Writing matters across the curriculum*. Hodder & Stoughton.

Spielberger, C. D. (1962). The effects of manifest anxiety on the academic achievement of college students. *Mental Hygiene*. *46*(3), 420-426.

Spielberger, C. D. (1966). The effects of anxiety on complex learning in academic achievement. In C. D. Spielberger (Ed.), *Anxiety and behavior* (pp. 361-398). Academic Press.

Spielberger, C. D., Gonzalez, H. P., & Fletcher, T. (1979). Test anxiety reduction, learning strategies, and academic performance. In H. F. O'Neil Jr., & C. D. Spielberger (Eds.), *Cognitive and affective learning strategies* (pp. 111-131). Academic Press.

Spielberger, C. D., & Katzenmeyer, W. G. (1959). Manifest anxiety, intelligence, and college grades. *Journal of Consulting Psychology, 23*, 278.

Stahl, S. A. (1986). Three principles of effective vocabulary instruction. *Journal of Reading, 29*(7), 662-668.

Sternberg, R. J. (1993). Three-facet model of creativity. In R. J. Sternberg (Ed.), *The nature of creativity: Contemporary psychological perspectives* (pp. 126-148). Cambridge University Press.

Stipek, D. J. (2002). *Motivation to learn: From theory to practice*. Allyn & Bacon.

Stotsky, S. (1990). On planning and writing plans--Or beware of borrowed theories. *College Composition and Communication, 41*(1), 37-57.

Swartz, R. J., Costa, A. L., Beyer, B. K., Reagan, R., & Kallick, B. (2008). *Thinking-based learning*. Teachers College Press.

Sweller, J., & Levin, M. (1982). Effects of goal specificity on means-end analysis and learning. *Journal of Experimental Psychology: Learning, Memory, and Cognition, 8*(5), 463-474.

Tabberer, R. & Allman, C. (1984). Teaching of study skills project: Introducing study skills at 16 to 19. *Educational Research, 26*(1), 1-6.

Taylor, B. M. (1980). Children's memory for expository text after reading. *Reading Research Quarterly, 15*(3), 399-411.

Tomkins, S. S. (1981). The role of facial expression in the experience of emotion: A reply to Tourangeau and Ellsworth. *Journal of Personality and Social Psychology, 41*, 306-329.

Thomson, A. G., & Thompson, P. W. (1989). Affect and problem solving in an elementary school mathematics classroom. In D. B. McLeod & V. M. Adams (Eds.), *Affect and mathematical problem solving: A new perspective* (pp. 162-176). Springer-Verlag.

Togerson, J. K., & Houck, D. G. (1980). Processing deficiencies in learning-disabled children who perform poorly on the digit span task. *Journal of Educational Psychology, 72*(2), 141-160.

Tulving, E. (1974). Cue-dependent forgetting: When we forget something we knew, it does not necessarily mean that the memory trace has been lost; it may only be inaccessible. *American Scientist, 62*(1), 74-82.

Tulving, E. & Gold, C. (1963). Stimulus information and contextual information as determinants of tachistoscopic recognition of words. *Journal of Experimental Psychology, 66*(3), 319-327.

Turner, A. M., & Greenough, W. T. (1985). Differential rearing effects on rat visual cortex synapses. I. Synaptic and neuronal density and synapses per neuron. *Brain Research, 329*(1-2), 195-203.

Urdan, T. C., & Turner, J. C. (2005). Competence motivation in the classroom. In A. J. Elliot & C. S. Dweck (Eds.), *Handbook of competence and motivation* (pp. 297-317). Guilford Press.

Vaughn, K. E., & Rawson, K. A. (2011). Diagnosing criterion-level effects on memory: What aspects of memory are enhanced by repeated retrieval? *Psychological Science, 22*(9), 1127-1131.

Veenman, M. V. J. (2011). Learning to self-monitor and self-regulate. In R. E. Mayer & P. A. Alexander (Eds.), *Handbook of research on learning and instruction* (pp. 197-218). Routledge.

Vorderman, C. (2016). *Help your kids with study skills: A unique step-by-step visual guide*. Dorling Kindersley.

Voss, J. F., & Bisanz, G. L. (1985). Knowledge and processing of narrative and expository texts. In B. K. Britton & J. B. Black (Eds.), *Understanding expository text: A theoretical and practical handbook for analyzing explanatory text* (pp. 173-197). Lawrence Erlbaum Associates.

Vygotsky, L. S. (1962). *Thought and language*. Wiley.

Vygotsky, L. S. (1966). Development of the higher mental functions. In A. N. Leont'ev, A. R. Luria, & A. Smirnol. (Ed.), *Psychological research in the U.S.S.R.* (Vol. 1, pp. 11-45). Progress Publishers. (Original work published 1930).

Vygotsky, L. S. (1977). The development of higher psychological functions. *Soviet Psychology, 15*(3), 60-73. (Original work published 1929).

Wallace, M. J. (2005). *Study skills in English*. Cambridge University Press.

Wallace, P. M., Goldstein, J. H., & Nathan, P. E. (1990). *Introduction to psychology*. William. C. Brown Publishers.

Wang, M. T., & Holcombe, R. (2010). Adolescents' perceptions of school environment, engagement, and academic achievement in middle school. *American Educational Research Journal, 47*(3), 633-662.

Waters, H. S. (1982). Memory development in adolescence: Relationships between memory, strategy use and performance. *Journal of Experimental Child Psychology, 33*(2), 183-195.

Waters, H. S., & Kunnmann, T. W. (2010). Metacognition and strategy discovery in early childhood. In H. S. Waters & W. Schneider (Eds.), *Metacognition, strategy use, and instruction* (pp. 3-22).

Guilford Press.

Waters, H. S., & Waters, T. A. (2010). Bird experts: A study of child and adult knowledge utilization. In H. S. Waters & W. Schneider (Eds.), *Metacognition, strategy use, and instruction* (pp. 113-134). Guilford Press.

Weaver, C. A. III., & Kintsch, W. (1991). Expository text. In R. Barr, M. L. Kamil, P. B. Mosenthal, & P. D. Pearson (Eds.), *Handbook of reading research* (Vol. 2, pp. 230-245) Lawrence Erlbaum Associates.

Weaver, P. A., & Resnick, L. B. (1979). The theory and practice of early reading: An introduction. In L. B. Resnick & P. A. Weaver (Eds.), *Theory and practice of early reading* (pp. 1-27). Lawrence Erlbaum Associates.

Weinstein, C. (1978). Elaboration skills as a learning strategy. In H. F. O'Neil (Ed.), *Learning strategies* (pp. 31-55). Academic Press.

Weinstein, C., & Mayer, R. (1986). The teaching of learning strategies. In M. Witttrock (Ed.), *Handbook of research on teaching* (pp. 315-327). Macmillan.

Wellman, H. M. (1988). Five steps in the child's therorizing about the mind. In J. W. Astington, P. L. Harris, & D. R. Olson (Eds.), *Developing theories of mind* (pp. 64-92). Cambridge University Press.

Whimbey, A., & Lochhead, J. (1980). *Problem solving and comprehension: A short course in analytical reasoning*. Franklin Institute Press.

White, R. W. (1959). Motivation reconsidered: The concept of competence. *Psychological Review, 66*(5), 297-333.

Wickelgren, W. A. (1974). *How to solve problems: Elements of a theory of problems and problem solving*. W. H. Freeman.

Williams, J. P. (1994). Twenty years of research on reading: Answers and questions. In F. Lehr & J. Osborn (Eds.), *Reading, language, and literacy: Instruction in the twenty-first century* (pp. 59-73). Lawrence Erlbaum Associates.

Winne, P. H., & Hadwin, A. F. (1998). Studying as self-regulated learning. In D. J. Hacker, J. Dunlosky, & A. C. Graesser (Eds.), *Metacognition in educational theory and practice* (pp. 277-304). Lawrence Erlbaum Associates.

Wittrock, M. C. (1974). Learning as a generative process. *Educational Psychologist, 11*(2), 87-95.

Wong, R. M. F, Lawson, M. J., & Keeves, J. (2002). The effects of self-explanation training on students' problem solving in high school mathematics. *Learning and Instruction, 12*(2), 233-262.

Wood, G. (1967). Mnemonic systems in recall. *Journal of Educational Psychology, 58*(6), 1-27.

Wood, E., Willoughby, T., Bolger, A., & Younger, J., Kaspar, V. (1993). Effectiveness of elaboration strategies for grade school children as a function of academic achievement. *Journal of Experimental Child Psychology, 56*(2), 240-253.

Wyatt, D., Pressley, M., El-Dinary, P. B., Stein, S., Evans, P., & Brown, R. (1993). Comprehension strategies, worth and credibility monitoring, and evaluations: Cold and hot cognition when experts read professional articles that are important to them. *Learning and Individual Differences, 5*(1), 49-72.

Yerkes, R. M., & Dodson, J. D. (1908) The relation of strength of stimulus to rapidity of habit formation. *Journal of Comparative Neurology of Physiology*, *18*(5), 459-482.

Zbrodoff, N. J. (1985). Writing stories under time and length constraints. *Dissertation Abstracts International*, *46*, 1219A.

Zeelenberg, R. (2005). Encoding specificity manipulations do affect retrieval from memory. *Acta Psychologia*, *119*(1), 107-121.

Zimmerman, B. J. (2000). Attaining self-regulation: A social cognitive perspective. In M. Boekaerts, P. R. Pintrich, & M. Zeidner (Eds.), *Handbook of self-regulation* (pp.13-39). Academic Press.

Zimmerman, B. J. (2001). Theories of self-regulated learning and academic achievement: An overview and analysis. In B. J. Zimmerman & D. H. Schunk (Eds.), *Self-regulated learning and academic achievement: Theoretical perspectives* (2nd ed., pp. 1-38). Lawrence Erlbaum Associates.

Zull, J. E. (2002). *The art of changing the brain: Enriching the practice of teaching by exploring the biology of learning*. Stylus Publishing.